北京市教育科学“十二五”规划重点课题（ADA15165）
本成果受到中国人民大学“统筹推进世界一流大学和一流学科建设”专项经费的支持

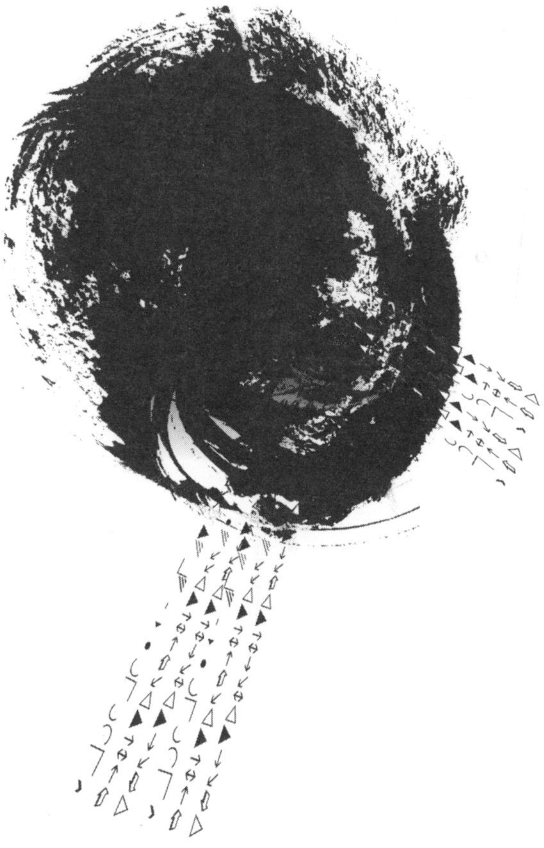

中国经济问题丛书

ZHONG GUO JING JI WEN TI CONG SHU

城乡一体化进程中的中国农村社区建设研究

CHENGXIANG YITIHUA JINCHENG ZHONG DE ZHONGGUO NONGCUN SHEQU JIANSHE YANJIU

文余源　著

中国人民大学出版社
·北京·

《中国经济问题丛书》总　序

经济理论的发展与变化是和经济实践紧密联系的，在我国继续向社会主义市场经济体制过渡的今天，实践在呼唤经济学的发展和繁荣；同时，实践也为经济学的发展创造着条件。

中国的市场化改革是没有先例的，又没有现成的经济理论作指导，这是中国学者遇到的前所未有的挑战。他山之石，可以攻玉。随着一大批西方经济理论译介进来，以及一大批具有现代经济学素养的人成长起来，认识和解决中国问题开始有了全新的工具和视角。理论和实践是互动的，中国这块独一无二的"试验田"在借鉴和运用现代经济理论的同时，势必会为经济理论的发展注入新的活力，成为其发展的重要推动力量，而建立在探讨中国经济问题基础之上的经济学也才有望真正出现。中国经济问题正是在这个大背景下获得了特别的意义。

我们策划出版《中国经济问题丛书》的主要目

的是为了鼓励经济学者的创新和探索精神，继续推动中国经济学研究的进步和繁荣，在中国经济学学术著作的出版园林中，创建一个适宜新思想生长的园地，为中国的经济理论界和实际部门的探索者提供一个发表高水平研究成果的场所，使这套丛书成为国内外读者了解中国经济学和经济现实发展态势的必不可少的重要读物。

中国经济问题的独特性和紧迫性，将给中国学者以广阔的发展空间。丛书以中国经济问题为切入点，强调运用现代经济学方法来探究中国改革开放和经济发展中面临的热点、难点问题。丛书以学术为生命，以促进中国经济与中国经济学的双重发展为己任，选题论证采用“双向匿名评审制度”与专家约稿相结合，以期在经济学界培育出一批具有理性与探索精神的中国学术先锋。中国是研究经济学的最好土壤，在这块土地上只要勤于耕耘，善于耕耘，就一定能结出丰硕的果实。

前　言

农村发展是事关新时代我国经济社会发展、全面建成小康、实现伟大复兴“中国梦”的战略大局问题。城乡一体化是世界各国历史发展的方向和规律，农村社区是城乡一体化和农村发展的微观单元。自 2002 年中共十六大报告提出“统筹城乡经济社会发展”以来，我国城乡一体化发展进入了快车道，农村社区建设也取得了显著进展。我国作为一个农业大国，“三农”问题是关乎国家富强和社会稳定的重要课题，一直是决策层和学者们关注的热点。随着统筹城乡发展和新型城镇化进程的推进，城乡二元格局不断被打破，城乡互动一体化日益发展，在这一进程中，全国范围新农村建设的启动和推进，为作为新农村建设载体的农村社区的发展创造了条件和机遇。农村社区是联系新农村建设和新型城镇化的节点和纽带，是改变农村落后面貌、增强农村发展活力、促进城乡共同繁荣、逐步缩小城乡差距和实现城乡协调一体化目标的现实选择，是广大农民参与现代化建设、共享改革发展成果的有效平台。目前，我国正处于着力推进工业化、信息化、城镇化和农业现代化“四化同步”发展的新阶段，从新型城镇化、城乡一体化和乡村振兴战略实施的发展进程来看，在全国推进农村社区建设的大环境已经成熟。但是，我国农村社区建设尚处于初级阶段，属于新生事物，虽发展较快，却面临诸多问题与困难，任务艰巨，对其进行深入研究和探索解决之道具有重要理论意义和重大现实价值。

本书试图从概念、历史经验、目标任务、建设模式和政策体系等方面构建我国农村社区建设的基本分析框架，主要研究内容和研究思路如下：一是对社区、农村社区及相关概念进行厘清和界定，对农村社区的分类进行阐释，勾勒出中国农村社区的主要特征，从构建和谐社会、推进新农村建设、实施乡村振兴战略、形成城乡一体化发展格局、优化农村社区管理、构建农村公共服务体系、改善农民生活等方面，阐述农村社区建设的内涵特征和重大意义，并对国内外有关农村社区及其建设的相关文献进行梳理和归纳。二是从时代要求、发展基础、国外经验、理论进展等方面阐述我国农村社区建设的总体背景和环境，选取发达国家和发展中国家农村社区建设的案例进行剖析，并从发展历程、成效、问题和未来趋势等方面对我国农村社区建设进行系统梳理。三是从理论基础、主导力量、主体力量、主要内容和目标体系上对我国农村社区建设的指导思想进行设计，从人本、政府、重点、规划、分类、参与等方面设置农村社区的建设原则，提出我国农村社区建设的基本思路。四是根据我国农村社区建设的现状和存在的问题，设计农村社区建设的近、远期目标和任务体系，并从基础设施、服务体系、社会保障、社区文化、资源整合、社区参与、人才队伍等层面，对农村社区建设的具体任务进行现状问题分析并探索解决对策。五是对农村社区建设模式进行分类，分析主要建设模式的优缺点，结合我国具体的国情特点，提出我国未来农村社区建设模式的完善方向，强调不同类型区域应采取不同的建设模式，管理模式也应因地制宜。六是强调科学编制建设规划是农村社区建设的首要支持内容，从完善社区基础设施和公共服务设施建设、加大财政扶持、建立多元投入机制、完善土地政策及人才培育和体制机制等方面，探讨并建构农村社区建设政策体系框架。

本书与以往同类著作相比有两大突出特点：一是兼有学术研究和政策咨询特征。本书既按照学术研究的思维和范式对农村社区建设进行了严谨的学术探讨和研究，也结合中国农村社区建设的国情现实，从政府操作层面对农村社区建设模式和政策体系框架进行了剖析和设计。二是突出实地调研，强调案例分析。在本书写作之前，课题组带着研究问题设计了调查问卷，展开了农村社区的实地调研，先后调研了河南、山东、陕西、湖北和北京的10个县（市、区）和数十个乡镇，地域上覆盖了东部、中部和西部不同发展水平的三大地带，取得了丰富的田野调查资料，为本书研究内容和政策体系框架设计能够“接地气”奠定了丰富的案例样本基础。

本书的研究得到了国家发展和改革委员会和联合国儿童基金会资助课题“中国城乡一体化进程中的农村社区建设研究”的支持，在课题研究和成书过程中，得到了北京市农村工作委员会、北京市委社会工作委员会、北京市发展和改革委员会、河南省发展和改革委员会、河南省济源市政府、青岛市城阳区委办、湖北省秭归县政府、陕西省神木市发改局等相关部门的大力支持，得到了中国人民大学经济学院和应用经济学院多位领导的关怀指导和同事的无私支持，谨在此向这些单位和个人表示诚挚的感谢！本书在写作过程中参阅了大量的文献著作和数据资料，笔者尽力标注引用，但仍不免挂一漏万，在此一并作谢和致歉，并恳请读者指正。

感谢中国人民大学出版社对本书出版的大力支持，感谢王晗霞老师为本书付梓付出的辛勤努力和给予的热忱帮助。

文余源

2020年11月

目　录

第一章 绪论

城乡一体化是世界历史发展的潮流和方向，农村社区建设是城乡一体化发展的重要微观支撑单元。我国自 2002 年中共十六大报告提出“统筹城乡经济社会发展”以来，推进城乡一体化取得了巨大成效，农村社区建设也从概念走向实践，并有了显著进展。我国作为一个农业大国，“三农”（农业、农村、农民）问题关乎国家的富强和社会的稳定，一直是理论界和决策层关注的重要课题。随着城镇化和现代化的加速，城乡分割、对立的二元格局不断被打破，取而代之的是城乡互动、城乡融合直至城乡一体化的日益发展，在这一进程中，新农村建设的启动和在全国范围的推进，为作为新农村建设载体的农村社区的发展创造了条件和机遇。农村社区是联系新农村建设和新型城镇化的节点和纽带，是改变农村落后面貌、增强农村发展活力、建设美丽乡村、促进城乡共同繁荣、逐步缩小城乡差距和实现城乡一体化目标的现实选择，是广大农民参与现代化建设、共享改革发展成果的有效平台。我国农村社区建设尚处于初级阶段，是新生事物，但发展很快，同时面临诸多问题与困难，任务艰巨，需要进行深入研究并且探索解决之道。本章将说明本书的研究背景和研究意义，对国内外相关文献进展进行述评，阐述研究思路和方法，构建分析框架和设定研究内容。

第一节　研究背景与意义

一、研究背景

协调城乡关系和推进城乡一体化是我国现代化进程中的重大战略目标。伴随改革开放的逐渐深入和城镇化的不断推进，我国城乡关系在转型中深刻变化，城乡对立分割的状态正在改变，城乡间的要素流动和市场一体化成为现代化的巨大动力，农村社会的发展也处于快速变革之中。新时期，农村社区作为农村社会的基层组织单元，它的建设具有特定的环境背景和良好的机遇条件。

（一）统筹城乡发展，重塑城乡关系

城乡区域经济社会发展不平衡是一个大国在现代化进程中的必然现象和客观规律。新中国成立至改革开放的30年间，我国实行高度集中的计划经济体制和严格的户籍制度，从制度上分割了城乡关系。改革开放后，随着市场化改革的推进和户籍制度的松动，城乡关系开始有所变化，但受发展惯性和传统因素影响，城乡发展差距依然日趋扩大。为了缩小城乡差距，促进城乡协调发展，2002年中共十六大报告正式提出“统筹城乡经济社会发展”①，并在

① 江泽民. 全面建设小康社会 开创中国特色社会主义事业新局面——在中国共产党第十六次全国代表大会上的报告. 新华社，2002－11－14.

2003年中共十六届三中全会的《中共中央关于完善社会主义市场经济体制若干问题的决定》中将“统筹城乡发展”置于“五个统筹”之首[①]，十余年来一直谋求建设现代农业，发展农村经济，增加农民收入，谋求改变城乡二元经济结构的体制，重塑城乡关系。2012年中共十八大报告明确提出“推动城乡发展一体化”，“加大统筹城乡发展力度，增强农村发展活力，逐步缩小城乡差距，促进城乡共同繁荣”，2013年中共十八届三中全会强调“健全城乡发展一体化体制机制”，形成“城乡一体的新型工农城乡关系，让广大农民平等参与现代化进程、共同分享现代化成果”，2015年中共十八届五中全会提出“推动城乡协调发展，健全城乡发展一体化体制机制”，2017年中共十九大报告进一步提出“建立健全城乡融合发展体制机制和政策体系，加快推进农业农村现代化”[②]，2019年中共十九届四中全会再一次强调“健全城乡融合发展体制机制”和“坚持和完善统筹城乡的民生保障制度，满足人民日益增长的美好生活需要”[③]。在国家统筹城乡发展，推进城乡一体化的大环境下，作为统筹城乡发展和连接城乡一体化进程重要结点的农村社区，被推上了中国历史的发展舞台，迎来了前所未有的良好机遇，农村社区建设将成为重塑城乡关系、推进城乡融合的重要依托。

（二）推进新型城镇化，解决“三农”问题

2014年我国正式发布《国家新型城镇化规划（2014—2020）》，对我国城镇化中长期发展目标路径进行了规划，《中华人民共和国国民经济和社会发展第十三个五年规划纲要》对未来五年的城镇化

---

① 中共中央关于完善社会主义市场经济体制若干问题的决定，2003年10月14日中国共产党第十六届中央委员会第三次全体会议通过. 新华社，2003-10-14.

② 习近平. 决胜全面建成小康社会 夺取新时代中国特色社会主义伟大胜利——在中国共产党第十九次全国代表大会上的报告. 新华社，2017-10-18.

③ 中共中央关于坚持和完善中国特色社会主义制度 推进国家治理体系和治理能力现代化若干重大问题的决定. 新华社，2019-11-05.

和城乡发展给出了具体目标，“加快新型城镇化步伐，提高社会主义新农村建设水平，努力缩小城乡发展差距，推进城乡发展一体化”。二者都突出了变过去主要以物为本、偏向城市的传统城镇化为今后以人为本、城乡统筹的新型城镇化，强调“工业反哺农业、城市支持农村和多予少取放活”，强调“增强农村发展活力”、“逐步缩小城乡差距”和“促进城镇化和新农村建设协调推进”①。可见，新型城镇化致力于更好地解决“三农”问题，通过城镇化集约利用土地，为现代农业发展腾出更多空间资源，为农业生产规模化、机械化创造条件，农业现代化和农民生活水平将不断提高，与之对应，农村生产方式、生活方式都将发生巨大变化，农村的生产服务由农民自我服务转向社会化服务，生产要素配置由原来的内部协调转向社会化市场，农民也将逐步从“家庭人”转变为“社会人”。在这种转变过程中，迫切需要一种有效的组织载体来承载这一转变任务，来搭建新型城镇化与解决“三农”问题间的桥梁，农村社区无疑是这种“载体”和“桥梁”的合适选择。

（三）坚持扶贫开发与攻坚，全面建成小康社会

自新中国成立以来，经过 70 余年的发展，尤其是改革开放以来的 40 多年来，我国的扶贫开发和攻坚工作取得了举世瞩目的成就，1978 年我国没有解决温饱问题的贫困人口高达 2.5 亿人，截至 2019 年末，我国贫困人口减至 551 万人。早在 2002 年中共十六大报告中就设定了我国 2020 年全面建成小康社会的目标，2017 年中共十九大再一次明确了至 2020 年决胜全面建成小康社会的目标。当前我国全面建成小康社会的重点难点在农村，没有农村的小康和农业的现代化，就没有全社会的小康和国家的现代化。为了补足这一“短板”，近几年，我国紧锣密鼓地推行了“精准扶贫”，进行扶贫的最后攻坚，以确保全面建成小康社会目标的实现。扶贫开发与

① 国家新型城镇化规划（2014—2020 年）. 中央政府门户网站，2014－03－16.

攻坚，以及防止脱贫后返贫，巩固扶贫成果，既要有国家宏观政策和项目工程的大力支持，也需要微观农村组织单元即农村社区的积极配合。

（四）推动新农村建设，改变农村面貌

我国自 2005 年以来，为缩小城乡发展差距，改变农村落后面貌，以及扩大内需拉动经济增长，大力推动新农村建设，在“十一五”、“十二五”和“十三五”连续三个五年规划中都突出了社会主义新农村建设的内容，并设定了“生产发展、生活宽裕、乡风文明、村容整洁、管理民主”的建设目标，2017 年中共十九大报告进一步设立了“产业兴旺、生态宜居、乡风文明、治理有效、生活富裕”的乡村振兴战略总要求。我国农村地域分布宽广，各地区建设条件千差万别，建设模式各异，建设路径不同，建设重点也不一样，因此现实的新农村建设客观上需要有合理的抓手和依托，而农村社区以其联系城镇与乡村的灵活性，理所当然是新农村建设的最佳抓手和工作平台依托。

（五）城镇化、市场化推动，农村社会形态转变

改革开放后，伴随市场化和城镇化的快速推进，我国农村社会由封闭转向开放，并呈现出新的特征和形态。以“小农经济”“守望相助”“熟人社会”“流动性差”等为特征的中国传统村落，正在经历现代化的冲击和洗礼，市场经济、契约法治、先进技术、规模生产等现代化社会的特征逐渐渗透并在农村地区显现，农村的人口、资源、资金、信息、技术等经济要素加速流动，加强了农村与城镇的联系和互动，突破了自成体系、自我循环、自给自足的经济社会孤岛特征，农村的生产方式正在发生转变，资源配置逐步走向社会化、市场化，农民“社会人”的特征日益凸显，农村的经济范围和社会形态不断变迁，突破了原有传统乡村经济社会组织边界，在更大的地域空间建立关联，并与城镇的发展关系日益密切。这一

变化客观上需要新的社会组织形式与之对应。然而，旧有的村民自治组织以集体控制和占有资产（如土地）为基础，以封闭、排他为主要特征。伴随农村经济社会的变革和分化，上述集体掌控资产的村民自治基础被不断削弱或不复存在，外部的体制环境也发生了根本性变化，原有的封闭型组织体系已难以满足农村经济社会发展的需要，以生活为凝聚力的新型社区取代了以往以生产为基础的传统社区，成为现实的必然趋势。

（六）破解城乡二元结构需要微观农村组织

改革开放 40 多年来，我国农村就业模式和收入来源不断变化，越来越多的农民进入城镇，越来越多的农民转向非农产业，在农民的收入来源中，非农收入比例越来越大，生活水平总体上也不断提高。但不可否认，城乡差距依然悬殊，城乡二元结构并未得到根本改观，城乡分割的体制机制依然顽固地存在，这使得农村的公共服务供给依然不足，城乡居民并未享受同等的“国民待遇”。只要上述现象存在，我国城乡体制改革的任务就不能说已经完成，更不能说“三农”问题已经解决。事实上，目前我国破解这种城乡二元结构的任务还相当艰巨，需要从城乡双向切入来寻求破解之道。从城市角度，主要体现在“工业反哺农业，城市支持农村”的大政策环境。从农村角度，破解途径既需要国家宏观政策的大力支持，也需要微观的农村组织抓手，农村社区就是这样的“抓手”。事实上，农村社区是农村地区经济社会发展的连接结点，也是各种矛盾冲突交汇的地方，是政府开展农村各项事业和管理的工作组织基础，是衔接政府与农村民众的基本单元，担负着实现农村社会管理和促进农村社会现代化转型的历史责任。总而言之，农村社区是农村社会建设的微观载体和基本组织单元，破解城乡二元结构，必须依靠这个载体和单元。

农村发展是事关我国经济社会发展、全面建成小康、实现伟大复兴“中国梦”的战略大局问题。从上述城乡一体化的推进及其相关发展背景来看，我国农村社区建设的大环境已经成熟。目前，我国正处在推进工业化、信息化、城镇化和农业现代化的“四化同步”发展、统筹推进“五位一体”总布局和协调推进“四个全面”战略布局的新阶段，农村社区建设的理论和实践也在同步推进。在城乡一体化条件下，农村社区建设已成为城市社区之后的又一个研究重点，本书将重点研究农村社区建设的基本概念、历史经验、目标思路、主要任务、建设模式及政策体系。

二、研究意义

农村社区是我国新型农村社会建设的基础单元和基本载体。在城乡一体化进程下建设农村社区既有重要的理论意义，也有重大的现实价值。

（一）理论意义

我国在“十一五”期间启动新农村建设，在“十三五”期间进一步规划“提高社会主义新农村建设水平”，2017 年中共十九大正式提出了“乡村振兴战略”“按照产业兴旺、生态宜居、乡风文明、治理有效、生活富裕的总要求”“加快推进农业农村现代化”，2018 年中共中央、国务院印发了《乡村振兴战略规划（2018—2022 年）》，正式启动了乡村振兴战略，提出“坚持农业农村优先发展”“让农村成为安居乐业的美丽家园”，2019 年中共十九届四中全会再次提出“实施乡村振兴战略，完善农业农村优先发展的制度政策”。新农村建设和乡村振兴是我国深化改革的重要战略内容。从五年规划、国家级区域规划和连续多年来的中央一号文件等中央政府文献来看，我国出台了一系列倾斜或支持新农村建设和乡村振兴的政策，但关于这些政策如何才能真正地落实到解决“三农”问题，仍有许多重要课题有待研究和探索。显然，新农村建设和振兴乡村的主体和效益受体首先都是农民，那么如何调动农民建设新农村和振兴乡村的主动性和积极性？这需要建立相应的体制机制。农村社区作为农村居民的社会活动共同体，是建设新农村和振兴乡村的载体单元和基本机制，也可以说是基础性的制度设计。但关于这种制度和机制如何有效发挥作用，如何做到“精明”化，使农村社区成为推动新农村建设、乡村振兴乃至城乡一体化的载体平台，还有许多理论问题需要深入分析研究。本书从理论上研究探讨这些问题，并试图从理论上对农村社区建设提供框架性的指导。

（二）现实意义

研究农村社区建设对于优化农村社会治理体系、推动新型城镇化进程、推进基层民主建设等方面具有重要的现实意义。

1. 优化农村社会治理体系

建设农村社区是我国新农村建设中实现社会管理的平台和基础。从行政管理和政令贯彻角度来看，我国权力体系的最下层是与农村经济社会管理密切相关的基层政府。伴随中央农村体制改革的推进（如取消农业税、农村集体产权制度、农业经营制度、农业支持保护制度、城乡发展一体化体制机制和农村社会治理制度等），基层政府已从原来的全能型、管制型政府向服务型的有限责任政府转变。这种转变意味着过去那种仅凭政府单兵突进和自身力量来管理农村基层社会的模式已经难以为继，农村社会的管理适应新形势需要新的治理模式，这种治理模式是政府主导下的多元主体共同参与的治理模式。而农村社区建设可以在扩大农村生活公共管理与公共服务对象和范围的基础上，扩大农民参与农村治理的范围，调动农民参与农村治理的积极性、创造力和发挥农民在农村社会治理体系中的作用，激发农民的经济社会建设动力，使得农村社会治理、经济发展更加有序，实现治理、建设的良性循环。可见，研究城乡一体化进程下的农村社区建设，对于如何扩大农民参与农村社区建设，促进我国农村经济社会治理体制改革，创新农村社会治理模式，发展现代农村经济，完善农村公共服务体系，提升农村生活质量，让农村居民共享改革成果，创建“生产发展、生活宽裕、乡风文明、村容整洁、管理民主”的农村社会共同体，按照“产业兴旺、生态宜居、乡风文明、治理有效、生活富裕的总要求”“实施乡村振兴战略”“加快推进农业农村现代化”，具有重大的现实意义。

2. 推动新型城镇化进程

新型城镇化是我国实现现代化的必由之路，在我国的现实国情下，农村社区是农村地区推进新型城镇化的重要一环。通过对农村城镇化中农村社区建设的问题与对策进行研究，向农民传播新型城镇化、新型工业化等现代理念，并以其为指导来提升农民素质，改变农村落后的生产方式和生活方式，完善农村社区基础设施和公共服务设施，推进农村社区与城市社区的均等化公共服务，加快推动农村新型城镇化步伐。通过农村社区建设研究，为推进农民市民化提供政策支撑。就户籍人口而言，我国农村人口高于城镇人口，一方面，大量游离于城乡之间的农民工需要市民化，另一方面，在农村地区的大量人口也将在新型城镇化下市民化。农民市民化意味着要让农民在深化改革和推进新型城镇化进程中，享有与城镇人口同等的社会保障和生活水平，实现城乡一体化。农村社区建设正是达到这一目标的有效途径。

3. 推进农村地区基层民主建设

中共十七大报告明确提出把“管理有序、服务完善、文明祥和的生活共同体”作为我国城乡社区建设的目标，中共十八大报告强调“在城乡社区治理、基层公共事务和公益事业中实行群众自我管理、自我服务、自我教育、自我监督，是人民依法直接行使民主权利的重要方式”。中共十九大报告进一步具体化，提出“加强社区治理体系建设，推动社会治理重心向基层下移，发挥社会组织作用，实现政府治理和社会调节、居民自治良性互动。”2018 年中共中央、国务院印发的《乡村振兴战略规划（2018—2022 年）》也明确提出“加强农村群众性自治组织建设。完善农村民主选举、民主协商、民主决策、民主管理、民主监督制度。规范村民委员会等自治组织选举办法，健全民主决策程序”。农村社区是我国广大农村地区基层民主建设的主要载体和基本平台，农村社区的建设和运转关系到村民自治和基层民主建设的实现。因此，加强农村社区建设的研究，有助于城乡一体化、新农村建设和乡村振兴条件下农村社区工作的有序推进，有助于农村基层组织和基层民主建设的有序推进。

第二节　国内外文献述评

国内外对农村社区建设的研究都有很丰硕的成果，对农村社区建设研究的相关文献进行梳理和述评，对于我国新时期更好地推进新型农村社区建设具有重要借鉴意义。

一、国外研究进展

国外关于农村社区的文献主要集中在农村社区概念理论、社区治理模式与问题、社区建设与发展实践研究等方面，同时，国外学者也对中国农村社区进行了研究。

（一）关于农村社区的相关概念理论

国外有关社区的概念源于19世纪末20世纪初欧洲学者对社会底层居民贫困生活和移民问题的研究。“社区”一词最早可追溯到德国社会学家斐迪南·滕尼斯（Ferdinand Tönnies，1887）出版的著作《共同体与社会——纯粹社会学的基本概念》，滕尼斯提出了“gemeinschaft”（共同体，即社区）的概念，首次将社区与社会（gensellschaft）进行了区分，认为社区是以共同的习俗和价值观念为基础的同质人口组成的紧密生活团体，是持久的和真正的生活共同体，注重人际间休戚与共的关系（Ferdinand Tönnies，1887），其外延范围限于传统的乡村社区[①]。1950 年代美国社会学家查理斯·罗密斯（Charles Loomis）将滕尼斯的 gemeinschaft 译成 community，意为“共同体”“团体”“联合”“社区”等。[②] 随着社会的变迁和研究的发展，社区的内涵也在不断拓展丰富，并因一国制度、地域习俗文化和学科视角差异而不同，社区内涵与外延呈多元化趋势。尽管如此，国外学者大体认可社区应具备社会互动、地理结构和共同关系等三种基本特征因素。伯纳德与桑德斯（Bernard and Sanders，1968）从地理结构角度用三个维度定义社区：社区是居住在特定地域的人口，是有地理界限并具有整合功能的社会系统，是具有地方自治特征的行动单元。[③] 从社会互动角度，格林（Green，1954）将社区定义为居民生活中互相关联和依赖的网络[④]；波斯顿（Poston，1953）认为社区居民具有各种共同兴趣和互助设施以及人际间的相知。[⑤] 从社区形成角度，罗吉斯等（1988）认为社区最初可能源于防御外敌的需要，源于人类对归属、地位和依从的需要，并通过建立社区来满足需要。[⑥] 斯特鲁普（Stroup，1952）从行动功能角度提出社区居民政治自治与共同致力于集体生活的满足[⑦]，布伦纳（Brunner，1955）也认为社区生活的动力在于发现共同利益及需要，并自行寻找解决办法[⑧]。

---

① 斐迪南·滕尼斯. 共同体与社会——纯粹社会学的基本概念. 北京：北京大学出版社，2010：43.

② Tönnies Ferdinand. 1957 [1887]. Charles Loomis，trans and ed.，Community and Society (Gemeinschaft und Gesellschaft). East Lansing：Michigan State University Press.

③ D. L. 西尔斯. 国际社会科学百科全书（International Encyclopedia of the Social Science）第三卷. 美国麦克米兰出版公司，美国自由出版社，1968.

④ Helen D Green. Social Work Practice in Community Organization. New York，Whiteside and Morrow Press，1954：28.

⑤ Richard W Poston. Democracy is You：A Guide to Citizen Action. New York，Harper and Brothers，1953：15－16.

⑥ [美] 埃弗里特·M. 罗吉斯，拉伯尔·J. 伯德格. 乡村社会变迁. 杭州：浙江人民出版社，1988：162.

⑦ Herbert H Stroup. Community Welfare Organization. New York：Harper & Brothers，1952：20.

⑧ Edmund De S Brunner and Wilbur G Hallenbeek. American Society，Urban and Rural Patterns. New York，Harper and Brothers，1955：159，163.

大家一般认为社区的概念是由德国学者滕尼斯（1887）提出，但农村社区的研究则发轫于美国。1915 年威斯康星大学卡尔平（Calpin）教授发表了题为《一个农业社区的社会解剖》的农村社区研究报告，其被认为是美国也是全世界对农村社区进行研究的开端，他把农村社区看成是农产品交易的纽带，是由一个交易中心与周围散居的农户组成的，社区的范围就是交易中心的影响范围。西姆士（Simms）认为农村社区由众多毗邻的农家构成，它们具有相似的行为活动、相似的价值观念与信仰、相似的生产生活知识和欲望，强调社区的相同成分。桑德森（Sanderson）认为农村社区是一个存在各种组织制度、其居民具有交感关系的活动中心。[①] 之后，伴随 1935 年《农村社会学》杂志的创刊和 1937 年美国农村社会学学会的成立，农村社区研究也随之蓬勃发展。自 1930 年代中期开始，农村社区研究一直是美国农村社会学研究的热点，内容涵盖农村组织、社会心理、人口及社区变迁等多个方面。但随着工业化和城镇化的不断推进，至 1970 年代后，由于人口大量涌入城市，农村人口急剧减少，工业文明带来的技术进步使得农业发展走向工业化、专业化、规模化和组织化，导致农村社区性质发生了根本性变化。

从国外学者对社区的定义来看，其内涵丰富多样，这主要由不同学者、不同学科的研究视角以及不同地域受不同习俗、文化等特征影响所致。国外研究对农村社区界定的多元化表明，农村社区具有丰富的内涵特征，其发展演变受多种因素影响，不同地区的农村社区可以有不同的发展模式，而且这些模式又是随技术进步和社会变迁而变化的。尽管如此，农村社区有其共同之处，主要体现在社区内存在社会交互、有一定地域边界和存在共同关系等方面，这些共性特征对于如何建设好农村社区同样具有指导意义。

① 刘长民. 山东省新型农村社区建设与发展研究. 中国海洋大学，2014：10.

（二）社区治理模式问题

美国学者理查德·C. 博克斯（Richard C. Box，1998）考察了美国社区制度变迁和美国地方制度演进的历史，构建了21世纪美国社区新型治理模式，认为公民治理是新世纪的重要主题，公民是纳税人，是公共服务的消费者，也是社区公共事务的重要管理者，应建立相应的组织使社区公民有渠道表达其对社区发展的利益诉求和愿望。选择何种社区治理模式取决于社区领导者的社区政策和发展态度，作为社区治理的参与者，公民要对社区的发展承担责任。[①] 爱波斯坦等（Epstein et al.，2007）认为有效的社区治理模式是在一定社区环境条件下，由公民参与、完成任务、效果测量等部分构成，并由其两两交叠形成社区的四种技能（skills）：解决社区问题、效果的组织管理、公民享有社区发展成果和成果的社区治理。[②] 唐（Tang，2015）调查研究发现，中国广州、武汉和深圳“城中村”的社区治理模式由集体所有制股份公司起主导作用，是一种既不是农村社区也不是城市社区的独特社区治理模式。[③] 安德鲁（Andrew，2014）研究南澳大利亚州一小城镇的农村社区治理案例发现，该镇地方领导与农村社区治理间存在互动作用，地方领导与治理有时会有冲突，有时又承担中间调和的角色。[④] 诺曼等（Normann et al.，2012）研究挪威塞特河谷地区的两个农村社区治理问题后发现，应用地方网络资源的有效战略有助于农村社区保持可持续发展。[⑤]

---

① Richard C Box. Citizen Governance：Leading American Communities into the 21st Century. Sage Publications，1998：30.

② Epstein P，A Simone and C Harding. Collaborative Leadership and Effective Community Governance in the United States and Russia. Epstein and Fass Associates，New York，USA，2007.

③ Tang Beibei. Not Rural but Not Urban：Community Governance in China's Urban Villages. China Quarterly，2015，223：724－744.

④ Andrew B. Leadership and the Governance of Rural Communities. Journal of Rural Studies. 2014，34：254－262.

⑤ Normann R H，V Mikaela. Municipalities as Governance Network Actors in Rural Communities. European Planning Studies，2012，20（6）：941－960.

从国外对社区治理模式的相关文献来看，社区治理模式各异，不同环境条件下采用的社区治理模式有可能不同，但有一点是共同的：不管什么社区治理模式，都强调了公民参与、合作和社会网络资源的利用。

（三）社区建设与发展实践研究

社区建设是为了弥补社区功能的不足而进行的建设工作，着重于社区基础设施和服务设施等“硬件”的完善；社区发展强调现代化进程中人文关怀和良性人际网络等“软件”的构建。这两者是互融互促、互为条件的关系，在现实研究和实践操作中，两者往往可以互用。国外关于社区建设和发展问题的研究覆盖面广泛，从设施建设到具体工程项目的影响，从经济、社会问题到卫生、生态、文化发展等领域。

斯坦尼斯拉夫等（Stanislav et al.，2016）通过调查问卷研究了捷克共和国的再生能源与农村社区发展的关系，并讨论了再生能源生产工程对地方人口质量的不良影响问题。[①] 朱莉等（Julie et al.，2016）讨论了文化艺术实践作为农村社区发展相关作用的问题，认为文化艺术主导的措施是目前普遍使用的农村发展战略，并通过英国东南部一个地区为期一年的艺术介入实验研究发现，文化艺术实践不仅是解决社区问题的工具，也是了解社区关系的途径。[②] 苏拉娅等（Soraya et al.，2016）研究了泰国农村社区有胆管癌发展风险人群的监测问题。[③] 李（Lee，2016）以韩国援助卢旺

① Stanislav M T Kamila. Local Development in the Post-Mining Countryside? Impacts of an Agricultural AD Plant on Rural Community. Geographia Technica，2016，11（1）：54-66.

② Julie C，G Menelaos. Getting to Know the Island：Artistic Experiments in Rural Community Development. Journal of Rural Studies，2016，43：134-144.

③ Soraya K J，R Ratana，L A Ryan. Surveillance of Populations at Risk of Cholangiocarcinoma Development in Rural Communities of Thailand Using the Korat-CCA Verbal Screening Test. Asian Pacific Journal of Cancer Prevention，2016，17（4）：2205-2209.

达农村发展工程为案例，分析了卢旺达农村社区发展的社区组织效应，并指出韩国在未来对外农村发展的国际合作支持中，应在农村社区开发项目中关注社区组织建设。① 阿格拉等（Aguera et al.，2015）对多米尼加共和国农村社区定量研究的案例表明，生态旅游和自然生态保护对农村社区可持续发展的重要性已经逐渐被人们认识到，并提倡将生态旅游作为该国农村社区可持续发展的重要途径。② 埃尔林等（Erling et al.，2016）从政策角度对纳米比亚地区的旅游与农村社区发展关系进行了研究，发现发展旅游可以直接和间接地对农村社区的收入和就业产生积极影响，并成为农村社区脱贫的潜力因素。③ 卢敦（Lodon，2012）认为构建合作型社区涉及诸多方面，如培育社会网络，为公民创建走到一起的自由空间，培育团体、组织，以及公民的建设性对话机制等。④ 萨拉-安妮等（Sarah-Anne et al.，2015）研究了农村社区社会服务企业发展的问题，认为以创建农村社区为导向的服务提供商需要社区良好的服务能力和企业技能支撑。⑤ Uduak（2015）以尼日利亚的一个地区为案例区，研究并发现信息和通信技术对其农村社区可持续发展具有重要贡献和支持。⑥ 克里斯普等（Crisp et al.，2016）从发展社会

---

① Lee Meishu. An Analysis on the Effect of Community Organization in Rural Community Development：A Case of Rural International Development Cooperation Project in Rwanda. Korean Local Government Review，2016，17（4）：43－63.

② Aguera O F，C M Pablo. Ecotourism and Sustainable Development. A Case Study in Rural Communities of Dominican Republic. Pasos-Revista De Turismo Y Patrimonio Cultural，2015，13（6）：1425－1435.

③ Erling K and S Jarkko. Tourism and Rural Community Development in Namibia：Policy Issues Review. Fennia-International Journal of Geography. 2016，194（1）：79－88.

④ Lodon Scott. Collaboration and Community. in Marie Bak Mortensen and Judith Nesbitt Eds. On Collaboration. London：Tate，December 2012.

⑤ Sarah-Anne M，S Artur，F Jane. Processes of Community-Led Social Enterprise Development：Learning from the Rural Context. Community Development Journal，2015，50（3）：478－493.

⑥ Uduak O. ICT for Rural Community Development：Implementing the Communicative Ecology Framework in the Niger Delta Region of Nigeria. Information Technology for Development，2015，21（2）：297－321.

资产和实物资产两个角度探讨了英国社区经济发展问题，从社会资产角度而言，他认为邻域企业发展、信用联盟和社区货币对于社区脱贫和经济发展具有重要作用。例如有证据表明发展邻域企业可以通过创造就业和增加收入来应对物质上的贫困问题，同时邻域企业还有助于通过减少社会孤立、提升融洽等解决非物质的贫困问题；社区信用联盟可通过低信用成本和其他金融服务来解决低收入社区的金融排斥问题。从实物资产角度来说，获得和管理社区资产可以通过创造就业或支持企业发展来改善社区物质贫困和福利问题。①

从国外有关社区建设和发展研究的文献来看，其涉及范围相当广泛，且各领域都研究得较为深入。从其关注的议题来看，诸多学者对农村社区的支持性工程建设、文化建设、卫生、国际合作、社区旅游发展、环境可持续发展、社会网络建设等方面都有关注，因而对农村社区建设和发展的研究较为系统全面。这无疑对我国农村社区建设是有启示意义的，社区建设既需要基础设施等硬件的建设，也需要文化等软件的建设，同时对社区的生态、环境可持续发展等领域亦不可忽视。

（四）对中国农村社区的研究

国外对中国农村问题的研究最早可追溯到美国传教士史密斯（Smith，1899）出版的著作 *Village Life in China*：*A Study in Sociology*（《中国乡村生活》）②，他对当时中国村庄的观察非常细致，并在书中配有许多珍贵的照片，图文并茂，是国外学者以社会学视角研究中国村庄治理的第一部经典之作。之后，美国学者葛学

① Crisp R，L McCarthy，S Parr，S Pearson. Community-led Approaches to Reducing Poverty in Neighbourhoods：A Review of Evidence and Practice. Centre for Regional Economic and Social Research，Sheffield Hallam University，2016：21：36.

② Smith Arthur H. Village Life in China：A Study in Sociology. New York State College of Agriculture at Cornell University，Itbaca，N. Y.，1889.

溥（Kulp，1925）全方位地描述了广东省凤凰村村落，分析了该村人口、经济、政治、教育、婚姻和家庭、宗教信仰和社会控制等。[①] 美国农业经济学家巴克（Buck，1930，1937）花费12年调查了中国16 786个农场和38 256个农村家庭，研究分析了中国农场布置与土地利用、农村经营、耕地所有权、农村劳动力、农家人口与家庭以及生活情况，对民国时期的中国农村社区进行了多方面深入的分析。[②] 美国学者Duara（1988）对1900—1942年间的华北乡村做了详细的个案研究，从历史学与社会学相结合的角度提出并阐述了“国家政权建设”和“权力的文化网络”的概念，将政权、文化和乡村社会纳入统一框架，提出文化网络的社会组织在乡村社区治理中具有重要作用。[③] 斯金纳（Skinner）于1964—1965年发表的《中国农村中的市场和社会结构》认为中国的村庄结构和功能都不完整，构成中国传统乡村社会的基本单元是基层集镇，是一个包括约18个自然村在内的具有正六边形结构的基层市场共同体。[④] 弗里曼（Fryman）以河北饶阳县五公村为案例，深入探讨了1930—1960年间华北农村社会的变迁，分析了中国先后进行的改革对农村社会及农民带来的影响，也分析了传统文化在农村治理中的作用及其与农村建设的关系。[⑤] 从新近研究来看，相关文献更为注重中国农村及其社区的治理、建设、生活方式变迁、卫生健康、社会服务、发展转型等问题。唐（2015）调查研究了中国广州、武汉和深圳三个代表性城市“城中村”社区治理问题，发现集体股份公司在社区治理中承担重要角色，因为公司与村民的经济社会福利

---

① Kulp Daniel Harrison. Country Life in South China; The Sociology of Familism. New York City, Bureau of Publications, Teachers College, Columbia University, 1925.

② Buck John Lossing. Chinese Farm Economy. University of Chicago Press, Chicago USA, 1930; Buck John Lossing. Land Utilization in China. University of Chicago Press, Chicago USA, 1937.

③ Duara Prasenjit. Culture, Power, and the State: Rural North China, 1900—1942. Stanford, Calif.: Stanford University Press, 1988.

④ 张要杰. 中国村庄治理的转型与变迁. 长春：吉林出版集团，2010：20.

⑤ 弗里曼. 中国的乡村 社会主义的国家. 北京：社会科学文献出版社，2002.

有密切联系而承担了事实上的社区治理职责。这种社区模式是一种既非农村社区亦非城市社区的独特模式，并与中国碎片化的城市化规划相关联。① 与助等（Yosuke et al.，2016）对我国海南省农村社区的经济发展、生活方式分异与居民健康属性分层的关系进行了研究，发现其关系密切。② 朗等（Lang et al.，2016）研究了中国快速城镇化过程中城市内部农村社区转型发展问题，认为文化创意、公共参与、地方当局和社区规划有助于这类农村社区的转型。③ 伴随社会转型或特殊事件发生后的农村社区发展问题也受到关注，如苏等（Su et al.，2016）通过访谈和调查方法对中国三清山被列入世界文化遗产后，其重新安置的农村社区的民生可持续发展和文化遗产旅游的问题进行了研究，发现文化遗产旅游能带来一定的经济效益，但民生如果仅依赖于此是不够的，还需要丰富民生改善途径。④ 戴和谢（2016）以中国浙江省邱庄村为例讨论了集体所有制下农村社区中社会服务不平等问题，建议中国农村社区社会服务应该以公正为导向⑤。吴等（Wu et al.，2015）讨论了在中国如何根据不同地区气候特点设计高舒适、低能耗的社区问题。⑥

国外学者对中国农村社区的研究要比我国自身开展农村社区研究早很多，而且一百多年来基本没有间断，保持了较好的持续跟踪

① Tang Beibei. Not Rural but Not Urban：Community Governance in China's Urban Villages. China Quarterly，2015，223：724－744.

② Yosuke I，S Andrew，Y Aki. The Association Between Economic Development，Lifestyle Differentiation，and C-Reactive Protein Concentration within Rural Communities in Hainan Island，China. American Journal of Human Biology，2016，28（2）：186－196.

③ Lang W，Chen W and Li X. A New Style of Urbanization in China：Transformation of Urban Rural Communities. Habitat International，2016，55：1－9.

④ Su M M，Geoffrey W，Xu K. Heritage Tourism and Livelihood Sustainability of a Resettled Rural Community：Mount Sanqingshan World Heritage Site，China. Journal of Sustainable Tourism，2016，24（5）：735－757.

⑤ Dai H，Xie W. Community and Inequality：One-Yuan Elder Home in Rural Zhejiang Province of China. Journal of Social Service Research，2016，42（1）：15－25.

⑥ Wu J，Zhang M，Zhao L. Study on High Comfort and Low Energy Consumption Community Design in China. Open House International，2015，40（3）：32－36.

性研究。研究领域从最早关注农村村庄治理、个案调查，后来发展到对涵盖社区治理、建设、生活方式、健康卫生、社会服务、发展转型、影响因素机制等宽领域全方位的深入研究。研究模式和方法有个案解剖、大样本调查、农村社区影响因素及机制探索以及现代技术手段的应用。国外学者对中国农村多视角、全方位的研究内容以及所使用的研究模式与方法，对于研究我国城镇化和城乡一体化进程中的农村社区建设问题无疑具有很好的借鉴与启示意义。

二、国内研究进展

农村社区建设通常是农村社会学的研究领域，但近年来，随着国家对社会主义新农村建设的日益重视和新型城镇化下推进城乡一体化进程的加快，农村社区也引起了区域经济学、城市经济学、地理学、管理学等学科的关注，各学科从不同的视角探讨农村社区建设的相关理论和现实问题。通过调研相关文献，国内有关城乡一体化下的农村社区建设研究主要集中在如下几个方面。

（一）农村社区建设的相关概念和内涵特征

在城乡一体化进程下推进农村社区建设，必须首先搞清楚城乡一体化、农村社区及其建设的概念和内涵特征。因此，学者们在研究农村社区问题时，通常会对城乡一体化和农村社区的概念与内涵、农村社区建设内容特征等方面进行界定和阐述。

1. 城乡一体化的内涵

城乡一体化（urban-rural integration）概念早在 1980 年代就已经提出。我国是一个长期处于城乡分离的二元结构的国家，消除城乡对立、促进城乡融合、推动城乡协调、实现城乡一体化发展，一直以来是我国学界研究的热点问题。然而关于城乡一体化的概念界定，经济学、社会学、人类学、生态学、地理学等不同学科并无统一结论。经济学角度，甄峰、黄朝永（1999）从区域经济发展规律和布局视角出发，认为城乡一体化是指统一布局城乡经济，加强城乡经济协作，促进城乡分工优化、布局合理和协调发展，并最终取得总体最优经济效益；[①] 党国英（2016）从经济要素流动角度出发，认为城乡一体化主要是指城乡要素市场在城乡间实现统一，即除去涉及重要的社会公共利益而允许政府某种最低限度的干预之外，应打破现有土地、资本与劳动诸要素在城乡之间的壁垒，最大限度地实现市场对要素流动的决定性作用；[②] 社会学和人类学一般从城乡关系视角着眼来界定城乡一体化，比如，张雨林（1988）认为城乡一体化是打破城市和落后农村相互分割的壁垒，使城乡经济和社会生活紧密结合与协调发展，缩小差别，从而使城乡融为一体；[③] 曲福田（2011）认为城乡一体化发展的实质，是实现经济发展与社会公平的统一，解决城乡差距过大、半城市化等发展中的突出矛盾，促进人的全面发展，让全体人民共同参与全面小康和现代化建设，共享改革发展的成果。[④] 也有学者从生态系统角度界定，如伍新木（1990）认为城乡一体并非一种城乡无差别的境界，而是一种区域生态群落的合理分布，是生产、生活活动的空间合理分布，是一种区域生态经济良性平衡系统。[⑤] 从地理学角度，程必定（2013）认为城乡一体化发展的最高形态是城乡差距完全消失，城市与乡村地区只存在景观、产业及人口密度的差别，城市与乡村在经济、社会、文化上成为一个地域综合体。[⑥] 从系统综合角度看，魏后凯（2016）认为推进城乡一体化，应充分发挥市场调节与政府

① 甄峰，黄朝永. 国内城乡一体化研究进展与思考. 城市研究，1999（2）：47－49.

② 党国英. 中国城乡一体化发展前景研究. 理论探讨，2016（5）：79－83.

③ 张雨林. 论城乡一体. 社会学研究，1988（5）：25－32.

④ 曲福田. 以破除城乡二元结构为突破口. 加快形成城乡发展一体化新格局. 群众，2011（3）：17－19.

⑤ 伍新木. 城乡一体与区域经济生态系统. 武汉大学学报（社会科学版），1990（5）：11－18.

⑥ 程必定. 新市镇：城乡发展一体化的空间载体. 城市发展研究，2013，20（5）：17－23.

引导的双重调控作用，激发市场主体的内在活力和创新动力，有效促进城乡要素的自由流动、平等交换和均衡配置，构建新型城乡关系和可持续机制，推动形成以城带乡、城乡一体、良性互动、共同繁荣的发展新格局，使农村居民与城市居民共享现代化成果，实现权利同等、生活同质、利益同享、生态同建、环境同治、城乡同荣的一体化目标。①

通过梳理不同学者对城乡一体化概念与内涵的界定和阐述可知，角度不同，城乡一体化的内涵也存在差异或不同的侧重点。尽管如此，但共同点也十分明显，不同视角都突出了制度、体制因素在城乡一体化进程中的作用，同时强调城乡一体化不等同于城乡一样化，城市和乡村应该有区别，城乡一体化并不意味着变乡为城或变城为乡；城乡一体化发展应是城乡在经济上彼此分工，在政治上相互平等，在文化上各具特色，生态环境协调发展的现代化区域整体。可见，基于城乡一体化的上述内涵特征，我国在城乡一体化背景下进行的农村社区建设，应该迎合和适应这些内涵要求，与新型城镇化形成合力，共同实现城乡一体化的最终目标，即城乡居民共享现代化成果，实现权利同等、生活同质、利益同享、生态同建、环境同治、城乡共荣。

城乡一体化的内涵和目标，要求农村社区作为推进城乡一体化乡村一侧的基本单元，其建设应放到城乡一体化大局中来考虑。具体地讲，在地域空间上，农村社区建设应纳入城乡统筹规划，通过规划和建设使农村社区成为联系城乡和推进城乡一体化的单元节点。在经济发展上，促进农村社区成为沟通乡村与城市要素流通和产业发展的桥梁和据点。在组织治理上，强化农村社区成为城乡一体化网络联结的基本功能细胞。因此，城乡一体化为新型农村社区的建设提供了有利条件并赋予了新的内涵，反过

① 魏后凯. 新常态下中国城乡一体化格局及推进战略. 中国农村经济，2016（1）：1-15.

来，农村社区的建设又是推进城乡一体化的基本构件和重要一环，两者相得益彰。

2. 农村社区的概念与内涵

农村社区是与城市社区相对应的概念，因此社区并非城市的专利。伴随城镇化和城乡一体化的不断推进，农民居民化、农村社区化将是必然趋势。事实上，我国从理论到实践，从国家高层到乡村基层，已经开始关注和建设农村社区了，因此农村社区已经成为学界研究农村问题的重要热点。

（1）农村社区概念在决策层的发展。

尽管官方决策层对农村社区关注已久，但农村社区真正出现在最高决策层文件里是近十余年的事情。2003 年中共十六届三中全会通过的《中共中央关于完善社会主义市场经济体制若干问题的决定》中正式提出了“农村社区”和“城乡社区”的概念，2006 年中共十六届六中全会通过的《中共中央关于构建社会主义和谐社会若干重大问题的决定》完整地提出“农村社区建设”概念，并明确要把社区建设成为“管理有序、服务完善、文明祥和”的新型社会生活共同体。2007 年中共十七大再次对城乡社区建设的指导思想、建设目标、为谁建设、靠谁建设、怎样建设给出了明确的决策指导。《中华人民共和国国民经济和社会发展第十二个五年规划纲要》将农村社区建设纳入其中并付诸实施。2012 年中共十八大报告将城乡社区服务和治理建设列为民生和社会建设的重要内容。2013 年中共十八届三中全会通过的《中共中央关于全面深化改革若干重大问题的决定》进一步强调了城乡社区的公共服务、制度创新、治理改革等问题。2016 年发布的《中华人民共和国国民经济和社会发展第十三个五年规划纲要》将城乡社区公共服务和治理建设纳入了规划予以落实。2017 年中共十九大报告进一步提出“加强社区治理体系建设”，以“打造共建共治共享的社会治理格局”。2019 年中共十九届四中全会再次强调“健全社区管理和服务机制，推行网格化管理和服务”，以“构建基层社会治理新格局”。

(2) 学界对农村社区概念的认知。

人类最早是农耕社会，因此自人类出现之日起，作为社会生产生活“共同体”的农村社区就一直存在，尽管在不同时期其形式、范围和内涵会有差异。正因为此，对农村社区的认知，学界存在不同观点。《中国大百科全书·社会学》给出的农村社区定义是：相对于城市社区而言，农村社区是有广阔地域，居民聚集程度不高，以村或镇为活动中心，以从事农业活动为主的社会生活共同体。① 费孝通（2006）认为农村社区是一种礼治秩序和无为政治，是没有陌生人的社会及熟人社会，其基层社会结构是由私人联系构成的网络。② 蔡禾（2005）认为农村社区是指居民以农业生产活动为主要生活来源的社会区域共同体。③ 徐勇（2007）认为农村社区是通过改善人们生存环境，不断满足人们日益丰富的生活需要，提升人们生活质量，以此建构人们对社区的归属感和认同感，从而形成的现代社会生活共同体。④ 朱启臻等（2008）认为农村社区是指农村居民以农业生产活动为主要生活来源的社会区域共同体，具有地域广阔、社会结构简单、人口同质性高、社会流动缓慢等特点。⑤ 夏周青（2010）认为按综合标准可将社区分为农村社区和城市社区，我国农村社区的主要形态有村落、集镇、集镇区三种类型。⑥ 詹成付（2008）⑦、师坚毅（2010）⑧ 认为农村社区是聚居在一定地域范围内的农村居民在农业生产方式基础上所组成的社会生活共同体，其

---

① 中国大百科全书《社会学》编委会. 中国大百科全书·社会学. 北京：中国大百科全书出版社，1991：206.

② 费孝通. 乡土中国. 上海：上海人民出版社，2006：22-23.

③ 蔡禾. 社区概论. 北京：高等教育出版社，2005：17.

④ 徐勇. 在社会主义新农村建设中推进农村社区建设. 江汉论坛，2007(4)：12-15.

⑤ 朱启臻，鲁可荣，高春风. 农村社区发展动力研究. 北京：中国农业大学出版社，2008：4.

⑥ 夏周青. 农村社区建设工作手册. 北京：国家行政学院出版社，2010：18.

⑦ 詹成付. 农村社区建设实验工作讲义. 北京：中国社会出版社，2008：1-2.

⑧ 师坚毅. 新农村社区建设与管理. 北京：中国社会出版社，2010：1-3.

内涵要点包括社会实体性、多重功能性、主体是农村居民、基础性经济活动是农业生产等方面。胡宗山（2008）认为农村社区没有统一边界范围，从实践来看，有的是自然村落，有的是行政村，还有的是农村集镇。① 王霄（2008）定义农村社区为聚居在自然村或中心自然村带分散小村落范围内的人们所结成的社会共同体，并认为农村社区是一种行业构成区域、一种人文生态构成区域、一种社会文化构成区域、一种由基层行政区施行管理的政治区域。② 杨世松（2012）认为，新型农村社区就是指“打破原有的村庄界限，把两个或两个以上的自然村或行政村，经过统一规划，按照统一要求，在一定期限内搬迁合并，统一建设新的居民住房和服务设施，统一规划和调整产业布局，组建成新的农民生产生活共同体（也称为‘中心村’），形成农村新的居住模式、服务管理模式和产业格局。”③ 高磊（2018）认为，“新型农村社区是集中建设规划的农村居民点，具备完善的基础设施和公共文化服务，符合农民生产生活模式的农村新型聚落形态。”④ 陈荣卓、刘亚楠（2019）认为农村社区是推动乡村社会健康、和谐、有序发展的乡村社会重要单元形态。⑤

从不同学者对农村社区的概念内涵界定来看，尽管对其具体定义理解有别，但大体上都包含了地域范围、交往关系和功能价值三个要素，也就是说农村社区是一个以共同居住的地域空间为基础，具有共同的社会联系和价值认同的社会生活共同体。各概念诠释的共同之处也是明显的，比如，都把农村社区当作一个农村社会生活共同体，都认为农村社区由从事农业生产活动的农村居民构成，都

---

① 胡宗山. 城乡社区建设概论. 武汉：湖北科学技术出版社，2008：2.

② 王霄. 农村社区建设与管理. 北京：中国社会出版社，2008：3-4.

③ 中共商丘市委党校建设新型农村社区课题组杨世松. 建设新型农村社区问题探讨. 商丘网，2012-04-01.

④ 高磊. 新农村社区规划要注重可持续发展. 人民论坛，2018（9）：82-83.

⑤ 陈荣卓，刘亚楠. 新时代农村社区矛盾纠纷有效治理机制建设研究. 理论月刊，2019（11）：135-141.

认为农村社区具有经济、政治、文化、社会等多方面的功能，都认为农村社区是农村治理的最基层单元，都认为农村社区是不断发生动态变化的，尽管比较缓慢。学界对农村社区多视角的观点对我们多方面理解农村社区的内涵及其特征，进而为丰富农村社区建设内容和有针对性地提出农村社区建设措施有帮助。

3. 农村社区建设的内容与特征

农村社区的内涵是通过农村社区建设来实现的。然而与农村社区的概念内涵类似，农村社区建设如何定义及其应该包括哪些内容及其特征，学界也存在不一致的观点。陈百明（2000）认为农村社区建设是对不符合可持续发展要求的农村实施重新规划与建设，即通过农村社区更新，协调社区内部各种要素关系及其与外部环境的联系，合理配置自然、经济和社会资源，全方位改善农村社区环境，塑造新的农村社区景观，形成新的农村社区功能。[①] 詹成付（2008）认为农村社区建设就是要发挥党政主导作用和农民主体作用，从农村实际和农民需求出发，完善社区治理，发展社区服务，繁荣社区文化，满足农民日益增长的物质文化生活需求和利益诉求，让农民得到更多实惠。[②] 潘屹（2009）认为农村社区建设包括建立健全新型农村社区组织管理体制、农村社区服务体系和农村社区文化三大内容。[③] 师坚毅（2010）认为农村社区建设主要是指在党政领导下动员各方力量，整合社区资源，强化社区功能，解决社区问题，合力建设管理有序、服务完善、文明祥和的新型农村社会生活共同体的过程。他认为农村社区建设具有整合性、综合性、社会性、地域性和计划性等特征。[④] 农村社区建设，既不等同于村庄翻新，也不是简单的人口聚居，而是通过新社区建设，改变农民生

① 陈百明. 中国农村社区更新的未来取向. 中国农业资源与区划，2000，21（6）：51-54.

② 詹成付. 农村社区建设实验工作讲义. 北京：中国社会出版社，2008：5.

③ 潘屹. 家园建设：中国农村社区建设模式分析. 北京：中国社会出版社，2009：77.

④ 师坚毅. 新农村社区建设与管理. 北京：中国社会出版社，2010：15-16.

活和生产方式，提升农民生活质量，集约节约用地，调整优化产业结构，发展农村二三产业，推进农业现代化，促进农民就地就近转移就业，加快缩小城乡差距，让农民享受到跟城里人一样的公共服务，过上像城里人那样的生活，共享经济发展、社会进步所带来的物质和精神文明成果（杨世松，2012）。[①]

罗筱玉（2006）对村落社区建设进行了研究，指出村落社区建设是在农村自然村落组织，依靠村落社区力量，整合村落社区资源，强化村落社区功能，解决村落社区问题，深化村民自治，维护农村稳定，促进村落社区各项事业的协调、健康发展，不断提高村落社区成员物质文化生活水平的过程。[②] 郭素玲（2014）通过对河南省某市的调查发现，社区所处地域不同，居民对农村社区建设的需求会有差别；产业集聚区更有利于推进新型农村社区建设工业化、产业化，是带动新型农村社区建设的重要支撑。经调查发现，凡周边有更多企业、能够解决居民就业问题的地方，在新型农村社区建设方面也更容易。[③] 刘智勇和贾先文（2018）从经济视角出发，认为农村社区建设是一个经济的连接，是社区经济共同体建设，要顺应市场经济需要，适应农村经济发展集体化与规模化需要，强调社区农民的合作，在尊重农民个体产权基础上自愿联合发展合作经济。[④]

上述研究或从理论或从实践阐述了农村社区建设所涵盖的内容及特征，不同学者从不同的视角，对农村社区建设内容的理解也有差别，但其共性特征是把农村社区当成一个新型农村社会生活共同体，这是农村社区建设的核心。尽管不同地域的农村社区建设面临的具体环境条件千差万别，但其内核就是要打造符合国家新型城镇

---

① 中共商丘市委党校建设新型农村社区课题组杨世松. 建设新型农村社区问题探讨. 商丘网，2012-04-01.

② 罗筱玉. 村落社区建设的总体要求和需要明确的问题. 社会工作，2006，(07S)：35-36.

③ 郭素玲. 新型农村社区建设的政策需求分析. 农村经济，2014（4）：78-79.

④ 刘智勇，贾先文. 重塑农村社区经济共同体. 湖南社会科学，2018（6）：141-146.

化、新型城乡关系大趋势下的新型农村社会生活共同体。这是各地推进农村社区建设应遵守的基本内涵规定。同时也表明，农村社区建设是一个很强的实践性课题，在研究中要坚持理论与实践相结合。

（二）农村社区建设的动力

任何事物的运行和发展都有其动力机制。农村社区建设也不例外，尤其自身的动力机制作用。这种动力机制是指农村社区建设启动和发展的不同层级的推动力量，以及其产生、传输并发生作用的机理和方式。现有文献从不同层面对此进行了研究。朱勇（2007）认为社区建设动力可分为社区外推动力和社区内推动力，二者是外因和内因的关系，激发调控这两种推动力就是构建社区建设动力机制的过程，也是社区建设发展的过程。并认为应从组织领导、利益协调、生产服务、社区服务、文化规范建设等方面来构建农村社区建设动力机制。[①] 朱启臻等（2008）对农村社区发展动力进行了系统性研究，认为农村社区发展成功的关键在于如何充分挖掘和发挥社区内部资源和发展潜力，同时积极利用各项有利的外部因素，通过整合内外因素促进农村社区的全面发展。并从自组织理论的视角和对农村社区发展的典型案例分析，系统地研究了农村社区发展的动力机制。[②] 李长健和李昭畅（2008）认为我国农村社区建设在制度、市场、组织、文化等维度存在利益非和谐现象，并制约了农村社区建设，因此从推进农村社区建设和谐的视角构建了双重利益模式和谐互促，推动了从利益聚合到利益和谐的转变和农民个体利益实现的和谐动力机制的新思路。[③] 地方民政官员根据本地实践总结，认为社区建设动力的重点是通过文化纽带，增强村民认同感、

① 朱勇. 农村社区建设动力机制创新的原则及思路. 中国民政，2007（11）：17－19.

② 朱启臻，鲁可荣，高春风. 农村社区发展动力研究. 北京：中国农业大学出版社，2008.

③ 李长健，李昭畅. 论我国农村社区和谐动力机制的构建. 调研世界，2008（3）：13－16.

凝聚力，用民主化管理机制争取社会和村民的认同与支持，用共同利益来激发、激活村民的活力和潜力，增强资源整合力，在组织动力上，村落社区志愿者协会建立党组织，充分发挥党员先锋模范作用，激发村民在自治过程中的主体作用，进而推动社区的建设。[①]与此类似，鲁可荣和朱启臻（2008）也认为应从社区成员利益出发，首先要激发社区成员的发展需求和欲望，其次要培养社区精英并发挥其示范带动作用，进而形成互助合作机制，形成社区的内聚力和合力。[②]同样以经济发展为动力，崔伟（2010）认为建设农村社区经济圈，增加农民收入是推动农村社区发展和农村经济整体协调发展的动力源泉和开展农村社区建设的工作思路。[③]于波（2013）针对农村社区居民在社区参与上存在选择偏好、区隔性以及参与意愿与实际行为不符等问题，认为社区建设的动力应着力于通过建构利益驱动机制、认同驱动机制和制度驱动机制来增强居民社区认同感和搭建社区参与制度平台。[④]王晓梅等（2014）以农业大省河南省为例，研究提出新型农村社区建设的主要动力在于财政能力、试点经验和农民意愿等方面。[⑤]文琪和开华金（2015）针对我国农村社区建设与治理主体多元化的现实，认为农村社区建设动力是一个由政府、农民、市场与社会组织参与，能够整合与协调农村社区内外资源，改善社区环境与服务，提高社区生活水平质量，促进社区政治经济文化各方面综合发展的推动因素。[⑥]佟伟铭和张平宇

① 蔡建武. 蔡建武农村社区建设系列讲座之四：探索村落社区建设的运行模式和发展动力. 乡镇论坛，2008（8）：21－23.

② 鲁可荣，朱启臻. 新农村建设背景下的后发型农村社区发展动力研究. 农业经济问题，2008（8）：46－49.

③ 崔伟. 打造农村社区经济圈为新农村建设提供动力支撑. 潍坊学院学报，2010，10（3）：9－11.

④ 于波. 新型农村社区建设中居民社区参与的动力机制分析. 信阳师范学院学报（哲学社会科学版），2013，33（6）：24－27.

⑤ 王晓梅，张利辉，王鸿梅. 城乡一体化进程中新型农村社区发展动力研究. 价值工程，2014，33（9）：123－124.

⑥ 文琪，开华金. 多元主体：新时期农村社区建设动力分析. 重庆交通大学学报（社会科学版），2015，15（6）：1－4.

（2016）通过剖析吉林省陈家店村实施新型农村社区建设的模式经验，发现该村新型农村社区建设是自下而上模式的典型代表，以村委会为主要驱动力，通过整合村庄、土地、人口、产业等区域空间资源要素，积极带动村民就业转型，实现乡村振兴。[①] 唐建兵（2017）认为新型农村社区发展动力已经从政府"顶层设计"转向注重"基层探索"，其动力包括外助力和内驱力两部分，前者包括政府支持、市场推动、第三部门帮助等，后者包括农民致富欲望、社区参与、精英示范带动、社区文化内聚等。实践中应整合两种驱动力推动农村社区可持续发展。[②]

尽管各类文献研究新型农村社区建设动力的视角不同，但总体上有两大特点，一是都认同把政府的引导与推动作为主导力量，建立相关的推进制度，同时应该充分发挥市场机制，突出以经济利益激励社区成员积极参与社区的各类活动和建设行动，提高社区的凝聚力和合作效度。二是普遍认为新型农村社区建设应注重整合社区内外资源来促进社区发展。由于我国地域广阔，地区差异巨大，不同地区农村社区所处的发展条件和阶段不同，面临的环境和问题千差万别，其建设动力的来源、性质、强弱等也各有特点。这表明各地新型农村社区建设动力的构建没有统一的模式，需要根据各地实际情况来培育和发展其建设动力。

（三）农村社区建设模式问题

随着城镇化和城乡一体化的推进，农村社会发生了深刻变化，由于区位、经济、习俗等方面的差异，各地农村社区建设各有特点。选择什么样的道路和模式来建设农村社区，关系到农村社区建设的成败，是农村社区研究领域的重要内容。农村社区建设有无规

---

① 佟伟铭，张平宇. 乡村城镇化新模式：基于陈家店新型农村社区建设过程与动力机制的分析. 农业现代化研究，2016，37（6）：1100－1106.

② 唐建兵. 城镇化进程中的新型农村社区发展动力研究. 河南社会科学，2017（8）：58－62.

律可循，有无模式可鉴，一直是研究者关注的问题。现有文献对此展开了诸多研究。王茂彦和李立新（2008）汇集各地农村社区建设的不同做法，归纳了胶南模式、南京模式、扬中模式、江西模式、杨林桥模式、永川模式等带有明显地域色彩的模式。[①] 戚学森（2008）通过对农村社区建设实践的探索，对一村一社区、一村多社区、多村一社区等模式的建设进行了界定并给出了多个具体对应案例的介绍，并在此基础上对农村社区建设标准进行了探讨。[②] 董玥玥（2013）深入分析了河南省荥阳市探索适合该市新型农村社区建设的路子，并归纳了五种特色模式：引进社会资本参与模式、自我发展模式、村企联建模式、产业带动模式和异地搬迁模式，并总结了其建设经验，为新型农村社区的建设提供了案例借鉴。[③] 王江等（2013）基于空间视角，从与农村生态环境和农村文化相协调出发，将新型农村社区的空间建构放入农民群体传承思维模式和行为模式之中，研究提出了“三位一体”的新型农村社区原型空间建构模式。[④] 袁方成和杨灿（2015）通过研究和概括我国地方农村社区建设的太仓“政社互动”模式、德州“两区同建”模式、温州“城乡统筹”模式、秭归“幸福村落”模式和青岛“社区社团化治理”模式等地方模式的经验，提出社区建设要规划引领、合理布局，居民区与产业区同步发展，均等公共服务，推动城乡一体，强化社区自治，创新多元主体的主张。[⑤]

理论上探讨探索和创新适合本地区农村社区建设新模式，是当前农村社区建设的重要任务。从上述研究来看，多数研究从我

① 王茂彦，李立新. 农村社区建设的内容、模式及其保障措施//戚学森. 农村社区建设理论与实务. 北京：中国社会出版社，2008：60-64.

② 戚学森. 农村社区建设理论与实务. 北京：中国社会出版社，2008：145-202.

③ 董玥玥. 新型农村社区建设的特色模式研究——基于河南省荥阳市的实践调研. 理论与改革，2013（5）：119-122.

④ 王江，赵继龙，张蕾. “三位一体”的新型农村社区原型空间建构模式研究. 城市发展研究，2013，20（12）：56-60.

⑤ 袁方成，杨灿. 当前农村社区建设的地方模式及发展经验. 青海社会科学，2015（2）：9-16.

国各地农村社区建设的现实案例出发，对各地的建设模式进行了经验总结并概括提炼出具体的模式类型。各种建设模式虽各具特点，但都强调了因地制宜、规划引导、社区自治和多元参与等因素对新型农村社区建设的影响。这为具体地区农村社区建设的模式选择提供了借鉴和参考，也对研究创新农村社区建设模式具有启示意义。

（四）农村社区组织建设与治理问题

农村社区的组织建设和治理模式也是学者们感兴趣的领域。朱启臻等（2008）阐述了农村社区组织的内涵，并从农村经济社会发展、农民实现自身利益、发展农村生产力、建设新型农民等方面论述了农村社区组织建设的重要性，论证了农村社区组织是整合农村社区发展各种内外部力量的必然途径。① 董进才（2014）认为，城镇化、户籍改革、社会组织发展和取消农业税费改变了农村基层社会的组织建设和治理基础，农村社区需要创立新的协同治理模式，吸纳社会组织参与决策、监督和服务，并结合农村社区的自身特点规划实施途径。② 李晓燕和岳经纶（2014）以经济发达的广东省农村社区建设为例，强调应以社区党组织为领导核心、村民议事会决策社区事务，来推动农村社区组织建设和治理。③ 农村社区建设与建设社会主义新农村、建设美丽乡村关系紧密，并且是后者的主体内容之一；农村社区建设也与国家治理现代化息息相关，也是国家治理现代化的重要组成部分（许经勇，2014）。④ 丁宁宁等（2015）研究了不同农村社区制度变迁中的关键因素和治理模式，利用多案

① 朱启臻，鲁可荣，高春风. 农村社区发展动力研究. 北京：中国农业大学出版社，2008：194-197.

② 董进才. 新型农村社区协同治理模式的构建. 经济与管理，2014，28（6）：34-37.

③ 李晓燕，岳经纶. 社会治理条件下广东省农村社区建设研究——基于三方主体框架. 农业经济问题，2014（5）：36-44.

④ 许经勇. 国家治理现代化与农村社区建设. 湖南师范大学学报（社会科学版），2014（5）：19-23.

例对比方法，将农村社区治理机制的制度选择归纳为代理型自治、竞争型自治、操作型自治和行政供给四种模式。[①] 庄龙玉（2018）认为新中国成立以来，我国农村社区治理经历了集权式、放权式和赋权式三种治理模式演变，客观上要求治理方式也应从政府包办到参与共建、从封闭区隔到开放共享的转变。在新时代下，农村社区治理应实现治理主体的重构与联动机制的健全，在完善基层党的领导下，充分发挥社会组织的作用和调动农民的参与意愿，以夯实农村社区治理的基层基础。[②] 郭苏建和王鹏翔（2018）认为目前如何实现农村社区有效治理已成为一个紧迫问题，自上而下的传统管理模式在现代农村社区治理中具有局限性。通过对湖北省某农村社区的实证分析发现，将治理机制理论引入农村社区建设，对于推动社区治理模式转型升级具有显著成效。[③]

农村社区组织建设与治理模式是新型农村社区建设绕不过去的一个重要内容。现有文献既有理论的探讨，也有对现实案例的分析，尽管视角各异，但观点在大方向上具有一致性：农村社区组织是整合内部资源的力量和平台；随着外部环境和内部条件的变化，农村社区的组织建设和治理模式应该进行与时俱进的调整和创新；组织建设和治理模式要激发农民的参与共建，夯实基层基础。新时代下农村社区建设转型依然存在组织建设和治理模式适应性与优化问题，有待进一步研究。

三、评述

伴随全球城市化的推进，城乡一体化的总体趋势不可逆转，我

① 丁宁宁，李国锋，袁玥. 新城镇化背景下农村社区治理模式变迁的制度选择——基于多案例研究视角. 农村经济，2015（6）：56－61.

② 庄龙玉. 农村社区治理：模式演进，方法转变与联动机制. 行政论坛，2018（4）：116－121.

③ 郭苏建，王鹏翔. 农村社区治理模式转型的探索与实践——基于对湖北省 QL 农村社区的调研. 社会科学研究，2018（5）：54－60.

国也不例外，在此过程中，农村社区建设处于加速转型阶段，面临着复杂多变的外部环境，同时内部条件也因为各地地理区位、经济条件、文化习俗等因素千差万别。正因为此，激起了国内外对农村社区研究的广泛兴趣。综观国内外研究脉络，第一，都关注了农村社区相关概念和理论的研究，以确定研究问题的边界和理论框架；第二，农村社区建设和治理模式是共同关注的问题，因为它直接关系到社区建设的成败；第三，都注重农村社区现实案例的探索和剖析，只有通过实际案例研究才能抽象概括农村社区建设的一般理论并检验理论指导实践的可行性；第四，农村社区建设和治理应该组织化。上述国内外进展为本书的研究提供了重要的理论和方法启示。但现有研究仍有不足之处，一是目前对农村社区建设的相关概念仍未形成一致的认识，对农村社区建设也未形成统一的理论分析框架，案例的分析归纳多于理论体系的阐发；二是农村社区建设背景和历史经验探讨还较为零散，缺乏系统性；三是对新时代中国农村社区建设的战略思路、目标任务尚不甚明晰；四是对农村社区建设模式缺乏系统归类，对我国农村社区建设的模式、发展方向和相关支持政策探讨不多且不充分。

基于以上国内外研究的进展和不足，本书的研究内容设定如下：一是对中国农村社区建设的基本概念进行梳理，并对我国推进农村社区建设的重大意义与范畴予以阐述；二是介绍农村社区建设的时代背景，总结基本历史经验，并对我国农村社区建设的历程、成效、问题和趋势进行阐述；三是基于以上研究提出中国农村社区建设的总体战略思路和目标任务；四是对我国新型农村社区建设的主要模式进行系统性分析并探讨新时期农村社区建设模式的发展方向；五是对如何进一步推进我国新型农村社区建设研究提出相关支持政策。

第二章 农村社区建设的基本概念

中共十八大以来，随着工业化、城镇化、城乡一体化、农业现代化的发展，习近平新时代中国特色社会主义思想的贯彻，乡村振兴战略的实施，党和政府对我国“三农”问题高度重视，而破解“三农”问题的重要着力点是推进新农村社区建设。进行农村社区建设，首先应该了解农村社区、农村社区建设等基本概念的含义以及推进农村社区建设的重要意义与范围。基于此，本章首先阐述农村社区的概念、发展、功能、特征及分类，进而剖析我国推进新农村社区建设的重要意义与范畴。

第一节　社区与农村社区

农村社区作为社区的一种类型，虽然在学术界讨论得较早，但在我国政府操作层面出现的时间并不长。中央文件中正式出现“农村社区”的概念是在 2006 年中共十六届六中全会的《中共中央关于构建社会主义和谐社会若干重大问题的决定》中，至今已有十余年时间。有关农村社区及其建设的问题近几年讨论和研究得较多，但观点与看法各异，尚未形成统一意见，为了便于后续的分析与讨论，这里先对社区、农村社区的概念、功能、特征和分类进行界定和归纳。

一、社区的概念与发展

（一）社区的概念

一般认为，社区的概念最早源于德国社会学家滕尼斯 1887 年的著作《社区与社会》。在该著作中，滕尼斯提出社区（community）是指具有共同习俗、共同文化心理和价值观念的同质人口所构成的人类群体及其活动区域。[①] 自滕尼斯开始，人们通常将社区视为一种“共同体”，对这种共同体的解释虽然各种各样，但一定地域、共同纽带、社会交往以及意识认同等普遍被认为是一个社区或共同体最基本的要素和特征。[②] 这种社区是一种历史范畴，是经过长期历史文化过程自然形成的，具有独特而统一的人文传统与精神。国外的社区和传统意义上的社区大多是从这种意义上界定的。根据西方学术界的观点，社区要具备三个要素，即人群要素、自然物质要素和文化要素，这些要素在特定地域的有机结合就构成了一个现实的社区。[③]

我国现在提的社区与此有所不同，城市社区是指聚居在一定地域范围内的人们组成的社会生活共同体，更多的情况下主要是指法定规划的社区，现今城市社区的地域范围一般是经过社区体制改革

① 胡宗山. 城乡社区建设概论. 武汉：湖北科学技术出版社，2008：1.

② 于燕燕. 社区自治与政府职能转变. 北京：中国社会出版社，2005：5.

③ 潘屹. 家园建设：中国农村社区建设模式分析. 北京：中国社会出版社，2009：6.

后进行规模调整的居民委员会辖区。这种定位综合考虑了社区人口规模、资源状况、地域边界、利于自治等因素。

（二）社区的发展

早在社区这一概念形成之前，社区这种重要的人类社会生活现象就已经存在。作为历史范畴，社区是农业发展的产物。在远古游牧社会中，居民无固定住地，那时游牧氏族部落只是具有生活共同体性质的一种社会群体，不是现在所说的社区。随着农业的发展和农业生产人口在某个地区定居，出现了村庄这样一种社区。随着社会经济、政治、文化的继续发展，在广大乡村间又出现了城镇社区。产业革命后，伴随人口的快速聚集和城市化，人类社区进入城市化进程，城市社区数量日益增多，与传统农业社会下的社区不同，城市社区的经济基础、规模范围与结构功能都发生了根本性的变化，许多大城市、大都会社区不断涌现。

在我国，伴随社区在类型和规模上的发展，社区的结构和功能也发生了巨大变化。按照以往的传统，一个村庄、一个城镇或者一个城市都有确定的地域范围和边界。例如，一个完整农村社区的地域范围通常是以其村民聚居点为中心，由该中心将其辐射到附近的各种服务功能极限点联结起来，构成该社区的地理区域；而一个完整城市社区的地域范围通常是由其市区和包括若干小城镇及乡村的郊区构成的。每个社区都有一定的为其区域和成员服务的制度、机构和设施，每个社区都设有商店、学校、工厂、政府机关、医疗单位、群众团体等服务性设施与机构。这种设施与机构的“服务地区”就形成了该社区的疆界。

然而，随着现代社会的发展，地方社会的社区的地方性差异逐渐缩小。随着现代传播方式如广播、电视、电话、网络的普及，国家义务教育的推行，户籍制度的松动，各地人口流动增加，各社区间在规范、价值观念以及行为模式上的差异程度不断降低。社区的许多地方性功能已为“大社会”的普遍统一功能所取代，不同社区居民之间的相似性多于相异性。随着大城市、大都会的快速崛起，社区的地域疆界也渐次由分明转向模糊。比如一个大城市之前包含若干个相对独立的社区，但由于市政府的机构设置和行政区划则又可能使各社区原有的地域分界与行政区划不一致。长期以来，我国社区居民一般在本社区内就业谋生，但改革开放后，这种情况逐渐发生了变化，现代社区的许多居民的工作地点并不在本社区中。因此，社区成员除了具有当地居民的共同利益，还具有从社区以外谋取发展的不同利益。显然，这种情形从社会纽带和社会交往上突破了社区地域疆界的限定性。另外，地方社区里的工厂、商店、社会团体、政治组织、企事业单位及社区成员可能属于大地域范围和高等级别组织结构的下属单位、分支机构，其决策与行为主要受其本系统上级组织的主导，而不受或少受当地社区的影响。因而，作为地方社会的社区，其自主性也被削弱。

二、农村社区及其与城市社区的异同

（一）农村社区的概念

科学界定和理解农村社区的概念是本书的起点和工作基础。目前关于农村社区的概念，不同研究者有不同的看法。詹成付（2008）[①] 和师坚毅（2010）[②] 认为严格意义上的农村社区是指聚居在一定地域范围内的农村居民在农业生产方式基础上所组成的社会生活共同体。该定义强调了农村社区的地域边界和生产方式。王云斌（2008）认为农村社区是指聚居在同一自然村或中心村周边小村落范围内的人们所组成的社会生活共同体。[③] 王霄（2008）从社会

① 詹成付. 农村社区建设实验工作讲义. 北京：中国社会出版社，2008：1.

② 师坚毅. 新农村社区建设与管理. 北京：中国社会出版社，2010：1.

③ 王云斌. 中国农村社区建设的起源与发展//戚学森. 农村社区建设理论与实务. 北京：中国社会出版社，2008：7.

学角度也给出了几乎与之相同的定义。[①] 该定义强调了农村社区内容中的村落结构。唐忠新（2008）认为农村社区是不同于城市社区的另一类社区类型，是以农村生产方式为基础的社区。[②] 他强调了农村社区与城市社区的区别及其基础的生产方式。朱启臻等（2008）认为农村社区是指农村居民以农业生产活动为主要生活来源的社会区域共同体[③]，强调了农村社区居民的生活来源。项继权（2009）认为农村社区是一定地域范围内的人们基于共同的利益和需求、密切的交往而形成的具有较强认同的社会生活共同体，而且是一种政府主导的规划性的社会生活共同体。强调了政府的作用和规划的意义。[④] 尽管学界对农村社区这一概念的理解有一定偏差且侧重点不同，但聚居特征、农业生产方式、主体为农村居民、社会生活共同体等是各学者对农村社区概念界定的共同内涵特征。

从 2006 年中共十六届六中全会正式提出农村社区概念以来国家发布的有关官方正式文件来看，尽管农村社区一词出现的频度很高，但并没有给出农村社区这一概念的权威定义。鉴于此，根据学界对农村社区概念的讨论，结合官方正式文件中有关农村社区及其相关内容的阐述以及研究的实际需要，我们对农村社区做出如下界定：农村社区是相对于传统行政村和现代城市社区而言的，是指在一定地域范围聚居、具有一定互动关系和共同文化维系力的农村人口群体，是在农业生产方式基础上所结成的社会生活共同体。理解农村社区的基本含义应把握以下几个要点。

（1）农村社区是相对于传统行政村和现代城市社区的概念。

相对传统行政村而言，农村社区是一个比行政村体制更具有弹

---

① 王霄. 农村社区建设与管理. 北京：中国社会出版社，2008：2.

② 唐忠新. 农村社区建设的含义和重大意义//戚学森. 农村社区建设理论与实务. 北京：中国社会出版社，2008：26.

③ 朱启臻，鲁可荣，高春风. 农村社区发展动力研究. 北京：中国农业大学出版社，2008：4.

④ 项继权. 论我国农村社区的范围与边界. 中共福建省委党校学报，2009（7）：4-10.

性的制度平台，传统行政村的行政与管理一般是由乡镇政府派出机构或类似组织来进行，与上级政府构成事实上的行政隶属关系，注重的是生产管理和执行上级政府部门下派的行政性任务。而农村社区与上级政府间是一种指导与协助的关系，一般不存在隶属关系，强调社区自治管理，注重的是生活管理，它围绕如何形成新型社会生活共同体而构建，注重通过整合资源、完善服务来提升人们的生活质量、凝聚力和认同感。

相对城市社区而言，农村社区的主体是农民，从事的基础经济活动是农业生产，人口居住密度低，聚居规模也较小，具有农村、林村、牧村、渔村等多元类型，血缘、地缘关系发挥基础性作用。这些都与城市社区不同。

（2）农村社区是一个社会实体和相对完整的社会结构体系。

农村社区既包括由一定数量和质量的人口构成的社区群体和组织及其相关的经济、政治和社会文化生活，也包括一定地域范围内人们从事经济活动所需要的生产与生活资料。在范围上，任何农村社区都是农村社会的组成部分和基本单元。事实上，整个农村社会是由不同类型、规模的农村社区所构成的社会结构体系。

（3）农村社区的主体是农村居民。

农村居民是农村社区生产、生活、建设与管理的主体，因而农村社区建设主要是为农村居民提供良好的服务，要尊重农村居民的主体地位，发挥农村居民的主体作用。

（4）农业生产是农村社区的基础性经济活动。

与城市社区的劳动人口主要从事二三产业活动不同，农村社区的基础性经济活动是农业生产。当然，随着经济的发展，农村产业结构也会发生变化，一些农村社区居民从事非农业生产活动的情形越来越多，但总体上农业生产依然是农村社区的基本经济活动，也是发展其他非农产业的基础。

（5）农村社区具有多元功能。

我国的农村社区，既要发挥组织、协调、管理生产等经济功能，也要承担贯彻执行党和政府的方针政策，维护村民的合法权益，建立和发展各类社区组织，推进村民自治和基层民主法制建设等政治职能，还要担负教育、文化、体育、治安、维稳等文化、社会功能。

（二）农村社区的功能与特征

1. 农村社区的功能

根据上述农村社区的概念要点，结合中共十七大报告提出的“把城乡社区建设成为管理有序、服务完善、文明祥和的社会生活共同体”的目标和中共十九大提出的“按照产业兴旺、生态宜居、乡风文明、治理有效、生活富裕的总要求”实施乡村振兴的战略目标，并结合我国农村社区的情况，总体来看，农村社区在功能定位上可归结为建设、管理和服务三个方面。其中建设是社区发展物质基础硬件层面的内容，管理和服务则是社区发展软件层面的内容。具体来讲，农村社区至少具备以下几大功能，即经济发展功能、政治与管理功能、生产生活服务功能、文化服务功能、社会管理和社会建设功能。

（1）经济发展功能。

农村社区作为农村居民以从事农业生产为主要经济活动的地域社会共同体，其重要功能就是发挥其组织、协调、管理生产经营活动的作用，提供产前、产中、产后服务，促进农村经济发展，提高经济增长率，增加农民收入，减少农村贫困，带领农民致富，改善农民生活质量。

（2）政治与管理功能。

在党和政府各种方针政策的基层贯彻执行，村民合法权益的维护，各类社区组织的构建，村民自治和基层民主的推进等方面，农村社区都承担着重要功能。

（3）生产生活服务功能。

农村社区作为农村居民长期进行生产活动与生活的共同体，应该满足社区居民的各种生产生活服务需求，如农业生产中的互助与合作、婚丧嫁娶等民俗活动中亲友邻里之间的互助与支撑、社区五保户的集体救济与赡养等。

（4）文化服务功能。

主要表现为农村社区担负着发展教育事业、组织开展文化娱乐和体育活动、组织开展群众性精神文明创建活动等功能。

（5）社会管理和社会建设功能。

随着基层政府职能的转变和国家对农村地区管理体制的改革，农村社区的公共管理和公共服务功能逐渐体现，其作为中间平台将地方政府和社区居民连接起来，将政府提供的公共管理与服务和社区自我管理衔接起来。具体而言，农村社区具有维护本社区的治安秩序、调解民间纠纷、管理计划生育、维护社区社会稳定的社会公共管理职能。社会建设功能方面，农村社区组织承担依法办理本社区的公共事务和公益事业，发展本社区的社区保障和福利事业等功能。

2. 农村社区的基本特征

从社会学的角度来看，农村社区具有下列基本特征。

（1）受地缘关系和地域自然环境影响深刻。

受地缘关系和地域自然环境影响甚至支配是农村社区的一个显著特征。农村聚落有其特定空间范围限定性，受自然环境影响，农业类型具有强烈的地域性，人与人之间关系的地缘色彩也很浓厚。村落作为我国农村社区的基本单位，其形态与规模受自然环境因素如气候、地貌、地形、水文、物产、地理位置、交通条件等影响深刻，例如平原地区的普通农村村落、黄土高原的窑洞村落、青藏高原和内蒙古高原的帐篷村落，就显示了不同自然环境下的显著地域特征。我国南方山区由于丘陵迭起、地势不平、道路狭窄等原因，村落规模相对较小；而北方地势平坦、道路宽敞、畜力丰富，村落规模一般较大，从而形成不同地域特色的农村自然景观。

（2）人口密度低、人口流动率低、人口同质性高。

与地域特征相联系，虽然我国农村人口绝对数量庞大，但由于我国幅员辽阔，农村人口散居在广大的地域上，人口密度相对较低，流动率也较低。如果人口密度提高，其职业必然分化，形成集镇或城镇，这时就不是真正意义上的农村了。在农村，主要经济活动就是农业生产，由于职业稳定、交通不便利、文化不发达，农村居民通常移动范围小且频率低，社会生活相对比较定型，人口同质性高。

（3）经济特征上表现为农业是基本产业。

农业是历史最悠久的产业，也是农村经济的基础与主体。农业经济的特点是直接受自然界要素的影响，土地、河流、海洋、气候、地形、光照、动植物等各种自然要素既是农业生产的影响因素，也是农业发展的依靠因素。农业生产在很长时期内都主要依赖自然的生产能力，因此，生产技术落后，经济活动比较简单，商品经济不发达，自然经济比重较高。当然，随着农业科技的进步和生产条件的改善，通过机械化、人工水利设施建设、化肥农业施用等技术手段，农业生产力水平得到了显著提高。但在中国，由于耕地资源缺乏，人口众多，机械化程度低，故而农业对自然的依赖程度依然很高，农业作为农村基本产业的特性并未改变。

（4）家庭功能突出。

从组织上看，家庭是农村社区组织的主要构成单位，也是农业生产的基本单位，担负了生育、赡养、消费、文化娱乐等多项功能。工业领域由于技术进步和各种机器的使用，摧毁了家庭手工业的组织形式，但在农业生产领域，家庭农业经营依然是主要形式。即使是在当代发达的资本主义国家也一样，比如日本有家庭农场400多万个，占该国农场及农业企业数的90％以上，加拿大也是91.5％的农场为家庭所有，现代农业最发达的美国也多是家庭经营农业生产。[①] 我国改革开放后实行家庭联产承包责任制，农民家庭

① 唐忠新. 农村社区建设的含义和重大意义//戚学森. 农村社区建设理论与实务. 北京：中国社会出版社，2008：29.

是从事农业生产的基本单位。而且由于家庭地位的重要性，在农村社会生活中，社区组织也往往把家庭视为承担任务的单位，并不直接论及个人。尤其像家庭、邻里、合作经济组织和村民委员会等，大都是以家庭为单位构建的。因此家庭是农村社区的基本构成单位。

（5）血缘、邻里关系具有基础性作用。

血缘关系是人类最原始的社会关系。传统农村社区具有“血缘群体”的社会关系特征，血缘意味着人与人之间的权利和义务关系根据亲属关系来决定。[①] 由于传统农村自然经济的特点，家庭成为基本生产单位和初级的农村组织，为了抵御自然风险和社会动乱，从生产和社会的双重需要出发，家庭就会结成高一级的组织形式，在农村往往是血缘群体。另外，由于人口迁徙，不同血缘的人们逐渐杂居，破坏了单纯的血缘关系，加之为应付日益复杂的社会生活，单靠血缘关系已显得力量单薄，这时邻里关系的作用得到了发挥，是血缘关系的一种补充，并与血缘关系一起构成了农村社区具有基础性作用的社会关系。事实上，凡农民遇到生产、生活困难时，亲族、邻里往往是他们求助的对象。这表明，血缘和邻里关系是农村社区的社会支持系统，发挥着基础性作用。

（三）农村社区与城市社区的异同

农村社区与城市社区可统称城乡社区，作为社区的两大类别，它们既有相同点，也有不同点。

1. 农村社区与城市社区的相同点

从不同角度来考察，农村社区与城市社区有以下几方面具有相同点：

（1）城乡社区都是一定地域的社会共同体。

尽管农村社区和城市社区存在人口所从事的产业、居住方式、

① 费孝通. 乡土中国. 北京：三联书店，1985：71.

空间分布形态等诸多方面的不同，但从社会组织形式来看，它们都是一定地域范围内的社会共同体。城市社区一般是街巷、里弄，或者法定和规划区域内人们所组成的社会生活共同体。农村社区一般是自然村、行政村、集镇等自然型的农村区域内人们所组成的社会生活共同体。二者均以聚居人群共建、共享区内社会设施、服务和文化为共同特征。

（2）城乡社区都具有社区的六大基本属性。

农村社区和城市社区同作为社区，都具有社区的六个基本属性。包括：

地域属性。即社区范围的定位，城乡社区都有其特定的地域空间，有一定的边界，是社区内人们生活和开展社会活动的基本空间。

人口属性。社区概念本身就是地域与人口的结合。城乡社区都有居住在其范围内的居民，以区别于其他群体，如俱乐部、公民社团等。社区内人口的数量和质量、构成分布和流动状况等特征都是城乡社区开展社区工作的重要依据。

组织结构属性。组织结构是指社区内各种社区群体和社会组织之间的关系及其构成方式。城乡社区都有其组织结构，比如家庭、邻里、商业企业组织、党政机关、社区居（村）委会以及其他社会团体和事业单位。当然，不同的城乡社区其组织结构的层级、种类、数量、网络关系等方面会有差别。

社会心理属性。农村社区或是城市社区，在同一社区内生活的人们在生活习惯、行为方式等方面都具有相似性，社区成员对社区会产生归属感和认同感。这是城乡社区的共同社会心理属性。

规则体系属性。城乡社区都有为协调区内不同组织和成员而制定的规章制度、行为准则等规则体系。这些规则体系是城乡社区开展社区工作的基本指导原则。

物质基础属性。即城乡社区运行都必须具有一定的物质基础。既有技术性物质基础如社区内的供水排水、道路、路灯等系统，也有社会性物质基础如社区公共组织办公场所、社区服务设施、办公设备、活动经费、文化体育设施等。这些物质基础是城乡社区得以存在的基础平台。当然，农村社区与城市社区相比，在很多方面可能存在差距。

（3）城乡社区建设的目标与原则具有共同性。

从建设目标来讲，在我国，城乡社区建设的共同目标是在党和政府的领导下，依靠社会力量，利用社区资源，强化社区功能，解决社区问题，促进社区政治、经济、文化、环境协调和健康发展，不断提高社区成员生活水平和生活质量。

从建设原则来看，城乡社区应坚持一些共同的基本原则，主要包括：以人为本、服务居（村）民；资源共享、共驻共建；责权统一、管理有序；扩大民主、居（村）民自治；因地制宜、循序渐进等。

（4）城乡社区建设面临共同的任务内容。

城乡社区建设有其共同的基本任务，可概括为“建设社区、管理社区和培育社区”三个方面。

建设社区。包括建设社区的物质基础设施和基本生产生活保障体系。一个城乡社区的形成与发展，必须要有一定的物质基础设施和基本生产生活保障体系。当然，农村社区与城市社区二者对建设的需求程度有差别。

管理社区。包括基层直接民主与自我管理，实际上就是城乡社区自治体系。管理社区涉及居（村）委会等社区组织机构的建立及其开展的各项工作，既包括全社区层面的民主选举、民主决策、民主管理、民主监督，也包括居（村）民参与的自我管理、自我教育、自我服务和自我约束，还包括居（村）民自治中的人事自治、财务自治、服务自治、管理自治和教育自治等。

培育社区。即培育社区共同体和精神文化体系。社区与街区、村庄的重要区别就是该社区有着共同体精神。这种共同体精神是城乡社区都要培育的。

(5) 城乡社区的发展有趋同愿景。

在统筹城乡发展和城乡一体化进程加速的背景下，城乡社区的发展尽管有着各种差异，但从趋势上讲，具有趋同收敛的趋势。一方面，城市社区的各种功能和服务不断完善，向更高阶段发展；另一方面，农村社区的功能和服务也在不断提升，与时俱进，各种物质性基础设施和社会性基础设施所构成的平台系统持续改善，与城市社区的差距有缩小的趋势，比如我国苏南一些农村地区的社区建设水平与城市社区已差别很小。因而，城乡社区发展的趋同是未来共同的愿景。当然，由于地域、自然、经济、文化等因素的差别，完全趋同是一个漫长的过程，但其总趋势不会改变。

2. 农村社区与城市社区的不同点

就我国而言，不同的历史背景和现实条件的差异，决定了城乡社区具有许多不同的特点。

(1) 城乡社区诞生的时代背景不同。

1990 年代初，伴随着经济和社会的转型，单位制逐步走向解体，越来越多的“单位人”变成“社会人”，个体、私营从业人员以及流动人员越来越多，下岗失业人员、离退休人员也显著增多，增加了城市基层管理的任务，传统的单位制管理体制不堪其责；与此同时，社会变迁过程中社会力量也逐渐发育和成长起来，政府不能再采取包办的方式，将触角渗透到社会的每一个领域。面对社会发展中出现的新形势、新任务，为了实现社会整合的目标，城市社区成为城市基层社会管理的基本单元。1990 年代以后，由国家民政部倡导的社区建设作为一项重塑基层社会的综合性改革工程，在中国广大城市逐步推开。1999 年民政部启动了“全国社区建设试验区”的试点工作，确定了 26 个城区作为国家级试验区，2000 年民政部制定了在全国推进城市社区建设的意见，2001 年民政部发布《关于印发〈全国城市社区建设示范活动指导纲要〉的通知》，推进了“创建全国社区建设示范市、区”的口号，城市社区进入普遍推广阶段。

与城市社区的早起步相比，我国现代农村社区建设直到2006年中共十六届六中全会通过《关于构建社会主义和谐社会若干重大问题的决定》才首次被完整提出。农村社区是在农村社会内在变迁和统筹城乡社会发展及城乡一体化进程加快的多重需求压力下诞生的。农村社区建设不仅是社会主义新农村建设的重要内容，也是缩小我国城乡差距、统筹城乡发展、推进社会主义和谐社会建设的重要举措。

（2）农村社区较城市社区形式上更为多元化。

改革开放后的中国农村，不同村庄在产业结构、职业结构、经济实力、人口构成、思想观念以及社会关系等方面发生了迅速分化，完全同一的中国农村已不复存在，形成了特点鲜明、种类多样的农村。农村社区的多元化特征，就产业发展而言，既有以二三产业为主的农村，也有以传统农业为主的农村；就集体经济发展程度而言，既有集体经济发达的农村，又有集体经济较差甚至没有集体经济的农村；就产业形式而言，既有农业、牧业、渔业等传统产业农村，又有工业、商业、旅游业等现代产业农村。[①] 多元化的农村社区形成了多元化的社区建设模式，比如“一村一社区”模式、“一村多社区”模式和“多村一社区”模式等。

（3）城乡社区建设内容的侧重点不同。

我国城市社区建设已经基本完成组织构建和基础设施建设，下一步是着重突出促进城市社会事业的发展，推进城市基层社会管理体制改革、发展基层民主、开展社区自治以及培育社区文化和精神。而农村社区建设才刚开展不久，其建设内容还需要探索与完善。就当前而言，重点首先要放在基础设施建设与生产生活建设，改善村民生活环境，提升社区服务功能。基础设施主要包括乡村道路、水利、电力、通信、广播电视、文教、卫生等设施。另外，农

---

① 李学斌. 城乡社区建设的比较. 中国民政，2008（5）：24.

村社区与城市社区的一个重要区别是，农村社区不仅是农民生活的共同体，它还是农民进行农业生产和相关经济活动的地域，那么农村社区建设还得承担起经济组织和经济服务的功能。

（4）城乡社区建设的进程不同。

由于城乡在发展上存在的巨大差距，而且城市地区在发展过程中获得了政府政策、财政的强有力支持，经过数十年的发展已经具备了较优越的物理基础，在加强城市基层社会管理、推进社区自治、推进城市现代化、提高居民生活质量等方面也成效卓著，因而城市社区建设会更快、更完善。而农村社区的建设才刚刚起步，就全国范围而言还处于试点阶段，因而农村社区建设将是一个比较漫长的过程。事实上，在我国城乡二元体制的历史影响下，大多数农村贫穷落后，经济欠发达、村民收入水平低、生活服务设施落后、社会保障匮乏。我国现有行政村 70 多万个，农村人口 7 亿多人，据抽样调查，无负债的村仅占三成，70%的村负有债务，村均负债 72.5 万元，若完全依靠政府财政投入来解决问题是不现实也不合理的，唯有通过大力发展农村经济，提高农村自我造血功能，才能为农村社区可持续发展提供可靠保障。① 在这样一种现实下，我国农村社区的建设和完善必将历程漫长。

（5）城乡社区的其他差别。

城乡社区除了上述主要不同外，在其他众多方面也表现出了明显的差异。在社区规模上，农村社区相对较小，城市社区相对较大。在人口密度上，农村社区较低，城市社区较高。在人口组合上，农村社区多为同质的，较为简单，城市社区多为异质的，比较复杂。在工作环境上，农村社区多为户外，城市社区多为室内。在产业与职业上，农村社区多为农业，无甚差异，城市社区为二三产业，差异较大。在技能上，农村社区普通而无殊异，城市社区很专

① 凌新，周小霞，李广平. 城乡一体化视野中的农村社区建设. 湖北社会科学，2009（12）：40－42.

门化。在家庭人口上，农村社区比较多，城市社区比较少。在家庭与工作场所位置上，农村社区两者较近，城市社区两者常分开。在社会接触上，农村社区机会少而直接，城市社区机会比较多而间接。在社会阶层分层上，农村社区少，城市社区却很多。在社会地位上，农村社区多为“规定的”，较稳定，城市社区多为“赢得的”，且不稳定。在社会流动性上，农村社区低，城市社区高。在生活水平上，农村社区低，城市社区高。在机关团体上，农村社区少而简单，城市社区多而复杂。在教育娱乐上，农村社区少，城市社区多。在生活心理上，农村社区较为迷信、保守，城市社区比较自由、易变。在社会病态上，农村社区少，城市社区多。在社会控制上，农村社区主要依靠民俗、民德（当然趋势上也靠法律），城市社区主要依靠法律。

三、农村社区的分类

农村社区是一个大概念，在这一概念下，为了不同的研究目的和需要可以根据不同的标准和依据进行适当的类型划分。目前关于农村社区类型的划分，存在不同的观点。詹成付（2008）认为各地社会、经济发展基础不同，农村社区建设的做法丰富多样，他综合各地已经出现的做法和经验，对农村社区建设类型的划分设立了三个标准，即以社区范围划分、以组织形式划分和以经济发展程度划分[①]，并在上述标准下对农村社区分别进行了类型划分。王霄（2008）按经济活动性质、社区规模及形态、社区发展水平等三个标准对农村社区类型进行了划分。[②] 胡宗山（2008）从我国各地农村社区建设试点的实际情况出发，根据发展的时间顺序和居民点分布的状况，对农村社区进行了五个类型的划分。[③] 根据已有农村社

① 詹成付. 农村社区建设实验工作讲义. 北京：中国社会出版社，2008：110.

② 王霄. 农村社区建设与管理. 北京：中国社会出版社，2008：18－23.

③ 胡宗山. 城乡社区建设概论. 武汉：湖北科学技术出版社，2008：61－63.

区分类研究的成果，结合当前我国农村社区建设的实际和研究的需要，这里对农村社区的分类进行一个较为系统的归纳。

（一）以社区范围标准划分的社区类型

根据社区范围可以将农村社区大致划分为“一村一社区”、“一村多社区”和“多村一社区”等三种类型。

1. 一村一社区

一村一社区是以建制村为基础建立农村社区，即在一个建制村区域范围内开展农村社区建设，是我国多数农村开展社区建设的典型做法。例如山东省胶南市（2012 年被撤销，与原黄岛区并为新的黄岛区）和湖南省 19 个试点县的农村社区普遍属于这一类型。

2. 一村多社区

一村多社区是在一个自然村落内构建多个以自然村落为基础的农村社区。这主要考虑到我国一些山区丘陵地带，建制村辖区范围很大，覆盖方圆数十公里，一个建制村包括十余个自然村，人口居住分散，每个自然村只有几十户人家，又离建制村设置地很远，联系不便。特别是在我国农村费税改革、乡镇改革和村级联动改革后，村干部人员大幅减少，一个建制村村委会的干部只有 2～3 人。在此情形下，尽管自然村规模小，但为了发挥社区的有效作用，社区建设也只能以自然村为单位设立。这种设置在江西省比较典型，并被称为村落社区建设。

3. 多村一社区

多村一社区是以乡镇或中心村为基础建立社区。这种类型通常在我国东部沿海的一些地方较为常见。社区服务大厅一般设在镇上，涵盖附近几个村，村民们接受镇的服务。山东省诸城市的做法是这种类型的典型代表。

（二）以组织形式划分的社区类型

按照不同的组织管理模式可将农村社区划分为三种类型，一是以村委会为主体的农村社区，二是以民间志愿组织和社会团体为主体的农村社区，三是以企业为主导的农村社区。

1. 以村委会为主体的农村社区

以村委会为主体的农村社区通常是在村党支部的领导下，以村委会为主要力量开展社区建设。这种农村社区的典型代表是山东省胶南市、江苏省南京市、重庆市永川区。

2. 以民间志愿组织和社会团体为主体的农村社区

在一些地区，由于基层自治组织不健全或不能适应当地社会的发展需求、基层干部少而辖区大、村委会因集体经济力量不强无力解决村民想要解决的事情，从而使得村委会和党支部不能满足社区群众的现实需求，农民只有自发组织起来成立民间组织或志愿组织来解决自己的事。江西省以“五老”志愿者队伍为主开展的村落社区就是这种农村社区的典型。

3. 以企业为主导的农村社区

这类农村社区形成了村企合一、社企合一的发展局面，村民大部分会是企业职工。在此情形下，企业处于发展的主导地位，由企业统一规划社区的生活设施，构建统一的社会服务网络，村民基本共享统一的社会保障。这种农村社区的典型代表是山东省胶南市北高家庄社区、鄂尔多斯市达拉特旗由东达集团建设的生态移民新村。①

（三）以经济发展程度划分的社区类型

改革开放 40 余年，我国各地发展很不平衡，经济水平参差不齐，因而各地农村社区建设的基础与条件也不一样，建设的内涵也不相同。处于不同经济发展阶段的地方政府的发展任务和当地农民的需求也差异较大。根据不同发展状况，可将农村社区划分为发达地区的农村社区、发展中地区的农村社区、欠发达地区的农村社区

① 詹成付. 农村社区建设实验工作讲义. 北京：中国社会出版社，2008：124.

和城乡结合部的农村社区等几种农村社区。

1. 发达地区的农村社区

经济发达地区的农村社区也发展得很好。比如我国东部沿海地区，尤其是山东、江苏、浙江等省份，农村社区建设走在全国前列。在这些地区，传统的城乡二元分割性特征已经不太明显，城乡社会经济在空间上不断走向一体化，农村社区与城市社区提供的功能和服务已相当接近，数量与品质也相差不大。

2. 发展中地区的农村社区

经济处于发展中的地区已经有了一些公共设施，但尚不具备很好的经济实力来全面规划社区建设。这类社区的中心任务是推动当地农村社区的经济发展，为社区功能的完善奠定良好的经济基础。

3. 欠发达地区的农村社区

地区经济越是欠发达，当地农民群众对社区公共服务的需求越迫切，农村社区建设的任务也越紧迫。因此这类地区不一定非要等到经济发展到一定程度才启动农村社区的建设，完全可以将农村社区建设与经济发展并行推进。

4. 城乡结合部的农村社区

我国在快速城市化的过程中，城乡结合部的面积也在不断扩大，形成了农村社区与城市社区交错并存的状态。在城乡统筹的背景下，城乡得以互动发展，有条件的地区的城乡一体化社区管理得以推进，城市居民和农村居民的利益都受到保护。

（四）以经济活动性质划分的农村社区类型

按照经济活动性质的不同可将农村社区划分为农业社区和非农业社区两大类。

1. 农业社区

农业社区按照其主业的不同又可分为农业村、牧业村、渔业村和林果业村。

农业村是以耕作业为主业的村落，也兼营动物养殖、果树栽培和其他家庭副业。我国大多数农村社区属于这一类。

牧业村以畜牧业为主业，包括流动的、半流动的和固定的居民点。由于牧业本身的经济特点，牧业村大都小而分散。

渔业村以捕捞、养殖水产品为主业。在沿海、沿江及湖区都有大量这类的社区。

林果业村以经营林业和果业为主业。在我国各地专业生产水果，如苹果、柑橘、香蕉等水果，经营竹、林、桑、麻、茶、花卉等经济林和用材林的专业村落形成了这类社区。

2. 非农业社区

这类社区位于农村但不以经营农业生产为主业，包括矿业村和工业村、旅游社区和宗教社区、集镇社区。

矿业村和工业村是因一些地区拥有某些特有自然资源，如矿产、森林、水力和经济作物，而出现某种专业加工厂、小矿山、水电站等专业村而形成的社区。

旅游社区和宗教社区是因名胜古迹和宗教庙宇而建立，以膳宿、生活用品供应和旅游纪念品、宗教专用品供应为主业而形成的社区。

集镇社区，包括除建制镇外的各种自然的集市和集镇，有较多人口但多数是农业人口，他们虽居住在镇上但从事农业劳动，也有一定数量的工商、文教和行政等非农人口，一般是乡政府或村委会驻地，大都有一个集市。

（五）以社区规模划分的农村社区类型

我国村庄的规模相差极大，有多至数千人的村，也有少至几十人的村。我国目前约 7 亿农村人口居住在约 500 万个自然村落内，平均每个村落的人口为 150 人。因此可按 200 人和 1 000 人作为区分点，200 人以下为小村，200～1 000 人为中等村，1 000 人以上为大村。

大村社区内的服务设施较多，功能较为齐全，有一定数量的商业和文体设施。多分布在耕地密集、地少人多的平原地区，华北、东北较多，长江中下游、东南沿海的河口冲击平原等地也有大村。

中等村社区是我国最常见的一种，广泛分布在全国各地。中等村有其特有的优点，村庄过大则离耕地太远，对生产不利，过小则不利于安排生活服务设施且占地较多，运行成本较高。中等村社区往往有一些商业服务设施，如小卖铺和教育设施，如小学校，等等。

小村社区在数量上很多，但由于每个村的人口很少，因此在农村总人口中占的比例并不大。小村住宅布局分散，聚落占地面积较大，没有街道、商店和学校，服务设施较差，不宜承载较多农业人口。

（六）以社区形态划分的农村社区类型

一是按社区的自然聚落的空间形态可将农村社区分为团聚状、条带状、环状、散居状等不同社区。不同形态的社区多与其所处自然地理环境有关。在平原和开阔区域，团聚状社区较常见；在山谷、河和公路两旁，条带状社区较常见；而在环水地区，会有环状社区分布；在牧区则多为散居状社区。

二是按社区行政联系的形态可将农村社区分为行政村社区和自然村社区。前者是在行政管理的格局中，为了管理的便利，以一个中心村为主设立村委会，管理与之联系的众多周边小村；后者是以自然状态分布的农村社区。

（七）以社区发展水平划分的农村社区类型

按社区的发展水平，农村社区可分为初级农村社区和次级农村社区两类。初级农村社区是那些分化不明显，主要从事农业和家庭手工业生产的农村社区。这类社区一般地处偏远，交通不便，相对封闭，自然经济是主要经济形态，社区服务设施少，功能有限，人口和聚落规模通常较小。

次级农村社区一般有一定程度的社会分化，虽然农业还是社区的经济基础，但二三产业已有所发展。这类社区一般土地资源、气候资源和地理位置较好，接近发展水平较高的城市，交通便利，社区基本生活设施较为齐全，社区组织有一定规模，社会结构日趋复杂，社区生活较为丰富，人口规模和聚落规模一般都较大。

（八）以发展时间顺序和居民点分布状况划分的农村社区

根据发展时间顺序和居民点分布状况可将农村社区分为城市农村社区、城郊农村社区、集镇农村社区、中心村社区和散落型农村社区。[①]

1. 城市农村社区

这类农村社区实质上就是城市社区，只不过其中很多居民身份依然是农业人口。其中又可分两种，一种是对郊区或开发区内的农民实施集中居住政策建的新型农民社区；一种是城乡结合部地区的社区或“城中村”社区。这类社区外（城区）的公共基础设施与服务一般比较完善，但由于这些社区大部分未纳入城市社区范围，因而其内部的各种基础设施，如社区道路、路灯、供排水、市容卫生、社会治安、社区管理等较不完善。

2. 城郊农村社区

这类社区由城郊地带的村落发展而来。城郊地区多以发展副业为主，农民大多已经脱离农业，居住方式和生活方式都已城市化，村落规划和村庄公共管理也在趋向社区化。

3. 集镇农村社区

这类社区主要是乡镇政府驻地的集镇或其他一些集镇地区的从

① 胡宗山. 城乡社区建设概论. 武汉：湖北科学技术出版社，2008：61－62.

事副业或农业的居民所形成的。集镇农村社区的生产生活设施通常有一定基础，但不完善。

4. 中心村农村社区

这类社区主要是以行政村村委会所在地或者本村的中心自然村为中心所形成的相对聚合的农村社区。中心村农村社区的基础设施一般有一定基础，但通常很不完善。

5. 散落型农村社区

这类社区是远离中心村，由若干个自然小村落组成的农村社区，一般自然条件较差，基础设施很薄弱，社区建设比较困难。

四、中国农村社区的主要特征

马芒（2005）认为中国农村社区除了具有一般意义的社区特征外，还有结合我国特殊国情的特色。① 王霄（2008）从地域特征和地缘关系、人口特征、经济特征、文化特征和人际关系特征等方面讨论了我国农村社区的特征问题。② 詹成付（2008）从所处背景、类型多元、聚居规模、家庭功能、血缘地缘等方面归纳了中国农村社区的特征。③ 胡宗山（2008）以城乡社区比较的角度从人口规模、人际关系、社会流动性和文化等方面分析了中国农村社区的特征。④ 师坚毅（2010）从动态变化的角度探讨了中国农村社区在地域、经济、人口和文化等方面的特征趋势。⑤ 归纳有关研究成果的论述，结合我国农村经济社会发展的现实，我国农村社区具有如下主要特征。

① 马芒. 农村社区发展的特征与功能. 北京：中国发展观察，2005（10）：22－22.
② 王霄. 农村社区建设与管理. 北京：中国社会出版社，2008：4－8.
③ 詹成付. 农村社区建设实验工作讲义. 北京：中国社会出版社，2008：3－4.
④ 胡宗山. 城乡社区建设概论. 武汉：湖北科学技术出版社，2008：53－54.
⑤ 师坚毅. 新农村社区建设与管理. 北京：中国社会出版社，2010：8－15.

（一）我国农村社区正处于转型进程中

随着我国工业化、城镇化进程的加速，城乡一体化的提升，美丽乡村和谐社会建设的推进，农村社区正在发生转型。农村产业结构从单一农业向一二三产业共同发展转型；农村就业结构中大批农村劳动力向非农产业转移，进城务工经商；农村居民的物质文化需求日益增加，精神诉求也不断扩大。种种迹象表明，农村社区与我国整个社会一样正在经历着快速的转型。

（二）我国农村社区具有多元类型

我国农村社区多元类型的特征体现在可以从不同角度对农村社区进行不同用途的划分。比如从社会职能角度划分，可分为农村、林村、牧村、渔村等；从法定地位角度划分，可大体分为自然村和建制村两大类；按照不同村落的地位作用划分，还可以将农村社区大致划分为村落社区和集镇社区，以及基层村落社区和中心村落社区等。农村社区类型的多元性特征对我们因地制宜地开展社区建设具有重要的参考意义。

（三）我国农村社区人口聚居规模较小

尽管我国有超过50％的农村人口，但与城市社区相比，农村社区普遍人口聚居规模较小。因为作为农村基础性经济活动的农业生产必须在大面积的土地上进行，因而农民不可能像城市居民那样大规模地聚居在一个地方，而只能小规模地散居在各地以适应农业生产的需要。

（四）我国农村社区的家庭功能突出

改革开放后我国实行家庭联产承包责任制，农民家庭是农业生产的基本单位。同时，社区社会生活中，通常都是以家庭为单位参与各种组织活动，因而家庭是农村社区的基本细胞和各种农村组织的主要构成单位。由此看来，家庭在农村社区中的地位十分突出，农村社区建设必须考虑这一典型特点。

（五）血缘、地缘关系依然是我国农村社区的基础性关系

尽管随着经济的发展和交流的增多，业缘关系日益重要，但血缘关系和地缘关系在我国农村社区依然具有基础性作用，依然是农村社区组织的两种重要联系纽带。农民遇到生产生活困难，往往首先求助于亲族、邻里来帮助解决，这表明，农村的血缘和地缘群体依然具有顽强的生命力。这同样是农村社区建设必须顾及的。

（六）我国农村社区的地域边界日渐模糊

尤其在我国一些东部沿海地区或经济发达地区的农村，由于工业化、城镇化，耕地不断减少，而新型的工商业建筑，如工厂、商品交易市场、商店、旅馆、娱乐场等大规模兴建，以往村庄的自然边界日渐模糊，即使存在也不是以往的意义了。而那些城郊村区域，与城市的边界更是变得模糊甚至消失。

（七）我国农村社区人口特征开始了剧烈的社会分层和流动

随着农村产业结构的变化，其社会结构也发生了相应的变化。计划经济时代单一身份的“社员”，如今已分化为农民、企业工人、农民企业家、私营业主、乡村管理者、外出务工者等，为农村社会增添了多元性、复杂性、流动性和竞争性。这种乡村分化是我国社会走向现代化的重要部分，也是农村社区建设要特别注意的方面。

（八）我国农村社区文化特征日渐信息化和多元化

村庄的开发必然带动与外界资源、信息的交流，尤其是人口的流动，为过去相对稳定的村庄生活带来了诸多变数，这些变数不仅

改变了农村社区的日常生活，也将改变村庄内外部关系，改变农村社区治理的结构与过程。在信息传播上，信息渠道扁平化使农民可以快捷地获得外部信息，国家政策的传播不再被官员“垄断”，普通农民有时甚至比地方干部更加懂得政策。在信息化条件下，农民可以有更多的选择，活动的自由度也空前扩大，对于文化的需求不再单一，而是也趋于多元化。

第二节 推进农村社区建设的意义及范畴

一、农村社区建设的概念、内涵与特征

（一）农村社区建设的概念

关于农村社区建设的概念，目前还没有统一的定义，学者们的研究从不同的角度出发进行了不同的表述。唐忠新（2008）[①]、詹成付（2008）[②] 和师坚毅（2010）[③] 给出了几乎一致的定义：“农村社区建设主要是指在党和政府的领导下，动员各方面力量，整合社会资源，强化社区功能，解决社区问题，合理建设管理有序、服务完善、文明祥和的新型农村社会生活共同体的过程。”王霄（2008）认为“农村社区建设就是以自然村为基础平台，在党和政府的领导下，依托农村社区力量，整合农村社区资源，强化农村社区功能，解决农村社区问题，深化村民自治，维护农村稳定，促进农村社区各项事业协调、健康发展，不断提高农村社区成员物质文化生活和精神生活水平而进行的建设。”[④] 朱启臻等（2008）从社

① 唐忠新. 农村社区建设的含义和重大意义//戚学森. 农村社区建设理论与实务. 北京：中国社会出版社，2008：31.

② 詹成付. 农村社区建设实验工作讲义. 北京：中国社会出版社，2008：5.

③ 师坚毅. 新农村社区建设与管理. 北京：中国社会出版社，2010：16.

④ 王霄. 农村社区建设与管理. 北京：中国社会出版社，2008：61.

区综合整体发展的角度定义，认为农村社区建设主要是指依据农村区域内的资源（人力、自然、社会、经济）潜力，充分利用有效的方法和手段来实现农村人口在经济、社会、文化、政治、环境等多方面的可持续发展。① 潘屹（2009）从农村社区建设应包括的内容的角度给出了定义，“根据农村社区建设的‘管理有序、服务完善、文明祥和’的要求，社区建设包括建立健全新型的农村社区组织管理体制、建立健全完善的农村社区服务体系，构建和谐的农村社区文化三个主要内容”。② 管义伟（2011）从满足精神需求的角度给出了定义，认为“农村社区建设是一种‘规划性变迁’，其目的就是构建在生活上照顾、精神上引导、感情上慰藉、心理上疏导的社会生活共同体和精神家园”。③ 百度百科给出的定义是“农村社区建设是指在村党支部和村委会的领导下，在农村建立社区组织，开展社区公益事业服务，发展社区卫生，繁荣社区文体活动，美化社区环境，调解社区民间纠纷，倡导社区互助精神，树立社区良好社会风气，建立良好的人际关系，把农村建设成为管理民主、治安良好、环境优美、文明祥和的新农村”。④ 上述定义从不同角度切入对农村社区建设的概念进行了描述，各有侧重，总的来讲，这些定义概括了我国当前农村社区建设应该具有的各种内涵。通过归纳学者们对农村社区建设概念的分析，结合我国农村社区建设近年的发展新状况，这里给出本书的农村社区建设定义。农村社区建设是指在党和政府领导下，以农村社区地域范围为基本平台，以“管理有序、服务完善、文明祥和”为目标，充分依托和发挥农村社区的各方力量，整合各类社会资源，合理规

① 朱启臻，鲁可荣，高春风. 农村社区发展动力研究. 北京：中国农业大学出版社，2008：10.

② 潘屹. 家园建设：中国农村社区建设模式分析. 北京：中国社会出版社，2009：77.

③ 管义伟. 农村社区建设：逻辑起点与人文关怀. 社会主义研究，2011（1）：116-120.

④ 农村社区建设. 百度百科网站，2011-08-03.

划空间布局和建设项目，构建和完善社区服务体系，提升社区服务功能，解决社区问题，深化村民自治，促进社区各项事业健康、协调发展，不断满足社区成员对物质和精神文明日益增长的需要的过程。

（二）农村社区建设的内涵

农村社区建设实际上是一项系统工程，在内容上涵盖了农村社区的经济、社会、文化、政治、环境等多个方面的建设。

1. 社区经济发展是农村社区建设的工作重点

我国新农村建设的基本内涵是二十字方针，即“生产发展、生活宽裕、乡风文明、村容整洁、管理民主”。其中“生产发展”和“生活宽裕”是农村社区经济发展的目标。“生产发展”就是要坚持以发展农村经济建设为中心，解放和发展农村生产力，大力发展农村工业，加快农业现代化建设，开辟各种渠道促进农民增收。“生活宽裕”就是要让农民生活富裕，提高农民生活质量，缩小城乡差别，逐步实现小康社会。同时，社区经济发展是农村社区建设中实施其他内容的物质基础。因此现阶段农村社区建设的工作重点应该是大力发展农村经济生产，促进社区经济的发展，提高经济增长率，增加农民人均收入，减少农村贫困，提高农民生活水平与质量。

2. 社区社会发展是农村社区建设的核心目标

农村社区社会发展是通过对农村社会管理体制的改革和农村社区成员的民主合作有效地实现社会公平和平等。在农村社区建设过程中，政府要建立适度、有效、公平的农村社会保障体系，提高和改善包括农村社区居民素质教育、就业培训、社区卫生医疗与福利保险、社区生产与生活基础设施、社区环境保护与治理、交通、通信等在内的农村社区社会化服务体系，使农民能够充分且平等地享受到优质的社会化服务，从而不断提高生活品质。这是在农村社区建设实践中贯彻农村社区建设以人为本的理念的重要体现，也是农村社区建设的核心目标。

3. 社区文化发展是农村社区建设的精神培育

农村社区文化发展的核心是通过加强农村文化建设更新农民思想价值观念，为农村可持续发展提供精神动力和智力支持。新农村建设二十字方针中的“乡风文明”目标为社区文化发展提供了方向，目标是要建立以团结互助、和睦友爱、诚实守信为核心，以积极、健康、有益的文化生活为内容的农村精神文明新风尚，培育凝聚村民的共同的社区文化精神。农村社区文化发展的内容包括：(1) 建立完善的农村社区思想教育体系，倡导健康向上、和谐文明的乡风民俗；(2) 建立和完善农村体育、娱乐文化设施，丰富农民的精神文化生活；(3) 大力发展农村义务教育和职业技术教育，普及科学文化知识，全面提高农民的科技文化素质，培养适合农村发展需要的有文化、懂技术、善经营、会管理的新型农民。

4. 社区政治发展是农村社区建设的组织支撑

新农村建设二十字方针的“管理民主”目标为农村社区政治发展方向提供了依据。农村社区政治发展的核心是民主自治，其内容是要让农民群众真正享有知情权、参与权、管理权、监督权，积极参与农村社区治理和发展，为农村社区建设提供政治和组织保障。为此，农村社区政治发展首先要建立健全农村基层民主体制，全面推行村民自治制度，充分将农村社区自治权利赋予农民，让农民真正享有农村社区自治权利，参与重大事项决策，并建立和疏通农民合法化的矛盾解决和利益表达机制与渠道，缓和并解决社会矛盾，促进农村社会的和谐建设。

5. 社区可持续发展是农村社区建设的长远战略

可持续发展已经成为全球共识和世界各国追求的目标。作为最基层的区域单元，农村社区建设对可持续发展具有重要现实意义。农村社区可持续发展，是指以追求农村空间系统的整体利益有序化为出发点，逐步实现满足社会需求的经济财富和生产资料的农村经济职能的最优化，实现满足社会生产和社会需要的自然环境公益功能的最优化，从而有效地实现农村社区社会系统与生态系统的协调发展，最终实现农村社区的全面发展。[①] 为了保持农业生产率稳定增长，提高食物生产水平和安全保障，农村社区在发展农村经济的同时，必须要保护和改善农村生态环境，合理、永续地利用自然资源，将可持续发展作为农村社区建设的长远战略目标。

（三）农村社区建设的特征

科学把握农村社区建设的概念和内涵，还需要深入认识农村社区建设的特征。根据唐忠新（2008）[②]、詹成付（2008）[③]、师坚毅（2010）[④] 和潘屹（2009）[⑤] 等人的研究，农村社区建设的基本特征可概括如下。

1. 农村社区建设具有资源整合性

农村社区建设涉及各个领域和方方面面，需要社区成员的共同努力，需要社区民间力量和政府组织的通力合作。因此，农村社区建设实际上是整合社区资源和社区力量共同解决社区问题和合力推进社区发展的过程。各种社区资源和各种社区力量能否得到很好的整合，是社区建设质量好坏和水平高低的重要体现。

2. 农村社区建设具有全面综合性

农村社区建设的内容是全面而综合的，是一种全方位的建设，涵盖了社区服务、社区管理、社区文化、环境生态等多方面的内容。从建设方法与手段来看，开展农村社区建设需要多种手段，如经济手段、行政手段、社会手段等的综合运用，体现了综合性和系

---

① 朱启臻，鲁可荣，高春风. 农村社区发展动力研究. 北京：中国农业大学出版社，2008：12.

② 唐忠新. 农村社区建设的含义和重大意义//戚学森. 农村社区建设理论与实务. 北京：中国社会出版社，2008：31.

③ 詹成付. 农村社区建设实验工作讲义. 北京：中国社会出版社，2008：5.

④ 师坚毅. 新农村社区建设与管理. 北京：中国社会出版社，2010：16.

⑤ 潘屹. 家园建设：中国农村社区建设模式分析. 北京：中国社会出版社，2009：77.

统性。事实上，农村社区作为地域性社会实体，是人口、环境、生产和生活设施、文化、思想意识和管理机构等多要素的综合体，是社区成员的经济生活、政治生活、文化生活和社会生活的统一体。随着经济社会发展和生活水平的提高，每个社区成员对社区建设的需求也越来越多且越来越高，农村社区建设作为综合性的系统工程特征也更加明显。

3. 农村社区建设具有社会参与性

农村社区建设的社会参与性特征表现在它是各类社区主体、各种社会力量共同参与的过程。因为农村社区建设，一是需要党和政府发挥领导和主导作用，在党的方针政策的指引下，各级政府组织，尤其是农村基层政府组织制定和实施农村社区建设的政策、规划，完善农村社区建设制度，推动农村社区建设工作；二是需要村民委员会和农村社区各种民间组织发挥骨干或中介作用，动员、组织农村居民参与社区活动，落实社区建设规划，做好各项社区建设工作；三是需要广大村民群众和驻区企事业单位发挥基础和支持作用，广泛参与社区的各项建设。可见，社会参与性是农村社区建设的重要特征。

4. 农村社区建设具有明显的地域性

农村社区范围联系的地缘性、地方性，决定了农村社区建设必然具有地域性特点。其首先表现为社区建设都是根据本社区成员的需求和愿望，解决本社区问题，为本社区成员提供多样性服务和管理；其次表现为社区建设的组织者和参与者主要是本社区内的村民、群体和单位、组织；最后还表现为社区建设要受到本社区地理环境、文化条件、人口状况、经济发展水平等因素影响，其管理服务的内容和方式都会带有这些地方性因素的烙印。地域性特征要求农村社区建设必须立足本社区实际，因地制宜地开展建设工作。

5. 农村社区建设具有发展计划性

农村社区建设必须事先摸清情况，分析研究，统筹安排，制订切实可行的发展规划和工作计划，并据此开展工作。因此发展计划性是农村社区建设的重要特征。

6. 农村社区建设需要发展协调性

农村社区建设涉及方方面面和众多领域，各领域的发展需要协调共进，不可偏废。经济、社会、政治、文化、环境等各个方面、各个环节都要协调发展。

7. 农村社区建设具有社区服务性

社区服务是社区建设永恒的主题，农村社区建设的定位就是要为社区内居民提供各种优良的服务，满足社区居民生产和生活方面的各类需求。农村社区服务包括基本需求的服务和发展需求的服务，前者主要是解决温饱、安全等方面的服务，后者主要是文、教、卫、体等方面的服务。这两类服务农村社区建设都要提供。

8. 农村社区建设具有实施的复杂性

如前所述，农村社区建设是一个综合性的系统工程，其实施需要调动各方面的力量、资源和因素，从规划制定到计划实施，从工作方案到组织协调，从资源分配到分工协作，从效果反馈到建设修正，各方面、各环节都体现了建设的复杂性。

二、农村社区建设的重大意义

尽管农村社区建设在我国提出得较晚，但农村社区建设是党中央、国务院落实五大新发展理念，贯彻习近平新时代中国特色社会主义思想，实施乡村振兴战略，着力解决新时期“三农”问题的重要内容和体现。农村社区建设与城市社区建设一样，是我国为了建设和谐社会和美丽乡村推出的一项重要战略举措，是我国社会建设的重要组成部分，是新农村建设和美丽乡村建设中社会建设的集中体现，是统筹城乡发展、推进城乡一体化进程和实施乡村振兴战略的必然选择。农村社区建设对于现阶段我国经济社会发展具有重大现实意义。

(一) 农村社区建设是构建社会主义和谐社会的重要举措

构建社会主义和谐社会是从我国特色社会主义事业总体布局和全面建成小康社会全局出发提出的重大战略任务。目前，我国社会总体上是和谐的，但也存在不少影响社会和谐的矛盾和问题。其中，城乡发展不平衡是较为突出的矛盾，农村在基础设施、公共服务、收入分配等方面严重落后于城市。随着城市化、工业化的加速，城乡二元结构和农村经济社会发展中的一些深层次矛盾逐步凸显，成为直接影响和谐社会建设的突出因素。要解决这些问题与矛盾，推进农村社区建设是重要途径。农村社区建设可以为整合城乡资源搭建平台，为完善农村社会管理和服务体系提供机制，为农民群众积极参与管理、反映诉求开辟渠道，为促进基础设施建设、公共服务向农村覆盖、科学技术向农村扩散、现代文明向农村传播以及让农民共享改革和现代化建设的成果创造基础条件。

(二) 农村社区建设是推进乡村振兴战略和形成城乡一体化发展格局的有效途径

乡村振兴战略是新时代党中央解决我国“三农”问题的重大战略部署和建设美丽中国的关键举措，开展农村社区建设则是实施乡村振兴战略的基础性工程。开展农村社区建设，可以改善农村基础设施和公共服务设施，完善农村公共服务体系，解决长期以来农村社会事业发展缓慢滞后的问题，推进城乡基本公共服务均等化，逐步缩小城乡发展差距，促进城乡融合互动发展和形成城乡一体化发展格局。开展农村社区建设，可以调动广大农民的积极性和创造性，为农民群众参与新农村建设和美丽乡村建设开辟渠道，充分发挥农民群众在新农村建设和美丽乡村建设中的主体作用。开展农村社区建设，可以为政府各部门和社会各方面提供参与新农村建设和振兴乡村的载体，通过农村社区这一平台，把公共产品和服务送给农民，把实惠带给农民，让广大农民共享改革发展成果。

（三）农村社区建设是构建新型农村基层管理组织的有效载体

扩大基层民主，完善村民自治，保证农民群众依法行使民主权利，是推进社会主义新农村建设和实施乡村振兴战略的重要内容。但近年来，随着农村经济发展和各项改革措施的推进，村委会等村民自治组织承担的任务越来越多，社会自治功能尚未充分发挥；不少地方农村集体经济薄弱，村级债务沉重，村级组织难以为村民提供有效的服务，对农民群众缺乏吸引力和凝聚力。新形势下，如何通过一个有效的载体，实现政府行政管理与社区自我管理有效衔接、政府依法行政与村民依法自治良性互动，构建新型农村基层管理组织，是亟须解决的重大课题。通过农村社区建设，可以健全乡村治理机制，在巩固村民自治的基础上发展社区自治，激发农村各类人员的积极性，进一步把民意、民智、民力集中起来，共同投入农村社区的管理服务，增强村级组织的服务功能，更好地实现农村居民自我管理、自我服务、自我教育、自我监督，提升村级组织的管理水平，使社区在提高村民生活水平和质量上发挥服务作用，是扩大基层民主、完善村民自治的新突破口。

（四）农村社区建设是实现农村经济又好又快发展的重要途径

开展农村社区建设，既有利于集约节约用地，为工业化和城镇化腾出发展空间，也有利于实现农村经济的稳定快速发展。建设新型农村社区对土地进行集中连片规划建设，有利于解决农村“空心村”“空心楼”问题，科学合理地规划使用土地，有利于发挥土地的经济社会效益；同时通过整理复垦腾出的原旧村址土地，可增加人均耕地，也可将其用于发展畜禽养殖业、乡村工业和服务产业，通过多元化经营，多路径发展农村经济，提高农民收入。另外，通过发展社区服务业，可以增加农民的创业、就业机会。通过加强农村社区服务体系建设，可以为农民的生产经营提供有效服务，促进农业增效、农民增收。通过发展农村社区社会保障、社会福利、社区文化教育事业，可以调整农民收入支出结构，有效拉动内需，促进经济发展的转型升级。可见，农村社区建设是推动农村经济又好又快发展的重要途径。

（五）农村社区建设是优化农村社区治理的客观要求

我国对社会治理十分重视，并在党的最高文件和政策规划中予以规定和引导。2013年中共十八届三中全会提出“推进社会领域制度创新，推进基本公共服务均等化，加快形成科学有效的社会治理体制，确保社会既充满活力又和谐有序。”同时提出“改进社会治理方式”“坚持系统治理，加强党委领导，发挥政府主导作用，鼓励和支持社会各方面参与，实现政府治理和社会自我调节、居民自治良性互动。”具体到农村社会治理方面，2016年将其列入了《中华人民共和国国民经济和社会发展第十三个五年规划纲要》，明确要“加强和改善农村社会治理，完善农村治安防控体系，深入推进平安乡村建设。”2017年中共十九大提出“加强社区治理体系建设，推动社会治理重心向基层下移，发挥社会组织作用，实现政府治理和社会调节、居民自治良性互动”和“加强农村基层基础工作，健全自治、法治、德治相结合的乡村治理体系。”2019年中共十九届四中全会进一步提出“健全基层党组织领导的基层群众自治机制，在城乡社区治理、基层公共事务和公益事业中广泛实行群众自我管理、自我服务、自我教育、自我监督。”党和国家对社会治理的方针政策为优化农村社区治理体制和机制指明了方向，明确了任务。按照上述方针政策优化农村社区治理，需要形成党和政府与农村各类社会组织共同参与社区治理的新格局，而农村社区建设的资源整合性、社会参与性特征正好适应了这一需要。事实上，农村社区建设可以健全农村社区基层组织，促进法律服务、普法宣传等各项服务到位，各类社团社会组织可以共同参与社区治理，有利于形成专群结合、群防群治、覆盖面广、防范有效、运转高效的工作体系。因此，开展农村社区建设是优化农村社区治理的重要方式。

（六）农村社区建设是构建农村公共服务体系的迫切要求

改革开放以后，一方面，广大农民的收入持续增加，生活需求趋于多元化；另一方面，农村公共服务体系建设滞后，致使相当一部分农村居民面临上学难、就医难、办事难等实际困难。解决这些问题，不仅需要村民自治，而且需要通过社区建设把政府公共服务覆盖到广大农村社区，围绕农村居民生产生活要求，构建公共服务平台，建立农村社区卫生、教育、文化、社会保障等公共服务体系。事实上，农村社区建设有利于合理利用资金，提高资源使用效率。过去很多地方村庄小而且分散，农民居住不集中，分别搞基础设施建设显然成本高昂，许多公共服务设施建不了也用不起，即使勉强建了，使用效率也极低，造成资源的巨大浪费。而建设新型农村社区，对村庄进行适当集并，农民居住适当集中，在聚居区统一规划修建基础设施和公共服务设施，可以有效节约资金，提高资源利用效率，也可避免浪费。比如，目前分散在各村庄的学校由于规模小，人均成本高，校舍简陋，导致好师资不愿去，整个教学水平普遍偏低，无法与城市相比。而通过新型农村社区建设，人口会相对集中，这样就可以创办具有规模效应的正规中小学，使师资和学校设施配备有保证，从而使乡村学校也可以有较高的教学质量。在医疗卫生、社会治安、行政管理等领域，也会因规模效应而极大地提高服务质量和效率。这表明，农村社区建设是构建农村公共服务体系的迫切要求。

（七）农村社区建设是改善农民生活的必然要求

随着城乡一体化进程的加快，农村社会转型加速。一方面，城乡隔离被逐渐打破，农民的业缘、地缘关系迅速发展，生活方式与思想观念也正在发生深刻转变，他们渴望与城市居民享有同样的国民待遇，如希望获得与城市居民相同的居住、医疗、购物、休闲等基本生产生活条件；另一方面，农村原有的以血缘、亲缘和宗族等关系为主要纽带的社会结构不断弱化，农村居民和家庭自我保障功能被削弱。特别是随着大量农村青壮年劳动力外出务工，农村居民中 8 000 多万老年人（包括 2 000 多万留守老人）、2 000 多万留守妇女、5 800 多万留守儿童、3 600 万贫困人口等特殊群体的生活照料、精神抚慰、权益保护责任要交由农村社区承担。但由于长期受到城乡二元结构影响，目前农村社区中仍有 10.6%没有村卫生室，83.8%没有文化室，83.4%没有公共体育场地与设施，由此可知，我国综合性社区服务设施建设刚刚起步。① 在此背景下，进行农村社区建设，对于改变我国农村公共服务设施陈旧、服务资源稀少、服务项目匮乏、服务手段滞后的局面具有重要推动作用，也是较快地改善农民居住条件和提升农村居民生活质量，满足农村居民多层次、多样化物质文化生活需求的必然要求。通过建设规划科学、布局合理、功能齐备、环境优美、管理完善的农村社区，可以彻底改变农村脏乱差的面貌，改善乡村人居环境，使农民可以享受与城市居民基本同等的设施和公共服务，缩小城乡差距，较快地提高农民生活幸福指数。

三、农村社区建设的范围界定

2007—2009 年，国家先后在全国确定了 300 余个“全国农村社区建设实验县（市、区）”，开展农村社区建设实验活动，以探索农村社区建设的思路。各地的农村社区建设实验积累了不少经验，对农村社区的组织、管理和服务进行了有益探索，形成了一些有特色的实践模式。但农村社区建设仍存在一些需要解决的实践性问题。其中，农村社区如何布局，农村社区范围多大合适，农村社

① 姜力. 民政部副部长姜力同志在全国农村社区建设实验工作推进会上的讲话. 基层政权和社区建设司官方网站，2010-10-15.

区建设的范围如何界定等，都是实践中比较突出的问题。迄今为止，国家并没有对农村社区建设的范围做出明确的规范。对于农村社区建设的范围与边界问题，目前学界也一直存在分歧，尚未有统一的说法。有人认为一个集镇连同周围的若干村庄或散居的农家构成的集镇区是一个农村社区；有的地方把一个乡镇政府当作一个具体的农村社区，例如山东省诸城市的农村社区建设的服务载体就是以乡镇为一个基本单位建立的；有的地方把数个村庄合并为一个中心村，以此定位为社区，如天津的一些农村社区；有人认为一个自然村是一个具体的农村社区，如江西和湖北的山区丘陵地带是以自然村为单位建设农村社区；有的地区一个建制村就是一个具体的农村社区，如山东、江苏、浙江、四川和湖南等省的大部分地区以建制村为一个基本社区单位建设农村社区。[①] 由于我国地域广袤，自然条件的区域差异极大，农村情况非常复杂，即使一个省内、市内、县内，甚至一个乡镇内，村与村也有很大差别。例如浙江省，从地理上看，既有平原地带的村，也有丘陵地带的村；从区位上看，既有近郊型的村，又有集镇型的村，还有纯农村的村；从形态上看，既有比较集中居住的村，也有比较分散的村；有的村人口规模达几千户，但也有仅几十户甚至更少户数的村。

对于中国的农村社区建设到底应如何界定其范围，是以乡镇为范围，以建制村为范围，还是以自然村落设定范围，或者是其他空间范围，目前无论是官方还是学界都没有一致的观点。2006 年中共十六届六中全会后，国家民政部正式决定在全国范围内开展农村社区建设实验，并制定了《全国农村社区建设实验县（市、区）工作实施方案》。然而，该方案并未明确规范农村社区建设的范围，只是要求各地“按照地域相近、规模适度、群众自愿的原则，科学界定农村社区的区域范围，明确农村社区的定位”[②]。对农村社区建

① 潘屹. 家园建设：中国农村社区建设模式分析. 北京：中国社会出版社，2009：83.

② 全国农村社区建设实验县（市、区）工作实施方案. 民政部，2007－03－29.

设范围的界定弹性很大。截至 2009 年 7 月 31 日，民政部总计确定了 304 个“全国农村社区建设实验县（市、区）”[①]，占全国 2 862 个县级单位的 10.62%。共有 20 400 个村作为农村社区试验村，占全国 64 万多个村的 3.19%。根据项继权（2009）对各地农村社区建设实验的总结，农村社区建设范围设置主要有“一村一社区”、“一村多社区”、“多村一社区”、“集中建社区”和“社区设小区”等五种模式。[②]

（一）“一村一社区”模式

以现行村委会为基础，一村设立一个社区。从统计来看，有 226 个县（市、区）采取了“一村一社区”的建置模式，占实验县（市、区）总数的 76.09%，是农村社区建设最普遍使用的模式。重庆市规定，“农村社区原则上一般以现有建制村为基本单元，一个建制村设置为一个农村社区”。[③]

（二）“一村多社区”模式

在一个村设立两个或两个以上的社区。在实际操作中，一般以自然村或村民小组为单位成立社区。全国共有 21 个实验县（市、区）实行“一村多社区”模式，占实验总数的 6.91%。湖北省远安县洋坪镇双路村实行的“撤组建社”，即为“一村多社区”模式，撤销原来的 7 个村民小组，重新按照以前的 15 个自然村落为单位设立 15 个社区。江苏省一些地方则以自然村为单位建立“自然村社区”。广西也根据人口居住分散，自然村较多的实际，按照地域相近、习俗相似、产业趋同、利益共享、规模适度、群众自愿的原

① 民政部基层政权和社区建设司. 民政部副部长窦玉沛同志在黑龙江省县（市）暨农村社区建设现场会议上的讲话. 2009-07-31.

② 项继权. 论我国农村社区的范围与边界. 中共福建省委党校学报，2009（7）：4-10.

③ 中共重庆市委办公厅 重庆市人民政府办公厅. 关于开展农村社区建设工作的意见. 渝委办发〔2008〕23 号，2008-06-13.

则，以一个或多个自然村为基础，设置农村社区。

（三）“多村一社区”模式

在相邻的两个或两个以上的村中选择中心村或较大的村为单位设立社区。全国共有45个县（市、区）实行“多村一社区”，占实验总数的14.80%。如山东省诸城市要求农村社区建设要按照便于服务、便于开发利用社区资源的要求，根据各地实际情况，合理确定社区服务范围，服务半径一般控制在3～5个村，居住户数为1 000户至3 000户，有条件的地方可达到3 000户以上。规模较小的，可以适当增加村庄个数。基于此，全市设立了156个农村社区，涵盖全市1 257个村庄和70多万农民，平均一个社区覆盖8个村、4 487人。在这种模式下，通常选择一个中心村设立社区服务中心。

（四）“集中建社区”模式

即在新规划的农民集中居住小区设立“社区”。这种模式又可分两种情况：一是农（牧）民聚居设社区。如江苏、成都、天津等地都提出“农村人口向城镇集中、居住向规划社区集中、工业企业向园区集中”，支持和鼓励农民“迁村腾地”“集中居住”。为对规划小区加强管理、提供服务，单独设立社区。二是以甘肃省阿克塞县为代表，阿克塞县辖2乡1镇10村，人口约9 000人，牧民所占比例较大，农村社区建设将全县3个乡镇10个村整合成1个民族新村中心社区，建立牧农村社区服务中心，下设3个牧农村社区服务站，形成“一社区一中心三站”的社区模式。

（五）“社区设小区”模式

在实行“多村一社区”或“一村一社区”的地方，大都在社区之下设“小区”。“一村一社区”的地方大都以村民小组或自然村为单位设立“小区”。而在“多村一社区”的地方大都以村为单位设立“小区”。社区设立社区服务中心，而小区则设立“社区服务站（点）”。陕西省规定，原则上一行政村建立一个社区服务中心，经济条件较好或规模较大、居住分散的行政村，可在每个自然村设立社区服务中心，由此形成“社区-小区”的组织结构。[①] 吉林省将农村社区定位在村一级，但根据东北农村村屯距离较远的状况，要求各试点村积极将服务向自然屯延伸，一些县（市、区）如桦甸市、扶余市、长春市宽城区及二道区等实验县（市、区）已经开始在部分自然村设立服务站点。

由上可知，我国当前不同地区农村社区建设的范围界定不尽相同。有的将社区定位于自然村或村民小组一级，有的定位于村委会一级，有的则是若干自然村联合组建，还有少数地区的农村社区是超出乡镇范围，甚至是以县域为基础设立社区（如甘肃省阿克塞县），有的社区是在传统的自然聚落的基础上建立的，有的则是通过“迁村腾地”及农民集中居住而重建的。从中国目前的实践来看，上述几种社区建设范围设置是共存的，而且都有其合理性。因为农村社区承担着农村社会的组织、管理和服务功能，作为一种社会生活共同体，它要求立足农民共同利益、需求和认同基础，确定社区的范围边界。那么究竟采取哪种范围，恐怕不能武断地给出答案，务实的做法应该是立足于当地实际，尊重农民业已形成的共同利益、需求和认同，设定选取地域范围的原则，也就是：各地在开展农村社区建设时，分别根据现有的各村地理、形态、规模和经济状况，按照“方便居民、便于管理、节约成本、提高效率”的原则[②]，科学规划社区的布局及其规模范围。通常情况下，以村民委员会为基础设置社区是一种现实可行的方式。[③]

① 陕西省人民政府办公厅关于开展农村社区建设试点工作的通知. 陕政办发〔2007〕65号，2007-05-28.

② 潘屹. 家园建设：中国农村社区建设模式分析. 北京：中国社会出版社，2009：84-85.

③ 项继权. 论我国农村社区的范围与边界. 中共福建省委党校学报，2009（7）：4-10.

第三章

农村社区建设的背景与历史经验

2006 年中共十六届六中全会提出了“全面开展城市社区建设，积极推进农村社区建设，健全新型社区管理和服务体制，把社区建设成为管理有序、服务完善、文明祥和的社会生活共同体。”这是我国国家层面上首次提出农村社区建设的概念。2008 年中共十七届三中全会提出“加强农村社区建设，保持农村社会和谐稳定”。2011 年我国“十二五”规划纲要明确将“积极推进农村社区建设”列入规划内容，这是我国首次在五年规划中纳入农村社区建设的内容。2013 年中共十八届三中全会通过的《中共中央关于全面深化改革若干重大问题的决定》进一步强调了城乡社区的公共服务、制度创新、治理改革等问题。2014 年中央一号文件提出：“扩大小城镇对农村基本公共服务供给的有效覆盖，统筹推进农村基层公共服务资源有效整合和设施共建共享，有条件的地方稳步推进农村社区化管理服务。”[①] 2016 年发布的全国“十三五”规划则将城乡社区公共服务和治理建设纳入了规划并予以落实。2017 年中共十九大提出“加强社区治理体系建设，推动社会治理重心向基层下移”；“加强农村基层基础工作，健全自治、法治、德治相结合的乡村治理体系”和“按照产业兴旺、生态宜居、乡风文明、治理有效、生活富裕的总要求”实施乡村振兴战略。2019 年中共十九届四中全会进一步提出“在城乡社区治理、基层公共事务和公益事业中广泛实行群众自我管理、自我服务、自我教育、自我监督。”在党中央和国务院的其他相关文件中也多次强调了推进农村社区建设的问题。我国农村社区建设的提出与实施并不是偶然的，它有时代需求的背景，有实验实践发展的基础，有国外建设经验的借鉴，也有理论上的支持。本章首先介绍我国开展农村社区建设的环境背景，然后对国内外农村社区建设经验进行归纳总结，最后分析我国农村社区建设的发展趋势。

第一节　农村社区建设的背景

中国农村社区建设的背景因素比较多，也比较复杂。本节拟从时代发展需求、已有发展基础、国外经验借鉴和理论理念导引等方面对中国农村社区建设的背景和环境进行剖析。

一、农村社区建设是时代发展的要求

中国长期以来城乡分割状态比较严重，无论是传统农业社会还是新中国成立后的计划经济时代，城里人和农村人之间一直隔着一

① 中共中央国务院关于“三农”工作的一号文件汇编. 北京：人民出版社，2014：289－290.

道鸿沟，形成了政治、经济和社会生活、公共产品提供等方面的城乡分野和大的落差，农村的发展总体上远远落后于城市，城乡二元结构特征极为明显。改革开放后，我国整体经济社会实力快速增长，国家迅速崛起，但城乡分离的二元结构没有根本改变，城乡的发展差距进一步拉大，城乡现代化发展水平不在同一层面上。具体来讲，时代发展对推进农村社区建设的要求体现在下列几个方面。

（一）中国农村公共事业和社会服务亟须加强

中国农村的公共事业和社会服务严重匮乏，集中体现为在教育、医疗和社会保障方面远远落后于城市。改革开放后，成千上万的青壮年农民流入城市或经济发达地区务工经商，越来越多的地方出现了农村儿童抚养与教育问题、留守老人和妇女的照顾问题，这些需要照顾的弱势群体又引发了村庄治安问题。家庭联产承包责任制实施后，村庄的公共环境卫生、文体设施等缺少机构、人员管理和资金投入，村民的生产经营管理缺少专业的技术指导服务和培训服务等，所有这些对提供农村公共管理和社会服务提出了迫切需要。[①]

（二）中国农村新的变化需要新的管理方式和措施匹配

城市化的快速推进让城市区域不断向农村延展，伴随着这种城市到农村的延伸发展，形成了边缘地带的城乡结合部，这里是农村社会向城市社会转化的前沿地带。在城乡结合部，其产业结构、就业结构和村民生活都发生了重大的转变，随之而来的是诸如农村征地、拆迁、村民安置、集体资产处置等一系列在传统农村没有的新问题，这些新变化、新问题、新矛盾的解决需要新的管理机构、新的方法措施来应对。也就是说，农村区域所出现的新的经济社会发展局势急切需要提供现代化公共管理。

---

① 曹国英. 在青岛市农村社区建设交流暨村务公开示范单位表彰会上的讲话，2006-12-05.

（三）中国农村基础设施迫切需要改善

城乡居民生活水平的差距、服务质量的差距集中体现在城乡基础设施的差距方面。农村的公共基础设施配备水平低，有的甚至缺乏或没有必要的基础设施，农民生产生活环境与城市相差甚远。我国长期以来，城镇的交通、供电、供水、教育、医疗等设施都由国家财政修建，而农村的基础设施国家则投入很少，很大程度上靠农民自己积累出资建设，长期以来都未得到应有的一视同仁的待遇。随着经济实力的增强，国家先后提出了社会主义新农村战略和乡村振兴战略，而新农村建设和乡村振兴首先要改善的就是欠账太多的农村基础设施建设，交通、电力、新能源、文化和体育等各种基础设施和服务设施都亟须改善。各类设施建设的主要载体和平台就是农村社区建设。

（四）城乡经济社会发展极不平衡的状态亟须改变

目前我国城乡经济社会发展的不平衡性达到了新中国成立以来最大的历史高度。农村经济改革后期，城乡收入差别并没有缩小。从表 3-1 和图 3-1 可知，我国城乡居民收入比在改革开放初期的 1978 年为 2.57∶1，伴随着农村经济体制改革的推进，城乡居民收入比呈下降趋势，但后来随着国家经济体制改革的重点向城市转移，城乡居民收入总体呈不断上升趋势，截至 2010 年城乡居民收入比达到 3.23∶1。从绝对收入水平来看，从 1990 年代开始，城市居民收入增长很快，而农村居民收入增长则比较平缓，1990 年城乡收入绝对差距为 823.9 元，2010 年该差距达到 13 190 元，截至 2018 年该差距为 24 633.8 元，即使考虑到物价因素，两者的差距依然在不断扩大。这种收入差别还没有包括城乡社会保障和所享受的各种福利项目，如果算上这些项目，差距则更大。当然，从相对差距而言，1983 年为最低值，城乡居民收入比为 1.82，此后持续升高，截至 2009 年达到最高值 3.33∶1，再往后有下降趋势，但2018年该比例仍高达2.69∶1。

表3-1 中国历年城乡收入及其差距

年份	城镇居民家庭人均可支配收入（元）	农村居民家庭人均纯收入（元）	城乡居民收入比	年份	城镇居民家庭人均可支配收入（元）	农村居民家庭人均纯收入（元）	城乡居民收入比
1978	343.4	133.6	2.57∶1	1999	5 854	2 210.3	2.65∶1
1979	387	191.3	2.02∶1	2000	6 280	2 253.4	2.79∶1
1980	477.6	191.3	2.50∶1	2001	6 859.6	2 366.4	2.90∶1
1981	491.9	223.4	2.20∶1	2002	7 702.8	2 475.6	3.11∶1
1982	526	270.1	1.95∶1	2003	8 472.2	2 622.2	3.23∶1
1983	564	309.8	1.82∶1	2004	9 421.6	2 936.4	3.21∶1
1984	651.2	355.3	1.83∶1	2005	10 493	3 254.9	3.22∶1
1985	739.1	397.6	1.86∶1	2006	11 759.5	3 587	3.28∶1
1986	899.6	423.8	2.12∶1	2007	13 785.8	41 40.4	3.33∶1
1987	1 002.2	462.6	2.17∶1	2008	15 780.8	4 760.6	3.31∶1
1988	1 181.4	544.9	2.17∶1	2009	17 174.7	5 153.2	3.33∶1
1989	1 375.7	601.5	2.29∶1	2010	19 109	5 919	3.23∶1
1990	1 510.2	686.3	2.20∶1	2011	21 809.8	6 977.3	3.13∶1
1991	1 700.6	708.6	2.40∶1	2012	24 564.7	7 916.6	3.10∶1
1992	2 026.6	784	2.58∶1	2013	26 955.1	8 895.9	3.03∶1
1993	2 577.4	921.6	2.80∶1	2014	29 381	9 892	2.97∶1
1994	3 496.2	1 221	2.86∶1	2015	31 790.3	10 772	2.95∶1
1995	4 283	1 577.7	2.71∶1	2016	33 616.3	12 363.4	2.72∶1
1996	4 838.9	1 926.1	2.51∶1	2017	36 396.2	13 432.4	2.71∶1
1997	5 160.3	2 090.1	2.47∶1	2018	39 250.8	14 617.0	2.69∶1
1998	5 425.1	2 162	2.51∶1				

资料来源：根据1979—2019年《中国统计年鉴》数据整理。

注：2013年及以后为农村居民人均可支配收入。

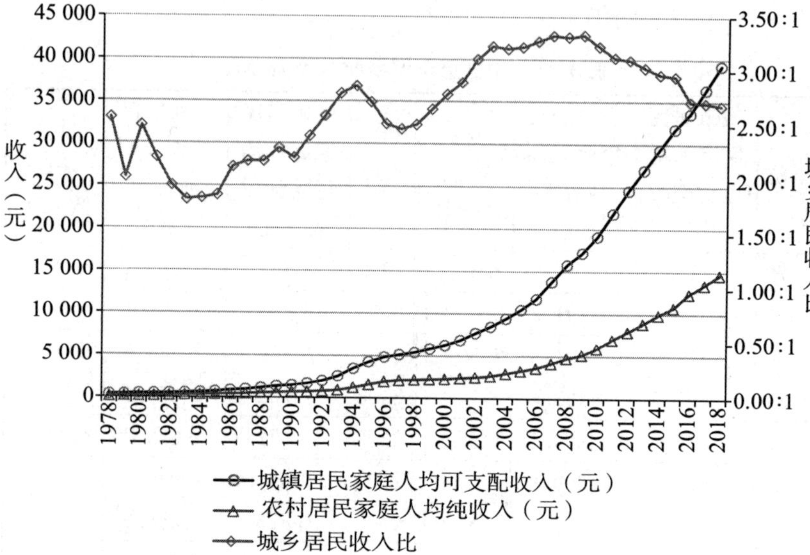

图 3-1　中国城乡收入差距变化趋势（1978—2018 年）

资料来源：根据表 3-1 数据绘制。

中国城乡差别还表现在城乡消费上，与城市居民相比较，农村居民消费水平还很低。从表 3-2 和图 3-2 可知，我国城乡消费水平不管是绝对差距还是相对差距都相差巨大，并且从发展趋势来看，绝对差距还有进一步扩大的态势。1990 年城乡消费水平绝对数相差 1 036 元，2010 年该数值达到 12 117 元，2018 年相差 13 988 元。从相对差距来看呈下降趋势，1990 年城乡消费比为 2.9：1，2010 年该比例降至 2.73：1，2018 年该比例继续降至 2.15：1。

表 3-2　中国历年城乡居民消费水平对比（农村居民=1）

年份	农村居民人均消费（元）	城市居民人均消费（元）	城乡消费比	年份	农村居民人均消费（元）	城市居民人均消费（元）	城乡消费比
1979	159	425	2.7	1999	1 766	6 405	3.6

续表

年份	农村居民人均消费（元）	城市居民人均消费（元）	城乡消费比	年份	农村居民人均消费（元）	城市居民人均消费（元）	城乡消费比
1980	178	489	2.7	2000	1 860	6 850	3.7
1981	201	521	2.6	2001	1 969	7 161	3.6
1982	223	536	2.4	2002	2 062	7 486	3.6
1983	250	558	2.2	2003	2 103	8 060	3.8
1984	287	618	2.2	2004	2 319	8 912	3.8
1985	349	765	2.2	2005	2 579	9 644	3.7
1986	378	872	2.3	2006	2 868	10 682	3.7
1987	421	998	2.4	2007	3 293	12 211	3.7
1988	509	1 311	2.6	2008	3 795	13 845	3.6
1989	549	1 466	2.7	2009	4 021	15 025	3.7
1990	560	1 596	2.9	2010	6 992	19 109	2.73
1991	602	1 840	3.1	2011	8 642	21 810	2.52
1992	688	2 262	3.3	2012	9 606	24 565	2.56
1993	805	2 924	3.6	2013	7 485	18 488	2.47
1994	1 038	3 852	3.7	2014	8 383	19 968	2.38
1995	1 313	4 931	3.8	2015	9 223	21 392	2.32
1996	1 626	5 532	3.4	2016	10 130	23 079	2.28
1997	1 722	5 823	3.4	2017	10 955	24 445	2.23
1998	1 730	6 109	3.5	2018	12 124	26 112	2.15

资料来源：根据 1979—2019 年《中国统计年鉴》数据整理。

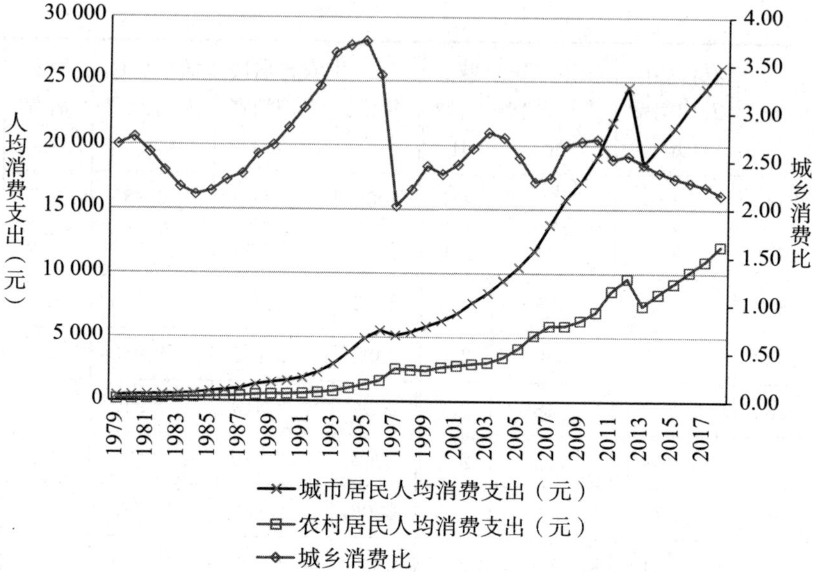

图 3-2　中国历年城乡居民消费水平及其对比

资料来源：根据表 3-2 绘制。

上述情况表明，我国城乡差距的扩大（尽管相对差距有缓和趋势）及其严重性已经到了比较危险的境地，这种状况不利于中国的均衡发展，也不利于和谐社会的构建，若不及时着手解决，将严重影响国家的整体进步。为此，党和国家高度重视，提出了科学发展观和以人为本思想，要求实现“五个统筹”，其中首当其冲的就是统筹城乡发展，要求城市支持农村，工业反哺农业。随后又提出建设社会主义新农村和和谐社会战略以及推进农村社区建设的重大战略举措，2017 年中共十九大又提出振兴乡村战略。其目的就是进一步加快农村地区的发展，既促进现代农业的发展，提高农村经济社会生产力，又通过农村社区建设等措施，让广大农村居民直接享受现代社会生活成果，以缩小城乡差距，促进城乡一体化发展。

（五）农村社区建设可成为中国经济持续发展的新引擎和新增长点

经过改革开放40余年的发展，农民收入水平和消费能力已经大幅度提高，农村居民对居住条件、社会服务、医疗卫生、文化娱乐的要求不断提高，向城市生活水准看齐已成为广大农民的热切愿望。例如在住房需求上，富裕起来的农民急切改善居住条件，翻新改造危旧房，建造婚用新房，农村建房潮势不可挡。这一过程会对钢筋、水泥、玻璃、塑料、木材、砖瓦等各类建材产品产生巨大需求，同时牵引运输、家电、通信等行业的消费需求。如果政府抓住机遇，先行规划，因势利导，推进新型农村社区建设，适时地将农民建房积极性引导到建设新型农村社区轨道上来，就既可以改善民生，又可以扭转农村建房无序和浪费土地现象，更重要的是还可以扩大内需。实践证明，在农村社区建设过程中，政府一定量的投资就能拉动数倍的农民投资和其他社会投资，进而带动钢筋、水泥等一系列建材工业的振兴，以及家电、运输、通信等行业的繁荣，有效地消耗过剩产能，扩大就业，拉动国内经济增长。可见，农村社区建设的启动是中国新一轮的经济投资，也是农村消费的启动。农村的基础设施差，农村缺少社会服务，缺少文化娱乐生活等，这些都需要大量的投资进行建设。因此，农村社区建设既是一个政治问题，也是一个经济问题。如果政府真正启动了大规模宽范围的农村社区建设，就会带动各方资金投入农村社区建设。这将成为新常态下中国经济持续发展的新的引擎和新的增长亮点。

二、农村社区建设已经有了较好的发展基础

我国推进农村社区建设不是国家领导的心血来潮，也不是人们的愿望想象，而是有其客观基础，是经济社会发展的必然结果。我

国农村社区建设在国家发展阶段、综合实力、城市社区建设经验和其自身建设基础等多方面都具备了较好的发展基础。

（一）国家已进入破解二元结构，推进城乡一体化发展阶段

从发展阶段看，2018 年我国城镇化率已达到 59.58%，超过世界平均水平（54.9%），随着城镇化水平日益提高和新型城镇化的快速推进，我国已进入亟须破解城乡二元结构、加快城乡一体化发展的重要时期。2008 年中共十七届三中全会提出“把加快形成城乡经济社会发展一体化新格局作为根本要求，坚持工业反哺农业、城市支持农村和多予少取放活方针”。2013 年中共十八届三中全会强调“健全城乡发展一体化体制机制”，“形成以工促农、以城带乡、工农互惠、城乡一体的新型工农城乡关系，让广大农民平等参与现代化进程、共同分享现代化成果。”2016 年国家“十三五”规划明确“加快新型城镇化步伐，提高社会主义新农村建设水平，努力缩小城乡发展差距，推进城乡发展一体化”，2017 年中共十九大提出“按照产业兴旺、生态宜居、乡风文明、治理有效、生活富裕的总要求”实施乡村振兴战略，2019 年中共十九届四中全会进一步明确“完善农业农村优先发展和保障国家粮食安全的制度政策，健全城乡融合发展体制机制”。建设新型农村社区正是体现了这一思想。通过新型农村和农村社区建设，促进城市基础设施加快向农村延伸，公共服务加快向农村覆盖，城市文明加快向农村传播，城市资源加快向农村流动，以城带乡，加速推进城乡一体化。

（二）国家综合实力显著增强为农村社区建设奠定了经济基础

我国自改革开放以来，综合国力不断提升。自 2010 年以来我国经济总量一直位居世界第二位，并向第一经济体美国靠拢，2018 年 GDP 达到 90.03 万亿元人民币，约合 12.81 万亿美元，仅次于美国，人均收入也显著提升，2010 年人均 GDP 为 64 644 元，约合 9 197 美元，按照世界银行的标准，我国总体收入水平进入高中等

收入国家行列。[①] 另外，我国城镇化和现代化进程处于加速阶段，在工农关系和城乡关系上也已进入“工业反哺农业，城市支持农村”的阶段。国情国力已客观上为开展农村社区建设奠定了经济基础。

（三）我国的城市社区建设为农村社区建设提供了经验支持

在城市社区建设实践中，我国认识到了社区建设的重要作用和许多发展规律，多年来所形成的工作思路、方法和有益经验，能够为农村社区建设提供好的借鉴，能使农村社区建设少走弯路，提高效益。根据胡宗山（2008）[②]，我国城市社区建设已经历了四个阶段：发育阶段（1991—1999 年）、发展阶段（1999—2000 年）、拓展阶段（2000—2003 年）和深入阶段（2003 年以后），从开始的社区建设萌芽，到确定社区建设实验区，到全面铺开，再到全面深入建设，整个建设过程积累了丰富的经验，社区划分、社区基础设施建设、体制改革、社区服务、社区管理、社区自治、社会参与、运行机制等方面都有宝贵的经验（当然也有教训）可以为农村社区建设提供借鉴和启示。

（四）全国农村社区建设实验为农村社区建设摸索了经验与规律

早在 2006 年以前，我国就已经有部分地区，如江西、江苏、浙江等省市先行开展了农村社区建设的试点工作。[③] 江西的农村社区建设主要在自然村落进行，依靠“五老”（老干部、老党员、老模范、老教师、老复员军人）队伍，建立志愿者协会，形成一会五站，动员村落内部力量进行农村社区建设，探索自然村落建设社区

① 一个国家人均 GDP 在 996～12 195 美元之间，被称为“中等收入国家”。其中，又以 3 945 美元为分界线，以下称“低中等收入国家”，以上称“高中等收入国家”。（转引自黄新初．怎样理解“中华民族发展史上开天辟地的大事变”．光明日报，2011-07-18.）

② 胡宗山．城乡社区建设概论．武汉：湖北科学技术出版社，2008：24-25.

③ 胡宗山．城乡社区建设概论．武汉：湖北科学技术出版社，2008：40.

的经验。浙江义乌较早地在全国进行了农村社区建设的体制改革。江苏太仓率先从社区党建、社区民主自治和社会建设保障机制入手开展农村社区建设。2006 年中共十六届六中全会通过的《中共中央关于构建社会主义和谐社会若干重大问题的决定》提出了“全面开展城市社区建设，积极推进农村社区建设，健全新型社区管理和服务体制，把社区建设成为管理有序、服务完善、文明祥和的社会生活共同体”的要求，正式启动了国家层面的农村社区建设。2007—2008 年间，国家民政部对全国农村社区建设进行了试点部署，先后有 304 个县级区域被纳入“全国农村社区建设实验县（市、区）”，地域上覆盖了全国 31 个省市区。2008 年 10 月中共十七届三中全会通过的《中共中央关于推进农村改革发展若干重大问题的决定》再一次提出“加强农村社区建设，保持农村社会和谐稳定”。2011 年《中华人民共和国国民经济和社会发展第十二个五年规划纲要》专设一章“强化城乡社区自治和服务功能”，又一次从规划的高度强调“全面开展城市社区建设，积极推进农村社区建设，健全新型社区管理和服务体制，把社区建设成为管理有序、服务完善、文明祥和的社会生活共同体”。2017 年中共十九大提出“加强社区治理体系建设，推动社会治理重心向基层下移”，2019 年中共十九届四中全会强调“在城乡社区治理、基层公共事务和公益事业中广泛实行群众自我管理、自我服务、自我教育、自我监督”。农村社区建设得到了前所未有的重视。尤其是 2007 年来遍及全国各省市区的全国农村社区建设实验，积累了不同类型、不同自然条件、不同社会经济环境下农村社区建设的比较全面、系统的经验，摸索出了农村社区建设在不同条件下的发展规律，为农村社区建设在全国铺开奠定了良好的经验基础。

三、国外的经验为中国农村社区建设提供了借鉴

二战以后，许多国家尤其是不发达国家面临着贫困、疾病、失

业、经济发展缓慢等一系列问题。要有效地解决这些问题，仅仅依靠政府力量是不够的，必须同时开发社区民间资源，发展社区自助力量，形成政府与社团及居民群众通力合作的发展模式。于是，1951 年，联合国在其经济社会理事会通过的“390D 号议案”中正式倡议开展“社区发展运动”，并试图通过建立社区福利中心来解决不发达社区的经济、社会问题。1952 年，联合国成立了“社区组织与社区发展小组”，1954 年，联合国改组该机构，建立“联合国社会事务局发展组”，负责推动世界各地的社区发展活动，并得到了一些国家和地区政府的重视。例如印度政府较早地接纳了联合国的社区居民计划，在全国数十万个村庄推广社区发展运动。[①] 最初，社区发展运动主要是在不发达国家的农村社区开展的，重点是解决这类社区的贫穷、落后问题。后来又扩展到城市社区。根据联合国社会局的报告，1950 年代初，世界上只有 7 个国家推行社区发展运动，到 1950 年代末，有 30 个国家制定了全国性社区发展计划，自 1960 年代以来已有 70 余个国家在进行社区发展和建设，20 世纪八九十年代以来，越来越多的国家和地区重视社区的功能和作用，建设区尤其是基层社区成为解决社会问题和社会矛盾的出发点和归结点。全球范围内也有越来越多的人尤其是政府人士对社区和社区发展更加重视。[②] 如今，社区发展运动已经遍及世界上数十个国家和地区，它们的成功经验可供我国农村社区建设借鉴和参考。[③]

四、社区理论的发展为农村社区建设提供了理念导引

社区理论在西方有着非常丰富的经验和长远的历史。自 1887 年滕尼斯提出社区概念以来，经过 130 余年的历史发展，社区理论

---

① 王霄．农村社区建设与管理．北京：中国社会出版社，2008：37.
② 王霄．农村社区建设与管理．北京：中国社会出版社，2008：37.
③ 詹成付．农村社区建设实验工作讲义．北京：中国社会出版社，2008：13.

内容已经非常丰富并被广泛应用于各国实践。尤其是其中的社区发展与建设理论和社区治理理论的发展为我国农村社区建设的展开提供了理念导引。

(一) 社区发展与建设理论的发展为农村社区建设提供了理论支持

社区发展是社区研究的重要概念，是指社区在政府机构的指导和支持下，集合本社区的力量，改善社区经济、社会、文化状况，解决社区共同问题，提高居民生活水平和促进社区稳定发展的过程。社区建设是社区发展的具体化和落实过程，即把社区发展的理念和目标具体化为各项任务，以实践来达到社区发展。二战后，世界各国尤其是发展中国家认识到解决贫困、失业、疾病等问题仅靠政府力量是不够的，于是社区组织应运而生并在各国传播、扩展、应用，社区和社区发展也得到了全球各国和地区的广泛关注。

当今世界社区发展日益趋向多元化，功能呈现多样化，不断增加新的功能，社区发展与建设理论也不断丰富、充实。社区发展的意义已经远远超过过去只是为了改变社区贫困落后面貌的范畴，已转变为整个国家和地区发展和建设的重要组成部分，其内涵也发生了变化，现在一般指社区成员与政府协同改善社区内的经济、政治、社会、文化状况，使之更适合于环境、社会发展和人民生活需求的过程。重视社区发展与建设，挖掘社区功能已成为国际社会发展的趋势。[①] 社区发展和建设理论发展中提出的一些基本原则与工作原则，也为农村社区建设实践提供了基础参照与指导。比如1955年联合国在《通过社区发展促进社会进步》的文件中提出了社区发展应遵循的十大基本原则，1967年美国社会学家默里·G.罗斯（Murray G. Ross）在其《社区组织的理论与原则》一书中阐

① 王青. 农村社区建设与管理. 北京：中国社会出版社，2008：37.

述了社区发展与建设的八大工作原则，其至今仍具有很好的社区建设指导意义。显然，社区发展与建设的工作原则会因国家、地方和学者的不同而不同。1990年代以来，我国一些社区研究者和实际工作者，结合我国国情，探讨了社区建设的一些基本原则，如奚从清（1996）[①] 在《社区研究——社区建设与社区发展》一书中提出了适合我国的五大社区建设指导原则（区域发展原则、群众参与原则、协调发展原则、自我发展原则和利益共享原则）。具体到农村社区建设层面，近年来的成果较多，如潘屹（2009）[②]、师坚毅（2010）[③]、詹成付（2008）[④]、王霄（2008）[⑤] 等都对农村社区建设的理论进行探索，既有对既有社区理论在农村社区这一特定领域的创新性延续，也有结合我国具体的实际情况如何改造理论以适应现实的探讨。总而言之，社区建设理论的发展为我国农村社区建设提供了支持。

（二）社区治理理论的发展为农村社区建设中的社区自治提供了参照依据

"治理"（governance）一词首先出自世界银行1989年对撒哈拉以南非洲地区的研究报告。报告认为非洲急切需要的不是资金和技术援助，而是"良好治理"。此后，关于"治理"的研究不断深入，逐渐被发展成为一个内涵丰富、适用广泛的理论。

随着研究的深入，全球视野下的社区治理理论也被提出并得到了发展。所谓社区治理是指一种有共同目标支持的社区公共事务方面的活动或管理机制。它是一个由在社区范围内的不同公私行为主

① 奚从清. 社区研究——社区建设与社区发展. 北京：华夏出版社，1996：120-121.

② 潘屹. 家园建设：中国农村社区建设模式分析. 北京：中国社会出版社，2009：49-223.

③ 师坚毅. 新农村社区建设与管理. 北京：中国社会出版社，2010：41-166.

④ 詹成付. 农村社区建设实验工作讲义. 北京：中国社会出版社，2008：14-133.

⑤ 王霄. 农村社区建设与管理. 北京：中国社会出版社，2008：23-234.

体，依据正式的强制性法规，以及非正式的、人们愿意遵从的规范约定，通过协商谈判、资源交换、协调互动，共同对涉及社区居民利益的公共事务进行有效管理，从而增强社区凝聚力、提高社区自制能力、增进社区成员福利、推进社区经济和社会进步的过程。完整理解社区治理的概念，需要把握以下几点。

（1）社区自治的行为主体多元化。

社区自治的行为主体构成突破了过去那种传统的“政府独大、一统天下”的局面，形成了一种由多元化、多样化的行为主体共同参与的新格局。

（2）社区自治更看重社区基本要素的培养。

社区自治作为一个长期的过程，其目标除了完成特定的、具体的经济和社会发展的任务外，更看重社区基本要素的培养，其中包括社区组织体系的发育完善、社区成员参与公共事务的积极性和能力的增长、社区中正式的和非正式的制度规则的形成、社区中不同行为主体交往互动的方式和机制磨合等。

（3）社区中的公共事务是社区自治的行为指向。

社区自治的行为指向是社区中的公共事务。它的领域范围广阔且关系到社区成员的切身利益，包括社区服务与社区照顾；社区安全与综合治理；社区公共卫生及疾病预防；社区环境及物业管理；社区文化和精神文明建设；社区社会保障等。做好社区公共事务的治理，必须充分挖掘和整合社区内外资源，如人力资源、物力资源、财力资源、智力资源、政策资源等。

（4）社区治理具有多向度性和上下互动性。

社区治理作为区别于政府行政化管理方式的另类社会管理模式，其权力运行是一种多向度的、上下互动的过程。它不是通过发号施令、制定和执行政策来达到管理的目标，而是主要通过合作、协商、伙伴关系、确立认同和共同的目标等方式来实施对公共事务的管理。其所需要的社会秩序和权威，主要不是来自法律赋权，而是依靠人们内心的接纳和认同。

(三) 中国农村社区治理理论取得了新进展

根据贺雪峰（2005）①、赵树凯（2006）②、李水山（2007）③、王霄（2008）④ 等学者的研究，我国农村社区治理理论取得了实用性的进展，并对我国农村社区建设和社区治理推进的重要性形成了一些共识性的理论结论。下面对其进行简要归纳。

（1）农村社区治理关系到中国现代化的出路。

如何才能让农村充当中国现代化的稳定器和蓄水池？这是国人非常关心的问题。中国经济增长及发展要保持较高速度并可持续，中国城市化和现代化要顺利实现，必须要保持农村社会的相对有序，必须让农民可以持续地改善生存环境，必须让农村劳动力的再生产可以延续，简而言之，必须要有农村社会的稳定与发展。而要实现这一点，农村社区建设和治理是重要手段和途径。在这个意义上，农村社区治理和农村社区建设对于中国现代化具有基础性意义，是一项重大的战略性举措。

（2）农村社区治理对于重建新的农村生活方式具有重要意义。

农村社区治理关系到中国农村与农民未来的出路，即一种新的农村生活方式的重建。要为中国近 7 亿的农民建立新的现代化生活标准，确立以人为本的新的发展指标，不仅从物质而且从人的内心和谐、人际关系、人与自然协调相处等这些方面来设计新的治理模式，建设新的乡村文化。当前的农民问题，不纯粹是一个经济问题，更是一个文化问题，不纯粹是生产方式问题，更是生活方式问题。在事实上农民不可能快速转移进入城市，农民收入不可能得到迅速提高的情况下，从农民主体立场出发的新农村建设的核心，是重建农民生活方式，从而为农民的生活意义提供说法；是从社会和

---

① 贺雪峰. 乡村治理研究的三大主题. 社会科学战线，2005 (1)：219-224.
② 赵树凯. 政府治理是新农村建设的关键. 中国发展观察，2006 (6)：29-31.
③ 李水山. 中国农村正在发生第二次革命. 中国农村教育，2007 (11)：10-11.
④ 王霄. 农村社区建设与管理. 北京：中国社会出版社，2008.

文化方面为农民提供福利的增进；是要建设一种不用金钱作为生活价值主要衡量标准，却可以提高农民满意度的生活方式。

（3）农村社区治理关系到中国文明的重建。

中国近7亿农民的农村社区治理会在文明的创造上、在价值的形成上、在文化的构建上自在自给、自成一体，是关乎中华文明复兴和世界未来出路的重要方面。从面向未来、全局、世界与现代化的角度看，一个国家的农村，不仅包括解决农业、农民问题的功能，而且具有应对国家经济、社会的急剧变化的多种综合功能，比如充当工业化的缓冲地带，保护环境资源和文化资源，开拓人与自然和谐发展的空间，成为城市居民的精神故里和家园，为国家可持续发展积蓄力量，作为粮食安全和食品保障基地、产业发展的人力资源基地，扩充公共产品市场，形成连接农村和城市的新型产业，等等。而这些功能在成功综合开发农村的国家和地区已经得到验证。

（4）农村社区治理是当前政府开展农村社区建设与管理工作的抓手。

作为近7亿农民解决衣食住行问题、赖以生存的现代社会共同体，农村社区本身首先不是一个行政区划和行政层级的单元，它应该有几个基本内容，比如独特的价值、伦理，较强的认同，浓厚的互助与人际关系，先进的治理体制，平等的国民待遇，丰富的文化活动，重建的公益事业，良好的生活环境，完善的生活设施，基本的社会保障等。这正是政府农村工作的重点和抓手，从过去单纯抓增长、抓收入、抓城市化，转向抓农村社区的经济、政治、文化、社会、环境的整体建设，强化村庄的“价值生产能力”。

（5）农民的组织问题是农村社区治理的重要内容。

农民的组织问题实质上是农村社区建设的主体问题。国家提出让“农民真正成为新农村建设的主体”，要做到这一点，农民就要被组织起来。农村虽然有了村民自治，但农民的组织问题并未完全解决。从社区治理理论出发，最大的问题不在于建立一种农村自治体制，而在于农民没有形成自己的利益代表。“三农”

问题的本质是农民权利缺失，而农民权利缺失的根本原因在于农民组织化程度太低。只有农民被组织起来，才能联合起来对抗市场化风险，获得更好的经营效益，才能重建乡村公共道德秩序和文化氛围，才能实现农村社区的高效运作，等等。因此，农村仅仅依靠村民自治组织是不够的，还应该更多依靠农民经济性合作组织、社会性服务组织、文化组织来服务农村社区社会生态。因而，未来一定时期，保护和扶持农民组织发展，应成为农村社区治理工作的一个重点。

（6）具体的农村社区治理结构具有多元性。

农村社区重建必须与新的乡村治理范式的重建相结合，即农村社区需要建立多中心治理格局。中国地域广袤，农村情况复杂，乡村有多种类型，同一类型下还有细分类。农村社区治理不但涉及村庄本身的性质，包括村庄的经济资源、人际关系资源、社会环境等因素，而且与乡镇、县市甚至省一级的治理情况有种种复杂关系。因而，在多样化的村庄结构和多样化的乡村社会条件下，具体的农村社区治理结构也不应该千篇一律，实施“一刀切”的单一做法，应该根据现实情况灵活处理。

总而言之，社区理论的发展为我国农村社区建设提供了理论支撑和操作依据。

第二节　农村社区建设的历史经验

从全世界来看，进行乡村发展和农村社区建设的国家，既有发达国家如欧盟各国、美国、加拿大、日本、韩国等，也有发展中国家如墨西哥、印度等。它们都在致力于促进本国欠发达乡村地区的发展。因此，通过横向比较，研究国外农村社区建设的政策与做法，了解其相关成功经验，可以为中国农村社区建设提供有益的借鉴与启示。本节首先选取典型发达国家和地区介绍其农村社区建设情况，然后介绍典型发展中国家的农村社区建设做法，最后对中国农村社区建设的实践与经验进行探讨。

一、发达国家和地区农村社区建设的经验

这里选取具有典型意义的欧盟、加拿大、美国、韩国来分别介绍它们的农村社区建设情况。

（一）欧盟不以城市为目标的农村社区建设

欧盟现有28个成员国（截至2018年10月），2018年人口为5.13亿人，GDP为18.75万亿美元，地域面积为438万平方公里。欧盟50%左右的人口居住在占地域面积90%的农村地区。一个与我国具有相同人均国土面积、相同民族历史文化长度、同样具有内部地区经济差异和城乡贫富差距、相似的城市化程度的“国家”，正在大规模地推进农村建设。

2005年，当我们正在制定建设社会主义新农村的战略方针时，欧盟也正在制定它的“2007—2013年农村发展政策”，这是一个与我国有相似目标的七年农村发展计划。其核心之一是如何分配欧盟农村发展公共资金和如何引导各国、地方和私人在农村地区的投资。为此，“2007—2013年农村发展政策”的目标是支持农村地区的经济增长，在那里创造更多的就业机会；满足消费者对食品质量和安全的要求；进一步增加农村地区在环境保护方面的主导作用；改善农村地区的生活条件，让农民生活富裕起来。这个政策包括四个原则：第一，提高农业和林业的竞争性；第二，管理土地以保护农村地区的自然环境；第三，推进农村经济的多样性和改善农村地区的生活条件；第四，以“领导＋”（LEADER＋）的方式自下而上地由地方社会团体联合机构主持制定社区发展规划，并由这些机构按规划提出并管理农村发展项目及其来自欧盟的基金。欧盟试图利用一个专门基金、一个专门模式、一个专门网络，把整个欧盟的

农村发展控制在“欧盟农村共同政策”框架内，从而实现农村的协调发展。

1. 一个专门基金

一个专门基金是“欧洲农业农村发展基金”（European Agricultural Fund for Rural Development，EAFRD）。该基金集中管理全部农村发展资金。欧盟计划 2007—2013 年 7 年投入资金 970 亿欧元（2004 年不变价），约合人民币 9 350 亿元，其中 3%（26.6 亿欧元）为“领导＋”规划专项基金。与此相配套，欧盟各国还需拿出几乎相同数额的配套资金。这样欧盟和各成员国 7 年计划投入农村建设的资金将达到 2 000 亿欧元（约合 20 000 亿人民币），平均每年 285 亿欧元。

欧盟国家乡村社区发展有 4 条值得借鉴的经验。

（1）吸取过去的经验教训实行了三项改革。

第一，管理体制改革。农村地区的所有建设项目都必须以“领导＋”的方式由地方社会团体联合机构主持制定规划，在规划制定后方能获得和使用“欧洲农业农村基金”。

第二，明确农村建设的三项基本目标：实施农业结构调整以提高农业的竞争性；加强土地管理以改善农村环境；推进农村地区的经济多样性以提高农村地区的生活质量。各国各地在制定规划和在申请项目资金时，必须说明一个项目如何能够同时对以上三项目标有所贡献。

第三，财政体制改革。把目前对农村地区投资的五个项目和三个基金合并到“欧洲农业农村基金”，由这个基金对欧盟农村发展资金的投入、管理和审计实施统一管理。也就是说，不是以行业管理的方式按条条分发农村建设基金，而是集中各行业的资金到一个基金，然后以规划区为单位按项目拨发下去。这项改革与我国提出的“改革政府支农投资管理方式，整合支农投资，提高资金使用效率”要求如出一辙。

这三项改革表明欧盟形成了这样的共识：农村发展必须规划先

行，而且规划方式是自下而上由地方社区主导的；农业发展旨在提高竞争性，用土地管理带动环境保护，用多种经济提高农民收入；统一管理农村建设的公共资金。

（2）既坚持欧盟原则，也给不同国家和区域留下了选择弹性。

欧盟不是一个主权国家，在这样的政治经济条件下，执行一个“共同农业政策”要比我国困难得多。但是，2000 年以来，欧盟的确在原 15 个成员国执行“共同农业政策”方面取得了一系列经验。“2007—2013 年农村发展政策”在确定了欧盟农村发展政策的 4 个原则后，明确要求各国按照自己的国情，把这些政策原则转化为本国战略；各地区在每个原则中选择适合于自己实际情况的项目。例如，在“提高农业竞争性”下有 15 类项目；在“推进农村经济的多样性和改善农村地区的生活条件”下有 8 类项目；但所有项目都必须“自下而上地制定地方发展规划”。这样，既坚持了欧盟的原则，也给不同国家和区域留下了选择的弹性。这对我国如何给不同区域在使用中央公共财政资金上留下弹性上提供了可以借鉴的经验。

（3）通过资金使用比例管理协调农村建设。

按照“2007—2013 年农村发展政策”的规定，一个地区在使用农村发展资金的过程中必须兼顾 4 个原则，至少在“提高农业竞争性”和“推进农村经济的多样性和改善农村地区的生活条件”上使用 15％的资金；在“管理土地和保护环境”上使用 25％的资金；在“自下而上制定地方发展规划”上使用 7％的资金。这样，有可能避免出现农村发展的不协调，如只顾生产，不顾环境；或相反，只是保护环境，而不能增加收入。事实上，过去那种多渠道投资的方式常常难以兼顾其他，从而造成农村发展中新的不协调，而只有在一个基金的统一管理下才能实现有比例的按需投资。

（4）规划先行，采用自下而上由地方社区驱动的规划和项目管理。

规划必须先行，更重要的是规划制定和实施的方式，欧盟所实行的是由地方社区驱动和各社会部门合作的自下而上的方式。2000年以来，在老欧盟的15个发达工业国家推行了“领导＋”的规划方式，在今后7年里还要在各个成员国家全面推行这种规划模式。

2. 一个专门模式

一个专门模式是指“领导＋”规划和农村发展管理模式。“领导＋”的官方名称是“把农村发展的愿望与农村经济发展各项活动联系起来”（Links between Actions for the Development of the Rural Economy）。所谓“领导”并没有具体的意义，只是名称首字母的缩写，因欧盟从1989年起执行过LEADER Ⅰ和LEADER Ⅱ，此次规划方式被称为“LEADER ＋”。“领导＋”的任务是，组成地方社会团体联合会主持制定他们所在地区的农村发展总体规划，按欧盟政策导向设计农村发展项目，并负责实施和管理发展规划项目。

按照欧盟的规定，在人口密度为120人/平方公里的地区，一个“领导＋”联合会所辖地区的人口一般在1万人～10万人之间，一个“领导＋”联合会所辖区在80平方公里～800平方公里之间，这大体相当于我国一个乡镇的土地面积和人口密度。从工作机构上讲，“领导＋”地方社会团体联合会是欧盟农业农村基金在地方的代理机构，是非营利机构，不隶属于地方政府，而是由若干地方社会团体（LAGs）、有志于地方事务的个人和公司，以及一定比例的地方政府官员共同组成的一个联合体。这个联合体的成员必须来自这个社区的不同社会经济部门，地方政府官员和选举产生的官员不超过50％。其通常的名称是“领导＋某某地区社团联合会”；它们直接与欧盟在他们所在国的代表机构发生工作关系，与地方政府有合作关系。

3. 一个专门网络

一个专门网络是指欧盟“领导＋”网络。每个“领导＋”地方社团联合会必须在本国或欧盟其他成员国找到另外一个“领导＋”地方社团联合会，相互访问分享经验。每个“领导＋”地方社团联合会必须进入欧盟“领导＋”地方社团联合会的网络，在欧盟内进行交流。

欧盟试图利用一个专门基金、一个专门模式、一个专门网络，把整个欧盟的农村发展控制在“欧盟农村共同政策”框架内，从而实现农村协调发展。尽管这条路在老欧盟已经有了7年的经验，但是，欧盟许多国家都有这类集中管理社会事务的传统，因此，在新欧盟中执行这个战略不会有太大阻力。在这一点上，我们与欧盟有共同之处，而与美国相距甚远；从农村可持续发展的角度看，欧盟比美国强许多。我国处于工业化中期阶段，如何避免美国忽视农村发展和推行郊区化政策的错误，学习欧盟推进农村发展的经验，值得研究。[①]

乡村居民点不同于城市，它基本没有一个建筑边界。欧洲人在实践中发现，无约束的发展是有问题的发展、有后遗症的发展、盲目的发展和让少数人渔利而大部分人失利的发展。这类发展貌似发展，其实是倒退。现在，欧洲人在做村庄规划时，特别考虑了村庄扩张时可供选择的地理方向，考虑了他们的选择是否可以保护高质量的农田和其他自然资源。同时，他们也要考虑哪一个村庄有发展潜力，如水源、学校、公共交通等因素。实际上，欧洲的村庄规划首先是约束性规划。它把那里的乡村建设约束在自然环境可以承受的范围内，约束在基础设施可以允许的条件下，约束在传统建筑环境可以容纳的基础上，约束在社区居民可以认同的前提下，不是以城市为目标进行乡村社区建设，而是要建立真正的乡村社区。[②]

1. 建设绿色的乡村社区

欧盟国家乡村社区注重维持自然生态过程的完整性和持续性，顺其自然地建设乡村社区。乡村社区的景观包括三个要素：包括农田、草场、树林、水面、社区内部的绿地和庭院内外的绿地在内的开放空间，把乡村社区与社区周围开放空间分开的绿色边界，以及

① 詹成付. 农村社区建设实验工作讲义. 北京：中国社会出版社，2008：138.

② 叶齐茂. 欧盟十国乡村社区建设见闻录. 国外城市规划，2006，21（4）：109－113.

把乡村社区之间联系起来的绿带。乡村社区的空间布局形式相对集中，而且每个乡村社区都有明确的绿色边界：树木、河流或小溪、由绿茵覆盖着的道路，总之，绿色是乡村的主题。欧盟的乡村社区建设方式正在从工业化向生态化转变。那里没有开山凿石、毁田造地之类的大规模建设，而是在原有建设用地上的再开发。在那些村庄里，常见到不水平的宅基地，但均属于建筑顺自然地貌而建。道路建设也不求宽大笔直，而是弯弯曲曲，顺其自然，水能流，人也能走，保持千百年来形成的自然地貌，这样既有利于防洪、阻滞滑坡，也适合维持植被的生长和地下水源的储备。乡村小溪清澈见底，乡村建设所引起的工程性水土流失微乎其微，更没有引发水质污染、水源枯竭、水利工程淤塞垮塌和地质灾害频繁等一系列环境问题。

从规划角度看，这些绿色的乡村社区可以分解为三个组成部分：绿色的开放空间、绿色的网络、绿色的社区边缘。绿色的开放空间在居住社区内外都有，只是尺度不同。农田或草场构成社区外的开放空间；居住区内开放的公共空间和庭院绿地构成社区内的开放空间；农业功能的开放空间与生活功能的开放空间之间由绿带隔开。这种绿色乡村社区的空间模式保证了那些乡村社区在土地使用上的长期稳定性，所有的发展都是在原有的建设用地上调整，从而克制了乡村社区蔓延式的发展。这样的乡村社区追求的是乡村社区的空间布局与环境相协调，走的是一条可持续发展的道路。

2. 建设基础设施完善的乡村社区

老欧盟国家的乡村社区几乎没有旱厕，所有的厕所都是城市型的，所有的污水都进入家庭的污水处理系统，经过处理再进入村庄的排水系统，从而保证了乡村社区的绿色。道路上的主排水管道由地方市政部门建设，家庭污水处理系统的费用包括在整个住宅的建设费用中，由用户承担。每个住户有两个不同颜色的垃圾箱，一个装有机垃圾，另一个装无机垃圾。在每周的一个确定日子，住户把垃圾箱沿街摆放好，以便两辆自动垃圾车分头拉走这两类垃圾。如果发现住户没有按规则对垃圾进行分类，或把不适当的东西放到垃圾里，垃圾车将会拒绝收集这个垃圾箱，甚至罚款。垃圾箱和垃圾收集、处理的费用由地方政府征收的房地产税及其他税收支付。地方政府鼓励住户不仅对垃圾进行分类，而且减少垃圾量。在这些国家，购物的塑料袋是收费的，0.5～1 欧元不等，其目的是减少人们使用塑料袋。许多乡村社区居民把有机垃圾留在后院沤做肥料，他们所吃的食品也远比城里人新鲜、有机。这样，每人的垃圾量远低于城市人的垃圾量。

老欧盟乡村社区很注重各类安全设施的配备。在主要道路上设置了各类交通安全设施，如减速限速的标志和路坎，过街横线和有人过街的标志，分道标志，学校标志等。道和路的交叉口同样有让车标志。主道两旁的住宅标准退后红线至少在 5 米，如果用地不够，允许设置篱笆。路旁住宅的标准退后红线至少在 3 米，或者是改变大门的朝向，侧墙向街。这类道路安全设计方案层出不穷。地方政府对乡村社区的交通安全非常重视。

老欧盟乡村社区住宅的消防设施也相当完备。乡村社区的各户和社区关键位置都设置有标准消防栓。一块宅基地上用于建房的土地一般不超过 50%，绿色的庭院在住宅与住宅之间自然形成了消防隔离带。由于每个住宅建筑都与道路相连，住宅与住宅之间又有空间，从而留足了消防通道。

实际上，交通设施、排污设施、垃圾回收和消防设施在邻里之间和整个社区内部的街区之间构成了一个安全边界的边界。

3. 建设继承历史和保持乡村人文环境的乡村社区

老欧盟的乡村社区从建筑风格、空间布局和整体氛围上，或多或少传承了它们各自的历史。住宅的建筑风格延续了传统风格，独门独院的村舍式住宅仍然占据了乡村社区住宅的 90%，而新型的连体式成排别墅不到 5%，并且保持了住宅的多样性特征，在这里几乎找不到一个外形和尺度完全一样的住宅，每个住宅都有它自己的个性。乡村社区的社会氛围依然质朴，人们可以在 5～10 分钟之内步行到田野里和小溪旁，也可以与邻居隔墙交谈。乡村社区的自然环境依然未改，开放空间、羊肠小道、田野和牧场仍然是那些乡村核心居住区的背景。

老欧盟乡村社区的视觉特征不仅是外观的，也是文化的和历史的。实际上，这些历史特征也是乡村社区建设的一道没有色彩却有时间的历史边界。1990 年代以来，美国新城市主义规划的倡导者常常把欧洲乡村社区的现存模式移植到美国，作为他们设计城市社区的基本参考模式。这不能不引起我们对我国所倡导的农村建设模式进行深刻反思。

4. 建设社区居民认同的乡村社区

老欧盟乡村社区在人口规模、用地规模、空间布局和与人相适应的建筑尺度方面都提供了易于使人们形成一个有着共同利益的社区的物质条件，那里的人们的确容易相互熟识，知道谁有什么专长，有困难到哪里去寻求帮助，甚至谁应当做什么。各乡村社区都有各式各样的场所，如村里的运动场、小学校、公共汽车站、小商店，等等。这些场所把不同的人和活动结合在一起，为人们相互间的联系提供了可能，以形成共同利益。乡村社区里常常见到地方政府张贴的要求社区成员参与社区民主管理的公告，如“参与规划”“建筑管理为你服务”，还有一些将要举行的社区各类会议的时间表。无论他们属于哪个社会阶层，只要涉及地方社区事务，他们便以一个利益集团的形式参与社区事务，既对地方政府的工作形成了监督，也有效地维护了乡村社区居民的利益。例如，乡村社区型公共服务设施的严重滞后给乡村社区中的弱势群体带来了社会分配不公，而转移到乡村社区居住的强势群体正在与弱势群体联合起来，为争取额外的社会分配而敦促政府扩大对乡村公共服务设施的投资。

欧盟乡村社区建设模式正在改变工业文明所带来的功能主义规划模式，形成新城市规划的潮流：以自然环境的承受能力为规划背景，采用人的尺度，追求多样性，发展公共交通，提倡步行，尊重历史传统，维护地方的社会资本；同时，乡村社区正在成为区域城市规划的一个模块，使之与城市融为一体，以致我们难以用传统方式划分城市和乡村。

（二）加拿大注重促进乡村社区能力建设，实现城乡衔接

从当今发达国家乡村社区发展的情况来看，市场化、全球化也会造成乡村社区经济的衰落及功能转型，国家提供的公共服务不断收缩，一些外部力量造成居民凝聚力的削减。因此，即使是发达国家，市场化与城市化也会造成乡村社区在产业、公共服务及居民认同感塑造方面的相对衰落，并成为城乡社区协调发展的主要障碍。这里以加拿大为例，讨论它如何解决乡村社区的发展问题。

面对乡村社区的衰落，加拿大乡村复兴基金（Canadian Rural Reconstruction Fund，CRRF）于 1997 年发起加拿大新乡村经济（Canada's New Rural Economy，NRE）规划，通过政策决策者、研究人员及乡村居民共同参与的新乡村建设运动振兴乡村，从而实现城乡社区在功能上的衔接。新乡村经济规划通过研究人员、政策制定者及乡村居民共同努力，寻求社区资本的合理搭配方式，减少城乡居民在经济收入、个人福利、社会交往等方面的差异，从而提供了借助乡村社区能力建设实现城乡衔接的路径。在加拿大乡村社区能力的建设路径设计上，注重从四个方面提高居民对社区的认同及社会凝聚力。

1. 提高居民的交往互动能力

加拿大乡村社区能力建设突出了居民交往互动能力建设，把乡村发展的能力建设放在交往实践与过程的背景下考察。在市场化条件下，城市与乡村不可避免地会有利益和文化冲突，加拿大主要通过提高政府与居民交往互动的能力来解决问题。从加拿大乡村建设的具体历程来看，许多发展是通过大学拓展项目、传统媒体的教育功能实现的，也有一部分是借助面对面交往实现的，从而创造并培

养共同纽带。借助像因特网这样的新信息与通信技术，为乡村社区的经济联系、人口素质提高、社会互动与团结创造更好的条件。通过教育的方式提高乡村居民的交往互动能力，解决乡村社区发展中的冲突，培养居民自身能力与素质，从总体上提高社区能力建设成果。

2. 发挥传统经济活动的文化纽带作用

传统自给自足经济在加拿大仍然很常见，它对乡村经济及文化都有贡献，并与乡村居民的就业、收入、居住时间等家庭生活特点有关。尽管存在缺乏土地、物资或资本等因素产生的贫困家庭参与传统经济活动的结构性障碍，但加拿大特别注重通过各种途径来发挥传统经济活动的文化纽带作用，构建交换和互惠的复杂网络，以此来增进城乡居民之间的社会交往。

3. 重视服务供给的双重功能

在乡村和小城镇，公共服务不但为居民间的联系与信任创造了条件，而且为政府提供了信息基础，它已经成为提高乡村居民生活福利水平的重要支持，以及地方经济转型的可能途径。公共服务不但与乡村及小城镇居民生活品质有关，而且是吸引经济活动、挽留居民及维持社区的强大基础。因此，加拿大特别重视乡村社区公共服务供给的建设，加大力度提高对乡村居民生活品质有帮助的各类公共设施和服务的建设与供给，增强乡村与小城镇经济发展所必需的基础能力。

4. 为乡村社区能力建设设置主要抓手

为推进乡村社区能力建设，提高乡村社区对居民的经济支持和服务供给，并增强居民的心理归属感，加拿大政府设置了三个主要抓手作为工作的重点。

（1）充分利用信息技术对乡村社区经济及居民凝聚力的支持作用。

信息技术的进步方便了居民之间的交往互动及居民劳动技能的提高，但也会造成城市价值观对乡村的过度入侵。通信技术及设施的改善提出了地方社区如何利用新技术寻求地区、全国和国际支持来增强自身能力的问题。虽然加拿大在全国各地进行大规模通信设施建设，但是像地方媒体、会议、信息板和电话这样的乡村地区传统通信形式仍被保留下来，作为日常通信及交往互动的方式。在小型乡村社区，像社区快报这样的传统的通信方式曾是促进社区发展的重要工具，如今也能够增强居民对社区的认识，从而培育社区归属感。

（2）加大公共服务供给，挽救乡村衰落。

在加拿大，一些人口密度小、地理位置偏远的乡村社区，公共服务的供给对于受到现代城市文明冲击的乡村居民来说是降低生活风险、提高生活品质的关键因素。公共服务供给会带来更多的就业机会，也可一定程度上缓解一些乡村社区的贫困问题，缩小城乡公共服务及其带来的生活品质上的差别。为此，加拿大特别从加大公共服务供给和提高供给质量入手，尽量缩小城乡社区间的服务供给差别，从而挽救乡村的衰落。

（3）推进多方力量协作，为乡村社区能力建设提供内在动力。

在加拿大，乡村社区建设特别注重发挥多方社会资源的力量，推进社区居民、社会团体及政府等多方协作，这既是建设乡村治理的合理结构，也为乡村社区建设提供了源源不断的内在动力。加拿大的公共部门机构有责任动员和整合乡村社区的自然、文化、人力、社会、政治、金融资本等各种资源，来解决地方所面对的公平与责任问题。乡村社区及居民在政府与社会团体的指导与帮助下，对乡村社区发展模式、资源利用方式、公共服务供应的类型及模式都拥有发言权。乡村居民不仅是政府的服务对象与公共服务的消费者，也是乡村社建设和事务处理的参与者，居民通过参与乡村事务提高决策水平，增强了对社区的责任感与归属感。

总而言之，加拿大乡村社区能力建设注重的是政策制定者、社区领导人以及居民共同参与决策的发展路径，针对的是乡村社区在市场化与全球化冲击下所面临的衰退问题。它注重从经济支持、服务供给等方面加强对乡村居民的支持，并由此培养乡村居民的社区归属感，从而消除乡村社区的天然缺陷，实现城乡社区的功能衔接。

（三）美国积极推进农村社区建设和农村发展政策

1. 美国农村社区发展概况

19世纪末至20世纪初，美国还是一个农业国家。美国农村人口大规模流向城市发生在二战以后，大规模的人口搬迁带来的是农村社区的衰落。1950—60年代，美国农村一直在衰落，直到1970年代才有所好转，但1980—90年代美国经济的衰落又影响到农村的发展。因此，在过去的半个多世纪里，美国农村一直在衰落的过程中。

与农村社区衰落相伴随的是农业的高度集中。美国国土面积与中国差不多，但农地资源比中国多得多。美国的农业生产在几十年间由众多的家庭小农场集中到17万个大型农场里。目前美国劳动力中只有不到3%的人从事农业生产。人们对农村的观念发生了很大变化，不再把农村看成是农业生产的地方，而是强调农村对提高生活品质和享受生态环境、自然风光的价值。基于此，美国的人口迁移也从以往自农村向城市流动演变为农村与城市间的多样化迁移。

2. 美国农村社区建设政策的特点

美国20世纪农村社区建设和农村发展政策表现出下列特点。

（1）美国联邦政府自上而下鼎力推进农村社区建设。

实现农村电气化、电子通信、改善交通、广泛的教育改革、贫困和营养救济，以及多种方式的农民增收，在美国，这些目标都有全国性政策或机构、项目做保障。1929年爆发资本主义世界经济大危机期间，当时的胡佛政府成立了联邦农业委员会，确定了政府直接干预供求的原则，首次体现了向农民提供更稳定的经济环境的国家责任。1933年，罗斯福政府实行复兴国家的“新政”。政府在提供贷款给农民购买农业机械、良种和肥料的同时，为了建设农村社区、帮助农民家庭，还采取了一系列措施，如在农业部设立“公共道路办公室”负责“从农场到市场”的交通道路网络建设，在国会设立“农村电气化管理局”负责将供电线路架往乡村，地方上的协作组织也建立起来，由联邦政府向它们提供信贷以便在乡村修路架线。

建设基础设施的同时，联邦政府和各州政府高度重视对农村的信息、技术支持和教育、培训工作。一是政府聘用农业技术人员无偿为农民作农业技术指导，甚至以支付现金的形式鼓励农民改良土地；二是广泛成立专门服务于乡村地区的社区学院，这些社区学院常常成为当地谋求解决社区重大问题的最有能力的地区性协作机构；三是设立乡村教育培养项目，其中最著名的项目是“合作推广服务”（CES）。“合作推广服务”是由美国联邦政府、州政府和地方政府共同承办的世界上最大的农业推广培训组织，其触角遍布美国乡村。

（2）美国农村社区建设特别重视学校的作用。

美国政府为了加强农村建设，1990 年分别在各州建立“州农村发展委员会”，制定战略规划，采取具体措施。[①] 在美国农村社区建设中，学校发挥了不可替代的关键作用。一方面，农村社区为学校提供了实践基地，同时参与到学校的管理中，并为学校提供了丰富的课程资源；另一方面，农村学校吸引了工商业的投资，使社区中其他行业的就业岗位增加，增加了消费能力，增加了社区人口，提高了相应社区的居住条件和劳动力素质，增加了社区的活力。例如，美国学者麦克·D. 伍茨等人对俄克拉何马州阿特卡县（Atoka County）的研究表明，1980—2000 年间，大部分村庄人口减少，然而，有学校的农村社区则好得多。1990—2000 年间，50%

① 何易蓉. 统筹城乡框架下推进农村社区建设的思考. 2008 青年人才论坛，2008－03－24.

有学校的小村庄人口增加，而 37.5%没有学校的小村庄人口增加，34.9%有学校的大农村社区人口增加，而只有 30%没有学校的大农村社区人口增加。与此同时，学校的基础设施也面对社区成员开放，为社区居民提供教育服务。[①] 将学校建设融入农村社区建设中，使二者相得益彰。同时，国家还特别重视对农村社区内学校的投入，例如，美国在 2000 年通过的《农村学校保障和社区自决法案》要求加强对农村社区的支持，该法案于 2007 年 9 月失效，7 年内，美国的州郡接受了超过 25 亿美元的拨款。2008 年，美国国会将该计划延长至 2011 年。根据延长后的法案，地方郡县将获得另外 17 亿美元的资金。[②]

（3）农村社区建设后期联邦政府角色发生了改变。

随着农村社区发展目标的日益本地化和区域化，地方和各州解决就业问题和地区发展问题能力的不断增强，联邦政府最初大包大揽的角色逐渐发生了改变。一方面，农村发展问题从最初被认为仅仅与联邦政府相关，逐渐转变成一件公众、企业和各级政府都关心的事情。另一方面，农村发展的领导权逐渐从联邦政府转移到地方政府、州政府、区域性组织和私人手中。但即使这样，来自联邦政府的财政补贴仍然是农村发展进程中稳定、重要的资金来源。例如，2011 年美国农业部向 41 个州和美属波多黎各拨款超过 3.89 亿美元的资金，用于支持上述农村社区的公共学校和道路建设等。[③]

（4）农村社区高度自治，非政府组织和志愿者机构活跃。

美国农村社区建设的一大特色是社区高度自治，并活跃着大量的非政府组织和志愿者机构。在美国农村，每个乡村小镇就是一个社区，镇民大会是社区议事机构，由选民选举产生的若干委员组成社区决策机构。这种直接民主形式确保了社区的充分民主和自治。

---

① 谭春芳. 美国农村社区与学校的互利关系. 教育探索，2009（9）：155－156.
② 美国农业部为农村社区建设拨款逾 3.89 亿美元. 新华社，2011－01－05.
③ 美国农业部为农村社区建设拨款逾 3.89 亿美元. 新华社，2011－01－05.

大量的非政府组织（non-governmental organization，NGO）和志愿者机构成为农村社区成员参与社区事务管理的重要平台。特别是1980—90年代以来，美国地方政府将更多的职能转交给各种非政府组织和志愿者团体去承担，社区从自治到治理成为社区建设的新形式。

（5）美国农村政策目标发生了转变。

随着农村社区建设水平的提高，美国的政策制定者发展农村经济的目标，已经从保障农村的最低生活标准演变为“在保护人人可分享的农村的同时，为农村居民创造新的、高收入的就业机会”。[①]

（四）韩国“新村运动”逐阶段推进[②]

从1970年代开始，韩国在全国范围内开展了“新村运动”。这项起源于农村，旨在改变农村环境，提高农民收入的运动，为提高韩国农民水平，推动农村全面发展做出了贡献。

1.“新村运动”的缘起

1945年韩国光复后，科技水平的提高推动了经济高速发展。1960年代后，随着工业化和城市化进程的推进，工农差距、城乡差距、地区差距拉大，贫富矛盾加剧，社会分配不公，农村人口大量外流。农村人口的无序迁移带来了诸多城市问题和社会难题，农村劳动力老化、弱化，农业后继无人，部分农村地区濒临崩溃。针对这些问题和矛盾，韩国政府正在酝酿解决办法。有一次，时任韩国总统朴正熙在考察庆尚北道清道郡一村庄时发现，该村农民自发组织起来，修缮村内桥梁和道路，改变村庄环境，当地农民呈现出蓬勃向上的生活态度。朴正熙进而设想，如果在全国农村开展这种建设运动，韩国农村地区会有很大改观。于是在1970年4月召开的地方长官会议上，韩国政府正式提出了建设新农村运动（即新村

① 詹成付. 农村社区建设实验工作讲义. 北京：中国社会出版社，2008：142.

② 韩国“新村运动”历史背景及发展简介. 中国农业外经外贸信息网，2008-03-31.

运动），其基本内涵是以政府支援、农民自主和项目开发为基本动力和纽带，以勤勉、自助、协同为基本精神，引导农民自发地建设新家园。

2.“新村运动”发展简况

（1）“新村运动”的基本做法。

“新村运动”的基本做法是设计和实施一系列农村项目开发，围绕这些项目开发，由政府支持、农民自主的家乡建设活动发动起来。政府向全国所有村庄每村免费发放水泥 400 袋，平均每户 4 袋，并规定只能用于修建桥梁、公共浴池、洗衣场、修筑河堤、村级公路、改善饮水条件和房屋等公共事业，不得他用。当年韩国全国 35 000 个村中近半数村庄表现积极，完全出乎政府预期。1971 年，政府进行了一项调查，根据实际表现把各村分成三类，成绩最佳的为自足村，表现一般的为自助村，表现最差的为基础村。对各类村庄采取奖勤罚懒措施，对表现积极的村庄支持物资水泥由每村 400 袋增加到 500 袋，并另增 1 吨钢筋。鼓励措施鞭策了后进村，1973 年，韩国全国村庄中基础村还占 1/3，到 1978 年基础村已全部晋升为自助村，而自足村上升到 2/3。

（2）“新村运动”的发展阶段。

韩国政府在推进“新村运动”中，还制订了阶段性目标，每个阶段都超出了预期，实现了超常规发展。总结起来可分为五个阶段。

第一，基础建设阶段（1971—1973 年）：这一阶段由韩国中央政府内务部直接领导并组织实施，目标是改善农民居住条件和部分公共事业。政府支持水泥钢筋等物资，农民以勤勉、自助、协同精神自主开展家乡建设。为指导这项建设，成立了全国性的新农村运动中央协议会，并形成自上而下的网络。同时，成立了新农村运动中央研修院，培养了大批新农村建设指导员。

第二，增加收入阶段（1974—1976 年）：韩国政府派出农村运动指导员、各级公务员、社会各界负责人分批对农民进行指导，并动员高校教师和科研院所科研人员向农民讲授新技术。韩国政府对成绩突出的村庄提供贷款和优惠政策，帮助农民提高农作物产量，并开展多种经营，增加收入。同时兴建村民会馆、自来水设施、生产公用设施，使农村生态环境和农民生活质量得到改善，农户收入明显增加。

第三，充实提高阶段（1977—1980 年）：因受到韩国国内批评，韩国政府调整政策，改过去政府主导的“下乡式运动”为乡村民间自发式活动，把工作重点放在发展畜牧业、农产品加工业、特产农业，积极推进农村保险业和农村文化事业。政府提供建筑材料，支持乡村文化事业建设和工农业开发区建设。这个阶段注重遵循经济规律，突出新农村建设的社会实效。

第四，国民参与阶段（1981—1988 年）：韩国政府继续调整“新村运动”措施，建立并完善全国性的新农村运动的民间组织，把培训、信息交流、宣传工作交给民间组织承办。政府负责规划、协调并提供财政、物资、技术支持。这个阶段着重调整产业结构，开展多种经营，发展农村金融业、流通业，进一步改善农村生态环境和文化环境，增加农民收入。在这一阶段，农民普遍认为，他们的经济收入和生活水平已接近城市居民水平。

第五，国民自我发展阶段（1989 年至今）：随着“新村运动”向城市延伸，韩国形成了整体国民教育和城乡经济交流，城乡工农差距缩小，“新村运动”演变到国民自我发展阶段。有助于农村发展的农业科技研究、培训、推广组织，农村教育机构，农协组织以及流通、开发、农村经济研究等组织应运而生，在促进城乡交流、调整产业结构、加强国民思想道德教育方面发挥着巨大作用，推动了国家的民主法治建设，促进了经济稳定发展。

（3）韩国“新村运动”的主要内容和社会效益。

“新村运动”初期，针对农民的迫切要求，韩国把工作重点放在改善农民生活环境上，为此，韩国政府实施了一系列开发项目和建设工程。诸如：修建农村公路。韩国丘陵、山区比重大，许多村庄分布在山沟里，与外界联系十分困难。1971—1975 年间全国农村公路架设桥梁 65 000 座，每村都修建了宽 3.5 米、长 2 公里～4 公里的进村公路。到 1970 年代，除个别偏僻村庄外，实现了村村通公路的目标。

第一，改善住房条件。1970 年前，韩国全国 250 万户农户中 80％都住的是传统的茅草屋。“新村运动”开始后，首先是改造屋顶，把茅草换成瓦片或铁皮。农村修通公路后，建材运输方便，运输费用大幅下降，许多农民把改房变成建新房，这一行动仍然得到了政府的支持，因而农村面貌焕然一新。

第二，村村通电。1960 年代末，韩国农村只有 20％的农户安上电灯，其余农户仍然使用煤油灯。由于新农村建设把通电当作一件大事来抓，1990 年代韩国全国就实现了电气化。由于农民收入的提高，一旦通了电，农民就把彩电、电冰箱、洗衣机买回了家。村村通电，也为工业品打开农村市场、扩大内需创造了条件。

第三，改善饮水条件。过去农民一直饮用井水，既不方便又不卫生。像城里人一样喝上自来水一直是农民的梦想。新农村建设开始后，农民把山泉引入贮水池净化，再用水管接到厨房。也有人打深井，用水泵提水引入房屋。现在，农村普遍使用井管挖掘机，提取干净的深层井水，更加方便了农户。

第四，推广高产良种。“新村运动”初期，政府就下功夫推广被称为“统一系”的水稻高产优良品种，使水稻从每公顷单产 3.5 吨提高到 4.9 吨，农民在实践中还学会了“集团栽培”整体高产整套技术，每 10～30 户农民由一名技术熟练的班组长带领，共同选种、育苗、插秧、施肥、灌水，一直到收割。良种和栽培技术的推广，使韩国水稻生产水平进入新阶段。

第五，增加农民收入。以前，农民收入主要源于低产农作物。随着工业化和城市化的推进，农户收入除农业收入外，还增加了商业、农产品加工、观光旅游等非农收入。非农收入占农民总收入的比重从 1994 年的 35％提高到 2004 年的 50％。就农户人均年收入而言，1970 年为 137 美元，到 1978 年就上升为 649 美元，目前，韩国城市居民每收入1美元农民就收入0.98美元，基本持平。

第六，发展农协合作。为适应市场经济，农民以农协形式发展合作经济，抵御市场风险和自然风险。韩国耕地是私有制，农户属于小农经济。虽然农业生产由各户分散进行，但在农协内部创办了农村金融机构，方便了储蓄，同时贷放农业生产资金。农协还兴办了商业，为农户提供良种、农药、化肥、农资、家电，农协在新农村建设中发挥了重要作用。

第七，兴建村民会馆。从1972年开始，各村纷纷建立村民会馆。在会馆中，召开各种村民会议，还举办培训班、交流会，农忙时节，会馆还开设公共食堂，以减轻妇女家务负担。农民在会馆集会时，有关人员同时统计农户收入和农业生产进度。在会馆中，还展示本村发展计划和发展蓝图，动员农民积极参与其中。会馆的集体活动使农民在社会实践中领悟到民主决策和民主管理。

3. 政府在“新村运动”中的作用

自“新村运动”开始，韩国政府在组织管理、协调服务、日常运转、教育培训中就发挥了主导性作用。

（1）进行组织协调。

为适应对“新村运动”的领导，韩国政府在中央、道（相当于我国的省、自治区），直辖市，市、郡（相当于我国的地市）三个行政级别上设立了新村运动协议会，中央协议会会长由内务部部长兼任。在面邑（相当于我国的乡镇）基层行政机关设立新村运动促进委员会。另外，在中央有关部内设定分管这一工作的处室和负责人。为防止推诿、相互扯皮，还精简了重复的中间环节，提高了工作效率。对工作成绩突出的公务人员，给予晋级和升薪。

（2）提供财政支持。

为支持新农村建设，韩国政府通过多种渠道筹集经费。1978年的支农经费比1971年增长了7.8倍，1994年政府和民间投资额为11万亿韩元，1990年代后期投入42万亿韩元，进入21世纪后又计划投入119万亿韩元。政府对农村的财政支持不采取平均主义，而是鼓励竞争，奖励先进，择优投入。

（3）建立监察制度。

为推动“新村运动”正常进行，韩国政府制定了一系监督检查制度，对监督对象、范围、方法、信息分析、反馈体系都做了明确规定。总统随时深入农村，实地检查，做出指示。

（4）建立培训制度。

韩国政府十分清楚，“新村运动”不是短期内能完成的，需要几代人的努力。因此，有必要加强新农村指导员和公务员的联系，分工协作。同时，对国会议员、各部部长、大学教授以及新闻、企业职工、将军、公务员、指导员集中培训，共同讨论，解决实践中出现的各种问题。

4. “新村运动”的失误与教训

（1）政府过度干预，农民过于依赖政府。

政府干预在运动初期起到了强力推动作用，但长此以往难免助长长官意志和决策失误。同时，单一、单向的政府行为导致和加剧了“政绩主导”的倾向和后果，建设了实际对农民帮助不大的“面子工程”。

（2）产生了环境污染。

为了提高农产品产量和增加农民收入，施放大量农药、化肥，产生了环境污染。

（3）引发了农民负债。

过于注重农村住房的改善，使农民负债累累，加重了农民负担。

（4）未能克服小农经济的局限。

虽然“新村运动”一时拉近了城乡收入差距，但未能改变农业生产规模小、效率低的问题，也未能阻止农民的外流。

（5）理论研究滞后于社会实践。

韩国学者认为，如果早一点对“新村运动”中的政府过度干预进行反思，强调“民主导”，运动可能进展得更理想一些、失误更少一些。

二、发展中国家农村社区建设的经验

这里选取印度和墨西哥两国介绍农村社区建设情况。

(一) 印度农村社区建设的做法[①]

印度是一个人口超过 12 亿的发展中大国，也是一个农业大国。全国近 70%的人口居住在农村。农业产值占 GDP 的 30%，从业人员占总人口的 65%。1947 年印度独立后，印度农业长期发展缓慢，农村落后面貌改观不大。印度有地农民耕种规模过小，生产方式原始，技术陈旧；无地农民有增无减，贫穷不堪。按联合国每人每天支出 1 美元的绝对贫困标准，印度贫困人口约为 3.9 亿，且集中于农村地区。印度农村的基础设施、生存环境、教育和医疗等社会保障水平远落后于城市。印度农村建设的加速始于 1993 年实施的第 73 次宪法修正案。该法案催生了负责政府有关农村发展各项工程的自治机构体系的建立。印度农村建设的重点内容包括下面几个部分。

1. 实施“绿色革命”战略和推行乡村发展计划

印度独立前的农业生产方式是传统落后的。独立后实行土地制度改革，推行合作化运动。20 世纪中期之后，又推行“绿色革命”和乡村发展计划，在很大程度上推进了现代化进程。

(1) 实施“绿色革命”战略。

印度政府从 1960 年代中期开始实行标志着印度农业发展转折的“绿色革命”。以技术革命为中心突破口，实施科技促农、科技提效战略，极大地提高了农业生产能力。具体措施主要有六个方面：第一，全面推动农业科技革命，政府和民间组织共同介入科技

① 何一峰，杨张乔，张叶，沈毅. 印度农村现代化进程及对浙江的启示. 中国乡村发现网，2010-08-09.

普及推广，并引导全国性科研机构进行农业尖端科学技术基础研究和应用研究；第二，改善农作物品种，推广高产农作物的种植面积，增加化肥使用和扩大灌溉面积等；第三，政府不断增加对农业的开发，对各种农业投入给予补贴；第四，政府通过收购粮食建立储备制度，有效地缓解因粮食歉收造成的饥荒；第五，扩大对农业的贷款，规定土地开发银行、商业银行和各初级合作社等都可以发放农业贷款；第六，积极吸收外资和外援。从印度全国的状况看，“绿色革命”战略的实施，使高产品种播种面积从1966—1967年间的189万公顷扩大到1997—1998年间的7 600万公顷；灌溉面积从1965—1966年间的3 090万公顷扩大到1999—2000年间的8 470万公顷。1999年，印度每千公顷的拖拉机使用量达9.4台，农用排灌动力机械达750.8万台，农业用电量达712亿度；化肥施用量从1965—1966年间的78.5万吨增加到1999—2000年间的1 810万吨。1950—1951年间到2000—2001年间，每公顷谷物产量增加383%、稻谷增加186%、小麦增加318%、玉米增加236%。“绿色革命”奠定了印度农业现代化发展的基础，并成为印度农村变迁的直接推动力。

(2) 推行乡村发展计划。

印度立足农村经济社会的平衡发展，采取“政府扶持，社会运作，总体规划，分解实施”的方式，试图通过农村综合发展计划从根本上解决农民贫困、农业低效、农村落后的“三农”问题。政府的乡村发展计划目标具体有四个方面：第一，引导农村居民从长期不开发转变为充分就业；第二，引导农村居民使用科学知识，使之从生产落后状态到达高度的生产水平；第三，通过促使农家建立信心的方法推广合作原则；第四，通过全体居民的努力来兴办全村的公益事业。乡村发展计划的费用主要依靠政府提供。政府建立计划委员会作为乡村发展计划的中央机构，负责制订计划的全面规划和实施方案。各邦政府也设立了以首席部长为首的邦发展委员会，统管该邦乡村发展计划的具体实施。在各县设立一位相当于副县长的县发展官员，在区和村则设立区发展官员和村工作者。这种从中央到地方严密而完备的领导体制，为乡村发展计划的广泛推广提供了保证。此外，政府在 30 个地区设立了训练中心培养基层干部，设立全国乡村发展学院以培训高级官员如邦发展专员等。政府还对全国乡村发展计划的实施和进展进行监督并为此设立独立的专家小组进行计划评估。

2. 解决农村贫困、区域不平衡和城乡不平衡问题

(1) 解决农村贫困问题的措施。

印度城乡的贫困问题都相当突出，农村贫困面大。2000 年，印度农村的贫困率为 27.1%。为进一步解决印度农村的贫困问题，印度政府采取了一系列政策措施，主要包括实行社会公正，提高表列部落、表列种姓和贫困阶层的社会地位；推进定点扶贫发展计划；对限制农民增加收入的规定进行审查；扩大推行乡村综合发展计划等。

(2) 解决农村经济社会区域失衡、城乡失衡问题。

印度农村经济社会发展一直面临区域不协调和城乡不平衡问题。在区域失衡方面，印度工业发展水平较低，农村区域发展的水平差距主要来自农业经济发展的差距。印度北部与西部地区(特别是旁遮普邦和哈里亚纳邦) 农业生产水平高，粮食产量和农民收入较高。南部和东部地区 (如比哈尔邦、奥里萨邦、中央邦) 生产水平和粮食产量较低。印度区域发展的差距相当大，10%的最低收入者占有的收入仅占总收入的 3.3%，而 10%的最高收入者占有的收入占总收入的 33.5%，基尼系数为 0.378 (1997 年)，分配不平等程度很大。在城乡不协调方面，印度独立以来，城市化发展缓慢，不仅阻碍了城市本身的现代化进程，也阻碍了农业现代化进程。根据印度官方统计，1961 年，印度城市人口占总人口的比重为 17.97%，1971 年为 19.91%，1981 年为 23.34%，1991 年为 25.71%，2001 年为 27.78%，远低于世界城市化发展水平，区域的城乡差别突出。

为有效地解决上述社会经济的失衡，印度政府进一步推进了乡村工业发展，通过乡村工业化改变经济结构和社会状况。第一，从组织上给予支持。政府按部门建立了一系列乡村工业方面的产业委员会，分别负责印度有关乡村工业的发展。同时，还在各县建立县工业中心，综合管理县内农村工业。其主要任务是协调各工业部门，制订和实施各种发展计划，进行资源调查，统筹基础设施，供应生产设备，提供技术服务，收集经济信息，开拓产品市场等。第二，从财政上给予援助。主要通过国家投资、财政补贴、信贷保证等途径解决乡村工业发展所需资金。第三，从政策上予以倾斜。具体做法是：提供保留项目，放松管理控制，保证原材料供应，帮助开拓市场，提供技术服务和技术培训。

除此以外，印度政府历来重视乡镇的社区化管理。在联合国社区化运动的推动和一些发达国家基金会的扶持下，印度政府采取重建小城镇社区计划，包括在南部沿海地区新建社区化城镇和内陆小城镇社区化计划。计划涉及社区规划、社区服务、社区保障、社区公共安全、社区医疗卫生、社区教育等多项指标，通过提升城乡连续谱小城镇社会管理水平，逐步缩小城乡社会发展的差距。

3. 实施科技促农政策，提升农业现代化水平

印度通过政府主导、民间运作，形成科技促农、科技提效的社会化体系，提升农业现代化发展水平。印度政府鼓励民间机构介入创办农村科技教育培训基地，建立各级政府与民间合办的机构。这些机构完全由民间基金和规模较大的企业资助，实行基本免费或少量收取成本费或材料费的体制，而工作人员、管理人员大多有志于农村科技普及工作，因此，较之政府出资、人员由政府派驻的形式更有生命力。在农村科技研究方面，采取由政府部门、高等院校、科研机构和企业组织在内的一元化的科技领导体制。尤其是从事农业的企业，政府成立了公私营企业研究与开发小组，鼓励和支持公私营企业发展农业科技开发工作。

4. 发展各种农业合作化组织，提升农业发展组织化水平

针对农业生产专业化需求，整合、完善、提升和发展各种农业合作化组织，以促进农业生产与农村市场更紧密地结合。农业合作社形式分成两大类：一类是主导性的，即起主导作用的自律性生产经营组织。这种形式的合作社遵循入社自愿、民主管理的原则，其权力机构是由社员选举产生的理事会。另一类是按农业生产功能和门类组建专业性或专门性合作社，主要有农业信贷、供销、耕种、牛奶、渔业、消费及住宅合作社，等等。印度政府非常重视合作社的发展，在组织上和经济上给予支持，包括培训、补贴和资金援助等，特别是对以加工企业为核心发展农村工业的合作社给予重点扶持。印度农村这种合作化组织的作用，对于我国新农村建设中生产组织的调整提供了借鉴的思路，新农村建设不仅需要农村本级的努力，而且需要建立一个城乡互动的社会化框架，其社会化的主导力量是民间机构和民间力量。

5. 提高农村社会管理综合水平

印度农村社会虽然较之在独立前已经发生了根本性的变化，但是其农村社会管理综合水平仍很低。如乡村普遍缺乏整体性规划；社会保障体系不健全，覆盖率低；垃圾处理、排污水等公共卫生设施不到位；社区服务条件很差；城乡流动人口缺乏有效管理等。针对上述社会管理问题，印度政府采取一系列长远的或应急的综合措施，进一步调整农业政策，开放农村市场，以增强农村社会发展的经济基础。自20世纪八九十年代以来，印度政府进一步调整农业政策，包括：拉吉夫·甘地（Feroze Gandhi）时期实施的旱地发展计划；扩大对小农的贷款；取消农村工业发展的各项限制，实行合理的税收制度；保障经济收益人的合法权益。1990年代之后，拉奥政府实行农工商综合体的改革方案；瓦杰帕伊执政期间加速国内经济的自由化，进一步放开农村市场。印度通过上述政策、措施，增强了农村现代化发展的经济实力，提高了农村社会管理的综合水平。

深化经济改革，在快速扩展社会基础设施的过程中提升农村社会综合管理能力。在瓦杰帕伊执政期间，延续了拉奥政府的经济改革举措，将经济体制从所有阻碍经济增长的官僚政府管制中解放出来，向各部政府下放更多的财政和行政管理权力；授权各邦政府自行批准额度在150亿印度卢比以下的属于基础设施部门的外国直接投资项目；将“快速扩展社会基础设施”（包括饮用水、住房、教育、保健和卫生）、“快速扩展物质基础设施”（包括电力、石油、公路、运输、港口等）、“实行国家水政策”等方面作为优先发展范围，这对于提升农村社会综合管理能力是一个有力的保证。

巩固和完善乡村基层自治体制，充分发挥乡村潘查亚特自治体的作用，强调民间组织和乡村公民参与乡村社会治理。印度历届政府延续推行自由教育和“保留政策”，进一步激发乡村低种姓成员的政治意识，使其平等地参与乡村社会综合管理。强调教育的重要性，并通过教育改变印度农村的新生代，保持稳定的社会生活和社会秩序。这对于综合提升农村社会管理水平更具有战略意义。

6. 在农村建立多种形式的服务与救助体系

农村社会保障是印度社会保障的重要组成部分。印度社会保障总的分成两大部分、三大体系。两大部分是指以社会保险为主要内容的社会保障制度和以社会福利为主要内容的社会保障制度，这两大部分分别体现在三大体系之中：一是社会保障法律体系，二是救助体系，三是社区服务体系。村（居）民享受着法定的社会保险、社会救助、社会福利和社区服务。在社会保险方面，建有养老保险、疾病与生育保险、工伤保险等险种。

乡村社区服务是印度农村主要的社会保障和救助服务形式。根据印度宪法，各邦要履行维护法律秩序的职能，从事发展教育、医疗卫生及灌溉等社会活动和经济活动。同时还要促进工农业发展、照顾穷人的需要等。邦财政支出分为发展支出和非发展支出。前者包括社区支出和社会经济服务支出。社区服务支出包括教育、文化艺术、医疗卫生、救灾等方面的支出。非发展支出包括退休金及其他各种服务支出。

（二）墨西哥的农村社区建设既有成功也有失败[①]

农牧业在墨西哥国民经济中占据重要地位。二战后至1960年代中期是墨西哥农业发展的黄金时期。政府和私人大幅度增加对农业的投资和贷款，大大加快了农业现代化的发展，农牧业的增长率走在国民经济的前列。但1960年代后期起，随着工业化的进程加快，国家对农业的投资逐渐减少，农牧业占国民经济的比重也不断下降，农村人口比重也不断下降。如今，墨西哥70%以上人口生活在城市，不到30%的人口居住在农村。墨西哥在1982年债务危机后开始进行经济改革，然而改革加剧了农业危机和农村的社会矛盾。为克服危机和缓和矛盾，1980年代中期以来，墨西哥历届政府致力于农业改革和农村社区建设，取得了明显成效，但也存在不少问题。

1. 促进农业发展和解决农村贫困的措施与计划

墨西哥的农业明显分为两种类型：一种是位于毗邻美国的北部和西北部地区较为发达的现代化商品农业。这类大型农场约占全国农业生产单位的3%、耕地面积的20%、农业总产值的50%。另一种是位于中部和南部地区的传统的小农经济。这类落后的小农经济约占全国农业生产单位的75%、耕地面积的28%、农业总产值的20%。

大型农场面临着与国际市场接轨的关税、价格等问题，而小农经济由于难以适应现代农业发展的需要，日益衰落。为应对现状，墨西哥政府采取了一系列农业改革措施，比如降低农产品关税，减少国家对农业的直接干预，放开农产品价格，修改宪法有关条文和土地法，停止土地改革，实行村社土地私有化，允许村社土地进行

① 詹成付. 农村社区建设实验工作讲义. 北京：中国社会出版社，2008：142－144.

买卖等。1991年12月墨西哥议会通过了对宪法的修改，宣布停止自宪法生效以来实行的土地改革，实行村社土地私有化。1992年2月，修改后的新土地法宣布把土地所有权交给分得土地的农民，允许农民通过买卖、租赁等途径转让土地，鼓励小农与商品农业合作经营，鼓励外资和商业资本对农业用地投资，经营农牧业生产。与此同时，各届政府先后提出了“直接支持农村计划”、“农村联盟计划”、“全国农村协议”和“兴建新型农村社会”等一系列农村社会发展计划。其中2001年开始实施的“兴建新型农村社会”计划的内容包括：发展农业、牧业和农产品加工业，以灵活的方式提供贷款，确保国内外市场，修建基础设施工程和提高农民的生活质量。到2004年，墨西哥政府3年累计投资100亿美元用于农村建设，3年间墨西哥全国农业产值增长率超过6%。2006年12月墨西哥新政府除了继续执行以前的农村发展计划，还制定了为期6年的“资助农村特别计划”，采取一系列旨在发展农业的行动举措。

2. 农村建设的成效与问题

墨西哥的农业改革和农村建设的一系列改革措施推动了农业和农村的发展，取得了明显的成效，但也存在不少问题。

（1）农业发展实现了以市场为导向的外向型发展模式。

墨西哥通过农业改革，逐步摆脱了国家过多干预、统得太死的内向型发展模式，实现了向以市场为导向的外向型发展模式的转变，提高了农业发展绩效。

（2）缓解了农村社会矛盾，促进了农业发展。

墨西哥政府通过实施一系列农村发展计划，对缓解农村社会矛盾、促进农业发展起到了一定的作用。

（3）修宪提高了农业生产力，但也增加了贫困农民比重。

墨西哥对宪法的修改和颁布实施新土地法，为土地兼并、实现集约化经营开辟了道路，有利于农村的资本化和提高农业生产力。但是，随着土地的集中，大批小农和村社社员被兼并或被迫破产，直接导致农民中贫困人口的比重大幅上升，大量贫苦农民从中部和南部逃入北部，伺机偷渡美国。年均偷渡美国的40万人中近50%来自中南部地区的农民。

(4) 放开农产品进出口引发了新的动荡与危机。

墨西哥政府放开农产品进口与出口后，其粮食生产和供应受到国际市场的左右，直接导致粮价上涨，引发了新的社会动荡和危机。

(5) 农村社会发展计划削减了贫困人口，但并未解决根本问题。

墨西哥自实施农村社会发展计划以来，其农民中贫困人口占总贫困人口比重呈下降趋势，但比例仍然高达45%～50%。其中占全国总人口10%以上、大部分居住在农村的印第安人，80%以上处于贫困状态，无法享受社会福利和医疗服务，并因此引发了1994年震惊世界的墨西哥南部印第安农民武装暴动，这是该地区经济、社会和民族矛盾累积的爆发。

三、中国农村社区建设的实践与经验

早在国家民政部2007年部署农村社区建设实验工作之前，全国就已经有部分地区先行展开了农村社区建设试点工作，如江西省自2001年起开始了在部分地区进行农村社区建设与管理的实验；江苏省太仓市2001年就率先从社区党建、社区民主自治和社区建设保障机制入手着手农村社区建设；浙江省义乌市2003年就在全国率先推出了推进城乡一体化的战略决策，等等。2006年中共十六届六中全会后，在国家民政部的主导下，2007年农村社区建设的实验开始在全国铺开，至今已有304个县（市、区）被纳入实验区。经过数年的实验发展，中国农村社区建设取得了明显的成效，摸索总结出了若干有效的建设模式，积累了一定的实践经验。下面以已形成的主要建设模式为线索来介绍中国农村社区建设的实践与经验。

（一）“一村一社区”模式的农村社区建设实践

1. “一村一社区”模式的概念

“一村一社区”模式是指在一个村委会区域范围内开展农村社区建设的做法。

由于我国村委会建制完整，因此我国大多数农村社区建设采用这一模式。农村社区领导机构是村“两委”，由社区党组织书记或村委会主任兼任负责社区管理事务。

2. “一村一社区”模式的特点

（1）一个村委会就是一个社区。

村委会和农村社区合二为一，农村社区具有良好的组织机构。在村级组织的功能上，实现了管理与服务的有机统一，扩充和强化了村委会的服务功能。服务村民是村委会的法定职能之一，但如何服务和服务机制问题一直没有解决好，而在村委会中引入社区服务后，该问题得到了较好解决。

（2）社区主要经费来源于集体经济。

以村委会设立社区，大多为集体经济较好的区域，社区建设投资多源于集体经济。由于集体经济发展得好，村委会既是社区建设的领导者，具有号召力，也可以开展以建制镇为单位的社区建设的全面规划发展。

（3）通常可以列入政府发展规划。

以建制镇为基础设立社区，符合我国行政管理常规，社区内党支部和村委会的领导机构健全稳固，容易得到上级部门的重视，通常可以被列入政府发展规划，从而在政策制定、资金保障上容易得到优先支持。特别是在社区服务的机制上，实现了政府公共服务和社区服务的有机统一，使得政府公共服务的渠道得以畅通。

（4）社会团体力量相对薄弱。

在该模式下，作为村民自治组织的村民委员会，在很大程度上被政府作为准行政机关，行使着行政管理职能，这容易导致民间社团组织的缺失和力量薄弱。

3. “一村一社区”模式的案例

“一村一社区”模式是我国大多数农村开展社区建设普遍采取的模式，比如四川省宜宾市翠屏区沙坪镇火花社区、四川省宜宾市珙县巡场镇兴太社区、湖南省临澧县张公庙镇护国社区、湖南省临澧县九里乡同心社区、湖南省临澧县新安镇古城社区，等等。有些是整个市都采用“一村一社区”的模式，如山东胶南市。这里以胶南市、湖南省和宜宾市为例介绍其农村社区建设的做法。

（1）山东省胶南市农村社区建设的主要做法。

胶南市一贯坚持城乡统筹协调发展的方针，实施公共资源向农村倾斜、城市公共设施向农村延伸、城市公共服务向农村覆盖战略。胶南市通过完善机制，加大投入，实现了农村社区的快速发展。其主要做法包括如下几个方面。①

第一，明确社区建设的领导机制。

农村社区建设是推进社会主义新农村建设的重要平台。基于此，2006 年 5 月，胶南市在深入开展“四民”活动、广泛征求群众意见、建议的基础上，在全国率先制定印发了《关于加强农村社区建设的意见（试行）》，明确了目标任务、表彰措施，着力强化教育农民、服务农民、组织农民、富裕农民“四大功能”，配套下发了《胶南市农村社区建设试点工作方案》和《胶南市农村社区建设试点工作验收评估标准（试行）》，在 51 个新农村建设试点村搞好试点的基础上，在全市稳步推开。为确保创建工作取得实效，成立了由 30 多个部门和镇（街道）组成的农村社区建设指导委员会，将其纳入新农村建设整体布局，与新农村建设一同试点、一体推进，产生出明显的推动力。将农村社区建设列入市委、市政府对市直各部门和各镇、街道办事处的精神文明建设考核体系，强化监督

① 山东省胶南市文明办．山东胶南市着力推进农村社区建设．山东农业信息网，2008 - 06 - 04.

检查，调动了全市上下抓农村社区建设的积极性和主动性。

第二，加强基础设施建设，改善农村生产生活条件。

胶南市在农村社区建设启动的 3 年内，累计投资 50 亿元进行农村社区功能性、网络化基础设施建设。①加强生产设施建设。市财政拿出 270 万元扶持重点发展项目，在镇驻地和中心村社区建设农资、日用品连锁超市、“农家店”，全市已建成、在建各类农村超市近 5 万平方米，极大地方便了社区群众的生产和生活。②加快医疗卫生设施建设。全市已完成 351 处农村卫生服务站的新建、改造任务，使每个服务站的业务用房面积达到 60 平方米以上。③加强文化设施建设。全市已建成镇、农村社区文化活动站（室）900 个，实现了镇有综合文化活动站、社区有文化活动室，全民健身工程室外活动场所达 254 处、室内健身房 152 处。④加强“邻里中心”建设。在全市 51 个农村社区试点建起了集社区党建、文明创建、村民自治、双拥工作、便民服务、文化教育、健身娱乐于一体的社区邻里中心，并不断延伸到每个农村社区。⑤加强生活基础设施建设。胶南市投资 9 亿多元，开展“百村示范、千村整治”活动，实施农村“四通”、“三改”、“三化”和“两集中”工程，在全市形成了环境整治、拆旧建新、穿衣戴帽、村居改造、合村并点、农民新村等六种社区建设模式。

第三，完善组织体系建设，促进农村和谐稳定。

①加强基层组织建设。按照一社区一支部的原则，在社区建立党的基层组织，同村委会实行“双向进入、交叉任职”。积极推进村民自治，不断健全和完善村务公开民主管理制度，探索实施村级组织“四权”决策机制，进一步理顺了村级组织的职责和关系。市财政每年拨付 1 100 万元，统一发放社区主要干部的工资。选派机关干部担任农村社区建设指导员，公开考选优秀大学生到社区任职。②加强民间组织建设。在大力发展农民经济合作组织的同时，指导成立社区事务协调管理协会，定期研究处理社区内生产生活资料供应、安全保卫、卫生保洁、计划生育、公共设施使用、居民纠

纷调解等事宜，促进了农村社区的和谐稳定。③推进社区警务建设。在社区建立了“巡勤警务”工作机制和“双向通报”制度，夯实了平安建设的基础。

第四，提高公共服务水平，提高农民生活质量。

以社区“邻里中心”建设为突破口，多途径搭建农村社区服务平台，实现了把“第一时间”交给群众。大力开展向农村社区援建图书室活动和文化活动室活动，积极实施农村电影放映工程；坚持每年举办中国·琅琊旅游文化周、杜鹃花会、春节民间艺术表演、“胶南之夏”广场文艺演出等一系列有特色的大型节庆文化活动，引导群众开展各种喜闻乐见、健康有益的文化体育活动，倡导科学、文明、健康的生活方式；构建了市有中心、镇有大厅、社区有站点的便民服务网络，形成了镇、社区干部为群众“跑腿”办事的局面。

第五，健全社区保障机制，促进农村社区持续发展。

建立新型农村合作医疗制度，全市绝大多数农民参加了新型农村合作医疗（简称新农合）。实施被征地农民和成建制转非村居民社会养老保险制度，由市财政安排资金为被征地农民办理社会养老保险。建立完善农村最低生活保障制度，做到“应保尽保”。建立健全城乡困难家庭医疗救助、教育补助、生活救助等10项社会救助制度，形成了覆盖全市2万名弱势群体的社会救助体系。大力发展社区慈善事业，市慈善总会多方募集善款，救助各类贫困群众。

（2）湖南省农村社区建设的主要做法。

1）概况。

湖南省十分重视农村社区建设试验。国家民政部下发《关于做好农村社区建设试点工作推进社会主义新农村建设的通知》（民函［2006］288号）后，“农村社区建设试点”相继被写入湖南省第九次党代会文件和湖南省十届人大五次会议的政府工作报告，列入了省委、省政府的议事日程。省民政厅从全省不同地域、不同经济发展水平的122个县（市、区）中，挑选了长沙市开福区、浏阳市、常德市临澧县、怀化市通道侗族自治县、益阳市南县、岳阳市平江县、邵阳市洞口县、株洲市芦松区等8县（市、区），作为全省农村社区建设试点县（市、区），其中，将开福区、浏阳市、临澧县申报为“全国农村社区建设实验县（市、区）”。出台了《湖南省农村社区建设试点方案》，成立了省农村社区建设领导小组协调全省农村社区建设，全面启动了全省农村社区建设试点。目前，农村社区建设进展顺利，农村社区雏形已经形成，运行机制基本确立，社区服务已经开展，农民群众开始受益。服务农民群众的“敞开式办公、一站式服务、一次性受理”等相继运行；提高农民生活质量的“改水改厕工程”“沼气工程”“绿化工程”“自来水入户工程”“公路入户工程”等成效显著；提高农民科学文化素质的“农民讲习所”“农民学校”等随时开讲；活跃农民文化生活的“农民剧院”“农民书院”“图书阅览室”“农民健身场”“农民文艺宣传队”等活动经常开展。农村社区开始成为农民的精神家园、后勤之家和交往场所。

2）湖南农村社区建设的基本做法。①

这里以湖南3个全国农村社区建设实验县（市、区）共19个试验村为例来介绍其基本做法。

①采取“一村一社区”的基本模式，建设“一会一中心六站”。“一会”，即把农村社区建在村上，实行村委会和农村社区合二为一，参照和仿效城市将“居民委员会”改为“社区居民委员会”的做法，将原“村民委员会”改为“社区村民委员会”。“一中心”，即在社区党组织和社区村委会之下设立“社区服务中心”。“六站”，即在社区服务中心之下，设农业科技、扶贫帮困、文化教育、医疗卫生、法律、关心下一代等6个基本服务站。在服务站的设立上，因村而异，其名称和数量不强求统一。在这3个实验县，有的农村社区的服务站多达9个；有的村设立了“工业园区管理服务站”

① 姜力．湖南农村社区建设试点情况的调查．民政部基层政权和社区建设司网站，2008-04-23.

“居家养老服务站”等。

②党政推进，明确领导机制。3个试点县（市、区）的党委、政府有一个共识，认为农村社区建设是一项巨大的社会工程，是造福农民的民心工程、德政工程，是社会主义新农村建设和消除城乡二元结构、实现城乡一体化的重大举措，必须作为政府行为全力推进。3个县（市、区）被确定为全省、全国的实验县（市、区）后，迅速行动，要人给人，要钱给钱。为了取得经验，普遍建立了县（市、区）领导联点扶建制度，县（市、区）委书记、县（市、区）长直接指导一个村，具体组织开展农村社区建设。同时明确规定，乡（镇）党委书记、乡（镇）长为试点工作第一责任人。在农村社区建设试点工作方案中，都明确规定了县（市、区）委组织部、宣传部、民政局、财政局等职能部门和妇联、共青团、工会、老龄委等单位的具体职责和任务，并开会宣布，使其成为一项硬任务。

③推进城乡交流，借鉴城市社区建设经验。3个县（市、区）都特别重视借鉴城市社区建设的成熟经验。在开福区，区里确定2个先进城市社区和1个农村社区结成对子。全区共安排了6个城市社区以2对1的形式帮扶3个农村社区。每个对子经常相互走访、交流经验。在浏阳市和临澧县，均安排了1个城市社区与1个农村社区结对。农村、城市社区之间的交流，不仅帮助了农村社区，也为建设城市社区注入了新的生机和活力。

④推进资源整合，节约建设社区。各实验县（市、区）委、政府高度重视，有效整合包括新农村建设的资源，政府公共服务的资源，村委会原有资源，一些学校撤并、企业改组改制闲置资源等在内的所有资源。在社区建设过程中，没有增加农民负担，没有搞形象工程，没有铺新摊子，体现了物尽其用、节约建社区的精神。

⑤依靠村民，推动社区民主。3个实验县（市、区）始终把相信村民、依靠村民作为农村社区建设的出发点和落脚点，在深入宣传发动的同时，试点中的重大问题均由村民会议或村民代表会议讨

论决定。如农村社区怎么建，建在哪里，是建在村、村民小组、自然村还是实行多村一社区，这些问题由村民代表会议反复讨论，最后表决通过——村建社区。社区服务中心的服务站如何设置也由村民说了算。谁来担任社区服务中心主任一职，谁来当服务站长同样由村民代表会议讨论决定。

3）湖南“一村一社区”模式的优点。

①实现了村委会组织和农村社区组织的有机统一。在基层组织的建制上，“一村一社区”模式实现了村委会组织和农村社区组织的有机统一，避免了“村委会”和“社区”两张皮。“村委会”是宪法和法律规定的农村基层群众性自治组织，“农村社区”是中共十六届六中全会决定所要建立的农村基层组织。如果两个组织分开建，就有可能产生工作内容、职责、权限、机构等方面的交叉、重叠、扯皮、推诿等现象，导致“两张皮”的问题。而将“村委会”和“社区”合二为一，就从根本上消除了产生“两张皮”的组织和制度根源。

②实现了管理与服务的有机统一。在村级组织的功能上，“一村一社区”模式实现了管理与服务的有机统一，扩充和强化了村委会的服务功能。服务村民、开展自我服务，是村委会的法定职能之一，但村委会应付行政事务多，服务的方式和机制一直没有很好地解决，而在村委会中引入城市社区服务的经验，问题便迎刃而解。

③实现了政府公共服务和社区服务的有机统一。在社区服务的机制上，“一村一社区”模式实现了政府公共服务和社区服务的有机统一，畅通了政府公共服务的渠道。改革开放以后，党中央果断地逐步将过去农村支援城市、农业支持工业的指导思想转到了城市支援农村、工业反哺农业的轨道上，服务“三农”的公共产品和公共服务越来越多。然而，政府不可能把公共产品和公共服务发到每一个农民手中，这就需要有一个“中转站”或者叫“对接点”。村委会和农村社区的合二为一，找到了这个“中转站”和“对接点”，这就是“农村社区服务中心”及其下属各“服务站”。有了这个

"中心"和功能不同的"服务站"，就可以上承政府部门、下联村民群众，把政府的公共服务具体化作每一个农民的实惠和好处。与此同时，也为建立政府的公共服务、村民之间的自助互助服务、市场化服务和农村社区的各种便民利民服务等相辅相成的服务网络打下了坚实的基础。

④实现了稳定农村和建农村社区的有机统一。在农村社区的建设上，"一村一社区"模式实现了稳定农村和建农村社区的有机统一。农村社区建在村上，不变更村的区划、不搭新的班子、不影响村里工作，使农村社区在和谐中建立。若不如此，而是将农村社区建在村民小组、自然村上或搞多村一社区，势必要进行区划调整("社区"首先是个地域概念)，伴随调整而来的就是建机构、搭班子、加大经费投入，农村社会的震荡也就在所难免。而实行"一村一社区"模式，将村委会和农村社区合二为一，不仅不会对农村现状伤筋动骨，诱发矛盾，而且使农村社区有了坚强的组织机构，增强了村民对村委会的认同感、依赖感、亲切感，有利于开展社区服务。

⑤实现了社会主义新农村建设和农村社区建设的有机统一。在与新农村建设的关系上，"一村一社区"模式实现了社会主义新农村建设和农村社区建设的有机统一，为新农村建设找到了平台、途径、切入点和突破口。一是以村为单位建社区，不仅为农村社区建设找到了归宿，而且使新农村建设具体化。二是为新农村建设找到了切入点。新农村建设的"生产发展、生活宽裕、乡风文明、村容整洁、管理民主"的5大目标是远与近、虚与实的辩证统一。农村社区建设从农村基层社会建设、民主政治建设、社区服务建设入手，这就将新农村建设目标从远处、虚处拉到了近处、实处。三是为资源整合找到了一条有效的制度化的途径。党的"三农"政策必将引导和促进各种社会资源不断流向农村，农村社区作为一个平台，作为各种资源的一个汇聚点，能够有效吸纳和消化这些资源，使农民得到真正的实惠。四是这一模式为动员农民积极参与新农村

建设找到了突破口。建设管理有序、服务完善、文明祥和的新型农村社区，目的在于造福农民群众，农民得到实惠了，建设新农村的积极性也就被调动起来了。

⑥实现了农村社区建设与推进农村城镇化的有机统一。在与城镇化的关系上，“一村一社区”模式实现了农村社区建设与推进农村城镇化的有机统一，为消除城乡二元结构找到了抓手和推动力。“建设农村社区，过城里人生活”，是湖南 3 个全国农村社区建设实验县的农民不约而同地提出的一个响亮口号。事实的确如此。一方面，城镇化为农村社区建设提供了前提；另一方面，农村社区建设又为城镇化提供了推动力。这就是农村社区建设越发展，越能接纳城镇的带动和辐射，越能为推进城镇化提供更多的粮食资源、土地资源、人才资源、环境资源等，进而推动城镇规模的扩大、城镇数量的增多、城镇功能的完善和城镇体系的发展。

（3）宜宾市农村社区建设的主要做法。

宜宾市翠屏区是国家民政部确定的“全国农村社区建设实验县（市、区）”。2007 年 4 月，宜宾市第一个农村社区在翠屏区邱场镇谢坝村正式批准挂牌成立，标志着该市农村社区建设试点工作全面启动。目前，该市已建立了 82 个农村社区。过去是乱山丘的地方，如今已经是一个完全意义上的社区，道路硬化，光纤、电话、自来水、沼气进入每家每户，医院、学校、幼儿园、爱心超市、影院、图书室等社区服务项目应有尽有。2010 年，在全国农村社区建设工作会上，国家民政部明确提出要在全国全面推行“一村一社区”宜宾模式。宜宾市建设农村社区的主要做法如下。①

1）制定政策，确定条件。

2007 年，宜宾市在考察了山东省的“多村一社区”和江西省的“一村多社区”模式后，结合宜宾实际，印发了《关于开展农村

① 谯伦忠，蔡洁.“一村一社区”宜宾模式全国推广. 泸州市民政局官方网站，2010－09－07.

社区建设试点工作的意见》，在全市范围采取“一村一社区”的模式，逐步将符合农民居住相对集中、农村村庄已经形成或初具规模，有一定村级集体经济收入，地处平坝或浅丘、乡村道路畅通三个条件的行政村村民委员会改为社区村民委员会。对不符合条件的行政村，暂保留原有的设置形式不变，条件成熟一个设置一个，不搞村村设置。首批选择了16个村开展农村社区建设试点工作，试点成效逐步扩大。

2）民主讨论、逐级审批。

重要决策须召开村民代表会议讨论通过。将村民委员会改设为社区村民委员会，必须尊重广大村民的意愿，这是组建农村社区必须经过的重要程序。按照管理权限逐级报批，完善村级党政组织名称的变更、挂牌和更换印章，使之对内对外都成为名副其实的农村社区。

3）制定规划、完善方案。

农村社区充分发挥发展、建设、管理和服务的功能，制定了农村社区组织配套建设方案，村庄建设规划方案，农村社区办公活动场所建设规划方案，全村危房户、无房户、草房户改造规划方案，改善农民生产生活条件规划方案，发展村级集体经济项目规划方案，普及农业科技和传递致富信息实施方案，建立农村社会救助体系方案，建立农村社区公共服务体系和社区服务体系实施方案，农村社区建设所需资金投入计划方案。

4）建立规章、积极实施。

按照社区管理方式，建立健全整套规章制度，包括社区村民自治章程、村规民约、村“两委”及其各部门各岗位各协会的工作职责、便民服务手册，等等。特别是社区村民自治章程，要有章有节、有条有款、有头有尾，要召开村民代表会议讨论、修改、通过、执行，用制度规范工作、用制度约束行为、用制度管人管事。农村社区的建立，彻底改善了农村居民的生活居住环境，使农民得到了实惠。

5）综合资源，财政激励。

一是因地制宜充分激活村级集体经济活力。在政府或农村专业协会的指导下，毗邻城镇和公路沿线的村，就大力发展工业、商业、服务业等的企业；有丰富矿产资源的村，就大力发展矿山开采业及配套的加工企业；有较多荒山、荒坡、荒水的村，就大力兴办林场、茶场、果园场等绿色企业；河流、鱼塘、水库等水资源较丰富的村，就大力发展养殖业，在模式上不搞“一刀切”，更不搞“村村冒烟”办工厂。二是综合多方资源。以区县为主体，充分运用新农村建设的各项优惠政策，综合村级阵地建设、扶贫、农业、林业、民政、交通等多方资源，在通盘考虑的大思路下，统一规划，统筹安排，启动农村社区实质性改革。三是建立激励政策。为调动建设农村社区试点的积极性，市政府制定了以奖代补办法，市财政对每个合格农村社区补助 10 万元。

（二）“一村多社区”模式的农村社区建设实践

1. “一村多社区”模式的概念

“一村多社区”模式是指在一个村委会内设立多个社区，或者在一个建制村内构建多个以自然村落为基础的社区。我国一些山区丘陵地带，建制村辖区过大，通常覆盖方圆几十公里，管辖十余个自然村，而人口居住又比较分散，一个自然村几十户人家。我国税费改革后，农村进行乡镇改革和村级联动改革，调整村级规模，干部减少，每个建制村村委会干部只有 3 个左右，不适合以建制村为单位进行社区建设。于是，这些地方的社区建设以自然村为单位设立，一个建制村里设立多个社区。

“一村多社区”模式在江西省比较典型，在当地被称为农村村落社区建设，从 2001 年开始一直到现在都保持了强劲发展势头。该模式在湖北省等地区也有出现。

2. “一村多社区”模式的特点

（1）是当地村民自治组织领导力不够或区域划分不适应当地情

况下的新探索。

“一村多社区”模式是当地村民自治组织领导力不够或不能适应当地情况下的一个新探索，是对当地设立更加合理的社区地域范围和开展农村社区建设的一个尝试。

（2）区域范围小，活动灵活，组织方便。

“一村多社区”模式由于其区域范围相对较小，活动比较灵活，组织起来相对方便，适合于这些组织机构分散、村民居住地域分散的农村。

（3）体现了村民自我管理与服务的内涵。

“一村多社区”模式以自然村为基础进行农村社区建设，充分体现了有共同利益的村民要求组织起来，实现自我服务与自我管理的理念。由于实行家庭联产承包责任制，农民长期独家经营，协作意识差，积极性难以发挥，形成了农民组织化程度低和社会化生产之间的矛盾。农民对基础设施建设、村务管理、社会服务的需求，在村一级组织不能得到相应满足的时候，他们只好自己动手解决。“一村多社区”模式更加充分发挥了农民的主观能动性，促进了基层民主在社区的进一步延伸。

（4）促进了民间组织的发育。

从江西和湖北等地的实践来看，“一村多社区”模式促进了农村民间组织的发展和成长。比如，江西一些地区的“农村村落社区志愿者协会”、湖北一些地区的“社区理事会”等，都是在农村发育成长的民间组织，都能够在党组织领导下，有效地解决农村目前普遍存在的、上级政府部门的工作触角又难以延伸到的有关问题，因而是服务农村社会和广大群众的重要社会力量。

3．“一村多社区”模式的案例

这里以江西省和湖北省秭归县为例介绍其“一村多社区”模式实施的做法。

（1）江西省农村村落社区建设。

江西省采用的“一村多社区”模式，在当地被称为农村村落社区建设，是在村党组织和村委会的领导下，组织和依靠村落社区力量，整合村落社区资源，强化村落社区功能，解决村落社区问题，深化村民自治，维护农村稳定，促进村落社区各项事业的协调、健康发展。下面从其运行机制、主要目标任务、建设原则和建设模式来介绍该模式的具体做法。

1）构建具有可操作性的运行机制。

“一村多社区”模式在江西的具体运行机制：党委政府领导，民政部门指导，村级组织牵头，志愿者协会主办，社会力量支持，村民广泛参与。

2）设定主要目标任务。

以便民、助民、利民、安民、富民为出发点，建立上述运行机制，培育农村村落社区组织，拓展农村村落社区服务领域，发展农村村落社区卫生，繁荣农村村落社区文化，美化农村村落社区环境，维护农村村落社区治安，促进农村经济社会协调发展，实现村民自我管理、自我教育、自我服务、自我监督。在完善试点的基础上，逐年扩大规模，并择机全省推广，促进全省农村村落社区建设的发展。

3）建设原则。

①自愿参与原则。村民加入和退出农村村落社区志愿者协会完全出于自愿。开展村落社区建设各项活动，包括兴办公益事业，需要村民参加和捐款出力的，都应广泛征求村民意见，尊重大多数村民的意愿，决不允许采取强制命令和强制手段。

②量力而行原则。在村落社区建设中，需要着力抓好社会互助救济、公益事业服务、卫生环境监督、民间纠纷调解、群众文化活动等既不花钱或少花钱，又容易见成效的工作。

③服务村民原则。以人为本，以不断满足村落社区居民的合理需求，提高村民素质和生活质量为宗旨，积极为广大村民群众，尤其是农村困难群众的生产生活服务。

④互帮互助原则。充分发扬互帮互助、乐于奉献的传统美德，

重塑农村新风。

⑤形成合力原则。充分利用村落社区各种资源，发动各方可动员的力量，积极参与村落社区建设，努力形成村落社区建设的合力。

⑥公道正派原则。社区志愿者协会会员办事要公道正派、清正廉洁，不以权谋私，不搞宗派。

4）建设模式。

江西省村落社区建设的具体模式是：在村落社区中成立以“五老”（老党员、老干部、老农民、老教师、老复员军人）和无职党员为主体，热心村落社区建设的志愿者参加的农村村落社区志愿者协会。志愿者协会下设村落社区社会互助救助站、卫生环境监督站、民间纠纷调解站、文体活动联络站和公益事业服务站，简称“五老一会五站”。

（2）湖北省秭归县农村社区建设的做法。

1）概况。

秭归县位于湖北省西部，长江西陵峡畔，三峡工程坝上库首，是伟大爱国主义诗人屈原的故乡，国家新阶段扶贫开发工作重点县。2018 年，全县辖 12 个乡（镇）、186 个村、8 个居委会，1 111 个村（居）民小组，全县土地面积 2 427 平方公里，共 133 991 户 370 788 人。秭归县是三峡库区的移民大县，淹没实物指标人口达 67 506 人。秭归县农村社区建设工作从 2003 年起，经历了调查研究、试点、总结推广过程，取得了一定成绩，促进了基层民主发展，推动了新农村、和谐社会建设，加快了农村全面建设小康的步伐，开创了农村社区建设的新路子，形成了适合本地实际的具有较强生命力、创造力的农村社区建设模式。

2）秭归县农村社区建设的三个阶段。

2003 年以来，秭归县坚持从农村工作实际出发，按照“地域相近、产业趋同、利益共享、规模适度、群众自愿”的原则，以杨林桥镇为发端，大胆探索，努力实践，在全县广泛开展农村社区建设，建立起“村委会—社区理事会—互助组—基本农户”的新型村民自治模式。不仅对创新党的基层组织建设和改进农村工作方式做出了有益探索，使基层党组织的凝聚力和战斗力得到增强，而且大大加快了全县农村小康建设的进程。全县推行农村社区建设大体可分为以下三个阶段。

一是杨林桥镇探索阶段。中共十六大胜利闭幕后，杨林桥镇党委从“凤凰岭事件”中得到启示，经县委县政府批准后开始在全镇开展农村社区建设探索，2003 年上半年在杨林桥镇白鹤洞村进行农村社区建设试点，系统论证改革的模式和思路，从群众中汲取智慧和力量，然后在杨林桥镇推开，当年全镇 14 个村完成了农村社区建设任务。

二是全县试点阶段。2004 年初，县委县政府组成工作专班，深入杨林桥镇对农村新老两种体制进行了广泛深入的调查研究，肯定了农村社区建设的积极意义，形成了关于农村社区建设的意见，成立了农村社区建设领导小组及办公室。同年 4 月，在杨林桥镇召开农村社区建设现场会，对全县开展农村社区建设工作进行了安排部署，会后全县各乡镇选择了 1 个村进行试点。

三是全面推广阶段。2004 年 7 月，在全县普遍推广农村社区建设。到 2006 年底，全县 12 个乡镇 67 个村采取撤村民小组建社区、保留原村民小组建社区、在进一步完善村级体制的基础上合村建社区三种形式共建立农村社区 779 个，选举社区理事 2 575 人，设立互助组 2 180 个，覆盖 42 443 户 138 677 人，分别占全县农业总户的 41.9％和农业总人口的 42.6％。农村社区工作村占全县 186 个村的 36％。到 2017 年 11 月，全县 12 个乡镇 186 个村，已有 138 个村建立了农村社区，撤销原村民小组 1 076 个，组建农村社区 1 164 个，理事会成员共 3 321 人。改革村级党组织机构设置，在已建农村社区的村，共建立了 93 个村级党总支、297 个党支部、893 个党小组，所辖党员 7 813 人。

3）秭归县农村社区建设的主要做法。[①]

秭归县推行农村社区建设的实质是对现在农村，尤其是行政村以下单元的政治、经济运行模式的一种改革。其操作的主要内容是“围绕一条主线、实施三大改革”。

①围绕一条主线。一条主线就是把农村政治上、组织上、经济上先进的三种力量整合起来，带动中低收入群体加快发展，力争使全县农村在 20 年甚至更短的时间内步入小康水平。

②实施村级自治体制改革。改革传统的村级以下自治的建制模式，撤销村民小组，按照地域相近、产业趋同、利益共享、规模适度、群众自愿的原则，由 30 个左右的农户组成农村社区，民主选举 3～5 个人组成社区理事会，每个社区下设 3～5 个互助组，建立起“村委会—社区理事会—互助组—农户”的新型村民自治组织机构。社区理事会是负责社区日常事务的群众性自治组织，在村党总支的领导和村委会的指导下，组织全体社区群众按照社区理事会章程自我教育、自我管理、自我服务、自我发展。社区内所有重大事项均通过召开社区群众大会，广泛听取意见和建议，形成决议，付诸实施。

③实施基层党组织设置模式改革。在成立社区的同时，改革传统地域型村级组织设置模式，在村内根据产业分布划片联合成立产业党支部，按照党员特点、主导产业和社区发展需要成立党小组，在党小组内挂牌确立党员中心户，建立起“村级党组织—产业党支部—功能党小组—党员中心户”的功能型党组织设置模式。各产业党支部、党小组在村党组织的领导下开展工作，支持、监督、服务农村社区建设，完成党组织自身建设的各项任务。

④实施农村工作指导方式改革。改革传统的自上而下的行政管理模式，建立双向交流服务模式。建立社会化服务网络，推行文化

① 李林修，秦桂林．秭归县农村社区建设的现状与对策．湖北省民政厅官方网站，2008-01-16.

科技、治安调解、计划生育、社会保障四大网络进社区，完善社区服务功能。加强社区党风、政风、民风建设，依靠农村党员凝聚先进力量、培养有为青年、扶持中低等收入群体发展经济，打造小康社区、平安社区、文明社区、和谐社区。完善农村社区建设保障机制，建立社区奖励基金，制定一系列奖励制度，激励社区更好地开展工作。在乡镇成立联村小康工作组，建立村干部包片联系社区制度，定期帮助解决社区自治中无法解决的重大问题，形成双向交流的社区服务模式，实现农村指导方式由管理型向服务型转变。

4）秭归县农村社区建设的主要经验。

从秭归县农村社区建设的经验来看，开展农村社区建设，必须坚持三条基本原则，即农村社区建设必须与当地的农村经济社会发展相适应，农村社区建设必须循序渐进地探索管理体系，农村社区建设必须把为民办实事摆在突出位置。其主要经验可概括为五个方面。

①科学定位，明确目标。应把握四个方面，一是党政主导、社会参与；二是便民利民、实用有效；三是规划先行、分步实施；四是眼前利益与长远利益相结合。

②突出重点，有序推进。一是着力构建农村社区平台；二是着力服务农村生产发展；三是大力发展社区服务；四是着力提升村民自治水平；五是注重整合农村各项工作。

③整合力量，探索发展机制。一是建立城乡联动机制，建立结对挂钩帮扶机制；二是建立社会化运作机制。

④加强组织领导，增强发展动力。一是加强组织领导；二是制定政策措施；三是加大资金投入；四是加强队伍建设。

⑤分类指导，实现新突破。农村社区建设是一项复杂的系统工程，需要一个长期的建设过程，不可能一蹴而就。在推进过程中，应坚持因地制宜、注重实际、分类指导的原则，将村镇社区建设与新农村建设、构建和谐社会、完善村民自治的目标紧密衔接，梯次推进。

（三）“多村一社区”模式的农村社区建设实践

1. “多村一社区”模式的概念

“多村一社区”模式是以乡镇为单位建立农村社区，社区服务中心建立在镇上，涵盖并服务于附近若干个村的一种社区建设模式。这种模式一般在我国东部沿海地区较为常见。如山东省诸城市是该模式的典型代表，浙江省金华市磐安县深泽乡也采取了该模式。

2. “多村一社区”模式的特点

（1）社区服务中心更接近于纯粹服务的机构而非一级行政机构。

在“多村一社区”模式下，社区服务中心通常更接近于一个纯粹服务的机构，而不是一级政府的行政机构。在性质上把社区服务确定在一个专业化的体制中，少了行政色彩，多了专业特色，可以把服务做得更加系统化、专业化、科学化、标准化，并且可以把服务模式进行体制化固定，给予辐射。它与作为行政机构的一级政府部门建设的社区中心有本质区别。

（2）社区设在乡镇一级，由乡镇直接管理社区。

这样一种设置和管理，实际上与其科学化、专业化的特点密不可分。它表现出了高度的集中，3 公里～5 公里服务辐射既考虑了农民的需要，又在一定程度上减少了资源设施的重复建设和浪费。

（3）需要政府的扶助与支持。

在该模式下，由于社区服务中心是一级服务机构，缺少政府部门所具有的宣传鼓动性与号召力，因而其顺利运转需要政府在计划、政策与资金上给予扶持。因为是一级服务体制，在将来的发展趋势上，要尽可能避免追求纯利益的倾向，需要政府的法律规章约束与监督检查。

3. “多村一社区”模式的案例

下面以采用“多村一社区”模式的山东诸城市为例介绍其农村

社区建设的实践经验。

（1）概况。

山东省诸城市是“全国农村社区建设实验县（市、区）”之一，有 1 337 个村（居），其中村庄 1 257 个。为解决农村缺乏公共服务的问题，加快以改善民生为重点的社会建设和新农村建设，该市在全市农村全面开展了“政府主导、多方参与、科学定位、贴近基层、服务农民”的农村社区化服务与建设。全市规划建设的 208 个农村社区及社区服务中心，到 2008 年 6 月底已全部建成并投入运行，这推动了城乡经济社会一体化发展，促进了社会主义新农村建设。

（2）诸城市农村社区建设的基本做法。

①切实提高思想认识，加强组织领导。诸城市把农村社区建设作为社会建设的基础性工作和巩固党的执政基础的重要措施；作为统筹城乡发展、构筑城乡经济社会一体化发展新格局的有效路径，要求各乡镇（街道）和有关部门“一把手”亲自抓，强力加以推进。市镇两级和有关部门都成立了社区建设协调指导机构，在民政局设立了正科级的社区工作管理办公室，对全市农村社区化服务进行组织协调、研究部署。先后制定出台了多个推进农村社区化服务与建设的文件，对相关问题做出规定，提出要求，并不断规范完善。召开多次市委常委会、市政府常务会和现场调度会，对农村社区化服务进行了专题研究、检查调度，保证了农村社区建设全面顺利地向前推进。

②优化社区空间布局，合理确定服务半径。按照地域相近、规模适度、有利于整合利用现有公共资源的原则，将几个村庄规划为一个社区，即“多村一社区”。在社区内选择一个交通比较便利、班子基础比较好、发展潜力比较大的村庄，作为社区服务中心的所在村。社区服务中心的服务半径一般在 2 公里、涵盖 5 个村 1 500 户左右，村庄密集度高的可适当增加村庄个数。确定这样的空间布局，主要是考虑服务半径过大，必然导致服务效率不高、服务水平

低下；服务半径过小，容易导致公共服务成本过高或公共服务资源浪费，公共财力难以为继，服务力量难以保证，最终难以长久运行。

③建立社区机构，明确职能定位。在每个农村社区设立社区服务中心，社区服务中心内设一个办事服务厅和若干个服务站室。社区服务中心的职能定位是服务，不是一级行政管理机构，它不能干涉村级内部事务；它也不是以生产经营为主的经营性组织。同时，在每个农村社区成立社区党组织和社区发展协调委员会，在乡镇（街道）党（工）委的领导下，围绕社区化服务与建设发挥协调指导作用，与社区内村庄及其他单位不存在上下级隶属关系。村庄对乡镇（街道）的隶属关系不变。这样定位是为了避免社区服务人员“官僚化”和服务被“异化”的现象。

④贴近农民需求，开展“一揽子”服务。社区和社区服务中心主要为农民群众搞好三大类服务：一是基本公共服务。将乡镇（街道）和市直有关部门的基本公共服务项目延伸到农村社区服务中心，满足农民群众在医疗卫生、社区警务、劳动保障、社会救助、文化体育、司法调解、人口计生等方面的公共服务需求。二是开展生产性的服务。重点是建立健全直接为生产服务的科技信息、生产资料、市场营销服务体系；引导发展农民专业合作组织，提高农民组织化程度；设立社区土地流转服务中心，积极稳妥地推进土地经营权流转。三是发展市场化的便民服务。按照互利双赢的原则，组织引导有关单位和企业到社区服务中心设立便民超市、农资超市、便民食堂，代办代收有关证件费用等，既为农民提供了市场化便民服务，又可获得部分收入用于社区服务中心的运转。

⑤建全完善长效机制，确保社区长期高效运行。主要是健全完善四项机制：一是资金投入机制。坚持以市镇两级财政投入为主，鼓励支持社会各界参与农村社区建设。二是人员保障机制。每个社区一般配备 7 名专职工作人员，以乡镇（街道）机关、医院和站所选派为主。同时，组织发动党员干部、团员青年及其他热心社会公益事业的积极分子，组成社区志愿者服务队，积极参与社区建设。

三是内部运行机制。结合农村实际和农民办事特点，在社区服务中心的作息时间、办事流程、服务标准等方面，建立健全了一系列规章制度，将社区化服务纳入规范化轨道。四是督查考核机制。市委、市政府不间断地进行督查，确保规范运行。将农村社区化服务列入乡镇（街道）重点工作考核内容，对社区服务工作成效明显的乡镇（街道）给予奖励；对不能按时完成农村社区建设任务的，在年度经济社会事业综合考核中只排名次，不予奖励；对在农村社区工作一年以上、群众满意度高的社区工作人员，优先晋升职称、提拔重用。

（3）诸城市农村社区建设的成效。

①促进了城乡基本公共服务均等化，有效地推动了社会主义新农村建设。解决农村公共服务缺乏问题是推进新农村建设、加快构建城乡经济社会一体化发展新格局的必然要求。开展农村社区化服务，诸城市把更多的公共服务资源投向农村、基层和困难群众，为政府公共服务向农村、向基层延伸搭建起高效平台，初步打破了公共服务产品供给方面的“城乡二元结构”，使农民群众和城市居民一样，享受到及时、便捷、优质、高效的公共服务。如医疗卫生服务方面，每个农村社区服务中心都设立了标准化卫生服务站，农民看病可以就近就医、按新农合的要求即时报销。

②巩固了党的执政基础和农村基层政权。推行农村社区化服务，把农村社会服务和管理的热点和焦点问题放到社区服务中心去办理和解决，使村级组织能够腾出更多的精力抓自身建设和经济发展，增强了班子的凝聚力和战斗力。适应农村社区化服务的新要求，创新开展农村社区党建工作，有效解决了原来村级党组织管不到或管不了的问题，实现了对农村党员教育管理的全覆盖，强化了我们党最基层的执政基础。

③初步实现了政府由管理型向服务型的转变。建设服务型政府，需要创新行政管理体制、创新社会管理体制。建立农村社区和社区服务中心，把乡镇机关和市直部门人员及服务延伸到农民中

去，变过去浮在面上为现在面对面地为群众服务，这搭建了基层政府由管理型向服务型转换的平台和通道，实现了权力下放、人员下沉、服务下移，让农民“小事不出社区、大事有人代理”，形成了靠近群众、服务群众的新机制。

④推动了现代农业发展。主要体现在三个方面：一是增强了农民专业合作组织的辐射带动作用。社区建立起来之后，引导原来局限于一村范围的农民专业合作组织向社区内周边村辐射延伸，带动更多的农民群众走上致富路。二是推动了土地经营权的规范有序流转。适应现代农业经营集约化、生产规模化的需求，在农村社区服务中心成立土地流转服务中心，引导农民依法按程序进行土地经营权流转，既保障了土地流转的规范化，又促进了农业生产的规模化，从而实现了土地产出效益的最大化。三是提高了农民的科技素质。依托社区服务中心，将市镇两级的农业科技人员和农村致富能手组织起来，采取集中培训、现场指导、结对帮扶等形式，提高农民的科技水平，加快农业实用技术和最新科技成果的推广应用。

⑤有效整合了政府公共服务资源。开展农村社区化服务与建设，打造“两公里服务圈”，实现了对现有公共服务资源的优化配置，确保了公共服务资源利用效益的最大化。依托社区服务中心这个平台，越来越多的部门都将服务职能延伸到农村社区，找到了参与社会建设的着力点，整合了政府公共服务资源，有效避免了许多部门在社会建设过程中“各抓各的事、各干各的活”的“单打一”现象。

⑥提高了乡村文明程度。社区工作人员在向农民提供服务的过程中，通过倡导互助精神、调解民间纠纷、化解各种矛盾、加强治安防控等，促进了乡风文明；农民群众在享受政府公共服务、参与社区建设的过程中，逐步形成了遵纪守法、互帮互助、邻里和睦的良好风尚，加快了文明村镇建设步伐。

4. “多村一社区”模式的问题

“多村一社区”模式在实施过程中存在一些突出问题，主要有以下几方面。[①]

（1）对于社区服务中心的定位模糊不清。

一些地方在实施“多村一社区”中，对于社区服务中心的定位模糊不清，在中心村设立农村社区，并建立社区服务中心，内设一个办事服务厅和若干个服务站（室），当地给这个农村社区的社区服务中心的职能定位是服务，不是一级行政管理机构，也不是以生产经营为主的经营性组织，并在每个农村社区成立社区党组织和社区发展协调委员会，在乡镇（街道）党（工）委的领导下，围绕社区化服务与建设发挥协调指导作用；社区党组织和社区发展协调委员会与社区内村庄及其他单位不存在上下级隶属关系，村庄对乡镇（街道）的隶属关系不变。但从这种定位不难看出，社区服务中心已经逐步成为乡镇街道的派出机构，凭空增加了一道管理层，形成乡镇街道农村社区村委会。这种模式可以说一定程度上是为当地乡镇街道体制改革分流乡镇机关工作人员找到了一条有效途径。过去乡镇街道的“七站八所”变成了今天农村社区的“一厅八站”（综合服务大厅，医疗卫生、社区警务、灾害应急、社区环卫、文化体育、计划生育、社会保障、社区志愿者服务站（室））。“一厅八站”工作人员的身份复杂，有的是公务员、有的是事业编、有的是政府招聘的社会力量。这种模式不仅增加了管理服务层次，而且在一个乡镇街道层面下设置了多个“小乡镇街道机构”，行政化色彩很浓，一定程度上弱化了村委会的功能。

（2）行政化倾向严重，弱化了居委会功能。

在城市社区建设过程中，一些地方在街道与社区居委会之间设立社区工作站，成为一定意义上的街道派出机构，很大程度上弱化了居委会的功能。目前，在农村社区建设过程中，采取“多村一社区”设立中心村社区模式的地方，正是套用了城市社区建设过程中

---

① 杨炳珑．农村社区建设体制机制研究．基层政权和社区建设司官方网站，2015-01-22.

设立社区工作站和过去公社下设立“管区”的思维模式。所以说，这种在街道乡镇和村委会之间设立农村社区或设立农村社区服务站等，同样存在着行政化倾向严重等问题。这样一来，政府的公共服务资源不再向村一级倾斜，而是全部集中在中心社区。诚然，由于资源整合到中心村后，其他村“两委”的职能和威信等逐步弱化，得不到本村村民的拥护，后果值得有关部门深思。

（3）“多村一社区”向中心村社区聚居方式可能引发不良后果。

“多村一社区”向中心村社区聚居方式也值得商榷。虽然一些地方采取向中心村社区聚居，目的是为了形成小城镇模式，整合资源，提高土地利用率，加快农业农村现代化。但是，这种想法在目前阶段也存在着不少冒进或者说是一厢情愿的想法。在经济社会还没有发展到一定程度时，不少村民还存在着顾虑和生产生活上的不适应，加之各自村内的债权债务一时不能很好地解决，要想在短时间内实现向中心村社区聚居还不现实。只有经济社会发展到一定程度，农民的生产生活程度达到了一个相对高的阶段，也许才有向中心村社区或者说向城市中心聚居的可能。要知道，开展农村社区建设的目的是为了便民、助民、利民、安民、富民，不是简单地建个服务中心，建个新村、别墅，进行合村并点那么简单。如果不经过多次调查，盲目而不切合实际地进行合村并点，撤销村庄建制，向中心村社区聚居，势必带来非常严重的后果。所以说，在开展农村社区建设实验的过程中，谨防盲目建新楼、建别墅，撤销建制村等行为。

第三节　中国农村社区建设的历程、成效、问题与发展趋势

一、中国农村社区建设的发展历程

我国从国家层面正式推动农村社区建设虽然是 2006 年以后的

事，但局部地区农村社区建设的实践活动早在2001年前就已经开始了，至今已有二十余年的历史。梳理这段历程对我们了解中国农村社区建设的未来发展趋势是有帮助的。总体而言，中国农村社区建设的发展历程可分为以下几个阶段。

（一）工作思路形成阶段（2000—2006年）

1980年代中期我国在城市基层管理和服务领域引入“社区”概念，首先提出城市社区服务，进而推进社区建设来满足城市居民的各种需求和提高城市的文明程度，实践结果证明我国城市社区建设取得了巨大成功。随后，社区的思想也被引入农村地区，江西、江苏、浙江、湖北等省的部分地区率先进行了试验。比如2001年江西省民政厅率先探索农村社区建设并开展试点工作，2003年该省将农村社区建设的着力点转向自然村落，明确而具体地提出了以自然村为单位的村落社区建设的思路。

受湖北秭归县杨林镇“凤凰岭事件”（其实质是依靠村民自己办理自己最需要的公益事业）的影响和启发，2003年天忠桥镇党委和政府引入当时正流行于城市的“社区建设”的理念，并首先在白鹤洞村进行农村社区建设试点。试点成功后便在全镇统一推行，开始实行撤销运行多年的村民小组建制，组建农村社区。浙江省义乌市从2003年起，在全国率先进行农村社区建设改革，做出了推进城乡一体化的战略决策，制定和实施了全国第一个城乡一体化行动纲领，编制了浙江省第一个城乡一体化社区布局规划。江苏省太仓市从2001年起开始农村社区建设。率先从社区党建、社区民主自治和社区建设保障机制入手来进行农村社区建设。其他地区也相继开展了试点工作，不断积累工作经验。这些自发试验实践为我国在全国开展试点工作奠定了较好的工作基础。

2003年10月，中共十六届三中全会讨论通过的《中共中央关于完善社会主义市场经济体制若干问题的决定》中提出了“农村社区服务”“城乡社区自我管理、自我服务”的要求。

2006年10月，中共十六届六中全会讨论通过的《中共中央关于构建社会主义和谐社会若干重大问题的决定》首次完整地提出了“农村社区建设”的概念，并要求把城乡社区建设成为“管理有序、服务完善、文明祥和的社会生活共同体”。

中共十六届六中全会后，中共中央、国务院在《中央有关部门贯彻实施党的十六届六中全会〈决定〉重要举措分工方案》的通知中（中办发〔2006〕34号）明确要求由民政部牵头，公安部、建设部、农业部等部门参与，共同抓好城乡和谐社区建设工作。

2006年11月，国务院召开的第十二次全国民政会议进一步强调指出，要着力建设城市和农村社区两个平台，整合社区资源，推进农村志愿者服务活动，逐步建立与社会主义市场经济体制相适应的农村基层管理体制、运行机制和服务体系，全面提升农村社区功能，努力建设富裕、文明、民主、和谐的新型农村社区。中共中央、国务院对农村社区建设的深刻阐述和明确定位，为我们开展农村社区建设指明了方向。

2006年7月，民政部党组在全国民政工作年中分析会上，从贯彻落实科学发展观、统筹城乡发展、推进社会主义新农村建设的角度，第一次向民政系统提出了开展农村社区建设试点的要求。此后不久，民政部下发了《关于做好农村社区建设试点工作推进社会主义新农村建设的通知》（民函〔2006〕288号），对试点工作进行了部署。中央的要求和民政部的号召得到了各地的积极响应，山东、江苏、浙江、天津、广东、福建、安徽、湖北、青海、上海等省份对开展农村社区建设进行了研究部署，开展了试点工作，江西省前期开展了村落社区建设，摸索出了不少好的经验。

（二）开展试点阶段（2007—2009年）

2007年3月19日，全国农村社区建设工作座谈会在山东省胶南市召开。时任民政部副部长姜力在会上强调，开展农村社区建设，是构建社会主义和谐社会的重要措施，是推进社会主义新农村建设的有效途径，是完善村民自治、扩大基层民主的有效载体，也是提高广大农民生活质量和文明程度的内在要求。当期开展农村社区建设已具备多方面有利条件，要因势利导，把这件惠及亿万农民群众的事业发展起来。

2007 年 3 月 29 日，为了探索并逐步完善农村社区建设思路，形成适合我国国情的农村社区建设管理体制和运行机制，民政部发布《民政部关于印发〈全国农村社区建设实验县（市、区）工作实施方案〉的通知》，决定从全国有条件的县（市、区）中确定一批“全国农村社区建设实验县（市、区）”，用 1～2 年时间开展农村社区建设实验活动，为开展“全国和谐社区建设示范县（市、区）”创建活动提供样本。由此拉开了全国农村社区建设试点工作的序幕。

2007 年 7 月 27 日，民政部基层政权和社区建设司（现更名为基层政权建设和社区治理司）关于全国农村社区建设实验县（市、区）审批工作完成，全国共批准 251 个农村社区建设实验县（市、区）。

2007 年 10 月，中共十七大报告明确提出“把城乡社区建设成为管理有序、服务完善、文明祥和的社会生活共同体”，明确了农村社区建设的目标和方向。

2007 年 9—11 月，民政部基层政权和社区建设司在江苏省南京市、四川省宜宾市、湖南省常德市举办了三期全国农村社区建设实验工作讲习班，贯彻中央关于积极推进农村社区建设的有关精神，介绍开展农村社区建设实验工作的有关知识，进一步增强实验县（市、区）党政领导的政治责任感，鼓励他们大胆探索，勇于实践，创造各具特色的经验，推动农村社区建设实验工作深入发展。

这一阶段，通过先后在全国范围内 304 个县（市、区）（截至 2010 年 10 月）进行大规模试点工作，积累了建设农村社区服务中心、完善社区服务、规范社区管理等丰富的工作经验。

（三）持续扩大推进阶段（2010 年至今）

经过前两个阶段的不懈努力，我国农村社区建设初期试点工作基本完成，接下来，将进入向更广地域持续推进的新的发展阶段。这个阶段约需要数年甚至更长的时间。

2010 年 2 月，《基层政权和社区建设司 2009 年工作总结和 2010 年工作要点》明确提出 2010 年“全面加强农村基层民主政治建设”“积极推进农村社区建设工作”。

2010 年 10 月，中共十七届五中全会通过的《中共中央关于制定国民经济和社会发展第十二个五年规划的建议》中提出“提高城乡社区自治和服务功能，形成社会管理和服务合力”。

2011 年 2 月，《民政部基层政权和社区建设司 2011 年工作要点》中明确提出了 2011 年要“加大政策指导力度，完善农村社区建设制度环境”“扩大农村社区建设实验工作覆盖面”“提升社区服务能力”。

2011 年《中华人民共和国国民经济和社会发展第十二个五年规划纲要》第三十八章“强化城乡社区自治和服务功能”中将“全面开展城市社区建设，积极推进农村社区建设，健全新型社区管理和服务体制，把社区建设成为管理有序、服务完善、文明祥和的社会生活共同体”纳入了国家五年规划。

2016 年《中华人民共和国国民经济和社会发展第十三个五年规划纲要》第七十章提出“健全城乡社区综合服务管理平台，促进公共服务、便民利民服务、志愿服务有机衔接，实现一站式服务，实现城市社区综合服务设施全覆盖，推进农村社区综合服务设施建设。”

2017 年中共十九大报告中也明确提出“加强社区治理体系建设，推动社会治理重心向基层下移”。

将农村社区建设纳入国家五年规划和国家最高决议报告，表明我国全面推进农村社区建设已经形成了良好的氛围，进入了广域全面推进的新阶段。

二、中国农村社区建设的发展成效

自2006年中共十六届六中全会做出“积极推进农村社区建设”这一重大战略部署以来，在中央各有关部门和地方各级政府的高度重视和推动下，围绕中共十七大报告明确提出的“管理有序、服务完善、文明祥和的社会生活共同体”建设农村社区和中共十九大报告提出的“按照产业兴旺、生态宜居、乡风文明、治理有效、生活富裕的总要求”实施乡村振兴战略的目标，通过遍布全国的选择性县域实验和广大农村居民的积极参与，农村社区建设工作扎实推进，取得了重大进展和显著成效。其发展成效主要体现在如下几个方面。

（一）农村社区建设工作运行机制初步建立

自中共十六届六中全会，尤其是2007年后国家展开近300个农村社区建设实验县（市、区）以来，党中央、国务院30多个涉农部门为推进农村社区建设做了大量工作。国家民政部作为“全国农村社区建设实验县（市、区）”的牵头部门，制定了实验工作方案，举办了多次大规模示范培训，启动了“农村社区建设实验全覆盖”创建活动，并加强了理论研究与宣传。通过农村社区建设的推动，截至2018年10月，全国有20个省（区、市）建立了农村社区建设领导协调机构，许多地（市）也建立了领导协调机制。各实验县（市、区）普遍成立了社区建设领导小组，把农村社区建设当作“一把手”工程来抓。许多地方把社区建设工作列入“十二五”规划和社会发展目标，将工作职责落实到党政有关职能部门，实行责任制。初步形成了党政领导挂帅、民政部门牵头、相关部门参与的领导体制和工作运行机制，形成了合力推进农村社区建设的良好局面。

（二）农村社区建设的政策措施逐步健全

截至2018年10月，已有天津、吉林、黑龙江、浙江、安徽、江西、山东、广西、海南、重庆、陕西、宁夏等12个省（区、市）以党委政府名义出台了关于开展农村社区建设实验或推进农村社区建设的政策文件。其中江苏、湖北、黑龙江、辽宁4省从城乡统筹发展的高度对推进农村社区建设提出了目标要求。其他省也以省级社区建设领导小组或民政厅（局）的名义对农村社区建设试点实验工作进行了部署。山东、浙江2省还出台了农村社区建设规划，从地域和时序上对农村社区建设进行了安排。北京、陕西、重庆、浙江、辽宁等地对农村社区服务设施建设进行了统一部署。一大批地（市）、县（市、区）制定了推进农村社区建设的政策意见和布局规划。这些政策措施为推进农村社区试点实验工作提供了政策依据和制度保障。

（三）农村社区建设的保障机制初步形成

许多地方的“十二五”规划或相关区域的经济社会规划纳入了农村社区建设的内容，并在财政预算中列入了农村社区建设经费，从资金投入机制上予以保障。几乎所有的省（市、区）的“十二五”规划纲要中都列入了“农村社区建设”或“城乡社区发展”的内容。有些省市甚至将农村社区建设列入单独的建设工程，例如，陕西省把农村社区建设纳入全省八大“民生工程”，北京市把农村社区建设纳入新农村建设“折子工程”。一些地方由社区建设领导小组统筹农村社区建设与新农村建设的资金、项目，整合使用涉农资金，避免了重复建设，提高了资金的利用率。许多地方还开展了结对共建，给予农村社区建设在人力、物力、财力上的有力支持。一些地方积极探索农村社区综合服务中心日常管理维护的发展模式。一些地方探索建立了公共财政、社区集体资金、企业和社会力量等多元投入的经费投入机制。总而言之，农村社区建设推进的保障机制已初步形成。

（四）农村社区服务设施建设逐步加强

已经开展农村社区建设的地区，根据农村居民的需要，在村民聚集地区新建设施或维修利用原有设施，兴办集管理、服务、教育、活动等功能于一体的社区综合服务中心（亦称社区邻里中心、村级公共服务中心等），设立“一站式”服务大厅、卫生服务站、计生服务站、警务室、民事调解室、老年人照料中心、农家书屋、村信息广播室、社区居民培训活动中心等。许多条件较好的地方还积极地将各种市场主体引到农村进行投资，在社区综合服务中心或周围兴建便民利民的商业性服务设施，如日用品超市、农资超市、幼儿园、理发室、旅馆等。一些条件优越的地方还进行农村社区信息化建设，为农民提供诸如市场信息、科技信息、文化信息、现代远程教育等农村信息网络服务。农村社区服务设施建设的加强对于强化社区管理、服务农民群众、丰富农村文化、维护社会稳定等方面具有重要意义。

（五）新型农村社区服务体系初步建立，农村基层社会服务得以丰富和完善

社区服务是社区建设的永恒主题和生命力所在。自 2007 年全国农村社区建设实验工作启动以来，各地依托农村社区综合服务中心等设施的建设与完善，重点在农村社区提供医疗卫生、人口计生、社会治安、司法调解、社会救助、社会福利、体育文教等基本公共服务。同时，以农村党员、老年人协会、志愿者协会和专业经济技术协会会员为主体，开展农村社区志愿服务和互助服务；以日用品超市、农资超市、专业合作组织以及一些中介机构等为主体，开展便民利民服务。根据农村社区特点，建立健全为生产服务的科技信息、农业技术推广、土地流转、市场营销服务体系，为农村经济发展服务。在一些开展实验和农村社区建设起步较早的地方，已

初步建立了与农村经济社会发展相适应，集政府公共服务、志愿互助服务、市场化服务于一体的新型农村社区服务体系。总体而言，新型社区服务体系的建立，突破了过去单纯依靠村集体和村民自我服务的局限，解决了长期困扰农民的一些生产生活难题，使得农村文化生活丰富了，办事容易了，生活质量提高了，发展和生产条件变好了，农民满意度提高了。

（六）新型农村社区管理体制逐步形成

各地从实际出发，因地制宜推进农村社区建设，在实践中形成了“一村一社区”“多村一社区”“一村多社区（中心村＋村落）”等多种模式。各地根据当地实际，将原有村民、外来人口、离退休回村居住人员、农村各类社会组织和驻村单位都纳入农村社区的管理和服务范畴，打破了原有只管村民、不管其他居民的管理模式，消除了只为本村村民服务，不为外来人口服务的局限，对农村社区管辖范围进行了科学划定，建立了农村社区党组织和居民自治组织，将农村社区建设的各项事务均纳入社区协商议事范围。在实践探索中逐步形成了以社区党组织为核心，社区自治组织为骨干，社区社会组织和驻村单位协同，社区居民广泛参与的新型农村社区管理体制。这种体制较之传统封闭性的农村社区管理体制，其开放包容性增强，更有利于农村社区的稳定和谐。

（七）全国形成了一批农村社区建设示范区

自民政部主导开展“全国农村社区建设实验县（市、区）”和“农村社区建设实验全覆盖”创建活动以来，经过近 4 年的推动与发展，截至 2018 年 10 月，全国已有 7 个省份的 27 个县（市、区）成为“全国农村社区建设实验全覆盖示范单位”。全国各地结合当地实际，开展了一系列主题明确、内容丰富、形式多样的农村社区建设创建活动，如黑龙江省的“打造新社区、构筑新家园、共享新生活”，江西省的“城乡社区对接互动”“精品农村社区”和广东省的“六好农村社区”等多个创建活动品牌，实现了农村社区建设工作的增量扩大和质量升级。

（八）农村社区群众的文明素质得到了提高

随着农村社区建设的推进，社区享有的公共服务不断丰富，电视、电话、手机以及网络、图书室、健身器材等现代文化元素在农村得以不断普及，那种传统的“日出而作、日落而息”的生活方式已经发生了改变。一方面，农民分享到了现代化的成果；另一方面，具有地方特色的乡土文化也得以保护、挖掘和培育，传统与现代融为一体。许多社区利用现有设施，开展农业技术培训和农民工职能培训，成立了腰鼓队、秧歌队、篮球队等，活跃了农民文化生活，提高了农民就业能力和自身素质。比如，甘肃省阿克塞哈萨克族自治县在农村社区建设过程中，发挥哈萨克族能歌善舞、喜欢参与社会文化活动的特点，组织引导牧农民成立了秧歌队、民族服饰表演队、阿肯弹唱队，在周末充分利用社区广场开展主题突出、群众喜闻乐见的文艺演出活动，定期组织开展牧农民技能赛、民族刺绣展、养殖擂台赛、家庭读书竞赛、演讲比赛、歌咏比赛、花卉展、书法绘画展等系列活动，营造浓厚的牧农村社区文化氛围，不断满足了牧农民群众求知、求乐、求美、求健康的需求，使广大牧农民逐步形成了科学、文明、健康向上的生活方式。

（九）推动了乡镇政府职能的转变

农村社区建设在一定程度上也推动了乡镇政府职能的转变，提高了行政效率与效能。通过建设农村社区，乡镇政府资金下拨、人员下沉、服务下移至农村社区；通过社区这一平台为农民群众提供“一站式”服务或代办代理，从而使公共管理和服务资源得到优化配置，使乡镇政府职能的转变落到了实处。同时，各地在农村社区建设中，如何规划和设置农村社区，农民需要哪些服务，服务设施建在哪儿，资金如何解决，如何评估社区建设效果等群众关心的事项，要提交农民群众讨论并听取群众意见，从而改进了乡镇干部的工作方式，拉近了乡镇政府与农民的距离。比如，山东省诸城市以建立农村社区和社区服务中心为平台，把乡镇机关和市直部门人员及服务延伸到农村中去，把过去浮在面上转变为现在面对面地为群众提供服务。像以往百姓落户口、建新房、办理身份证、申请困难救助等服务需求往往要跑多个部门和来回折腾几回才能办妥。在建立农村社区后，有关部门依托社区服务中心，实现了权力下放、人员下沉、服务下移，形成了靠近群众、服务群众的新机制，既方便了农民群众，也推动了乡镇政府职能的转变。①

（十）农村社区建设深化了农村的村民自治

农村社区建设的推进，使传统的村民自治制度得以不断完善，农村社区充满活力的村民自治机制得以进一步健全，特别是驻社区单位和外来人员的参与，为村民自治注入了新的力量，大量服务性、公益性、互助性社区社会组织的培育和发展，日益发挥着提供服务、反映诉求、规范行为的作用，拓展了村民自治的领域。一个基层政府与基层群众自治有效衔接和良性互动的格局正在形成。比如，浙江省平湖市在农村普遍建立了由农村社区居民和辖区内企事业单位干部、职工参加的专职与兼职志愿者相结合的社区志愿者队伍、党员服务队伍、群众文体活动队伍、社区养护保洁队伍、社区治安巡逻队伍等，成为为村民提供服务的中坚力量，提高了居民自我服务的能力和水平。②

总体来看，我国农村社区建设工作取得了显著的成效。农村社区建设为城市公共服务向农村延伸、社会管理向基层延伸、加

① 全国农村社区建设工作暨“农村社区建设实验全覆盖”创建活动情况. 人民网，2009-08-14.

② 全国农村社区建设工作暨“农村社区建设实验全覆盖”创建活动情况. 人民网，2009-08-14.

快城乡统筹发展提供了有效平台，为贯彻落实科学发展观、加强和改善以民生为重点的社会建设创造了可行途径。农村社区建设为解决农村长期存在的农村公共服务薄弱，农民群众看病难、行路难、满足文化娱乐需求难等问题找到了突破口，使农民群众得到实惠，也为“三农”问题的解决提供了重要抓手，得到了农民的衷心拥护。这些成效为下一步深入、广域地推进农村社区建设奠定了良好基础。

三、中国农村社区建设存在的问题

尽管我国真正推动农村社区建设的时间只有四五年，但农村社区在我国的探索对增强基层政权组织的凝聚力和战斗力，实现农村事务社会化管理，推动农村公益事业的发展，加强基层民主政治建设进程，创新农村社区建设模式，促进农村经济社会的持续、快速、健康发展等方面起到了积极的推动作用。但目前我国农村社区建设依然面临诸多困难与问题，主要表现在以下几个方面。

（一）农村社区建设的认识水平亟须提升

农村社区总体上还处在探索阶段，是一个新事物，有的地方适应，有的地方不适应。自推进农村社区建设以来，全国广大干部群众认真学习国家和地方关于农村社区建设的相关文件精神，充分认识到加强农村社区建设是推进社会主义新农村建设的主要内容，是形成城乡一体化发展新格局的重要举措，是缩小城乡差别、深化村民自治、维护社会和谐稳定的有效途径。但仍有一些干部，特别是一些县、乡的主要领导干部和部分部门干部，对开展农村社区建设的认识不足。

1. 党政领导层面重视不够

部分地方党政领导对推进农村社区建设重视程度还不够，缺乏责任感和紧迫感，相应的协调组织机构还未成立或不够完善。还没有完全形成服务居民、造福群众的社区建设理念，工作职能没有实现根本转变，还未形成运用社区服务平台提供公共服务、推行政府购买服务的意识，社区服务社会化程度不高，公共服务严重“缺位”，群众的生产生活服务需求得不到较好满足，农村社区建设水平与形势发展不相称。

2. 部门领导层面缺乏协同

从已实施农村社区建设的地区来看，多数相关部门对社区工作非常重视，参与农村社区建设的热情很高，职能工作下沉到社区，政府部门把社区当作落实具体工作和民生工程的有效载体。但在部分地方，因缺乏统一的组织领导，没有形成协同推进的合力，造成了部门工作在社区中表现出无序状态。根据民政部副部长姜力（2008）在湖南的调查[①]，实验县（市、区）中分管农村社区建设的同志对农村社区都有着比较深刻的认识和了解；而不从事这项工作的干部，对为什么要建农村社区；建农村社区干什么；农村社区建设与村民自治、新农村建设、城镇化的关系是什么诸如此类的问题则知之甚少。很多部门只热衷于给社区下达命令和布置任务，却很少按照“权随责走、费随事转”的原则，给社区配套必要的经费和人员，以至于部门参与程度越高社区负担越重，疲于应付。也有一些部门认为本部门工作与社区无多大关系，缺乏主动参与的热情和意识，导致齐抓共管的良好局面难以形成。

3. 街道、乡镇领导层面认识不到位

相当多的街道、乡镇领导对社区自治的内容和组织形式的了解不够全面，对社区自治的重要性的认识不够到位。在目前仍然是 GDP 至上以及“压力型”行政管理体制的背景下，乡镇（街道）干部工作的重心是发展经济，增加 GDP 和财政收入，对农村更多考虑的是维稳的要求，而不是需要投入更多财力、精力及

① 姜力. 湖南农村社区建设试点情况的调查//戚学森. 农村社区建设理论与实务. 北京：中国社会出版社，2008：261－268.

耐心的社会服务。基层政府尚未能从经济发展型向社会服务管理型转变，基层干部对农村还停留在以前以“管理”为主的思维，还不具备较强的服务意识，对开展社区化服务和管理工作缺乏长期有效的规划和思考。有的基层干部还错误地认为，现在村里有支部和村委会，再搞农村社区作用不大，没有实质意义。甚至将社区当作自己的下属机构，作为自己的“腿脚”自由摆布，行政化倾向严重，将本该属于自身承担的事务硬性下派给社区，工作职能错位现象相当普遍，以至于社区工作千头万绪，社区工作者负担过重，社区自治和服务难以深入开展，居民群众的满意度难以提升。同时，也制约了当地农村和谐社区建设的跨越发展，影响了基层民主政治建设的深入开展。

（二）多数基层单位对农村社区建设的思路不清

在我国，行政村分布较广，由于经济发展不平衡，导致地区之间差别较大。近年来，全国各地在推动新农村建设上结合自身实际出台了很多办法。例如，河北省保定市通过单位帮扶建设文明生态村推进新农村建设，采取移旧村建新村、拆平房盖楼房等新民居工程推进新农村建设。2006 年民政部提出“农村社区建设”试点后，部分领导和群众将文明生态村、新民居建设、农村社区建设三者混淆。对农村社区如何抓思路不清，更不知如何推进。应该说，文明生态村、新民居工程、农村社区建设都是新农村建设的表现形式，文明生态村、新民居工程注重基础设施建设，而农村社区建设侧重于管理和服务。具体地讲，农村社区建设就是按社区的模式建设农村，按社区的模式管理农村，使其成为推进新农村建设的有效抓手。开展农村社区建设以来，在全国范围内先后总结出了“一村一社区”“多村一社区（中心村＋村落）”“一村多社区”等农村社区发展模式。从全国的实践情况来看，大部分地区都采取了“一村一社区”的模式。实践证明，农村社区建设必须坚持党委领导、政府推动、民政牵头、多方配合、群众参与的原则，从完善农村基层设施入手，建立健全社区服务体系，让政府公共服务向农村延伸，为广大群众提供高效快捷的便民服务。否则社区建设的思路没有理顺可能导致一系列问题的出现。

（三）农村社区建设的空间不均衡性表现明显

我国农村社区建设存在不同区域尺度上的空间不均衡性，大到国家、省域层面，小到县域、乡镇一级，都存在不均衡的特征。

1. 国家区域层面的空间不均衡性

我国地域广阔，各区域的自然和社会经济情况差异显著，反映在农村社区建设上，其空间不均衡性也非常明显。这一点从全国农村社区建设实验县（市、区）在分布上的差异可以得到一定程度的反映。因为申报“全国农村社区建设实验县（市、区）”的条件有“（二）乡（镇、街道）、村委会建设走在省（区、市）或本市（地、州）前列，村委会干部队伍坚强有力。（三）县（市、区）农村社区建设工作已经有一定的工作思路和工作基础。（四）县（市、区）经济条件较好，具有保障农村社区建设正常开展的财力”[①]。这些条件实际上反映了人才队伍、社区基础和财力支持上的差别，因此成功申报的县（市、区）的空间分布一定程度上反映了我国目前农村社区建设的地理空间差异性。如表3-3所示，我国东部10个省份中有127个县（市、区）被纳入了实验县的范围，占比42.6%，中部6个省份中有64个县（市、区）被纳入了实验县的范围，占比21.5%，西部12个省份中有72个县（市、区）被纳入了实验县的范围，占比24.1%，东北3个省中有33个县（市、区）被纳入了实验县的范围，占比11.1%。实验县（市、区）的这种东多西少的格局一定程度上反映了我国农村社区建设的东中西空间差异。

① 民政部关于印发《全国农村社区建设实验县（市、区）工作实施方案》的通知. 民政部基层政权和社区建设司网站，2007-04-06.

表 3-3　我国“全国农村社区建设实验县（市、区）”的地域分布差异

地区	全国	东部	中部	西部	东北
实验县（市、区）个数	304	131	66	74	33
占比（%）	100	43.09	21.71	24.34	10.86

资料来源：根据民政部 2009 年公开的“全国农村社区建设实验县（市、区）名单”统计。

我国贫困县绝大多数还没有开展农村社区建设，因此从我国贫困县的地域分布上也可反映农村社区建设的空间地域不均衡发展的格局。根据贾若祥等（2011）的文献①，我国贫困县（旗、市）除去少数呈现离散分布之外，集中连片分布或基本呈现集中连片分布的 373 个贫困县（旗、市）主要分布在乌蒙山区、横断山区、秦巴山区、六盘山及陇中南地区、武陵山区、吕梁山区、太行山区、大小兴安岭南麓、南疆地区、三江源地区、桂黔川滇毗邻地区、赣南地区、琼中地区等 13 个片区，约 170 万平方公里，人口为 1.19 亿人，其中 1.04 亿为乡村人口。而这些地区往往是农村社区建设薄弱的地区，也在很大程度上反映了我国农村社区建设的空间不均衡性。

2. 省域层面、县域层面的空间不均衡性

我国农村社区建设发展的空间不均衡性，既有国家大区域范围的不均衡性，也有省域内部甚至县域内部的空间不均衡性。省域层面，这里以经济较发达的江苏省的城乡社区建设为例，其内部不均衡性有两个主要表现：②（1）基础设施建设省内差异大。江苏省政府依据相关文件规定全省社区办公服务用房面积每 100 户不低于 200 平方米。但调查结果表明，2008 年苏南五市大多达到或超过了

① 贾若祥，侯晓丽. 我国主要贫困地区分布新格局及扶贫开发新思路. 时间：中国发展观察，2011-07-04.

② 刘广忠. 江苏省城乡和谐社区建设现状与对策. 基层政权和社区建设工作简报，2008-03-13.

省定标准，平均面积在300平方米左右，苏中、苏北的部分县（市、区）达到或接近省定标准，平均面积在200平方米左右。而苏中、苏北大部分的县（市、区）特别是一些经济欠发达地区则远远没有达到省定标准，相当一部分社区还是租借的办公服务用房，这在一定程度上影响和制约了社区服务工作的深入开展。（2）社区建设经费投入在省内存在区域不平衡的情况。苏南地区和苏中、苏北的部分县（市、区）由于经济发展较快，普遍将社区建设经费纳入了财政预算，并逐年加大投入额度，推动了当地城乡和谐社区建设不断向前发展。而苏中、苏北相当一部分的县（市、区）特别是经济欠发达地区，由于政府财政是"吃饭财政"，对社区建设缺少投入，有些地方甚至没有一点投入，以至社区建设始终处于低水平状态。全国其他省份也大抵存在类似情况。

县域内农村社区建设的不均衡性以湖北省秭归县为例。[①] 秭归县杨林桥镇的社区建设模式取得了成功并被当作农村社区建设的典范加以宣传，得到了上级政府部门和学者们的认可。但是农村社区建设工作在整个秭归县的发展并不平衡。除杨林桥镇外全县最初的其他11个社区试点村的工作没有取得新的进展，就全县67个社区村的情况统计分析：社区建设开展得较好的有15个村；工作一般的有23个村；没有按照部署推进的有29个村。甚至个别乡村干部反映社区理事会没有村民小组好运作，要求撤销社区理事会重建村民小组。从秭归县的个案可知，即使是同一个县域内部，由于各种条件的差异，就算在相同的县域政策下，各乡镇、村庄的农村社区建设也会存在不平衡的差异性特征。

（四）农村社区建设的投入还有待加强

农村社区建设的投入不足，缺少经费，社区建设发展不平衡，

① 李林修，秦桂林．秭归县农村社区建设的现状与对策．湖北民政网，2008-01-16.

运行成本较大，后劲不足。单依靠农民自身投入并不现实，一是由于我国农业总体上不发达，农民收入还不高，生活还不富裕，而有的农村又没有工业和企业，用于基本建设的剩余资金投入很有限；二是由于利己思想和狭隘观念的不同程度的存在，农民对不涉及自己切身利益和眼前利益的公共服务，投资投劳意愿低；三是由于村民共同体弱化，不同利益者难以形成共识，让农民自发地搞水利、修路、改造农田等基础建设和发展公益事业很难。农村的公共设施投入明显不足，比如办学校、修道路，农村的医疗卫生等。农村是经济的原始区，农业是弱质产业，农民参加社区的热情并不高。缺少经济来源，社区就没有生存和发展的基础，资金的不足是社区建设工作的重要甚至是主要障碍。社区办的公益事业，资金由上级拨付和群众自筹。如果丧失这两部分资金，社区建设就难以开展。在很大程度上，社区建设能否顺利开展取决于上级有关组织（单位）给钱的多少，而政府支持经费的投放往往是有重点的。时任民政部副部长姜力（2008）在湖南的调查发现，农村公共产品、公共服务短缺的问题尚未得到根本改善，农村社区建设的投入必然很大，仅靠地方和部门的投入是不够的，更需要国家的投入。并认为有两种投入方式可用来改善当前农村社区建设投入不足问题：一是把新增投入列入国家发展计划；二是把国家对“三农”的投入、社会各方面的投入、村里现有的资源及其他一切可利用的资源整合起来，形成投入优势。[①]

（五）农村社区建设的规划环节薄弱

农村社区建设是创新农村社会服务和社会管理的系统工程，将引导大量的财力、物力和资源投入农村社区，对农村各项事业将带来重大影响。因此，农村社区建设不能盲目搞，一定要规划先行。

① 姜力. 湖南农村社区建设试点情况的调查//戚学森. 农村社区建设理论与实务. 北京：中国社会出版社，2008：261－268.

然而目前的现实情况，一是缺乏全国性带有宏观指导意义的农村社区建设总体规划，从而导致各地区在实践中自行自事，方向不明。二是地方进行农村社区建设时，在很多情况下，没有在通过深入调查研究、多方听取意见、科学论证的基础上制定好建设规划，就匆忙开始建设，结果导致农村社区的设置，社区的分布，社区的规模，社区的功能，社区标识，社区服务中心的面积、格局、建筑风格等方面处于无序乃至混乱状态，既浪费了资金资源，又不能很好地为当地农民群众提供更好的服务。

（六）农村社区建设的体制性问题亟须解决

农村社区建设工作的深入推进对政府行政管理体制的改革提出了新要求。但目前政府的行政审批制度改革相对滞后，很多本可以下放的一些行政审批项目和服务仍未下放，公共服务的资源高度集中在上级部门，还未有效下沉到农村服务平台中去，造成社区建设中服务管理体制的不顺。在很多情况下，农村服务平台只是一个“二传手”的功能，阻碍了其向纵深方向的拓展。此外，基层社区管理和公共服务以部门的行业性政策为主，缺乏统筹衔接和协调配合，政府的各个职能部门在农村内主管着自己的业务，“条块分割、多头管理”现象十分普遍[①]，造成分工不清、职能不明、各自为政、管理脱节的现象，始终未能将工作整合到一个平台运作。条块分割和管理手段的落后终将难以形成有系统、整体化的管理体制，导致了社区管理水平低下。这种条块分割、各自为政的行政管理体制的改革是推进农村社区建设顺利进行的重要条件。

（七）农村常住人口结构的变化导致社区建设主劳力缺失

由于农村劳动力剩余和城乡差距等种种原因，农村大部分青

① 加强社区建设 完善基层社会管理和公共服务. //2010年社会发展重大问题研究成果汇编. 国家发展改革委社会发展司，2011-03.

壮年劳动力外出向就近县城或其他经济发达地区就业转移，通过打工或经商形成劳务经济，其劳务收益是部分农民家庭的经济支柱，一定程度上拉动了农村经济的发展。但大量素质好、有文化的主劳力外移，不仅阻碍了农村农业生产水平的提高，还使农村社区建设失去了主力军。同时，由于农村社区大部分青壮年劳动力外出，导致农村社区教育“空洞化”，社区建设的期望值降低。同时由于大量青壮年劳动力外出务工，农村的生产生活主体由小孩和老人组成，很多情况下，小孩一般留守农村，随其祖父母辈生活，隔代抚养现象普遍。而祖父母辈的文化水平普遍较低，对孙子辈的养育仅限于温饱和平安，并不关心学习成绩好坏，孩子缺少家庭辅导、管教和温暖。在此情形下，农村社区建设的推进存在主体上的障碍。

（八）基础设施比较落后，农村社区建设缺乏硬件

总体而言，我国农村的基础设施，特别是公共设施建设的投入长期不足，尽管新农村建设推进以来有了一定的改观，但还远未完善，现有资源也未能得到有效利用。村容村貌的脏乱差是农村社区建设中一个长期存在且较难解决的基本问题。从总体上看，与发达地区的农村相比，欠发达地区的村级基础设施投入明显不足。目前，多数村庄处于无序建设状态，“空心村”现象大量存在，尽管有些村庄进行了规划，但长期形成的老村建设格局一时难以规范。受村民收入低的制约，农村道路建设比较落后，很多村在美化、绿化方面投入不足，农民群众的生产生活环境较差。所有这些硬件性基础设施的落后或缺失，显然会在一定程度上使农村社区建设难以顺利推进。

（九）乡村地区贫困面积大，影响农村社区建设的全面推进

我国正在从传统农业国家迈向工业化、现代化国家，尽管整个国家的实力得到了迅速提升，发展势头良好，但不可否认，我国还

存在大面积的贫困乡村地区。根据贾若祥等（2011）的文献[①]，我国集中连片分布或基本呈现集中连片分布的贫困县（旗、市）达373个，涉及国土面积约170万平方公里，人口1.19亿人，其中1.04亿人为乡村人口。如此广阔的乡村贫困面积和如此众多的贫困人口，显然是影响农村社区建设推进的重大阻力。新农村建设实施以来，农村社区条件有所改善，但与城市区域相比，发展水平低，贫困面积大，社区集体经济薄弱。一方面，由于受历史、区位、结构、信息、观念等主客观因素的影响，制约农业和农村发展的深层次矛盾尚未消除，促进农村经济稳定发展、农民持续增收的长效机制尚未形成，经济发展仍比较缓慢。另一方面，一些农村地区自然条件恶劣，生存环境脆弱，自然灾害频繁，村落分布边远和交通落后更是增加了社区发展的困难。这种贫困现实的存在，对于全面推进农村社区形成了最大掣肘。

（十）农村社区建设人才队伍亟须加强

社区干部与社区工作者综合素质的高低会直接影响农村社区建设的质量和进程。首先，目前我国多数情况下，社区干部及工作者的年龄偏大、文化水平不高，解决社区建设各种问题的方法不活、招数不多，对市场经济在社区建设中产生的影响认识不清，对社区建设中出现的新事物缺乏应对能力。其次，社区干部及工作者待遇太低。以经济较发达的江苏省为例，其社区工作人员的工资达不到当地平均工资水平，苏南地区稍高，大多在1 200元/月～1 800元/月，苏中地区大多在800元/月～1 200元/月，苏北地区大多只有600元/月～800元/月，个别地方甚至低于500元/月，而且为数不少的社区工作者自身的医疗、养老等还没有得到切实保障。[②] 其结果

---

① 贾若祥，侯晓丽. 我国主要贫困地区分布新格局及扶贫开发新思路. 时间：中国发展观察，2011-07-04.

② 刘广忠. 江苏省城乡和谐社区建设现状与对策. 基层政权和社区建设工作简报，2008-03-13.

是，待遇过低导致了优秀人才不愿意从事社区工作，在职的社区干部积极性不高，年轻有为的村民不愿意参与社区建设和管理，队伍难以稳定，影响了社区管理和服务的质量。最后，对社区干部及工作者的培训力度不够。主要表现在：任职前普遍没有接受培训，任职后培训形式化，培训内容不全面，培训方式单一，参加人员缺乏全员性，为政府职能部门服务的业务培训较多，为社区村民服务方面的培训太少。总而言之，农村社区建设人才队伍还需大大加强。

四、中国农村社区建设的发展趋势

通过对我国农村社区建设发展历程的分析，借鉴国外农村社区发展的经验，结合我国农村发展大政方针、政策和国家经济社会发展态势，我国未来10～15年内，农村社区建设将呈现如下发展趋势。

（一）发展模式上多模式共存并举，但以“一村一社区”为主

从现有的农村社区建设模式来看，我国已经产生了多种建设模式。从地域范围来分，有“一村一社区”模式、“一村多社区”模式、“多村一社区”模式等。由于我国地域广袤，地区差异显著，各地所处的自然地理环境和面临的具体经济社会条件各不相同，不可能采取全国“一刀切”的建设方式，应该根据各地具体情况具体分析研究，采用合适的建设模式。从目前我国的实践考察，“一村一社区”将是较为普遍采用的模式，从而形成了以“一村一社区”为主、多种发展模式共存并举的发展格局。在具体操作上，可以县（市、区）为单位，按照统筹城乡发展、聚居人口适度、服务半径合理、资源配置有效、功能相对齐全等原则，组织编制农村社区建设布局规划。原则上，采取以行政村为单位的“一村一社区”设置模式；村规模较小、人口居住密度较高或生产生活方式相近的地方，可以按“多村一社区”模式规划建设；村规模较大但自然村较分散、

人口较多的，可以按“一村多社区”形式开展农村社区建设。

（二）农村社区将转型为生态社区

在发达国家，农村社区进行生态化建设是一种趋势与潮流，比如美国20世纪城市化和农业现代化进程中所经历的农村社区由盛而衰再由衰转型为新型生态社区，新型的农村生态社区生机盎然。农村生态社区强调人群聚落（“社”）和自然环境（“区”）的生态关系整合，是村民家庭、建筑、基础设施、自然生态环境、社区社会服务的有机融合。从可持续发展和低碳绿色的理念出发，我国农村社区生态化建设将成为一种必然趋势。

（三）农村社区建设将形成相关建设标准

我国自启动农村社区建设试点工作以来，有很多地方在进行农村社区建设的时候，为了规范农村社区的建设，制定了具有地方性特色的农村社区建设标准。如山东省胶南市制定了《胶南市农村社区建设标准（试行）》，江西省制定了《江西省农村村落社区星级评定实施意见》，四川省宜宾市制定了《宜宾市农村社区建设试点工作验收评估标准》，甘肃省嘉峪关市制定了《嘉峪关市农村社区建设标准》，浙江省湖州市安吉县制定了《安吉县农村社区建设总体规划及建设标准》，浙江省杭州市余杭区制定了《余杭区农村社区建设评价标准（试行）》，山东省日照市制定了《日照市农村社区建设基本标准》，等等。应该指出的是，这些地方性农村社区建设标准对于指导当地农村社区建设确实起到了规范作用，但要在大范围推广，其适应性有待研究。但这些标准的陆续出台表明了一点：未来我国的农村社区建设必将进一步规范化，并形成相应的全国性或分区分类建设标准，以为我国各地的农村社区建设提供标准规范。

（四）城乡社区一体化（趋同）趋势

城市社区建设得早，各种基础设施、服务体系发展得也相对比较完善。农村社区建设起步较晚，虽发展较快，但在公共服务设施与服务体系方面的各种要素还很不完善。从发展趋势来看，随着我国对公共服务（尤其是基本公共服务）均等化发展的推进与对农村社区建设的大力投入和支持，那些邻近城市的农村社区将直接融入城市，实现城乡社区一体化。那些远离城市区域的乡村社区所享有的各种公共服务数量和质量与城市的差异也将越来越小。当然这需要足够的时间，更需要全国人民的共同努力。

（五）农村社区建设有向全国覆盖的趋势

自2006年我国正式提出"农村社区建设"概念和2007年启动"全国农村社区建设实验县（市、区）"以来，农村社区建设已经取得了很好的初步成效，300余个实验县（市、区）覆盖了全国大陆地区31个省（市、区）。下一步将在试点取得经验的基础上，全面推进全国性农村社区建设工作。因此，可以预见，未来不远的时期内农村社区建设将覆盖全国几乎所有农村区域。

（六）农村社区结构由封闭转向开放，劳动群体异质化

在传统的农村社会，农村社区是以血缘关系为纽带，社会结构简单，血缘关系的结合是农村关系的中心。社会化与阶层分化程度低，阶层少，初级群体多，社会组织单位间的结构关系较为松散。农村社区从事农业生产活动主要以家庭为单位，职业结构比较单纯，多数以农业为主，只有少数人从事手工业、商业、服务业及其他行业，但主流上表现为劳动人口群体的同质化。但随着城乡一体化进程的加快和农村新型社区建设的推进，市场经济的大潮冲击着千百年来形成的以血缘为纽带、以小农经济为根基的社会关系，传统的封闭的乡村社会向现代工业社会转变，田园农耕式村落社区的结构不断分化。在经济快速发展的农村，形成了独特的工业、农业、商业、建筑、运输、服务业齐全的产业结构，以及特有的开放化的社区结构，社区经济活动由简单化趋于复杂化，劳动人口群体

也随之异质化、职业多元化，生产生活方式也多样化，复杂性增加。社区发展趋势将向城市型社区靠拢或同质化。

（七）农村社区组织由行政归属型趋于利益归属化

在市场经济条件下，农村社区的各种经济、政治、社会组织在利益的驱动下，功能日趋分化、专门化，开始与行政组织进行结构关系重组，包括乡村组织的变迁，即初级关系（如血缘的或地缘的群体）的重要性将日益下降，而次级关系（如具有共同利益的正式组织、政府机构和商业公司）的重要性则逐步提高。社区组织已不完全依附于行政部门，由于利益分化、具体化，形成了不同组织和层次间的利益关系网络。村民自治在农村社区管理与发展中的地位与作用越来越明显。社会关系由乡村取向趋于城市取向，社会组织形式也从简单的行政依附型向复杂的利益归属型转型成为农村社区组织变迁的基本趋势。

（八）农村社区建设规划变得日益重要

农村社区建设是创新农村社会服务和社会管理的系统工程，将引导大量的财力、物力和资源投入农村社区，对农村各项事业将带来重大影响。因此，农村社区建设不能盲目搞，规划先行变得越来越重要。各地根据城郊村、集镇村、中心村、偏远村、平原村、山区村以及工业村、农业村、移民村等不同地区、不同类型的农村特点、基础条件和群众需求，按照利民便民和因地制宜的原则，在多方听取意见、科学论证、科学布局的基础上，分类规划和制定不同的农村社区建设类型和建设标准。包括农村社区的设置，社区的分布，社区的规模，社区的功能，社区标识，社区服务中心的面积、格局、建筑风格、投资数额，都应事先形成规划方案，经有关部门反复论证和广泛征求村民意见后才予以确定，使农村社区建设科学合理，有利于农村的长远发展。因此可见，规划的重要性越来越突出。

此外，农村社区建设还有如下趋势：农村社区服务体系完善或标准化，基本公共服务均等化，生产性（经营性）和志愿性服务将成为农村社区的重要功能，社区精神培育的重要性越来越突出，资源有效整合将成为农村社区建设的重要内容和着力点以及农村社区将成为农民物质服务和精神凝聚的家园等。

第四章

中国农村社区建设的战略与思路

我国近年的实践证明，推进农村社区建设对于改善农村居民生产生活条件、缩小城乡差距、提高农民收入、拉动内需、扩大就业、促进经济发展方式转变、创新社会管理、构建和谐社会、建设美丽乡村等方面具有重要意义。但总体而言，我国农村社区建设还处于起步阶段，还存在着许多问题与困难，同时也面临许多机遇与挑战。未来 10 年左右的时间是我国农村社区建设的关键时期，随着工业化、信息化、市场化、国际化和城乡一体化进程的加快，如何在农村社区建立健全与农村改革发展新形势相适应的管理和服务新体制，如何实现公共服务向农村基层广域延伸，如何促进公共事业发展，完善乡村治理，如何加快城乡一体化、缩小城乡差别和改善农村居民居住环境、建设美丽乡村，如何强化为民服务，实现政府管理与基层民众自治有机结合等，这些问题的解决，取决于我国新时期基于什么指导思想、遵循什么原则和按照什么思路来实施农村社区建设。本章将就这些问题进行探讨。

第一节　中国农村社区建设的指导思想

指导思想是行动的根本依据和基本方针。不同的指导思想将导致不同的行动结果。那么农村社区建设应遵循什么样的指导思想呢？根据农村社区建设包含的内容和我国当前农村社区建设的现状，农村社区建设的指导思想应该包括建设的理论基础、建设的主导力量、建设的主体力量、建设的主要内容、建设的基本目标和长远目标等基本要点。

一、农村社区建设的理论基础与依据

我国要建设的是社会主义新农村条件下的农村社区，因而马克思主义理论及其发展应成为我国农村社区建设的基本理论基础。邓小平理论、“三个代表”重要思想和科学发展观和习近平新时代中国特色社会主义思想是马克思主义理论结合中国实际的新发展，是指导国家全局工作的基础理论，因而理所当然地应成为农村社区建设的基础理论内容。而中共十八大和中共十八届三中全会、中共十九大和中共十九届四中全会对我国农村工作做出了重要部署，是推进我国农村社区建设工作的直接依据，因而也是农村社区建设理论依据的组成部分。

二、建设的主导力量

很显然，我国作为社会主义国家，一切社会经济建设的主导

力量是党和政府。农村社区建设作为庞大社会经济建设体系的一部分，其主导力量必然是党和政府。农村社区建设是政府行为，不是一般的社团组织或民间组织行为，必须要由党和政府来组织并领导实施。由党和政府来主导农村社区建设还有更具体的原因，党和政府是公共权力和公共资源的掌握者，其公信力、影响力、号召力、动员力、凝聚力是其他任何组织和个人所无法比拟的（师坚毅，2010）[①]。我国的农村社区建设涉及的范围广泛且情况复杂，必须由具有权威、具有能力的党和政府来主导推进，其他任何组织和个人都无法替代。

三、建设的主体力量

我国农村社区建设的主体力量显然只能是农村社区最大的群体——农民群众。这是由以下几方面因素决定的：一是农村是我国广大农民聚集生息的地方，全国第六次人口普查数据显示，我国有近 7 亿农民，按照 2019 年我国城镇化率 60.6%的水平，我国尚有 5.5 亿农民，如按照户籍城镇化率 44.38%的水平，我国则有 7.78 亿农民[②]，他们绝大多数居住在农村，这么庞大的群体如果不依靠他们自己成为农村社区建设的主体力量，建设的难度是无法想象的。二是与我国庞大农民群体相关的是，农村社区建设的基础力量蕴藏在农民群众之中，他们的积极性是农村社区建设的内在动力。三是农村社区建设的最终也是最大的受益者是生活在这些社区中的农民群众，农村社区如何建设，建成什么样，应充分尊重农民群众的意见，离开了他们的现实需要，农村社区建设是无法达到预期目的的。基于以上原因，农村社区建设的主体力量是农民群众。

---

① 师坚毅. 新农村社区建设与管理. 北京：中国社会出版社，2010：27－28.

② 中华人民共和国 2019 年国民经济和社会发展统计公报. 国家统计局，2020－02－28.

四、建设的主要内容

农村社区建设的内容很多也很广泛，但归结起来，其最主要的内容应该包括农村社区组织管理体制的建立健全、农村社区服务体系的建立与完善、和谐的农村社区文化与社区精神的培育与提升、农村社区建设人才队伍的建设、农村社区建设资源的整合等方面。

五、建设的基本目标和长远目标

2007 年召开的中共十七大提出农村社区要按照“管理有序、服务完善、文明祥和的社会生活共同体”的目标要求进行建设，2017 年中共十九大提出要“按照产业兴旺、生态宜居、乡风文明、治理有效、生活富裕的总要求，建立健全城乡融合发展体制机制和政策体系，加快推进农业农村现代化”实施乡村振兴战略，2019 年中共十九届四中全会提出要“健全社区管理和服务机制，推行网格化管理和服务”来构建基层社会治理新格局。上述方针政策和发展战略为农村社区的建设指明了方向并设定了基本建设目标。

从长远目标来看，应在实现基本目标的基础上，通过农村社区建设，推进城乡一体化、社会主义新农村建设、社会主义和谐社会建设和美丽乡村建设，实施乡村振兴战略，真正实现城乡社区在基本公共服务和生活质量方面的均等化和同质化，为高质量发展构建微观社区基础。

根据以上农村社区建设的指导思想应该包括的关键要点，我们将中国农村社区建设的指导思想设定如下。

以习近平新时代中国特色社会主义思想为指导，认真贯彻落实中共十七大、十八大、十九大以来的各中全会精神，牢固树立科学发展观，按照“五位一体”总体布局和“四个全面”战略布局要求，努力践行“五大发展理念”，以把农村社区建设成为产业兴旺、生态宜居、乡风文明、治理有效、生活富裕的社会生活共同体为目标，以满足农村社区群众日益增长的美好生活需要和不平衡不充分的发展之间的矛盾、提高农民综合素质、促进农民全面发展为目的，以扩大基层民主、完善村民自治、建立和谐文化、建设人才队伍、整合社区资源、健全农村社区管理体制和服务体系为重点，推进城乡一体化建设、社会主义新农村建设、社会主义和谐社会建设和美丽乡村建设。

第二节　中国农村社区建设的基本原则

根据上述指导思想，在城乡一体化进程不断深入推进的背景下，中国农村社区建设应该坚持一些基本原则，以保证农村社区建设达到预期目标。原则可以有很多，但基本原则是其中最重要的部分。笔者初步认为，农村社区建设应遵循的基本原则应包括如下几个方面。

一、以人为本、服务农民

农村社区建设应把以人为本、服务农民群众作为首要原则。也就是要牢固树立服务为先的理念，以群众需求为导向，以群众满意为标准，大力提升社区为民服务水平。要充分尊重农民群众的主体地位和意愿，紧紧依靠农民群众。寓管理于服务之中，不断提高社区教育引导农民群众、化解社会矛盾的能力，促进农村社会和谐稳定。

二、政府推动、整合资源

党和政府是农村社区建设的主导力量，因此应充分发挥各级政府在城乡社区建设中的主导作用和推动作用，政府要履行好组织协调、规划引导、政策支持、物质保障等职能，加大对农村社区建设的投入；要强化群众观念，尊重社区居民主体地位，提高居民群众参与热情；要整合社区资源，调动各方力量广泛参与，推进共驻共建并形成有效的共建机制，形成加强社区建设整体合力。

三、全面发展、突出重点

农村社区建设涵盖的内容非常丰富，如组织管理体制建设、社区经济建设、社区服务体系建设、社区文化建设、人才队伍建设等，每个内容都在农村社区中起到独特的作用和职能，不可偏废，因而，在建设中要全面发展。但在整体推进建设的过程中，又要突出解决那些薄弱环节、重点项目和关键问题，综合运用传统服务方式和现代科学技术手段，不断提高社区服务能力和质量。根据詹成付（2008）的文献，当前和今后一个时期农村社区建设需要重点解决的问题包括：一是要解决农村社区的活动场地问题，这是农村社区的基础设施，必须建好。二是农村社区的体制机制问题，体制机制的好坏关系到农村社区运转健康与否的问题，因而要把该问题作为理论工作者、实际工作者和农民群众的一大课题来加以充分研究、论证和实践，走出中国特色的农村社区建设之路。三是解决为农民服务的内容、途径、办法和方式问题，真正让农民感受到农村社区建设可以带来实惠和方便，提高他们投身于农村社区建设的积极性和主动性。①

四、合理规划、协调发展

农村社区建设工作是一项系统工程，涉及面广、工作量大、长

① 詹成付. 农村社区建设实验工作讲义. 北京：中国社会出版社，2008：25.

期而艰巨，客观上需要规划来进行引导。事实上，科学规划是农村社区建设和管理的重要依据，更是实现资源合理配置、科学持续发展的有力保证。因此，农村社区建设必须规划先行，将建设项目纳入规划管理范畴，坚持做到建设规划先行，保证建设规划符合社区公众利益。农村社区建设规划的制定要尊重自然规律、经济规律和社会发展规律，要讲究实施方案的可行性和可操作性，还要注意与县市域总体规划、土地利用总体规划、新农村建设规划和生态环境规划实现有机衔接。同时，建设规划既要有长期发展规划，又要有近期思路与目标，做到规划一张图，建设一盘棋。通过规划促进农村社区的经济社会协调发展，通过规划推进社区各方面建设内容的协调发展。

五、因地制宜、分类指导

我国农村经济发展不平衡，各地财力有差异，自然条件和生活习俗也不同。农村社区建设要根据我国各地区农村的不同实际，在尊重民风民情、方便群众生产生活的前提下，充分利用现有条件和设施，因地制宜，突出特色，分类指导，不定一种模式，不搞“一刀切”。各地应根据经济社会发展的不同阶段，从社区居民的实际需要出发，确定社区服务体系建设重点和目标任务，量力而行，分步实施，逐步推进农村社区建设。

六、民主自治、广泛参与

深入推进社区居民自治，坚持按地域性、认同感等社区构成要素科学合理地划分农村社区，健全社区党组织领导的充满活力的基层群众自治机制，切实维护村民的民主权利。探索建立符合国情省情、尊重群众合理意愿的基层民主制度，提高民主选举、民主决策、民主管理和民主监督水平，努力实现农村社区的自我管理、自我教育、自我服务、自我监督。强化群众观念，尊重社区居民主体地位，提高居民群众参与热情。

第三节　中国农村社区建设的思路

一、中国各地区农村社区建设的思路

自我国农村社区建设启动以来，很多先行地区正在探索或已经形成了一些建设的思路，对这些已有的思路进行梳理总结，对于形成我国未来农村社区建设的思路有帮助。

（一）实施城乡统筹的思路

实施城乡统筹的农村社区建设，就是将城市、城镇和新农村建设统一起来，在城乡体制上统一，在规划上统筹，在资源上共享，从而实现农村社区向城市社区靠拢的建设思路。四川省成都市和河南省济源市是这种思路的代表，这里以济源市为例，该市的做法为：[①] 以城乡一体化为统揽，坚持“1133”城乡发展战略（所谓“1133”城乡发展战略是指城乡一体化、1个中心城区、3个复合型的城市组团、3个重点镇）[②]，坚持规划先行与加快建设并重、资源整合与功能配套相结合、机制创新与政策完善相衔接，按照“关键抓发展、重点抓农村、核心抓统筹”的要求，采用“中心城市＋小城镇＋新农村建设”的具体模式，实施城乡体制统一、统筹规划，城乡相互融合、资源共享、协调发展的策略，把新型农村社区建设作为改善民生的重要内容，加强宣传引导，加快人口集聚，改善人

① 关于加快新型农村社区建设推进农村社区化发展的实施意见．济源市人民政府，2010－10－26．

② 济源市市域一体化总体发展规划（2009—2030）．济源市城市规划管理局，2010－05－10．

居环境，促进土地节约集约利用，建设管理有序、服务完善、文明祥和的新型农村社区。

（二）实施建设标准的思路

实施建设标准的思路是把农村社区建设的各个内容进行量化或标准化，建立相关标准规范并以文件形式下发，同时将其纳入建设考核体系，从标准、责任落实等方面推动农村社区建设的模式。如江西省九江市①、重庆市江津区②、浙江省杭州市余杭区③、甘肃省嘉峪关市、吉林省长春市绿园区④等。这里以嘉峪关市为例，该市的主要做法为：⑤ 紧紧围绕社会主义新农村建设标准，以农村社区建设规划为引领、以农村社区公共服务设施建设为抓手、以提高农村社区管理和服务能力为重点、以完善农村基层社会管理体制为保障，来推进建设村民自治、管理有序、服务完善、治安良好、环境优美、文明祥和的新型农村社区。对于社区建设在各方面都给出了量化标准或定性标准。如在建立社区阵地和改善居住方面，规定“村社区服务大厅建设面积 30 平方米以上”“村社区图书室藏书 1 000 册以上”“辖区内无危房和无房户”“有条件的村 80％以上的村民修建沼气池”“村民对社区服务的项目和质量满意率达 90％以上”；在村民自治和制度完善方面，规定“每年至少召开 2 次村民会议和 4 次村民代表会议”“村务、财务每月公布 1 次，重大事项随时公开”；健全组织和有序管理方面，规定“按市（镇）党建目标责任制的要求，对社区党组织以及党员进行评议考核；对党组织工作的满意率

① 九江市民政局. 农村社区规范化建设指导意见. 九江民政网，2012-07-10.

② 江津区民政局. 重庆市江津区农村社区规范化建设指导意见. 重庆市江津区人民政府门户网，2009-07-21.

③ 关于印发《余杭区农村社区建设评价标准（试行）》的通知. 余杭区政府，2008-01-23.

④ 绿园区政府. 长春市绿园区农村社区建设规划设计方案. 长春市绿园区政府网站，2009-01-30.

⑤ 嘉峪关市农村社区建设标准. 嘉峪关市民政局，2010-04-17.

在85%以上，党员合格率在90%以上”“社区在职党员积极参加社区公益活动，每季度至少用1天时间为社区提供义务服务，每年至少为村集体或村民做两件实事、好事”“社区民主协商议事会，每季度至少召开1次会议”“村民积极参加社区活动，参与率达到80%以上”；在便民利民和完善服务方面，规定“对村民申办事项实行全程免费代理服务”“计划生育特殊困难家庭帮扶面达100%”“积极指导村民参加新型农村合作医疗，参保率达90%”；在依法治村和治安方面，规定“有一支专群结合、群防群治的治安联防队伍”“村民对社区治安满意率达到85%以上”；在环境美化和村容整洁方面，规定“社区绿化达到规划要求，维护抚育率达100%”；等等。通过一系列标准的规定，明确了农村社区建设的规范和目标，对农村社区建设既能展现其未来发展图景、明确的目标，又能使执行者明确其任务责任，易于实施。其实质是一种量化的目标管理思路。

（三）全覆盖、循序渐进的思路

全覆盖和循序渐进的思路，就是将农村社区建设定位于健全覆盖农村居民的服务和管理机制，系统地根据不同的发展基础、地域条件、乡风民情，因地制宜、循序渐进地推进农村社区建设并达到预期目标。浙江省宁波市就是采用这一思路，其做法为：[①] 按照社会主义新农村建设的总体要求，通过建立健全覆盖全体农村居民的社区化服务和管理机制，提高农村公共服务和社会治理水平，把农村建设成为“村民自治、管理有序、保障全面、服务完善、治安良好、环境优美、文明和谐”的基层社会生活共同体。操作上按照“梯次推进、以点带面、辐射延伸、逐步提高”的思路，通过制定统筹兼顾、符合农村发展规律的农村社区建设规划，建立适应社区化服务和管理要求的综合性社区服务中心，构建面向农村全体居民的公共服务体系，培育一支专兼结合、有效承接政府公共服务的工

① 中共宁波市委 市人民政府关于加快推进农村社区建设的意见，2009-05-21.

作队伍，建立一套健全完善、运行规范的农村社区化服务和管理制度，来扎实推进农村社区建设。这种思路起点高、全覆盖的建设需要较雄厚的财力支撑，因而比较适合经济较发达的都市农村地区。

（四）创建精品社区的思路

创建精品社区的思路是将域内条件适宜的农村区域遴选出来，以农村社区管理和能力建设为重点，完善农村基层管理体制和社区服务功能，打造示范的精品农村社区，并进而推广和带动全域农村社区建设的思路。江西省实际上就采用了这种思路，其做法为：紧紧围绕构建社会主义和谐社会的总体要求，以提高农村社区管理和服务能力为重点，全面开展农村社区建设活动，着力打造100个精品农村社区，努力完善农村基层社会管理体制，深入推进农村社区服务，提升农村社区功能，构建管理有序、服务完善、文明祥和的农村社会生活共同体。江西省为此进行了任务分工，设立了创建标准，制定了实施步骤和工作要求。在任务分工上，规定全省辖有农村的县（市、区）各打造1个精品农村社区，其中16个“全国农村社区建设实验县（市、区）”各打造2个精品农村社区。在创建标准上，设定了创建领导机制健全、科学制定精品农村社区建设规划、建有功能齐全的综合服务设施、开展农村社区各项服务和社区各项管理有序进行等评估标准。在方法步骤上，第一步成立机构，制定方案；第二步搞好培训，提高素质；第三步广泛调查，科学布点；第四步加强指导，确保实效；第五步逐级申报，确认命名。在工作要求上，提出了以人为本、服务群众，因地制宜、突出特色，严格标准、认真实施的要求。在省政府的推动下，一些地方政府也效仿省级的做法，提出了精品社区创建的思路，如九江市要在鄱阳湖生态经济区建100个农村示范社区。[①] 这种建设思路的实质是通

① 关于策应鄱阳湖生态经济区建设创建100个农村示范社区的实施意见．九江市政府民政局，2010-04-12.

过树立典型模范（精品）、摸索经验来推动农村社区的建设，对于地域范围较大、区域条件差异大的区域比较合适。

（五）搭建平台体系的思路

这种思路试图从搭建平台和构建体系这一农村社区建设的着力点入手来推动农村社区建设的发展。湖南省是该思路的代表。其做法可概括为搭建一个平台、构建三个体系。[①] 一个平台是以村、村民小组、居民小区或自然村等为依托，建立农村社区机构，建设农村社区活动场所。三个体系是建立健全组织体系（包括社区党组织、社区管理委员会、民主议事会、各类群众组织和经济组织、志愿者队伍）、服务体系（面向全体村民的服务系统）和文化体系。在此基础上达到深化村民自治、加强和改善农村社会管理和公共服务、推进农村公益事业的发展和营造健康向上的文明新风的农村社区建设目标。该思路的实质是抓住农村社区建设的关键点和“牛鼻子”作为着力点，解决“短板”问题，进而推动社区建设的一种模式。事实上，在全国各地的农村社区建设中都或多或少体现了这种做法。该思路比较适合农村社区建设缺乏或平台基础和组织基础较弱的地区。

上述几种农村社区建设思路是我国各地农村社区建设根据各地不同的条件和状况在实践中创造和摸索出来的，有些经过检验取得了成功，有些经过检验发现其有一定的适用范围，有些还有待进一步实践检验，当然还有新的思路有待创建。总体来看，农村社区建设的思路（尤其是具体思路）并不是唯一标准的，也不是固化的，不同条件下采用的思路应该具有适应环境状况的特征。同一建设思路在不同发展阶段或条件形势发生变化的情况下需要修正或调整。因此，农村社区建设具体的思路需要根据现实情况进行设定，不存在放之四海而皆准的大一统的思路。当然，农村社区建设作为一个

① 湖南省农村社区建设试点方案（试行）. 湖南省民政厅，2007-06-19.

特定的领域，在不同情形下也有其共同性，因而其建设思路完全可以遵循一些共同的原则和符合一些共同的准则。这就是我们下面要讨论的总体思路。

二、中国未来农村社区建设的总体思路

在社会经济快速发展、城乡一体化进程加速的态势下，在广大农村实施乡村振兴战略，中国农村社区建设是一个必然趋势。那么未来农村社区建设应遵循什么样的思路和方法来推进呢？总体思路可表述为：借鉴我国城市社区建设的基本做法和建设经验，总结我国农村社区建设已经取得的经验教训，结合各农村地区的实际特点，差别化地推进农村社区建设，确立建设社区、管理社区和培育社区三个层次不同又相互交叉重叠的推进思路。建设社区的重点是建设物质基础设施与基本生活保障体系，在硬件建设上下功夫；管理社区的重点是构建社区自治体系和社区行政管理服务体系，强化社区的自我管理和公共服务功能；培育社区的重点是构建社区共同体与精神文化生活体系，在精神层面塑造社区的文化共同体。从我国实际来看，经过数年试点建设，有些地方农村基础设施建设已经有了很大的改观，并初步建立起了公共服务体系，但大部分地区的硬件物质设施还处于薄弱状态，基本公共服务体系也远未完善。因此，在今后相当长一段时期内，我国大多数地区仍然需要把农村基础设施建设、硬件投入作为工作重点。当然，那些硬件基础已经比较良好的地区，完全可以率先进入管理社区和培育社区的阶段。因此，总体来说，我国农村社区建设可遵循这样的基本思路：采取先建设各种必需的硬件设施，在此基础上建立农村社区服务中心，而后构建社区服务体系、完善社区管理，最后加强社区文化、社区精神建设、培育社会生活共同体的循序渐进的思路。在具体操作上，下面就农村社区建设的框架性操作思路和社区建设实施中需明确的若干问题做进一步的讨论。

(一) 框架性操作思路

根据我国改革中习惯的做法，受我国城市社区建设启示，结合农村社区实验的效果，可以设计出我国未来农村社区建设应遵循图 4-1 的操作思路。下面对该操作思路的各个部分进行简要说明。

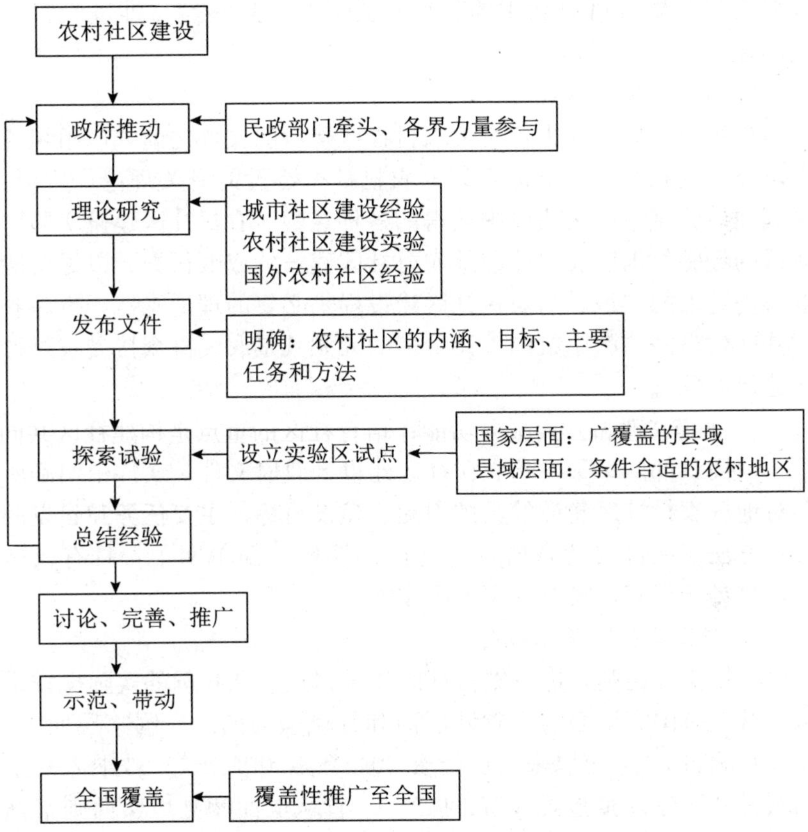

图 4-1　中国农村社区建设的框架性操作思路

1. *政府推动*

虽然我国已经规定了政府与农村社区间的关系是指导与协助

关系，但我国农村社区建设需要依靠政府的主动推动，需要在政府主导下进行规划和建设，这样可以从一开始就解决一些争论不休的问题，例如农村社区定位问题、社区建多大规模问题、政府与社区关系问题、社区自治方向问题以及社区建设的社区体制问题等。政府推动可由民政部门担当牵头部门，并动员广泛的社会各界力量，整合可以利用的各种社会资源，共同参与推进农村社区的建设。

2. 理论研究

在政府主导正式出台有关农村社区建设的文件之前，应组织各方研究机构和专业人员深入研究农村社区建设的有关理论，广泛、深刻地借鉴城市社区建设中获得的各种经验、农村社区建设实验中获得的经验教训以及参照国外农村社区建设的成败得失，以尽可能取得理论上的共识，为农村社区建设提供必要的理论支持，也为农村社区建设制造舆论氛围，让更多的人尤其是农民群众接受农村社区建设的理念。

3. 发布文件

由民政部门牵头发布农村社区建设的政府文件，文件中明确所针对地区农村社区建设的具体内涵、建设目标、主要任务和建设的方式方法。文件要切合所针对地区的实际，简单明了，具有权威性，且易于理解，具有现实可操作性。

4. 探索试验与总结经验

根据文件精神，进行农村社区建设试点。从我国的实际操作来看，试点有国家层面的、省域层面和县域层面的。在国家层面上，比如我国自 2007 年以来，已经有 304 个县（市、区）被纳入“全国农村社区建设实验县（市、区）”，省域层面和县域层面则根据自身的实际情况选取条件合适的农村地区进行试点工作。试点的任务是试验和探索有关农村社区建设的经验做法，将好的经验进行总结积累，对其中的教训和失误同样需要总结，以便在农村社区建设推广中对经验进行发挥，对教训和失误进行规避。

5. 讨论、完善与推广

对农村社区建设试点取得的经验、教训、得失以及模式、方法的有效性、正确性进行广泛、充分的讨论，进一步修正、完善农村社区建设的内容、模式和方法，为未来推广做好准备。

6. 示范、带动和全国覆盖

在实践中不断总结和完善，推进农村社区建设理论和实践模式的成熟，并通过示范的样本区建设带动其他地区的农村社区建设，及至全国农村地区的全覆盖。

（二）农村社区建设实施思路中需明确的若干问题

1. 关于农村社区建设的定位和范围问题

从我国的实践来看，一些地区在进行农村社区划定时，有的划在自然村，有的划在行政村，有的划在乡镇，更有的以整个县域作为一个社区。这一点一般应该具体问题具体分析，因为我国地域广袤，空间差异极大，实施“一刀切”的方式既不现实，也不可能，因此应根据当地的特点选择合适的范围划定。但通常情况下，还是应该坚持定在行政村的范围内进行，也就是说，坚持行政性社区、规划性社区的基本导向。这是因为，一方面，经过长期的建设和发展，行政村已经成为我国农村居民习惯的社会生活单元，尽管从社区管理的角度看，行政村存在这样那样的问题，但仍然是当前我国农村社区建设中最为恰当的基础单位。另一方面，如果是自然村落，对于培育社区共同体意识是有利的，但往往建设成本会很高，自然村落之间的联系也不方便，管理也不方便（当然，在一些偏远地区，自然村落之间资源整合较为困难，也可以考虑设立自然村落社区）。而以行政村地域范围为农村社区范围，以村委会作为农村社区居委会自治组织，便于乡镇领导，便于以村委会为主体进行社区建设与管理。当然，现实中行政村有大有小，即使这样也没有必要对现有行政村的户数规模进行调整，如果重新划小、划大或重新调整，其实质是农村行政区划调整，既劳民伤财，也会破坏业已形成的农村利益关系网络，甚至可能激化矛盾，因而应该避免。

2. 关于农村社区建设主体、组织机构和运行机制问题

如前所述，农村社区建设的主体显然是广大农村居民，组织机构是"两委"(村党支部和村民委员会)，管理体制是十六字方针——"民主选举、民主决策、民主管理、民主监督"。由于农村的村民自治已经进行多年，基层民主的发展甚至高于城市，因此村民自治可以作为农村社区自治的管理体制和管理方式，农村社区的组织机构可以村委会组织系统为基础来进行构建。在行政村层面上进行农村社区建设，可由村"两委"领导、协调诸如社区志愿者协会、社会互助救助站、卫生环境监督站、民间纠纷调解站、文体活动联络站、公益事业服务站等民间组织，形成社区自治的组织力量和主体队伍。

关于农村社区建设的运行机制，从我国各省市区出台的有关农村社区建设文件来看，已经就运行机制形成了大致的共识，即"党委政府统一领导，民政部门具体牵头指导，有关部门配合，村级组织主办，村民群众全面参与，社会力量积极支持"的农村社区建设运行机制。

3. 关于政府主导问题

从我国各地农村社区建设实际来看，虽然多数明确了民政部门的牵头和业务指导作用，但农村社区建设牵涉面很广，需要大量的人力、财力和物力的投入。因此，农村社区建设的基本工作依然需要政府来主导推进，只有由党委、政府发布文件，并作为政府的一项惠民工作部署才能真正推进。事实上，我国的"全国农村社区建设实验县(市、区)"的展开，在许多省市区都是以党和政府的名义发文进行推进，例如浙江、宁夏、山东等省都是以省委名义印发农村社区建设的政策文件。以本级地区最高级别的名义发布文件，更具权威性、力度更大，民政部门牵头起来更省力，也更容易推进建设工作。

4. 关于农村社区建设投入问题

我国绝大部分农村地区经济基础差，农村社区建设在初期投入，尤其是在基础设施投入上的起步阶段，应该根据本地情况，以政府投入为主，整合政府、村民、社会等多方面力量，逐步进行。从我国各地的实践来看，各地区的农村社区建设都将投入和投入机制的建立放到重要位置。比如山东省提出“建立农村社区建设投入的长效机制”，在具体操作上，要求各级政府要加大投入，建立多元化投入机制，采取以奖代补等办法，加快社区建设步伐；积极推动农村社区建设投资主体多元化和筹资渠道多样化；制定相关的优惠政策，吸引和鼓励社会团体、企事业单位和个人等以捐赠、投资等多种方式兴办农村社区服务项目。又如江苏省提出“建立政府投入和社会投入相结合的经费保障机制”，在操作上，要求各级财政加大对社区建设的投入力度，将城乡社区党组织、居（村）委会和社区管理服务站（综合服务中心）、综治办（综合治理办公室）的工作经费、培训经费、人员报酬、服务设施以及社区信息化建设等经费纳入同级财政预算，完善城乡社区经费保障机制；采取以奖代补形式，对社区建设成绩突出的地方给予适当奖励；积极争取驻区单位和社会各界对社区建设的支持，引入民间资本，利用社会力量，开展社区社会化服务。再如安徽省提出“健全农村社区建设投入机制”，要求各级政府要将农村社区建设列入本地区经济社会发展规划，加大投入和政策扶持力度，安排一定的农村社区建设经费；培育发展农村社区志愿者组织、民间组织和兴办社区公益性事业；整合社会资源，挖掘社区潜力，鼓励社会力量投资兴办农村社区服务和公益事业。又再如宁夏提出“加大资金投入，提供物质保障”，同样要求各级人民政府要将农村社区基础设施建设和公共服务、公益事业发展资金列入基本建设规划和财政预算，建立以奖代补的长效资金投入和奖励机制；整合社会资源，鼓励社会力量投资兴办农村社区服务和公益事业。

所以总的来看，在农村社区建设投入机制上，是以各级政府投入为主，同时通过整合包括村民在内的各种可能资源，建立农村社区建设多元投入的机制，以保障社区建设的资金需要。

5. 关于农村社区建设的重点与突破口问题

关于农村社区建设的重点和突破口是什么，学界存在争论。笔者认为，农村社区建设一开始的突破口和重点应该是发展道路、水电、公共交通、通信、村容、村民等工作。其次是开展社区公共服务体系的建设，如兴建体育设施、文化设施、医疗服务点、养老院、便民利民服务点等。总体来讲，建设的重点与突破口就是公共服务资源的建设。这样做的理由有三：第一，农村地区缺乏公共服务资源，基本公共服务的可及性、方便性差，这是由我国大部分农村地区公共基础设施和公共服务体系还很落后决定的，事实上也正是由于公共服务不足，造成了农村社区的功能缺乏及其后果：与城市社区在生产生活条件方面的巨大差距和农村人口的单向流出趋势。因此，与以往城市社区建设的重点和突破口在于社区体制的改革不同，上述物质基础问题是农村社区建设首先需要解决的。第二，公共服务社区化，实现政府公共服务资源配置的均等化，是国家发展的目标，在这个层面上，开展农村公共服务社区化建设，是实现国家总体发展战略的要求。第三，健全农村公共服务网络及其功能也是新农村建设的重要目标之一。可见，无论是从我国农村社区发展的现状看，还是从国家发展目标和当前农村社会建设的目标看，公共服务资源的建设都是农村社区建设的重点，也是突破口。

6. 关于整合社会资源参与社区建设问题

与城市相比，农村社区的驻区单位一般较少，实力也较弱。因此，通过动用单位的方法整合相关资源参与社区建设行不通或困难较大。所以应结合农村社区自身实际，利用国家“工业反哺农业，城市支持农村”的相关政策和措施，向社会力量争取资源，比如，靠近城市或与城市或有实力的企事业单位联系较紧密的农村社区，可以争取一定的支援。但总的来讲，相对于政府的投入而言，整合社会资源参与农村社区建设毕竟只是辅助性的。

7. 关于农村社区建设的规划问题

不能因为是农村社区，其建设就可以自由无度、杂乱无章。事实上，农村社区建设同样需要科学编制规划。根据自然文化资源、经济社会发展水平、居民生产生活习惯、交通便利条件、区位优势、经济条件等不同情况，按照统筹城乡发展、聚居人口适度、服务半径合理、资源配置有效、功能相对齐全等原则，以县（市、区）为单位，结合县域村镇体系规划和农村住房建设规划，确定农村社区布局。社区布局规划既要满足农村社区化管理服务的新要求，又要与县市域总体规划、土地利用总体规划、村庄布局规划和生态环境功能区规划等有机衔接，促进村庄内部生活、生产、生态等功能的合理分区和资源的有效利用。要在县、乡（镇）两级政府对所辖农村确定农村社区总体布局的基础上，以农村社区党组织、村民自治组织为主体编制具体社区建设规划，统筹规划社区的基础设施、公共服务设施和公共事业发展。

8. 关于农村社区建设人才队伍问题

对农村实行社区化管理，在我国尚属新生事物，用社区的理念建设农村社会，最为缺乏的就是农村社区化管理和服务的经验以及掌握社区管理和服务技能的人才。因此，建设和培育一支具有专业化、职业化特点的农村社区管理和服务的人才队伍，是当前我国农村社区建设的一项基础性工程，也是农村社区组织建设、制度建设和服务功能建设的基本支撑。

第五章 中国农村社区建设的目标与任务

农村社区建设是我国经济社会发展到一定阶段的必然要求，伴随着我国经济社会改革的深化发展，新型城镇化、城乡一体化进程的加速推进，农村改革开放的渐次深入，以及社会主义和谐社会的全面构建和乡村振兴战略的贯彻实施，农村社区建设显得更为重要和迫切。那么，农村社区建设应该达到什么样的基本目标？要完成哪些主要任务呢？这是农村社区建设理论研究和实践必须回答和解决的基本问题。

第一节 中国农村社区建设的目标与任务体系

农村社区建设有近期基本目标和远期规划目标之分，近期基本目标是我国农村社区建设近期需要着手达到的目标，也是近期农村社区建设工作的依据和重点；远期规划目标是我国农村社区建设的远景蓝图，是在实现了基本目标后进一步拔高的方向。总目标需要分解为细分目标以便于落实，为实现这些细分目标所采取的所有行动即构成任务体系。

一、中国农村社区建设的目标

（一）近期基本目标

我国农村社区建设的近期基本目标，在中共十六届六中全会《中共中央关于构建社会主义和谐社会若干重大问题的决定》和中共十七大报告中已经被明确表述为十二字方针，即“管理有序、服务完善、文明祥和”。该表述言简意赅、内容深刻、覆盖面广，把我国农村社区未来的美好愿景和理想目标进行了简洁而准确的高度概括。这样，近期基本目标可以完整表述为“把农村社区建设成为管理有序、服务完善、文明祥和的社会生活共同体”。

1. 管理有序

管理有序就是政府行政管理和社区自我管理有效衔接、政府依法行政和村民依法自治良性互动。① 为此，一是要建设服务型政府，按照转变职能、责权一致、强化服务、改进管理、提高效能的要求，履行好社会管理和公共服务职能；二是要完善村民自治，改善目前村民自治的弱势地位，促进社区群众自治组织、社区志愿者组织、社区民间组织和专业合作经济组织等社区内各类组织职责明确、制度完善，能有效地开展工作和活动；三是要推进民主协商机制、矛盾纠纷调处机制、共建机制、民情民意反映机制的建立健全和运转顺畅。

2. 服务完善

我国历来高度重视农村问题，尤其是中共十一届三中全会以

① 师坚毅. 新农村社区建设与管理. 北京：中国社会出版社，2010：29.

来，党和国家致力于解决“三农”问题，为此，1982—1986 年①、2004—2019 年②下发了 21 个关于“三农”问题的中央一号文件。其中 2004—2019 年的中央一号文件，是党和国家的大政方针由农村支援城市、农业支持工业转到工业反哺农业、城市支持农村的轨道上来的鲜明标志。“三农”问题的逐步解决为开展农村公共服务开辟了道路。在新时期搞农村社区建设，就是要在党和政府的主导下，整合社会各界力量，通过实施工业反哺农业、城市支持农村的系列方针政策，充分发挥农民群众的建设主体作用，逐步打破城乡二元结构，逐步改变农村社会的公共产品、公共服务短缺的现状，让广大农民群众能够共享我国改革开放发展的成果，享受均等化的公共服务，改善生产条件，提高生活质量。

尽管经过了多年努力以及近些年的农村社区建设实验试点后，

① （1）1982 年 1 月 1 日：《全国农村工作会议纪要》；（2）1983 年 1 月：《当前农村经济政策的若干问题》；（3）1984 年 1 月 1 日：《关于一九八四年农村工作的通知》；（4）1985 年 1 月：《关于进一步活跃农村经济的十项政策》；（5）1986 年 1 月：《关于一九八六年农村工作的部署》。

② （1）2004 年 1 月：《中共中央 国务院关于促进农民增加收入若干政策的意见》；（2）2005 年 1 月 30 日：《中共中央 国务院关于进一步加强农村工作 提高农业综合生产能力若干政策的意见》；（3）2006 年 2 月：《中共中央 国务院关于推进社会主义新农村建设的若干意见》；（4）2007 年 1 月 29 日：《中共中央 国务院关于积极发展现代农业 扎实推进社会主义新农村建设的若干意见》；（5）2008 年 1 月 30 日：《中共中央 国务院关于切实加强农业基础建设 进一步促进农业发展农民增收的若干意见》；（6）2008 年 12 月 31 日：《中共中央 国务院关于 2009 年促进农业稳定发展农民持续增收的若干意见》；（7）2010 年 1 月 31 日：《中共中央 国务院关于加大统筹城乡发展力度 进一步夯实农业农村发展基础的若干意见》；（8）2011 年 1 月 29 日：《中共中央 国务院关于加快水利改革发展的决定》；（9）2012 年 2 月 2 日：《中共中央 国务院关于加快推进农业科技创新 持续增强农产品供给保障能力的若干意见》；（10）2012 年 12 月 31 日：《中共中央 国务院关于加快发展现代农业 进一步增强农村发展活力的若干意见》；（11）2014 年 1 月 19 日：《中共中央 国务院关于全面深化农村改革 加快推进农业现代化的若干意见》；（12）2015 年 2 月 2 日：《中共中央 国务院关于加大改革创新力度 加快农业现代化建设的若干意见》；（13）2016 年 1 月 28 日：《中共中央 国务院关于落实发展新理念加快农业现代化 实现全面小康目标的若干意见》；（14）2016 年 12 月 31 日：《中共中央 国务院关于深入推进农业供给侧结构性改革 加快培育农业农村发展新动能的若干意见》；（15）2018 年 2 月 4 日：《中共中央 国务院关于实施乡村振兴战略的意见》；（16）2019 年 2 月 19 日：《中共中央 国务院关于坚持农业农村优先发展 做好“三农”工作的若干意见》。

农村社区的公共服务有了较大的改善，但不可否认，我国农村社区的服务能力仍然严重不足，目前仍有10.6%的村没有卫生室，83.8%的村没有文化室，83.4%的村没有公共体育场地设施，综合性社区服务设施建设刚刚起步。[①] 因此，我国完善农村社区公共服务依然任重道远。

如何完善农村社区服务呢？社区服务有很多种类，也分为不同层次。第一个层次是作为社区服务基础内容的基本公共服务，这一层次就是要实现政府基本公共服务的全覆盖，如基础设施、义务教育、基本合作医疗、治安、社会救助等。第二个层次是志愿性互助服务，即要大力发展村民之间的互助服务，如建立和发展各种群众组织、发展志愿服务等。第三个层次是半公益性服务，主要指农村社区自身向村民提供各种便民利民服务项目和服务，如设立慈善超市等。第四个层次是市场有偿性服务，即引入市场机制，通过市场这只“无形的手”来服务农民，如商业网点向农村社区的延伸，农产品和农业生产资料供销活动在农村社区的开展等。完善农村社区服务就要从地区实际出发，促进政府基本公共服务、社区居民自我服务、半公益性服务和市场有偿性服务等不同层次的社区服务协调发展，健全服务机制，增强服务功能，逐步形成比较完善的社区服务体系，较好地满足农村社区居民日益增长的物质文化生活需求。

3. 文明祥和

文明祥和的概念广泛，意义丰富。文明可以是物质文明、精神文明、政治文明、社会文明等，但狭义上一般是指精神文明。农村社区建设中所需要达到的文明主要是指狭义上的精神文明，但同时也一定程度上包含有物质文明、社会文明、政治文明的含义。祥和是指吉祥、平和，它在范畴上可归于精神文明一类。文明祥和作为农村社区建设的重要目标，包括以下内涵。

---

① 民政部副部长姜力同志在全国农村社区建设实验工作推进会上的讲话. 基层政权和社区建设司，2010-10-15.

一是健全的村规民约。在当今我国农村社会，乡规民约主要表现为“村民自治章程”和“村民公约”，村民自发订立的村规民约，可以起到教化村民、约束行为、醇正乡风的作用。健全的村级民主管理规章制度应在满足村民自愿订立的基础上制定村民自治章程和村规民约。目前，尽管我国大部分村委会都订立了村民自治章程和村民公约，但也有少部分还没有订立，虽然这部分所占比例不大，但绝对数不小。[①] 强调村民村规民约的健全，可以使农民自觉、自愿维护农村社会的有序与和谐。

二是发达的农民教育。对农民的教育不仅包括思想政治教育，也包括文化素质教育。要通过多种途径、多种方式，对农民进行时代精神、民族精神、理想信念和“富强、民主、文明、和谐、自由、平等、公正、法治、爱国、敬业、诚信、友善”社会主义核心价值观和道德风尚的教育，也要千方百计提高农民的科学文化素质和劳动技能水平，使农民成为新时代有文化、有思想、有道德、高素质的新型农民。

三是整洁的村容村貌，包括：要在农村人居环境和景观建设、清洁能源建设、清洁生产和绿色产业发展、废物处理和资源化利用、改水改厕改圈等方面加大建设力度，以改善农村人居环境、提升农村社区的便利、净化、绿化、美化水平，塑造环境整洁、秩序井然、生态良好、乡风文明的农村社区新形象。这也是建设美丽乡村的应有之义。

四是健康的生活方式。主要是引导农民树立健康文明的生活方式，移风易俗，反对封建迷信，摈弃赌博陋习，提倡理性消费等。

五是活跃的文化生活。包括农村社区图书室、阅览室、村民学校、多媒体教室的建设，组织村民开展丰富多彩的社区文化、体育、科普、娱乐等活动，丰富村民的业余生活，提高村民素质，陶冶村民情操。加强家庭文化、民俗文化建设，倡导科学和文明，形成健

---

① 詹成付. 农村社区建设实验工作讲义. 北京：中国社会出版社，2008：21.

康向上、文明和谐的社区文化氛围。

总体来说，农村社区建设的管理有序、服务完善和文明祥和这三大目标构成了现阶段我国农村社区建设的基本目标。这三大目标内容既相互区别又紧密联系，统一在农村社区建设实践之中。我国要把握这三大目标方向，推动农村社区建设又好又快发展。

（二）基本目标实现的时序安排

从全国农村社区建设的时序目标来看，根据中国农村社区建设现状的分析和对未来发展的目标要求，农村社区建设推进的时序目标安排可做如下设计。

（1）现阶段目标：扩大农村社区建设实验的覆盖面和受益面，各地应积极扩大实验范围、提高实验层次、丰富实验内容，结合乡村振兴战略，力争近两年内实现全国30%的县（市、区）开展农村社区建设的目标。在部分具备经济社会条件、工作基础好、干部群众积极性高的地区设立地市级农村社区建设实验单位。同时，农村社区建设应逐步向自然条件薄弱、交通不便的边远农村地区拓展，向农村经济落后地区拓展，向林区、牧区、渔区等农村地区拓展。

（2）“十四五”末目标：在2025年全国农村地区将普遍开展农村社区建设，75%以上的农村社区基本建成为管理有序、服务完善、文明祥和的社会生活共同体，推进70%以上乡村振兴达到产业兴旺、生态宜居、乡风文明、治理有效、生活富裕的新型农村目标。

（3）至2035年目标：全国所有农村社区基本实现管理有序、服务完善、文明祥和的基本目标，所有的乡村总体实现产业兴旺、生态宜居、乡风文明、治理有效、生活富裕的建设目标。

（三）远期规划目标

近期基本目标着眼于农村社区建设本身，范围基本囿于农村社区建设自身的区域，是我国农村社区建设工作推进的现实依据和方向。远期规划目标是我国农村社区建设的远景归宿和长远方向，可归纳为：

通过乡村振兴和农村社区建设，推进城乡一体化、社会主义新农村建设和社会主义和谐社会建设和美丽乡村建设。由于城乡一体化、社会主义新农村、社会主义和谐社会和美丽乡村的建设不是一蹴而就的，是一个相对比较长期的过程，是在基本目标达到后的进一步努力的方向，因而是一个远期目标。这一远期目标表明了农村社区建设与城乡一体化、乡村振兴和社会主义和谐社会建设之间的相互关系，同时也表明了农村社区建设是实现城乡一体化、振兴乡村、建设新农村和社会主义和谐社会的平台、措施、必要条件和有效途径。

二、中国农村社区建设的任务体系

根据上述农村社区建设的基本目标，中国农村社区建设的任务涵盖面非常广泛。三大目标中，管理有序的目标主要涵盖如何构建一个有效的社区组织；服务完善的目标涵盖范围包括基础设施在内的各类公共服务的建设；文明祥和的目标涵盖的内容则比较综合，牵涉面也更广。综合国内各级政府有关政策文件和相关理论研究成果，中国农村社区建设的目标任务可包括社区经济建设、基础设施建设、社区组织建设、公共服务建设、社区文化建设、社会保障服务建设、民主法治建设、生态环境建设、社区人才队伍建设等多个方面和层面，当然，对于特定的农村社区，其建设任务的内容可能有所不同或各有侧重。所有这些任务都服务于农村社区建设的总体目标，因而是一个任务体系。该任务体系如表 5-1 所示。

表 5-1　中国农村社区建设的任务体系

目标任务	简要说明
社区经济建设	社区经济主体是农村经济或农业，因此，社区经济建设主体上就是发展农业。其包含的任务有加大对“三农”的投入力度；加快农业基础设施建设、推进农业科技创新、开发农业的多种功能、健全农村市场体系、培养现代农业人才、创新农业发展的体制机制等方面。

续表

目标任务	简要说明
基础设施建设	农村社区的生产生活基础设施建设是当前农村社区建设的首要任务。按照“资源集约、工业集聚、居住集中”的要求，加强路、水、电、污水和垃圾收集处理等农村社区基础设施建设；加强以社区办公服务和公益性用房为主体的农村社区服务中心建设；加强农村社区养老托幼、医疗卫生、计划生育服务、文化体育、休闲娱乐场所及经营服务场所建设；完善农村信息基础设施建设，建立统一的农村综合信息服务站。
社区组织建设	社区组织建设是农村社区建设的组织基础。主要任务是加强和改善党组织建设，构建以农村社区党组织为核心，功能健全、运转有序的农村社区组织体系；加强村民自治组织建设，逐步达到农村社区管理民主的目标；加强社会民间组织、中介组织和经济合作组织建设，切实发挥它们在基层管理及农村经济社会建设中的作用；处理好党的领导、村（居）民自治和依法办事的关系，完善党领导下的村级民主自治机制。
公共服务建设	公共服务建设是为了满足农村居民安全、生产和生活需要而建立的医疗卫生、社会保障、社会治安、社区服务等服务体系，其内容广泛而综合。主要任务有：引导教育、卫生、文化、体育、科技、法律、社会治安、社会福利、社会保障等公共服务进入农村；建立社区卫生服务站，做好社区医疗、卫生保健、计划生育管理和技术服务；推进农村社区就业服务；完善新型农村合作医疗制度；建设为民服务代理制度；通过各类农村民间组织和专业协会提供专业技术信息服务；开展各种志愿服务和互助、自助服务。
社会保障服务建设	建立健全落实农村各项保障制度的农村社区的工作机制和监督机制；建立健全覆盖农村社区困难群体的社会救助制度；完善农村社会养老保险制度和社区养老服务；当前，尤其要帮助解决农村老年人、残疾人、优抚对象、低收入家庭、外出务工家庭存在的实际困难。

续表

目标任务	简要说明
民主法治建设	主要任务是完善村民自治，建立规范有序的村民自治章程和村规民约；健全村民代表会议制度，明确村级民主决策程序和形式；建立民主评议村干部工作制度，将群众是否满意作为衡量村干部是否合格的重要标准。
生态环境建设	主要任务是加强对各种污染源的治理整顿；推进社区绿化建设，提高绿化率；推广类似“户收集、村集中、乡（镇）运输、县（区）处理”的生活垃圾处理模式，开展生态文明村创建，解决村庄脏、乱、差等问题；注重绿色转型，强调循环利用，探索循环产业链条发展模式等。
社区文化建设	农村社区文化建设要突出“和谐文化”的建设，重视先进文明的推广与发展。主要任务是建设社会主义核心价值体系；建设和谐文化，培育文明风尚；推进社区文化设施的完善，加强公共文化服务功能；建立农村社区文化工作体制机制，充分利用现有文化资源；推进社区文化队伍壮大，活跃农民自办文化；推进农村文化产业的发展，解决看书难、看电影难、收听广播电视难等问题；发展教育培训，提高农民文化素质和劳动技能等。
社区人才队伍建设	人才队伍是保障社区建设顺利进行的基础条件。主要任务是培育职业化的队伍并逐步实现其专业化；在全国而言是尽快培育农村社区，普遍建立起职业社会工作者的体系和推进农村社区社会工作者的专业化进程。当前是要对农村基层干部和社区工作人员进行培训，提高其综合素质和业务能力；积极建立以村“两委”成员为主要组织者和参与者，以农民党团员、社区志愿者为骨干，以村民群众广泛参与为基础的农村社区建设人力资源支撑体制；探索在农村社区建设中引入专业社会工作者的方法和途经，吸引专业人才和大专院校毕业生从事社区工作。

资料来源：根据各级政府有关农村社区建设政策文件和相关学术研究成果整理。

农村社区建设的目标任务体系庞大、牵涉面广泛，本章的研究不可能面面俱到，因此，主要聚焦于与农村社区居民利益关系最密切、最迫切需要的若干领域，包括基础设施建设、社区组织建设、社区公共服务体系建设、社区文化建设、社区人才队伍建设等方面。

第二节 中国农村社区基础设施建设

基础设施是建设农村社区的核心内容，是社区赖以存在和发展的物质基础。在我国农村社区建设中，基础设施建设是最基本的工作，是其他一切社区建设工作的前提和条件。本节主要讨论农村社区基础设施的内涵及其特征、当前我国农村社区基础设施建设的现状、存在的问题与推进农村社区基础设施建设的措施。

一、农村社区基础设施的内涵及其特征

农村社区基础设施的内涵有什么特殊性？它与城市社区基础设施有什么区别？要回答这些问题，我们首先从基础设施的概念说起。

（一）基础设施的概念

基础设施是指为社会生产和居民生活提供公共服务的物质工程设施，是用于保证国家或地区社会经济活动正常进行的公共服务系统。它是社会赖以生存发展的一般物质条件。“基础设施”不仅包括公路、铁路、机场、通信、水电煤气、园林绿化等公共设施，这些属于狭义上的基础建设，也叫作工程技术性基础设施（因为其建设与运行的工程技术性很强），而且包括教育、科技、医疗卫生、体育、文化等社会事业等公共服务设施，也叫社会性基础设施，是广义上的基础设施，由于这些公共服务设施是文明社会正常发展所不可缺少的，所以也被归为基础设施。工程技术性基础设施和社会

性基础设施合在一起构成基础设施的完整含义，但通常所说的基础设施一般指前者。

基础设施是国民经济各项事业发展的基础。在现代社会中，经济越发展，对基础设施的要求越高；完善的基础设施对加速社会经济活动、促进其空间分布形态演变起着巨大的推动作用。建立完善的基础设施往往需要较长时间和巨额投资。

（二）农村社区基础设施的内涵

农村社区基础设施是整个国家基础设施的重要构成部分，但由于其地域限于农村社区地区，因而其内涵又有其特殊性。农村社区基础设施可以理解为与农业生产、农民生活、农村发展密切相关的各类基础设施，是支撑农村经济社会发展的重要物质基础，也是衡量农村发展水平的重要方面，是为农村的经济、社会、文化发展及农民的生产和生活提供公共产品和服务的各种要素的总和。农村社区基础设施在内容上包括农业生产性基础设施、农村生活基础设施、生态环境建设、农村社会发展基础设施等四个大类。其中农业生产性基础设施主要指现代化农业基地建设及农田水利建设；农村生活基础设施主要指饮用水安全、农村沼气、农村道路、农村电力等基础设施建设；农村生态环境建设主要指天然林资源保护、防护林体系、种苗工程建设，自然保护区生态保护和建设、湿地保护和建设、退耕还林等与农民吃饭、烧柴、增收等相关的当前生计和长远发展问题；农村社会发展基础设施主要指有益于农村社会事业发展的基础建设，包括农村义务教育、农村卫生、农村文化基础设施等。它们是农村中各项经济社会事业发展的基础，也是农村社区维持其正常运转的物质条件，应该与农村社区的发展相互协调。

（三）农村社区基础设施的特征

由于农村社区基础设施从属于基础设施，因而具有基础设施的一般特征，如基础性、先行性、不可贸易性、整体不可分性、准公共产品性等。除此以外，农村社区基础设施还具有不同于一般基础设施（尤其是与城市社区基础设施相比）的特殊性，这是由其自身建设的特殊情况决定的，主要表现为以下几点。

1. 农村社区基础设施投资的短缺性

农村税费改革前，我国地方政府和农村集体组织能够用所收税费来支付建造农村社区基础设施的成本，农业税费取消以后，地方政府和集体组织失去了资金来源，而且地方政府、集体组织和农民对农村社区基础设施建设的偏好不完全一致，导致对农村社区基础设施投资的动力较弱。由于基础设施的非竞争性、非排他性及低效率性等特征，导致私人投资主体不愿意从事这方面的投资。而农村金融部门也往往会因为信息不完善，或出于对风险规避的考虑，一般很少提供融资给农村社区基础设施建设。因此，很长一段时期内，农村社区非主干道路、农村医疗卫生设施等投资资金都源于农业和农民。长期以来，由于农民收入增长缓慢，农民不愿意也没有多余资金用于基础设施建设。这使得基础设施投资资金短缺的现象更为突出。

2. 农村社区基础设施需求的多层次性

我国农村地区分布的地域范围非常辽阔，各地的农村经济发展极不均衡，而且农村社区本身具有边缘性和生产的分散性，不同的社会经济发展水平、资源条件、区位条件和人口数量，决定了农村社区对不同层次的农村社区基础设施都存在一定的需求。

3. 农村社区基础设施社会效益的非价值性

虽然某项具体的农村社区基础设施的投入或运转可以根据被服务或受益的农业生产面积和产量增量变化来估计该项设施的经济效益，但这只是计算了直接效益，而计算间接效益则比较困难。如农田水利设施可以以提供用水和防御灾害的价值量来表示它的经济效益，但它在调节气候、保护水土和维系生态平衡方面的功能及价值量确切有多大，则难以直接估价。经济效益是可计量的，而社会效益的计算评价则具有很大的非价值性。①

4. 农村社区基础设施投资效益的滞后性

农村社区基础设施投资不同于工业项目投资，尤其是那些投资少、见效快、回收期短的加工工业项目。农村社区基础设施的投资效益往往在短期内表现不明显。

5. 农村社区基础设施的低技术性

与城市社区基础设施相比，农村社区基础设施的技术含量和资本含量通常要低得多，所用的技术相对简单，且包含了大量的劳动积累，由较多的活劳动与少量的资本相配套，活劳动直接转化为凝聚的资本形态。

6. 农村社区基础设施的低密度性

由于农业活动具有空间上的扩散性和时间上的季节性，所以，在一定的空间单位标准下，农村社区基础设施的分布密度要远低于城市基础设施。在一般情况下，其利用系数也相对较低，投资回收期会更长。

二、农村社区基础设施建设的重要性

农村社区基础设施是农村经济社会发展和农民生产生活改善的重要物质基础，我国农村基础设施薄弱，与城市相比存在巨大差距，只有抓住农村基础设施建设这个最薄弱和关键的环节，才能为加快发展农村生产力提供坚实的物质基础，才能确保社会主义新农村建设稳步向前推进。加强农村社区基础设施建设，是发展农村经济、加强农业基础地位的基础工程，是建设社会主义新农村的基础工程，可以推动农业生产、降低农业生产成本、提高农民的农业收入、提升农村居民的生活质量，是一项农民群众得实惠、党员干部得民心的基础工作。加强农村社区基础设施建设是一项长期而繁重的历史任务。

① 马晓河，方松海. 我国农村公共品的供给现状、问题与对策. 农业经济问题，2005（4）：17－19.

三、我国农村社区基础设施建设的现状与存在的问题

我国历来高度重视农村社区基础设施建设。2004 年以来，多个中央一号文件和中共十七届三中全会、中共十七届四中全会、“十二五”和“十三五”规划纲要、中共十八大、中共十八届三中全会、中共十九大、中共十九届四中全会、中共十九届五中全会等都把加强农业和农村基础设施建设作为推进农村改革发展的重要举措，不断加大“三农”投入力度，支持农村社区基础设施建设。近年来，在进一步加大投入力度，重点支持农林水利重大项目建设，提高农业综合生产能力的同时，显著增加了对农村水、路、气、电、房建设等民生工程和事业发展的投入，有效地改善了农村生产生活条件。

（一）我国农村社区基础设施建设的现状

下面从政策变化和具体内容来了解我国农村社区基础设施建设的基本现状。

1. 农村税费改革后农村社区基础设施建设政策发生了变化

长期以来我国农村社区基础设施建设投入由政府和农民共同负担，这一体制虽基本满足了广大农民对农村社区基础设施和服务的需求，但同时带来了农民难以承受的负担。为了从源头和制度上防止农民负担反弹，我国于 2000 年开始减免农业税政策试点工作。改革从减轻农民负担出发，以“减轻、规范、稳定”① 为目标，采取了由点到面稳步推进的做法，改革的主要内容是“三个取消，两个调整，一项改革”②。改革后，农民只需交三笔钱：农业税正税

① 指农村税费改革既要从根本上治理乱收费，切实减轻农民负担，使农村工作更加规范有序，又要进一步巩固农村基层政权，促进农村经济健康发展和农村社会长期稳定。

② 三个取消：取消乡镇统筹费、农村教育集资等专门面向农民征收的行政事业性收费和政府性基金、集资，取消屠宰税，逐步取消劳动积累工和义务工；两个调整：调整农业税政策，调整农业特产税政策；一项改革：改革村提留征收使用办法。

及附加；“一事一议”的筹资；村内统一组织的抗旱排涝、防虫治病、恢复水毁工程等共同生产费。2004—2006 年间，按照“多予、少取、放活”方针，为了稳定粮食生产，增加农民收入，2004 年国家开始大幅度降低农业税税率，农业税附加随正税同步降低或取消。2005 年 12 月 29 日，中共十届全国人大常委会第十九次会议通过了关于废止农业税的决定，2006 年 1 月 1 日全国彻底取消了农业税。与农村税费改革前相比，全国农民减轻负担 1 200 多亿元。同时，国家强化了粮食直补、良种补贴和农机具购置补贴力度，增加了农业综合补贴项目。

取消农业税后，国家对农村社区基础设施建设力度逐步加大，农村电网、道路、饮水设施和沼气设施等的建设取得了积极成果。农村更加注重经济社会协调发展，农村公共事业更多地被纳入公共财政支持范围。公共财政覆盖农村的政策范围不断拓展，公共财政对农村发展的支持由原来比较狭窄的农业生产向农村公共服务和公共基础设施建设延伸，逐步把乡村道路建设、人畜饮水、农村能源和农村义务教育、卫生、文化等纳入公共财政支出范围。目前，已经初步形成了与市场经济和公共财政职能相适应的政策体系。主要包括现代农业建设的支持政策、农村公共基础设施的支持政策、农村教育事业发展的支持政策、农村卫生事业发展的支持政策和农村文化事业发展的支持政策。上述政策的改变是进行农村社区基础设施建设时必须考虑的政策环境。

2. 农业综合生产能力有所提高

近年来，国家除了实施取消农业税和对种粮农民进行补贴政策外，还先后加大了农业综合开发力度，继续实施大型商品粮基地建设，大型灌溉截渠改造，启动种子工程、优质粮食工程，加大病险水库除险加固力度。中央和地方财政支持农业综合开发，完成了中低产田改造项目 1.29 亿亩，国家增加投入支持禽流感等重大疫情防控和农业政策性保险，出台了促进生猪、奶牛等产品稳定健康发展的一系列政策。正是由于实施了一系列的支持政策，才确保了国家粮食安全及大宗农产品的有效供给和市场稳定。

3. 农村社区交通条件得到改善

2003 年以来，国家投入大量资金进行农村公路建设，据统计，为加强农村公路建设，仅 2008 年就安排了农村公路改造工程中央预算内投资 105 亿元，加上中央专项建设基金（车购税）148 亿元，共计 253 亿元，用于西部地区通乡油路、中部地区和东部欠发达地区的通村油路建设，可新建改造农村公路 17 万公里，截至 2018 年，全国农村公路总里程已经达到 396 万公里，99.2%的乡镇和 98.3%的建制村通了沥青路、水泥路，99.1%的乡镇和 96.5%的建制村通了客车。尤其是中共十八大以来，国家安排农村公路建设资金 3 926 亿元，带动全社会投入 1.6 万亿元，新改建农村公路约 127.5 万公里，解决了 406 个乡镇 59 588 个建制村通硬化路的问题，初步形成了以县城为中心、乡镇为节点、建制村为网点，遍布农村、连接城乡的农村公路交通网络。农村交通条件的改善，让亿万农民群众亲身享受到了改革开放带来的实在成果，为农村经济发展、社会进步创造了基础条件，当然也为农村社区建设的推进提供了条件。

4. 农村水利建设投资加大，农村居民饮水安全得到改善

国家对农村水利建设和农村居民饮水安全工程建设加大投入，例如 2008 年安排了农村饮水安全工程年度中央投资 115 亿元，加上地方自筹 105 亿元，可解决规划内 4 824 万农村人口的饮水安全问题。到 2009 年，中国提前 6 年实现了联合国千年宣言提出的饮水安全发展目标。到“十二五”期末，我国农村饮水安全问题基本得到了解决。“十三五”以来，我国又启动实施了农村饮水安全巩固提升工程。截至 2018 年，中央安排投资 143 亿元，各地累计完成投资 1 002 亿元，受益人口达到 1.36 亿人，其中 1 478 万贫困人口的饮水安全问题得到解决。目前农村饮水安全人口达 5.59 亿人。以大型灌区节水改造、节水灌溉示范项目及牧区水利试点为重点的

农村水利设施建设继续推进，全国有效灌溉面积达到5 707.8万公顷，30万亩以上大型灌区285处，有效灌溉面积1 461.2万公顷，工程节水灌溉面积达到2 242.6万公顷。

5. 农村信息基础设施建设进一步强化，农民生产生活信息保障显著提高

截至2017年，全国97%的乡镇具备互联网接入条件，92%的乡镇开通宽带，至2019年底，全国农村宽带用户总数达1.35亿户，全国各类涉农电商超过3万家，农村网络销售额1.7万亿元，其中农产品网络销售额4 000亿元。整合电话网、电视网、电脑网优势而形成的“三电合一”综合信息服务平台已扩展到100多个县。部分省市通过建立县、乡、村三级信息服务平台，进一步完善信息服务体系。全国通电话的行政村的比重达到了99%，25个省份实现了全部行政村通电话。初步形成了覆盖全国的服务网络，辐射上亿人，为农民提供了有效的生产生活信息保障，初步解决了农民看书难、看戏难、看电影难的问题，丰富了群众业余文化生活。

6. 农村能源建设得到了大力投入

近年来，国家特别重视农村清洁能源的建设，安排大量资金投入农村沼气建设和农村电网建设。2003—2015年间，在中央投资的带动下，各地区加大投入力度，农村沼气发展快速。截至2015年，全国沼气用户达4 193.3万户，受益人口超过2亿；由央地共同支持建成各类沼气工程110 975处，其中，特大型工程34处，大型工程6 737处，中小型工程103 898处，工业废弃物沼气工程306处。秸秆主原料沼气工程458处，畜禽粪污主原料沼气工程110 517处。全国农村沼气工程总池容达1 892.58万立方米，年产沼气22.25亿立方米，供气户数达到209.18万户。到2015年，全国沼气年生产能力达到158亿立方米，约为全国天然气消费量的5%，每年可替代化石能源约1 100万吨标准煤。为支持农村电力设施建设，仅2015年就安排中央投资47.4亿元支持中西部农网完

善工作和无电地区电力建设工作，可解决40.8万户无电户、164.6万无电人口的用电问题。

（二）我国农村社区基础设施建设存在的问题

如前所述，近几年国家逐步调整国民收入分配格局，加强了农村基础设施建设，也使农村社区基础设施建设得到了较快发展。比如国家投入大量资金投资建设农村水泥路、柏油路等道路硬化工程以及“村村通”工程，使全国99.6%的乡镇、92%的行政村通了公路。又如农村电力设施得到改善，电网改造减轻了农民用电负担。这些成果表明，近年来我国农业和农村基础设施建设成效显著，农村生产生活条件明显改善，但从总体上看，农村社区基础设施依然落后，不能满足农业发展、农民增收和社会主义新农村建设的要求，与城市社区发展相比，差距仍然在扩大。农村社区基础设施建设还存在诸多问题，要根本改变农村社区落后的面貌，真正形成城乡一体化的格局，还需要付出长期不懈的努力。当前，我国农村社区基础设施存在的问题主要表现在以下几个方面。

1. 农村社区基础设施依然薄弱

一是农田水利设施建设滞后。农业仍然脆弱，靠天吃饭的情况还比较多。全国仍有9亿多亩耕地没有灌溉条件。农业抗灾减灾能力不强。平均每年农田受旱面积达3亿亩以上，中等干旱年份灌区缺水300亿立方米，每年因旱减产粮食数百亿公斤。二是农业科技和物质装备水平不高。农业科技研发和创新能力不强，技术集成度不足，成果转化率低，科技进步对农业的贡献率低（不到50%），大大低于发达国家70%～80%的平均水平。

2. 农村社区基础设施结构不尽合理

从发展农业生产的角度看，直接改善农业生产条件的基础设施建设投入仍然不足。比如国家增加了水利建设投资，但主要用于大江大河治理和大型水利工程建设，真正用于农田水利建设的资金并不多，现有农田水利工程大多老化失修，设施不配套。基础设施建设落后，已经成为制约农业发展的重要因素。

3. 农村社区基础设施管理维护不够

从国际经验看，维修保养不足是许多发展中国家基础设施建设中的通病，而且损失巨大。我国也存在这种问题，基础设施总量不足与局部“浪费”并存，存在“所建非所用”的现象。加之基础设施的多头管理、互相不配套现象严重，许多基础设施如一些水利设施及城市道路、管线等没有资金进行经常性的维修改造，不能充分发挥作用。

4. 农村社区生产生活条件落后

一是农村饮水安全问题不容乐观。以水质、水量、用水方便程度、供水保证率等饮水安全的指标衡量，全国还有超过 1.5 亿农村人口的饮水未达到安全标准，由于长期得不到安全饮用水，广大农村地区特别是中西部地区农民的身体健康受到不良影响。二是部分地区的农村道路问题还没有得到很好解决。到 2016 年底，全国农村公路的乡镇通达率几乎为百分之百，行政村的农村公路也已经达到了 98%，通畅率为 88.72%。三是农民生活燃料结构不合理。秸秆、薪柴仍然是大部分地区农民的生活燃料主体，而沼气、太阳能等清洁能源的比重还非常低。四是中西部地区农村电网还比较薄弱，部分农村地区用电尚未实现城乡同网同价。一些偏远地区仍没有解决生活用电问题，全国尚有近 1 000 万无电人口。①

5. 农村社区基础设施投入依然不足，建设资金严重短缺

目前，我国税收与国民收入再分配在城乡之间差距悬殊，农村社区基础设施建设投资不足。尽管对“三农”的财政支持力度不小，但历史欠账太多，近年的投入在很大程度上带有还账性质，政府财政对农业的支持总量仍是低水平的，城乡财政资源配置不对称

① 国家发展和改革委员会. 农村基础设施建设发展报告（2009 年），2009.

的状况没有得到彻底改观。按照《农业法》规定，每年财政对农业投入的增长幅度应高于其经常性收入的增长幅度，但由于缺乏必要的监督和有效的执行手段，许多地方都不能切实贯彻和执行。一些欠发达地区为了在地方人大会议上通过财政预算方案而虚列农业支出，造成地方财政支农支出预算中存在很大的偏差和水分。政府财政用于农业的公共投资占财政支出的比例低，致使大量农田水利设施年久失修，农村公共产品供给严重不足。① 因此，总体来说，国家对农村社区基础设施等公益事业的投入还偏少，还未建立有效的农村社区基础设施建设多元投入机制，农村社区基础设施建设资金短缺问题依然比较严重。

四、推进我国农村社区基础设施建设的途径与对策

随着我国国民经济进入以工促农、以城带乡、城乡一体化的发展阶段，我国已经具备了将基础设施建设和公共服务重点转向农村的基本条件和能力。今后国家应该调整财政资源和建设资金更多地向支持农村倾斜，政府应该切实承担起为农村社区提供基础设施等公共服务的职责，为农民分享改革发展成果创造条件。为此，根据上述我国农村社区基础设施建设的现状分析和存在的问题，进一步推进我国农村社区基础设施建设可采取如下对策与途径。

（一）围绕广大农民急需的生产生活设施加大农村社区基础设施建设力度

今后一段时期，我国农村社区基础设施建设的首要重点应放在解决“三农”问题的关键环节上，促进农业增产、农村增收和农民生产生活条件改善。要坚持以人为本，紧紧围绕广大农民最关心、

① 郭建军. 新时期农村基础设施和公共服务建设研究.“新阶段的中国农村综合改革”中国改革国际论坛会议论文集，2007.

最直接、最现实、最迫切的生产生活设施，加大农村社区基础设施建设力度。一方面要继续重点支持农村饮水安全、农村沼气、农村道路、农村电力等基础设施建设；另一方面要明确各级政府事权范围，明确与其财权相匹配的农村社区基础设施供给责任。

1. 继续重点支持农村社区急需的基础设施建设

一是重点解决饮水安全问题。加快农村饮水安全工程建设，优先解决高氟、高砷、苦咸、污染水及血吸虫病区的饮水安全问题。推进有条件的地方发展集中式供水设施建设，提倡饮用水和其他生活用水分质供水。二是重点加快农村能源建设。继续加大力度在适宜地区推广沼气、秸秆气化、小水电、太阳能、风力发电等清洁能源技术。大幅度增加农村沼气建设投资规模，加快推广普及户用沼气，支持养殖场建设大中型沼气池，以沼气池建设带动农村改水、改圈、改厕、改厨、改房。继续完善农村电网改造的续建配套工程，加强小水电开发规划和管理，推广小水电代燃料技术和扩大应用规模。三是要进一步加强农村公路建设。目前虽已基本实现全国所有乡镇通油（水泥）路，东、中部地区所有具备条件的建制村通油（水泥）路，西部地区基本实现具备条件的建制村通公路，但道路的完善、维护和质量的提升仍然要继续加大建设力度。四是要重点推进农业信息化建设，提高农村社区信息化水平。继续加大投入力度，充分挖掘、利用和整合涉农信息资源，强化面向农村的广播电视电信等信息服务，继续抓好“金农工程”和农业综合信息服务平台建设工程。

2. 明确各级政府对农村社区基础设施供给的责任

加大政府对农村社区基础设施建设的力度，需要解决“谁供给，担何责”的问题，即要明确农村社区基础设施服务供给主体各级政府的事权范围，根据其拥有的财权合理分配农村公共服务的供给责任。基于当前农村基础设施等公共产品严重短缺的现实，政府要承担起作为这些公共产品供给主体的责任。为此要界定好中央、省与县、乡基层政府的事权与责任范围，合理划分各级政府的财政职能。政府的工作重点是解决农民办不了、办不好的事情。比如凡属于计划生育、国防开支、大型农田水利基础设施建设、农村义务教育等全国性的农村“纯公共产品”应由政府负全部责任，对部分外部性强的“准公共产品”，比如农村职业教育与培训、农村医疗卫生、农村文化设施等，应由中央和省级政府负主要责任。在制度安排上，事权可以下放到县级政府，但财权应由具有更高财政能力的上级政府统筹解决。要在我国经济发展承受能力和财政承受能力范围内，逐步加大财政投入农业、农村的力度，在财政资金使用上突出重点，有保有压，重点支持农村社区最急切的基础设施服务建设。

（二）加强农村社区生态环境建设

良好的农村社区生态环境，是社会主义新农村建设中“村容整洁，乡风文明”的具体要求，体现了居住在这个地方的人民群众的文明程度和市民素质。在农民新型社区建设过程中必须搞好社区内、外部生态环境建设，这既是社会主义新农村建设中不可或缺的重要组成部分，也是缩小城乡差距，亮化、净化、美化、绿化农村社区的必然要求。为此，一是要加强执法监督，彻底“治污”。保护饮用水源是保护民生的头等大事，必须把突出水污染治理、饮用水源保护、垃圾废弃物治理和综合利用、人畜粪便污染治理和综合利用等作为农村环境综合整治的重点，强力解决农村群众反映强烈的环境污染热点问题，提升群众的环境满意度。开展工业污染专项整治，全面清查和消除城乡各类企业环境隐患，及时查处各类农村环境污染事件。二是严格执行环境影响评价和“三同时”制度，严防污染企业向农村转移。在大力发展农村经济的过程中，要严格执行项目的环境准入制度，把好项目审批关，坚决制止高耗能、高污染、不符合国家产业政策的项目在农村建设投产，坚决杜绝工业污染从城市向农村转移，从源头控制农村生态破坏和环境污染。三是开展绿村工程，大力建设绿化农村社区。从各地实际出发，遵循自然规律，大力开展绿村工程，发动广大农民群众在社区内外、道路两旁、河道两岸、房前屋后及庭院内部广泛开展植树造林种草，增加林木、绿草总量，提升绿化标准和档次，打造绿色生态农村社区。四是建设社区垃圾处理设施，本着方便群众的原则，建立固定的垃圾集中堆放点，完善生活垃圾收集设施。五是推进科学养殖模式，实行人畜分离，推广禽、畜圈养。六是实施无公害生产措施，发挥基层农业技术部门的指导作用，大力推广科学施肥施药，引导农民科学使用肥料和植物生产剂，尽可能使用高效、低毒、低残留农药，组织培育和发展无公害农产品、绿色食品、有机食品生产基地，引导农民形成“绿色”的生活和生产方式。通过生态环境的建设创造宜居农村社区美好家园。

（三）加强农村社区规划，引导社区基础设施健康发展

高度重视农村社区基础设施建设的规划工作，应将农村社区基础设施纳入大区域的城乡基础设施规划之中，发挥规划的统筹作用，引导农村社区基础设施合理健康发展。农村社区基础设施规划的编制要有前瞻性，以适应未来劳动力转移、城镇化发展和产业结构变化的趋势，同时又要从现实物质条件出发，防止过分超前、脱离实际，加强各有关总体规划和各专项建设规划的相互衔接。规划要着重解决社区农民在饮水、行路、用电和燃料等方面的困难。还应加强宅基地的规划和管理，大力节约村庄建设用地，向农民免费提供经济安全适用、节地节能节材的住宅设计图样。引导和帮助农民切实解决住宅与畜禽圈舍混杂问题，搞好农村污水、垃圾治理，改善农村环境卫生。规划还应根据各地的现实条件，考虑农村社区安全建设，比如防止山洪、泥石流等灾害对村庄的危害，加强农村消防工作。社区基础设施的规划还要突出所在乡村特色、地方特色和民族特色，有历史文化价值的古村落和古民宅要在规划中进行保护。

（四）构建农村社区基础设施服务的多元供给机制

改革农村社区基础设施建设的资金筹集渠道，建立多主体的农

村社区基础设施服务供给机制，采取多元化供给方式。当前中国的农村社区基础设施服务需求规模较大，要积极利用市场力量、农村社区力量和NGO组织来共同参与农村社区基础设施服务的供给。区分类别，实施不同的供给方式。对于全国性的公共服务供给，中央政府本着公平的原则，按贫困程度通过转移支付的形式对包括卫生防疫、基础教育等农村社区基础设施服务实行无偿提供；对于具有大的正外部性的农村社区基础设施服务的供给，应建立协调机制，由上级和当地政府合理分担其成本；对于具有一定商业基础的部分准公共设施产品，要不断创新体制，加快产权制度改革，可采用政府与市场混合提供的方式，在明确产权的前提下，按照"谁投资，谁受益，谁引进，谁收费"的原则，通过优惠政策，积极引进民间资金和外资参与农村社区基础设施服务的供给，在责、权、利相统一的基础上，建立农村基础设施管护和运行的长效机制。总而言之，要逐步形成多元化的农村社区基础设施建设融资渠道，吸引更多的银行资金、企业资金和其他社会资金投入社区基础设施建设。

（五）建立农村社区基础设施投资建设的法律保障体系

目前，直接解决我国农村公共产品多元利益主体间冲突的法律几乎是个空白，也没有相应的市场准入和政府管制政策，没有规范的政府授权企业和他人参与农村公共产品供给的制度。为此，必须着手制定相关法律和政策，特别是加速司法独立的进程。以法律和政策的手段保障政府和NGO组织建设和管理农村公共产品的责任和权益。现在我国实施的《物权法》，无疑对农村公共事业多元发展产生了积极作用，但还需在此基础上，制定更细、更具体、与农村公共产品多元投资直接相关的法律①，为此，应加快相关法律的制定进程。近年来，社会各界呼吁制定"农业投入法"的声音十分

① 郭建军. 新时期农村基础设施和公共服务建设研究."新阶段的中国农村综合改革"中国改革国际论坛会议论文集，2007.

强烈。有关部门也在积极开展农业投入立法调研工作，在着力加快农业投入立法的进程。农村社区基础设施与农业投入密不可分，是农业投入的组成部分，因此在探讨农业投入立法的时候，应该明确农村社区基础设施投入在其中的地位，以法律的形式合理界定政府对农村社区基础设施投入的范围，要进一步明确各级政府的农村社区基础设施投入事权，明确政府各部门的职责，确保农村社区基础设施投入的稳定，从而推进农村社区基础设施投入管理的规范化、法制化。

专栏 1

如何推进农村基础设施建设？
——来自湖北省武穴市的案例

如何实现既充分尊重农民意愿，调动农民群众的积极性，又能整合政府、社会等各方面力量共同推进农村基础设施建设和公共事业服务工作呢？在这方面，湖北省武穴市建立农村公益事业促进会的做法值得借鉴。近年来，武穴市针对税改后农村公益事业和精神文明建设投入少、无人管的状况，积极探索新形势下农村社区建设的新途径、新方法，坚持“政府引导、部门帮扶、农民自愿、老板捐助、民主管理”的农村公益事业建设新路。所谓政府引导，是指市委市政府按照《村民委员会组织法》的要求，依托各村老党员、老干部，通过村民推选成立公益事业促进会，并推荐人品好、实力强、税收贡献大、有号召力的民营企业家出任促进会会长、副会长。各乡镇将与老百姓生活相关、群众最想办的事情列成清单，提交公益事业促进会审定、实施。同时，市、镇两级政府还研究出台优惠政策，对一些公益事业项目给予奖励和支持。三年内，全市共落实公益事业建设奖励和补贴资金 1 600 万元。部门帮扶，是指市委市政府通过把对口帮扶农村公益事业建设作为考核市直机关单位驻点帮村工作的重要内容。几年来，由全市 96 家市直部门组成的

68个工作组，争取和筹集资金1 000万元，新建涵闸、桥梁、泵站、沟渠48处，改造加固小型水利工程45处，受到村民群众的一致好评。农民自愿，指按照有钱出钱、有物出物、有力出力、自觉自愿、不硬性摊派、不搞“一刀切”的原则接受百姓的捐款或义务工。老板捐助，指动员富裕起来的民营企业家回报社会、捐资建设家乡公益事业。民主管理，是指通过民主产生工作机构并进行民主理财。各级促进会均经民主推选产生，并有常设工作机构，建立健全了财务管理和审批制度，设立专项资金账户。促进会、理事会成员参与公益事业建设都是义务劳动，不领取一分钱报酬。几年来，农村公益事业促进会在武穴市的农村经济社会发展中做出了很大的贡献，取得了明显的成效。镇、村、垸三级促进会通过筹措资金和物资，共使80个行政村完成通村公路建设任务，硬化通村公路177.44公里；绿化公共场地4.2万平方米，建提水泵站70座，沼气池28 000个，水冲式厕所425座，养猪小区98个，晒场180处，砌塘岸213口；全市还兴建村、垸文化活动室135个，文化中心户186户，新建篮球、羽毛球场19个，实现了村村通电、通电话、通闭路电视。通过修建篮球场、大礼堂和戏院等文化活动中心，一大批垸落告别了不良的生活习惯，群众性体育运动和文化活动悄然兴起，农村干群关系大大融洽。

资料来源：根据华中师范大学中国农村研究院网站资料整理。

专栏2

韩国“新村运动”中农村社区基础设施建设的经验

1960年代，受第二次世界大战和朝鲜战争影响，韩国经济基础受到很大破坏。1962年韩国人均GDP仅为82美元，农业产值占GDP的43%，农业劳动力占就业人口的63%。50万农户中80%的人口住茅草房，只有20%的农户通电，5万个自然村中只有60%的村通汽车。经过40余年发展，截至2006年韩国人均GDP

已跃至1.47万美元，城乡居民收入比为1∶0.85，在工业化、城市化快速推进的过程中，实现了城乡经济协调发展和城乡居民收入的同步提高。韩国农村经济的发展，得益于“新村运动”和“农协”两大推动力带来的农村基础设施的快速发展。

（一）“新村运动”推动了韩国农村生产性基础设施建设

“新村运动”开始于1971年，当时正是韩国第三个五年计划的开始。由于前两个五年计划重点发展工业，实施出口导向战略，城乡发展差距有所扩大。第三个五年计划初期，韩国开始调整发展战略，把发展农业水产产业、实现工农业的均衡发展放在首位。“新村运动”的第一个阶段主要是农村基础设施建设，国家提出包括改造草屋顶、硬化道路、改造卫生间、建设供水设施（如集中建水池或给水井加井盖）、架桥、盖村活动室等20种工程项目，由村民民主讨论、自主选择。政府免费分给每个村335袋水泥，平均每户约4袋，每袋25公斤。第一年结束时，50%的村建设取得了一定成效。第二年政府给每村加拨500袋水泥、一吨钢筋。第一年干得不好的村子如果第二年干得好，可以在第三年追加1 000袋水泥。政府把全国农村按好、中、差分为自立村、自助村、基础村三等，在村口立上牌子，以调动村民的积极性。1974—1976年间，“新村运动”进入以增加农民收入为主的全面发展阶段。政府推出增加农民收入计划，支持农村调整产业结构，推广良种和先进技术，普及高产水稻新品种。1974年韩国实现大米自给，1975年实现自给有余，且畜牧业、渔业、林业等都有了较快发展。1977—1979年为“新村运动”第三个阶段，主要是发展以农产品加工为主要内容的农村工业，1977年为韩国第四个五年计划的开始阶段，政府推出了“建设新农村运动增加收入综合开发事业”规划，1978年韩国农村企业达到384个，1980年增加到790个。1970—1980年间，韩国政府财政累计向“新村运动”投入2.8万亿韩元，参加“新村运动”的人次累计达11亿。

就韩国“新村运动”的实质而言，它是一场集中提供农村集体和公共产品，缩小城乡差距的乡村社会治理运动。其主要特点可以概括为以下五个方面。

一是政府提供物质、资金和技术支持。对农村基础设施和居民建设，政府除给予必要的建材、资金支持外，还帮助乡村搞建设规划，由政府派技术人员进行道路桥梁建设指导。为支持农村建设，政府还向农民普遍发放长达30年的长期低息贷款，并争取国际组织贷款，从“住宅彩券”中拿出一部分支持农村建设，政府支农资金也直接从农协发放到户。

二是让农民自己选出“指导者”，自己的事情自己办。政府大力倡导、支持“新村运动”，但具体上什么项目完全由农民自己选择。每个村选出新村建设指导者，负责组织大家的行动，里长（类似于中国的村主任）只管服务。指导者不拿报酬，但政府给予精神和物质奖励，如可优先选拔做公务员，或坐火车、汽车等半价，子女免学费或发奖学金等。

三是自始至终通过倡导“勤勉、自助、合作”理念来振奋农民精神。这种理念后来被扩展到城市，发展为民族自立、事业报国的国民精神。政府在整个过程中也设置了奖勤罚懒的机制，重在激发村民内部积极性。

四是注重搞好技术人员培训。韩国中央和地方都有相应的培训机构。中央“新村运动”研修院是专为培训“新村运动”技术人员建立的。培训期从早晨6点到晚上6点都安排活动，公务员与农民选出的指导者同住同吃、共同讨论，研修班制定出的各村建设规划，交郡部核准后实施。

五是发动全社会帮助农村建设。政府要求社会各界人士都要尽其所能支持“新村运动”，形成“各行各业，支持农业”的社会氛围。

“新村运动”的效果十分显著，突出变化是农民生产生活条件显著改善。到1977年，作为农村贫穷标志的草房顶全部更换为彩钢或瓦顶。1978年，全国98%的农户用上了电。1971—1975年间，全国共架设桥梁 65 000 座，每个村都修了宽 3.5 米、长 2～4 公里的进村公路。新建自来水管 4 440 公里，新建会馆 36 000 座。此外，农民收入迅速增加。1967—1976 年，农民家庭收入增长约 8 倍，城市工人收入增长约 5 倍。在 1970 年代中期，农民人均收入超过城市居民。

（二）"农协"改善了韩国农村非生产性基础设施状况

韩国农民认为，要致富不能单打独斗，要联合起来，组成属于自己的组织。1961 年在政府主导下，根据《农业协同组合法》，韩国成立了全国性的属于农民自己的组织——韩国农畜业协同组合中央会（简称农协）。《农业协同组合法》明确了农协的唯一性，规定其他与农业有关的团体不得冠以农协称谓，农协是获得国家承认的非营利性民间社团法人。在事业上，各级政府要与农协积极合作，政府和公共团体的设施优先提供给农协使用；在财政上，政府在农协发展初期可以向其提供必要的经费支持；在税收方面，免除农协的各种国内税费；政府还大力支持农协金融机构的发展，一些政策性的金融业务交由农协办理，促进农协的互助金融业迅速发展。

农协的特点可概括为以下三方面：一是由韩国农民自己出资组建，代表农民利益，会员根据自己的需求和协会提供的服务内容自愿选择加入。二是它以提高农业生产力水平、建设高收入福利农村、提高农民的社会地位为宗旨；主要职责是指导和参与农产品流通、销售、金融、保险福利等。三是运行自主、自律和独立。国家扶持以引导性为主，协会通过优质服务来生存和发展。作为非政府组织性质的农协，目前在韩国大概有 1 327 个分会和 24 000 名成员。它在促进农业产业化与流通化以及农业信用合作社等领域有广大的业务，尤其是它开设的农民咨询服务站，咨询范围包括农产品市场信息、风险投资信息、法律咨询、身体健康咨询、乡村旅游信息等，深化了农村生产和生活服务，在韩国整个经济结构中占有非常重要的地位，通过农协进行交易的市场份额占整个韩国农业流通的 40%。农协在农民福利改善方面也发挥了重要作用，经常开展一些与政府相关的活动来保护农民的权益。

第三节　中国农村社区组织建设

一、农村社区组织与特征

（一）农村社区组织及其类型

农村社区组织是推进农村社区建设与发展的重要力量，它的概念可以界定为：农村社区内人们为达到共同的目标，有序形成的一个动态的社会系统。①

农村社区组织根据不同的标准可以有不同的分类。根据农村社区组织的地位可以划分为决策组织、执行组织；根据农村社区组织的性质可以划分为党政组织、中介组织等。② 农村社区中各种各样的组织也可以根据不同的标准进行划分，在这里，笔者将根据这些组织的主要活动内容将之划分为管理类组织和服务类组织两种。

1. 管理类组织

管理类组织在农村社区中主要发挥管理职能，承担社区管理工作，处理社区公共事务。这类组织的主要构成部分有：

（1）党组织和社区内的政府组织。

主要包括社区的党支部和政府职能部门在社区内的派出机构。社区党组织是中国共产党在基层的常设机构，是党在社区全部工作和战斗力的基础，是社区各类组织和各项工作的核心。③ 政府的各类派出机构是政府职能在社区内的延伸，处理社区内的治安、卫生、税务等事务，是社区管理类组织必不可少的组成部分。

---

① 韦克难. 社区管理. 成都：四川人民出版社，2003：234.

② 陈永平. 新时期我国农村社区建设研究. 西安理工大学，2010：3.

③ 中共南京市委办公厅南京市人民政府办公厅关于推进“一委一居（村）一站一办”建设和“扁平化”社区管理工作的意见，2011－07－04.

（2）会、村委会等社区自治组织。

社区自治是社区建设的终极目标。社区自治组织就是为了实现“自我管理，自我教育，自我服务，解决社区问题，提高居民生活质量，建设现代化社区的过程”的自治目的而设立的。这类组织主要有社委会或村委会、村民代表大会等。

2. 服务类组织

服务类组织在社区中主要承担提供社区服务的任务。这类组织主要是非营利性的和公益性的，其可以是公立的，也可以由社区居民自己以各种形式组成。[①] 它们主要有：

（1）精神需求服务类组织。

这类组织主要是为志同道合的人提供一个共同活动的平台，以满足社区居民的精神文化生活需要。组织形式可以是社区居民自发组成的，也可以是由社区出面组织的。其特点是以休闲或文化娱乐为主，如棋牌协会、钓鱼协会、书法绘画会、秧歌队等。

（2）维护权益类组织。

这类组织的目的主要是表达和维护社区居民的合法权益。如社区法律事务咨询所为社区居民提供法律咨询，老年人协会维护老年人权益，妇女协会代表妇女同志的权益，残疾人协会为残疾人争取利益，外来务工者协会反映外来务工者利益，等等。

（3）生活服务类组织。

这类组织的功能是为社区居民提供卫生医疗服务、社区优抚服务、社区养老服务等日常生活服务。其组织形式有社区志愿者组织、社区互助组、社区卫生站、社区康复院等。

（二）农村社区组织的主要特征

社区本身具有层次性和结构性，这也决定了社区组织管理体制

① 河北省社会科学院课题研究组. 促进城市社区非营利组织健康发展的对策研究，2012.

的层次性和结构性。[①] 农村社区组织管理体系是由多个层次和多个系统组合而成，体现了社区管理主体的多元化和运行机制的多样化。

1. 多层级的组织体系

多层级的组织体系，即由县、镇、社区组成三级组织管理模式。在这种结构中，每一层级都有各自活动的主要范围，各司其职，关系明确，县一级负责主导责任，镇一级负责规划、监督、沟通等，而社区一级负责具体实施各项事务，促进社区发展。这种直线模式有别于倒金字塔形，它扩大了社区组织的管理权限，让其能够直接贴近群众，及时了解民生情况。

2. 多系统的复合结构

即由政府内的系统和社区内的系统共同组成。具体地说，就是为避免条块分割，驻社区内的政府职能部门，比如派出所、卫生所等应归社区领导。而社区管理体系和社区服务体系则参与社区的具体管理。这两个部分有机结合，使得社区结构更加完整。

3. 多元化的社区管理主体

社区管理主体的多元化使管理队伍出现了社会化、职业化、专业化，可以有效地整合社区内的资源，综合社区的各种力量共同致力于农村社区的发展，形成群策群力建设社区的大好局面。[②]

4. 多样化的运行机制

农村社区组织引入了能够综合利用行政手段、法律手段、经济手段的新机制，摆脱了过去单一的依靠行政命令来维持运转的现象。如责任考评机制，改变了过去职责不分、管理混乱的局面，调动了广大社区工作者为民谋利的工作积极性；市场竞争机制，实现了社区企业化的经营管理，增强了社区的经济意识和服务意识，激

---

① 刘君．农村社区建设问题研究．四川大学，2007.

② 田华，陈静波．论社区公共服务供给中的多元化主体．云南行政学院学报，2007（6）：103－106.

发了社区工作者建设新农村的内生动力；法律机制，实现了社区管理过程的法制化。

二、农村社区组织的建设

（一）农村社区组织建设的意义

1. 维护稳定，为群众创造安居乐业的良好环境

农村地区的稳定关系到我国的长治久安、安定团结的大局。目前，在我国农村地区，各种矛盾有上升的趋势，严重地影响了整个社会经济的稳定发展。农村社区组织作为和农村居民联系最紧密、利益最相关的共同体，将在维护农村地区的稳定上发挥重要且积极的作用，它可以消除社区范围内的矛盾和不安定因素，实现社区的正常运转。①

2. 密切党和政府同农民群众的关系

农村社区组织是实现政府行政管理与社区自我管理有效衔接、政府依法行政与村民依法自治良性互动的一个重要载体。有利于构建起政府调控功能与群众自治功能互补、政府管理力量同社会调节力量良性互动的社会管理格局，这将为农村和谐发展长效机制的建立奠定良好的基础。②

3. 扩大基层民主，完善村民自治

农村社区建设通过农村社区组织这个载体和平台，动员农民群众通过自治、自助、互助，满足农民群众各方面需求。开展农村社区组织建设，使自治单元更加明确，扩大覆盖的对象，细化自治的内容，在更广范围、更深层次上实现了农民群众的自我管理、自我服务、自我教育和自我监督。从这种意义上说，农村社区组织是村民自治的延伸和拓展，也是农村基层民主在新的历史条件下创新和

---

① 府青社区居委会2010年工作计划．成都市成华区政府网站，2011-01-17.

② 方金友．构建农村和谐社区的问题研究．中国社会学网，2008-10-14.

发展出的新载体。[①]

4. 提高整合效率，完善服务功能

社区不像其他组织那样有正式的官僚制来控制它的运行，相对来说社区本身比较松散。社区组织的整合功能可以将松散的个人聚集起来，按照不同的关系结合起来，形成共同体。社区组织可以按照不同目标进行专业化的分工，满足特定群体的需要，这样既有利于提高个人的效率，还可以发挥一个组织在提供管理和服务方面的效率，使社区在提高村民生活水平和质量上发挥更好的作用。

（二）健全农村社区的组织体系及其存在的问题

经过各级政府、民政部门、社区的努力，农村社区组织在社区建设中一开始就得到了较好的发展。但是，从整体发展要求和满足管理与服务的需要来看，农村社区组织与社会发展之间还存在较大的差距，还不能很好地满足社区居民的物质文化生活需要，农村社区组织还存在一些问题。

1. 管理体制不顺

农村社区组织虽然初具规模，但相比城市社区仍存在规模较小、门槛较高、覆盖面过窄的问题，还存在着大量没有正式登记的半公开组织。社会组织登记注册门槛高是一个长期存在的突出问题，据南京市民政局统计，没有登记的社会组织可能是已经登记的社会组织的 10 倍。[②] 管理社区组织的权限分散，造成多头管理、条块分割现象严重。这一问题在城中村体现得最明显，广州市海珠区的城中村就出现了村委会、居委会共管一地，关系纠缠不清、责任不明、步调不一的现象。[③]

---

① 任志安. 农村社区治理模式探析——以绍兴农村“两种”模式为例. 黑龙江社会科学，2007（6）：134－137.

② 基层政府对草根组织认识改变. 新华网发展论坛，2010－12－18.

③ 雷兆阳. 城中村要走分类改造之路—以广州市海珠区为例. 探求，2010（3）：11－15.

2. 农村社区组织的行政色彩过浓，社会认可度低

社区组织本来应该具有自己经办、自己管理的特性和自己独特的运行机制，但是现在农村社区机构的官办色彩浓重，部分农村社区组织就完全受政府机构控制。虽然它们也发挥了一定的作用，但社区组织的非行政性、自治性和自愿性没有得到很好的体现，难以得到群众的认可。在南通市崇川区光明村，有些政府职能部门把本属于自己职责范围内的工作下派到社区，却没有下放相应的权力，提供必要的工作条件，"事转费不转"，致使社区管理的事情越来越多，所需补贴的费用也越来越多，给社区造成很大压力。有些职能部门的"工作进社区"不是服务进社区而是任务进社区，导致社区委员会行政化倾向明显，服务管理职能弱化，自治作用发挥得不好，居民的认同感和归属感较弱。①

3. 农村社区组织服务水平较低

目前自发形成的农村社区组织还较少，服务内容还比较单一，服务水平还有待进一步提高，而且大多数社会工作者没有接受过系统的专业教育，工作手段和方法比较落后，难以提供个性化、多样化、系统化服务。根据辽宁省试点的工作情况，大多数社区服务只停留在较浅层面，内容单一，大多从事的是盖章办证，以及面向弱势群体的社会救助和福利性服务。社区工作量大，人员配备紧缺，平时忙于日常管理，主动为居民提供服务不够，加之目前社会力量兴办社区服务没有相关政策优惠，人们积极性不高，志愿者队伍难以形成。

4. 组织体系发育不完全

目前的农村社区组织中，管理类组织发展得较全、较好，而服务类组织缺乏。恰恰服务类组织在社区中能够起到维护广大社区居民和弱势群体的利益、对社区权力机构和逐利企业形成有效的监督

① 把社区建设成为幸福的家园——论社区为民的理性分析和实践形式. 新华网崇川频道，2009-11-18.

和遏制的作用。大部分地区的老年人服务、儿童青少年服务、家庭综合服务、精神卫生服务、农民和外来工权益保护、农村富余劳动力培训等服务的需求得不到满足。[①]

(三) 农村社区组织问题的解决

要切实解决好农村社区组织现存的问题，引导农村社区组织形成为民服务、自强不息的意识，充分发挥各类组织在社区建设中的作用。在培育和完善农村社区组织的过程中，要着重做好以下几个方面的工作。

1. 进一步加大对农村社区各类组织的扶持力度

社区工作者应该充分利用自己手中的资源和权利为社区组织谋取优惠政策，寻求资金支持，可以简化或者主动帮助民间组织登记注册，可以酌情考虑减免或代缴各种费用。像农村社区居民自发组织起来的文体活动类组织和维权类组织，这类组织一般容易建立，而且组织的活动经费相对较少，社区应从经费中抽出一部分作为专项资金帮扶他们。江苏省民政厅与省农林厅联合下发了《关于加强江苏省农村专业经济协会培育发展工作的指导意见》，进一步简化了登记条件和程序，降低了门槛，全省统一免收登记、公告费，推动了农村专业经济协会快速发展，促进了农村专业经济协会和社区民间组织的不断发展壮大，使其成为带动农民增收致富、繁荣农村经济发展、广受群众欢迎的一个重要平台。[②] 云南的地方政府通过对环保组织的资金扶持大大改善了农村饮用水，实现了粪尿旱厕分离，对提高当地农民生活水平发挥了巨大作用。[③]

2. 加强对农村社区组织建设工作的领导

上级党（工）委应把农村社区组织建设工作作为一件大事，

---

① 刘红斌. 新农村社区治理模式中的组织及人才队伍建设. 华中农业大学学报(社会科学版)，2009 (4)：6-9.

② 徐中伶. 江苏培育发展农村专业经济协会成效显著. 中国社会组织网站，2007-01-18.

③ 基层政府对草根组织认识改变，互动合作增强. 半月谈，2010 (23)：15-17.

摆上重要议事日程，与社区建设同步部署、同步落实；党委书记要把农村社区组织建设工作列入抓基层党建专项述职的重要内容，加强监督指导，促进任务落实；党委领导班子成员要联系一批农村社区，帮助其解决组织建设方面的实际难题。市委建立由组织、民政、工会、共青团、妇联等单位参加的联席会议制度，定期召开会议研究解决农村社区建设中遇到的突出问题。各联席会议成员单位要根据各自的职责创造性地开展工作，推动农村社区组织建设。

3. 健全完善农村社区组织运行机制，提高对社区居民的吸引力

对社区组织而言，面对经济市场化的挑战，必须加强自身的能力建设，健全机制、强化功能，不断提高对社区居民的吸引力。健全完善党组织领导下的社区事务决策机制，实行社区重大事项由社区党组织提议、党组织委员会和农村社区居民自治组织联席会议商议、社区党员大会审议、居民代表会议或居民大会决议、决议内容和实施结果公开的科学决策方法。健全完善社区民主管理机制，认真落实居民代表联系户、居务公开“民主日”、财务民主管理等制度，充分尊重居民在社区事务管理中的主体地位。如吉林省长春市宽城区的社区组织会召开社区议事会，村民一起研究表决村内大事，使村民自治程度大大提高，村内政务、事务更加透明；还会通过开展村民论坛，使村民好的致富经验得到广泛推广和交流，使村民的忧愁烦恼得以化解，强化了村民自我管理、自我服务、自我教育意识。①

4. 明确及强化社区对农村社区组织的监督管理和绩效评估

社区组织的工作要求有较高的透明化和公开性，社区应该在自己的职权范围内积极加强对各类组织的监管，并在专门社区管理机构的领导下对其进行考核和评估。除此之外，还应扩大社区居民参

---

① 吉林省长春市宽城区农村社区建设实验试点工作进展情况介绍. 吉林省长春市宽城区人民政府网站，2009-02-11.

与监督的途径，让广大社区居民参与进来，这样既可以保证社区组织的工作是人民所需，又保证了社区组织的管理与服务可以不断地得到提高。例如山东省潍坊市细化、量化工作指标，层层分解任务并签订责任书，明确职责，强力推进农村社区建设任务的落实；各级社区工作领导小组和督查机构加强调度，坚持一月一调度、一季一通报、半年一观摩点评，不断加大检查考核力度；将社区建设工作纳入各级领导班子和领导干部目标管理考核内容，严格考核，兑现奖惩，考核结果与干部选拔使用和评先树优相挂钩，对年度考核差、群众满意度低的农村社区，依法调整社区主要负责人。①

5. 对农村社区组织分类指导和管理，巩固管理类组织，着重发展形式多样的服务类组织

不同的农村社区组织有不同的业务内容，也有不同的服务对象，对农村社区组织应该进行分类，进行有针对性的管理和指导。

（1）党支部。

党支部是社区建设的主心骨，必须继续加强农村社区党支部的核心地位，强化党支部的战斗堡垒和先锋模范作用，将党组织辐射到社区内的企业、农村各种政治组织和经济组织中。例如，无锡市为进一步强化基层党组织的核心作用，通过“两推一选”“公推竞岗”等方式选优配强农村社区党组织班子，健全农村社区党组织网络体系，加快构建区域性大党建格局，以“组织共建、党员共管、设施共享、活动共搞”的形式，探索党领导公共领域、公共事务、公共管理的组织架构、协调机制和工作路径，实现党对农村社区工作的全面领导。②

（2）村委或者社委。

村委或者社委应在自治与行政职能间寻找适当的结合点，以

① 关于进一步提升农村社区建设水平的意见. 中共潍坊市委市人民政府网站，2010-06-04.

② 关于进一步发挥基层党组织核心作用 加强农村社区服务中心建设的意见. 中共无锡市委办公室无锡市人民政府办公室网站，2008-10-23.

达到既能满足自治的需要，又可以很好地兼顾社区建设其他方面的工作开展的目的。“多村一社区”的社委，要建立协商议事机构，由社区服务中心工作人员代表、村民自治组织代表、村民代表和驻社区单位代表组成，主要是反映群众诉求，协商处理社区群众关心的热点、难点问题和涉及全体村民切身利益的重大事项等。“一村一社区”的村委要承担农村社区服务功能，通过村民会议、村民代表会议、听证会等有效形式和渠道，听取村民意见和建议。[①]

（3）农村社区服务类组织。

农村社区服务类组织的建设应该放低门槛，广泛吸收各类社会人才和社会资金加入这一行列：积极发展志愿者协会、老年人协会、妇女协会、计划生育协会等民间组织，充分发挥其联系群众、提供服务、反映诉求和规范行为的作用；支持和鼓励发展房屋租赁、就业服务、信息咨询等各类中介组织，提高社区服务功能；大力发展农村经济合作组织，提高农民群众的组织化程度和参与市场竞争、抵御市场风险的能力，引导农村经济有序健康发展。辽宁省海城市在实验村建立了以老党员、老干部、老农民、老教师、老退伍军人和无职党员为主体的社区志愿者协会，下设“五个”服务站。一是社会互助救助站，负责面向孤寡老人、残疾人、低保户和生活有困难的群体开展以扶贫帮困、互助互济和生活扶助为主要内容的服务活动；二是环境卫生监督站，负责社区环境卫生的管理，动员、组织村民开展“除四害 讲卫生”、门前四包、建立垃圾清运点、改建冲水公厕、绿化美化村庄等活动，教育村民树立环境意识，使村民养成良好的卫生习惯；三是民间纠纷调解站，负责调解民间纠纷，化解群众矛盾，协助做好治安联防和流动人口的管理工作，消除治安隐患，维护村庄和谐稳定；四是文化活动联络站，负

① 中共潍坊市委潍坊市人民政府关于加快推进农村社区建设的意见，2008-02-26.

责管理村室内活动室、图书室和室外健身活动广场，组织开展各种有益健康的文体活动，丰富村民的业余生活，形成健康向上、文明和谐的社区文化氛围；五是公益事业服务站，负责维护村庄道路、桥梁，维护村庄集体所有的公共财产，开展公益服务事业，为村民搞好产前、产中、产后服务。[①]

（四）农村社区组织建设中各种关系的处理

1. 理顺农村社区与乡镇政府、街办的关系

乡镇政府、街办和有关职能部门与农村社区是指导与被指导的关系。乡镇政府、街办对农村工作的领导应由村级组织实施。确需农村社区协助完成的行政事务或临时性工作，须与农村社区协商，按照“权随责走、费随事转”的原则，给予相应的工作经费或补贴。[②]

2. 理顺农村社区与村委会的关系

农村社区与村委会是合作服务关系，共同为社区居民提供服务。农村社区侧重于服务平台建设；村委会侧重于组织村民自治。农村社区与村委会要密切配合、拾遗补缺、相互促进，共同致力于农村社会的和谐发展。

3. 理顺农村社区与社区服务类组织的关系

农村社区与民间组织、中介组织和经济合作组织是相互依赖、相互促进的关系。社区民间组织、中介组织和经济合作组织要借助农村社区搭建的培育其发展的服务平台，积极开展各种社区服务和经营活动，推动农村经济社会发展。

4. 理顺农村社区与驻社区单位的关系

农村社区要积极开展面向驻社区单位的社会化服务；驻社区单位积极参与农村社区建设，大力支持农村社区工作。

---

① 辽宁省海城市政府．辽宁省海城市农村社区建设工作情况，2009－02－11.

② 中国诸城市人民政府关于农村社区建设的意见（试行），2007－08－03.

5. 理顺农村社区组织相互间的关系

积极协调民间组织、中介组织、经济合作组织和政府与社会间的矛盾，形成民间组织、中介组织、经济合作组织，村委会和地方政府三者之间的良性互动（见图5-1）。社区服务类组织等作为一种利益群体的代表，代表着相关群体的利益，必然会争取相关群体利益的最大化，有时就会出现某类服务组织利益与公众利益、政府目标冲突的现象。对此，既要在法律框架内予以积极引导，又要对其行为进行必要的监管，以免这种组织与党和政府产生分离倾向，危及政治安全、经济安全和社会安全。政府需要完善服务类组织的管理体制，加强对服务类组织的监督管理，这主要可以通过法律和制度的手段加以调节：可以将登记管理工作重心下移至基层；同时可以积极发挥村党支部和党员的作用，让党员中的积极分子担当社区服务类组织的领导工作，或者通过党员中权威性比较高的同志对社区服务类组织的活动进行指导。对于社区服务类组织自身而言，其面临着掌握的社会资源有限、社会认同度有待提高等实际困难，因而该类组织离不开政府组织的扶持，离不开社区居委会的帮助，因为村委会具有较为完整的组织体系、坚实的群众基础，且与党委、政府存在着密切的工作关系。在此基础上，党委、政府应该为服务类组织的健康发育和功能的发挥让渡必要的社会空间；民间组织等应该自觉地接受党的领导与政府的指导、管理、监督；村委会应该发挥党和政府与民间组织合作共事的桥梁、纽带作用，同时学习借鉴民间组织的先进经验，完善居民自治。

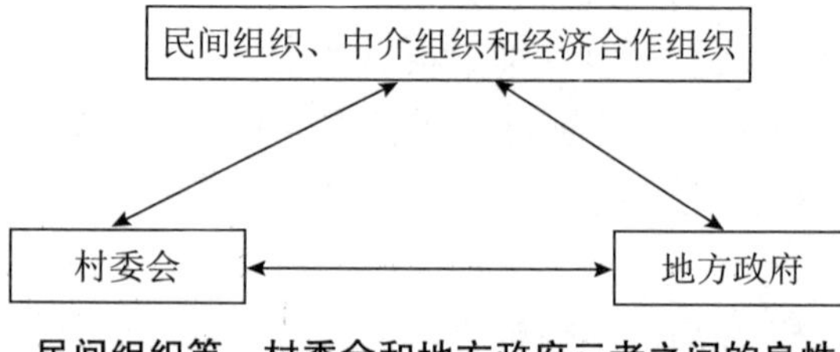

图5-1　民间组织等、村委会和地方政府三者之间的良性互动关系

第四节　农村社区服务体系建设

我国自古以来城乡二元的社会结构特征就很显著，城乡发展始终存在很大差距，近年来仍有扩大趋势。城市社区服务对城市社区组织和居民的社会生产生活产生巨大影响的同时，农村社区服务却在很大程度上长期未得到充分重视，随着新农村建设的进一步开展、全国农村社区建设的全面开展，发展和完善农村社区服务构成社会主义新农村建设的重要内容。那么，农村社区服务的范围是什么，包括哪些内容体系，其重要意义在哪里，如何推进农村社区服务建设等问题，是我国当前农村社区建设需要明确和解决的。

一、农村社区服务体系建设的相关概念

农村社区服务体系建设涉及社区服务、农村社区服务、社区服务供给、社区服务体系、社区服务体系建设等相关概念，在讨论农村社区服务体系建设之前，有必要对这些概念予以界定与明确。

（一）社区服务与农村社区服务的概念

社区服务是指在政府的倡导、扶持和推动下，以满足社区成员的物质文化需要、保持社会和谐稳定为宗旨，以基层街道（乡镇）、社区为依托，各类社会主体共同兴办的，具有公益性、地缘性、福利性、经营性的多元化服务。社区服务是社区建设的永恒主题和生命力所在。[①] 社区服务是一个服务体系，包括公共服务、市场服务、志愿者服务等。

---

① 师坚毅. 新农村社区建设与管理. 北京：中国社会出版社，2010：124.

我国的农村社区服务是指在农村的基层党组织的领导下、在基层政府的倡导和组织下，农村居民所进行的自助服务，是以农村社区为单位开展的社区服务，是一种公益性的福利性便民利民服务，是一种为提高农村社区居民生产生活质量的有偿和无偿相结合的社会服务。农村社区服务是农村社区建设和发展的重点项目，是农村社区建设的龙头。

（二）农村社区服务的特征

农村社区服务有其自身的特征表现：

1. 农村社区服务具有福利性

农村社区服务不以营利为目的或不以营利为主要目的，而以福利服务为主。根据不同的服务对象和服务内容提供无偿、低偿和有偿服务。

2. 农村社区服务具有群众性

农村社区服务要求动员社区成员和社会各方面的力量广泛参与，人人既都是服务对象，又都是服务提供者。

3. 农村社区服务具有互助性

农村社区服务主要依靠社区单位和社区居民互助互济、互相补偿，发挥各自的优势和专长，做到资源共享、方便社区成员、解决社区存在的实际困难和问题。

4. 农村社区服务具有综合性

农村社区服务是个系统的社会工程，涉及政府和社会的多个部门，需要他们给予必要的支持和指导。

（三）社区服务的供给主体

社区服务的供给主体应该是谁呢？社区服务在内容上包括了公共服务、市场服务、志愿者服务等，不同内容的服务，其供给主体也不同。公共服务具有公共产品或准公共产品的特征，具有非竞争性和非排他性，因而其供给主体显然由政府来承担最有效率。市场服务带有非公共产品性或准公共产品性，具有竞争性或排他性或二者兼而有之，因而其由市场来提供效率最高，当然其中不排除政府的引导和支持，但不能替代市场。志愿者服务是一种自助性、自愿性、非营利性的社区服务，其供给主体应该是农村社区居民自己，当然，也需要政府的扶持和引导。由上可知，社区服务的供给主体是一个多元化的集合，但其中最主要、最核心的供给者还是政府。

（四）农村社区服务体系及其建设

农村社区服务体系，是指以农村社区为基本单元，以各类社区服务设施为依托，以社区全体居民、驻社区单位为对象，以公共服务、志愿互助服务、便民利民服务为主要内容，以满足社区居民生产生活需求、提高社区居民生活质量为目标，由党政引导支持、社会多元参与的服务网络及运行机制。[①] 农村社区服务体系建设就是如何推进农村社区服务体系中各项内容以一定的目标水平在一定的时期内得以实现，它是农村社区建设的核心内容，也是我国各级政府推进农村社区建设的重要着力点。

二、农村社区服务体系建设的重要意义

未来的 5～10 年时间间，是我国农村社会事业发展的重要机遇期，推进农村社区服务体系建设意义重大。自中共十六届六中全会《中共中央关于构建社会主义和谐社会若干重大问题的决定》提出“完善公共财政制度，逐步实现基本公共服务均等化”和“把基础设施建设和社会事业发展的重点转向农村”之后，“社会公平正义”和“基本公共服务均等化”等新执政理念正在逐步转变为各级政府的战略和政策。中共十七大号召为“确保到二〇二〇年实现全面建

① 城乡社区服务体系建设“十二五”规划（公开征求意见）. 国家民政部网站，2011.

成小康社会的奋斗目标”，要“加快推进以改善民生为重点的社会建设”“扩大公共服务”“促进社会公平正义，努力使全体人民学有所教、劳有所得、病有所医、老有所养、住有所居，推动建设和谐社会”。中共十七届三中全会提出“加强农村社区建设，保持农村社会和谐稳定”。我国“十二五”规划纲要明确将“积极推进农村社区建设”列入规划内容。中共十八大提出“解决好农业农村农民问题是全党工作重中之重”，“深入推进新农村建设和扶贫开发，全面改善农村生产生活条件”和“加强基层社会管理和服务体系建设，增强城乡社区服务功能”。中共十九大进一步提出乡村振兴战略，强调“必须始终把解决好‘三农’问题作为全党工作重中之重。要坚持农业农村优先发展，按照产业兴旺、生态宜居、乡风文明、治理有效、生活富裕的总要求，建立健全城乡融合发展体制机制和政策体系，加快推进农业农村现代化”。所有迹象均表明，农村社区服务体系将进入一个快速建设和发展时期。当前阶段，积极推进我国农村社区服务体系建设具有重大意义。主要表现在五大方面。

（一）推进农村社区服务体系建设是落实习近平新时代中国特色社会主义思想的重要举措

农村社区是我国社会建设与发展的薄弱环节，在我国经济发展取得巨大成就、建设美丽乡村和全面建成小康社会的条件下，推进农村社区服务体系建设，是贯彻中共十八大、十九大以来各中全会精神，落实习近平新时代中国特色社会主义思想、统筹城乡发展、振兴乡村、逐步实现基本公共服务均等化、城乡居民共享改革和现代化建设成果的必然要求和重要举措。

（二）推进农村社区服务体系建设是实施乡村振兴战略的重要前提

我国当前农村与城市相比差距巨大并且差距还有扩大的趋势，城乡经济社会二元结构明显，甚至存在城乡发展彼此受制的风险。

推进农村社区服务体系建设，是缩小城乡居民收入和财富差距、实施乡村振兴战略、建设美丽乡村、全面建成小康社会的重要前提。当前我国城乡居民经济机会和收入能力上的差距，很大程度上源于城乡社区服务体系、条件和水平上的差异。今后若干年内，是我国全面建成小康社会后实现乡村振兴战略目标的关键时期。抓住机遇，建设农村社区服务体系和运行机制，有利于缩小城乡差距，促进社会主义新农村建设和美丽乡村建设，进一步夯实全面小康社会的物质基础，为如期实现农业农村现代化和乡村全面振兴的目标奠定基础。

（三）推进农村社区服务体系建设是凝聚农村社区共同体精神意识的基础

由于城乡社区服务体系的巨大差异，使得城乡生存和发展的环境也相差巨大，农村大多数青壮年人口涌向城市、向往城市，对农村社区共同体意识的分裂构成了现实的威胁。因此推进农村社区服务体系建设，是把我国城市社区服务体系向农村社区延伸的重要步骤；是缩小城乡生活差别的重要手段；也是保障村级组织有效运转，凝聚社区人心、人气，提升社区共同体意识的重要基础。总结城乡社区服务体系建设已有的实践经验，构建统一的农村社区服务体系，使各类支农惠农的政策和经济资源在农村社区层面得到整合，显得十分紧迫。

（四）推进农村社区服务体系建设是时代的要求

今后 5～10 年的时期，是农村社区服务体系建设的关键时期，实现农业农村现代化和乡村全面振兴的目标离不开农村社区服务，满足农村居民提高生活质量水平的期望离不开社区服务。随着工业化、信息化、城镇化、市场化、国际化、城乡一体化进程的加快推进，我国乡村基层社会正在发生着深刻变化，对农村社区服务体系建设提出了新的要求。为有效满足农村社区居民个性化、多元化的服务需求，需要加快社区服务体系建设；为了适应社会转型、企业转制和政府职能转变而承接的大量社会管理和公共服务职能，需要加快社区服务体系建设为之提供支撑；为了有效回应居民共享经济发展和改革开放成果的利益诉求，化解基层社会矛盾，需要加快社区服务体系建设。总而言之，推进农村社区服务体系建设已然成为新时代的呼唤和要求。

（五）推进农村社区服务体系建设是农村社区建设的重要支柱

著名发展经济学家刘易斯的二元经济结构理论认为，社会经济的发展都要经过从落后的一元农业经济结构到工农并存的二元经济结构，然后随着农业人口不断向城市流动，转到劳动生产率较高的现代工业，最后才能实现工农业的均衡发展，形成一元经济结构。但在我国当前庞大的人口结构和落后的生产力条件下，所有的农村人口都向城市转移是不现实的，因此，发展中小城镇经济是解决我国二元经济结构、实现统筹城乡发展的一种现实选择。当今，国家一方面加快城乡一体化建设的进程，加强城乡统筹；另一方面提出了新农村建设和乡村振兴的重要决议，努力塑造“生产发展、生活富裕、乡风文明、村容整洁、管理民主”的社会主义新农村，努力打造“农业强、农村美、农民富”的美丽乡村。还提出了“积极推进农村社区建设，健全新型社区管理和服务体制，把社区建设成为管理有序、服务完善、文明祥和的社会生活共同体”的农村社区建设目标。不管农村社区是作为新农村建设的平台，还是要实现其本身的建设目标，都必须加强两大支柱建设：一个是社区服务，一个是村民自治（广义上也可将其归于社区服务）。我国农村基层民主的发展已有30余年的历史，在民主选举、村务公开、民主管理等方面取得了很大进步，但如何发展社区服务，基本上还是一个新课题。因而发展农村社区服务，提高农村社区居民的生产条件和生活水平，加强对社区发展的归属感就成了农村社区建设的关键环节和重要支撑。

此外，加强社区服务体系建设还是保障和改善民生、提高居民生活水平和生活质量的民心工程，是拉动内需、扩大就业、促进经济发展方式转变的配套工程，是加强和创新社会管理、维护社会和谐稳定的基础工程。

三、农村社区服务体系的内容构成

我国农村社区服务建设起步不久，社区服务体系水平与构建社会主义和谐社会、建设新农村的要求，与农村居民日益增长的服务需求还有较大差距。为此，推进农村社区服务，首先应该明确农村社区服务体系所包含的内容，并据此逐步展开居民需要的服务，才能有条不紊、循序渐进地推动农村社区服务建设。

农村社区服务体系是一个有机整体。按照“为社区成员提供生产、生活的基本公共服务、互助服务和市场化服务，促进社区转型发展，构建和谐农村社区”的目标设计，农村社区服务体系建设应该构建一个纵横交错的完善的社区服务网络体系。其内容结构可用图 5－2 来表示。

从图 5－2 可知，农村社区服务体系内容包括两大块：一块是农村社区服务组织，一块是农村社区服务内容，两者之间联系紧密。

（一）社区服务组织

社区服务组织包括地方各级政府和有关部门、农村社区服务中心、农村社区市场中介和农村社区民间组织四个部分。

1. 地方各级政府和有关部门

地方各级政府和有关部门是我国农村社区服务体系建设的领导者、引导者、组织者，是绝大多数农村社区公共服务的提供者与其他社区服务的扶持者和支持者。地方各级政府包括从省（市、区）、市（地区）、县到乡镇（街道）各层级的党委和政府，有关部门涵

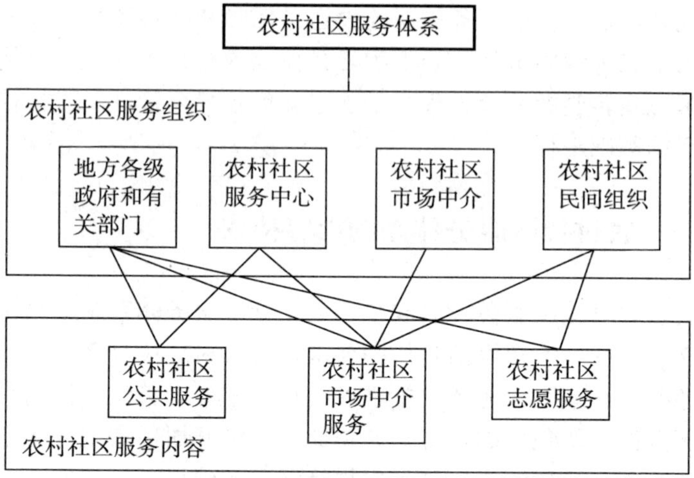

图 5-2　农村社区服务体系内容结构及其关系

盖了与“三农”问题有关的各部门，如民政部门、发改部门、农业部门、林业部门、水利部门、教育部门，等等。

地方各级人民政府和有关部门是农村社区公共服务的提供者，应切实强化农村社会管理和公共服务职能，改进工作方式，将延伸服务职能、使政府相关公共服务覆盖到农村社区作为主要工作内容，将指导、支持农村社区村委会及其他社区民间组织开展农村社区工作作为重要手段，推动社区服务体系发展。

地方各级政府应着力整合各部门在基层农村的办事机构，实现行政放权、重心下移，积极推进“一站式”服务。政府有关部门应该改变把社区当作自己的“腿”，将由自身承担的行政性工作摊派给社区，对有些由社区组织承担有优势的公共服务，可按“权随责走、费随事转”的原则，委托社区组织承担，妥善解决社区村委会开展服务所必需的场所、设施和工作经费。积极探索政府“购买服务”、项目管理等多种形式，调动社会组织参与社区服务的积极性，促进公共服务社会化。同时加强对社会活动的监督管理。综合运用行政、法律手段监督、管理社区服务。推动制定各类社区服务行业标准并监督执行。建立健全反映社区服务设施、服务管理、居民需求及满意程度等有关信息的采集及工作评估体系。

2. 农村社区服务中心

在农村社区提供具体社区服务内容的应该是社区服务组织或者类似组织，通常是社区服务中心。农村社区服务中心建设是一项坚持以人为本、服务群众、贴近百姓的民心工程，是健全和深化村民自治功能，实现自我管理、自我教育、自我服务的有效载体，是满足人民群众日益增长的物质文化需求的重要工作平台。

农村社区服务中心是村党组织、村委会下设的服务组织机构。建立党组织领导，村委会具体指导，农业或经济发展与社会事业、社会保障、人民调解与社会治安、公共卫生与计划生育、文体与教育等相配套的工作协调机制。它是健全和深化村民自治功能，实现自我管理、自我教育、自我服务的有效载体，是满足人民群众日益增长的物质文化需求的重要工作平台。

我国在 2007 年 12 月 31 日的中央一号文件《中共中央 国务院关于切实加强农业基础建设 进一步促进农业发展农民增收的若干意见》中首次提出有条件的地方建立便民利民的农村社区服务中心。农村社区服务中心是一个能够直接进入农村基层、涉及千家万户、惠及每个人的农村社会管理和公共服务的平台和载体，成为推进城乡统筹和实现城乡一体化的“突破口”，是实现党和国家在农村的各项工作任务和战略目标的“抓手”。农村社区服务中心实际上就是将农村社区居民所需要的各种服务进行集中打包，为农民群众提供便利的各种服务场所和各种设施的综合。

3. 农村社区市场中介

农村社区市场中介是指连接农户与市场、为农民和农村经济发展提供服务、具有法人性质的经济组织，是沟通千家万户小生产与社会化大生产之间的桥梁和纽带。为农村经济与农业生产提供服务的市场组织主要包括两类：一类是在农产品市场上为农业生产者提供服务的市场组织，比如农产品批发市场、农产品物流组织、农产品加工流通组织、农产品信息服务商以及为农产品交易服务的经纪商、代理商、拍卖行等，在农业生产者与农产品消费者之间起中介作用。另一类是在要素市场上为农村生产提供服务的市场组织，主要包括农资经营者、农业生产技术经营者、农业生产信息经营者等，在农业生产者与要素供给者间起中介作用。

有效的组织形式是社会经济发展的重要社会资源。西方发达国家农业现代化的经验充分说明了这一点。比如美国的产销一体化组织、西欧的合作社、日本的农协等模式。因此，市场经济要求各市场主体要有较高的组织化程度。近年来，我国农村也出现了大量适宜农村市场经济体制建设需要的多层次、多成分、多类型的市场中介组织，对引导农户走向市场发挥了积极作用。从形成机制来看，大致有五类：(1) 供销社带动型。基层供销社领办专业合作社，在转换自己职能的过程中，发挥自身网络优势、人才优势以及经验经营优势，与农民联合兴办了大量的各种类型的专业合作社，参与农业产业化经营过程。(2) 经济技术部门带动型。是一种“官民合办”类型，由政府及有关的涉农技术经济部门选派少量骨干与农民一起共同组织“农业服务体系”，按服务功能和产品类别不同，分别成立“综合农协”“专业农协”，为农民提供产前、产中、产后服务，或提供专业服务。(3) 农民自发型。依托农民种植、养殖或运输大户，按照民办、民管、民受益的原则组建的市场中介组织。(4) 龙头企业带动型。以农副产品加工或流通企业为龙头，通过合同契约、股份合作制等多种利益联结机制，带动农户从事专业生产，将生产、加工、销售有机结合，实行一体化经营。一般采取“公司＋农户”的组织模式。(5) 依托乡村集体经济组织带动型。

4. 农村社区民间组织

农村社区民间组织是由社区居民自发成立的，在本社区范围内活动的志愿性、志缘性、趣缘性组织。它既是社会自治力量发展的客观产物，也是村民自治政策的内在要素，更是推动国家与农村社会实现良性互动的重要组织载体，是构建农村市民社会的重要推动力量。当前，我国农村社区民间组织大体上有五种：一种是具有“官民二重性”的组织，如村委会、村计划生育协会、共青团、妇联等；二是各种农村专业经济组织，如养兔合作社、蔬菜协会、花木协会等；三是公益服务型组织，如教育基金会、老年人协会、老年大学等；四是传统的乡社团体，如庙会、宗亲会等；五是非法的恶势力和黑社会组织。[1] 其中，第四类组织主要是基于血缘、亲缘、祭祀及宗教等传统关系而存在的；第五类组织在农村中客观存在，在某些地区、某些时期势力还比较大，严重影响了基层社会的正常运转，应当坚决予以取缔。本部分关于农村民间组织的讨论不包括这两类组织。农村社区民间组织的发展提高了农民利益表达的组织化程度，拓展了基层民主参与和民主监督的空间，维护了基层社会的稳定。农村社区民间组织还弥补了农村撤销基层政权导致的部分政府职能的“缺位”，提供了部分农民所需的公共产品和公共服务，丰富了农民的文化社会生活，促进了农村社会的发展。

农村社区民间组织是多种多样的，具有地域特色。一般有社区慈善组织、文体组织、学习型组织，为老年人、残疾人、困难群众提供生活服务的非营利性机构，如互助协会、老年协会、体育协会和法律援助协会等。对这些组织应加强引导和管理，根据农村社区民间组织的性质实行分类指导。大力发展农村社区志愿者组织，培育社区志愿服务意识，弘扬志愿服务精神，鼓励居民参加社区志愿服务活动。配合社区服务体系建设，大力开发能够吸引居民参与的、生动活泼的社区志愿服务项目，鼓励开展社区救助、优抚、助残、老年服务、就业服务、维护社区安全、科普和精神文明建设活动。推进实现社会志愿服务活动制度化。

---

① 束锦. 农村民间组织与村民自治的共生与互动. 江海学刊，2010（4）：101－107.

（二）农村社区服务内容

农村社区服务内容包括农村社区公共服务、农村社区市场中介服务和农村社区志愿服务三个方面。

1. 农村社区公共服务

农村社区公共服务是为满足农业生产、农村发展和农民生活共同需要的，为社区农村居民公众利益服务的事务总和。2007 年 12 月 31 日的中央一号文件《中共中央 国务院关于切实加强农业基础建设 进一步促进农业发展农民增收的若干意见》把进一步完善农村社区公共服务体系建设视为逐步解决“三农”问题和实现城乡统筹的有效途径。文件还首次将农村社区公共服务分为两类：生产性（经济性）公共服务和生活性（社会性）公共服务，即便农利农服务和便民利民服务。农村社区公共服务水平的高低是衡量一个国家或地区农村社区发展和城乡协调发展水平的重要标志，也是全面推进社会主义新农村建设的重要所在。推进农村社区公共服务体系建设，对于从根本上解决“三农”问题，确保我国经济社会的持续稳定健康发展，具有十分重大的战略意义。

2. 农村社区市场中介服务

农村社区市场中介服务是指由农村社区市场中介，如农产品购销组织、合作经济组织、乡村社区经济组织、“公司＋农户”、农民经纪人等，连接农户与市场，为农民和农村经济发展提供的各种农村社区服务。

3. 农村社区志愿服务

农村社区志愿服务是由农村社区志愿组织，如治安、敬老、帮困助残、医疗卫生、环保、科普等义工专业服务队（组），或志愿者个人，利用自身资金、技能等资源，自愿为农村社区公共事务、公益事业和农民群众提供的帮助或服务。志愿服务是改革开放以来我国群众性社会主义精神文明建设的重要成果，是社区服务和社区建设的重要内容。以前其发展主要集中在城市地区，现在逐步向农村地区延伸。农村社区志愿服务在贯彻落实科学发展观、构建社会主义和谐社会的历史新时期，是解决农村社区群众实际困难的重要手段，是促进农村社区精神文明建设的重要途径，对于推动基层民主政治建设、保持社会安定有序、促进社会和谐具有十分重要的意义。

四、农村社区服务体系建设的现状与存在的问题

（一）我国农村社区服务体系建设的现状

目前，全国有 59.9 万个建制村（社区）。“十一五”至“十三五”期间，各地农村社区服务体系建设取得了明显成效。

1. 农村社区服务设施建设取得初步进展

全国共建成综合性的社区服务站 30 021 个（含城市区域）、村级组织活动场所 53.9 万个，便民利民服务网点 69.3 万个（含城市区域）。还建有社区卫生服务中心（站）、社区文化中心（室）等专项社区服务设施。

2. 农村社区服务内容不断拓展

劳动就业、社会保障、生活救助、文化娱乐、社会治安等政府公共服务事项逐步向农村社区延伸，推行农村社区志愿者注册登记制度，农村社区志愿互助服务蓬勃开展。便民超市、菜市场、早餐等生活保障性商业网点得到较快发展，物业管理、养老托幼、修理服务、废旧物品回收等便民利民服务项目也开始进入农村社区，极大地方便了农村社区居民生活，提高了其生活质量。

3. 农村社区服务队伍不断壮大

农村社区服务队伍不仅有依法选举产生的村委会成员，也有面向社会聘任的专职社区工作人员。一大批素质高、能力强、作风正、愿意为群众服务的乡村居民走上社区工作岗位，截至 2018 年底，全国共有村民委员会成员 221.5 万人，社区公共服务从业人员

215.8万人（含城市区域）。此外，越来越多的农村社区居民成为农村社区志愿者，活跃在农村社区服务的各个领域，成为推动农村社区建设和社区服务的重要力量。

4. 农村社区服务方式不断改善

不少地方依托乡镇（街道）社区服务中心、社区服务站，实行“一站式”服务；不少地方开始利用现代信息技术，推动农村社区信息化建设，方便快捷地满足了村民的多样化需求。有的地方通过政府购买服务、设立项目资金、开展项目补贴等方式，引导社会组织、企事业单位和居民参与农村社区管理和服务活动，增强了农村社区服务的活力和社会组织的服务能力。农村社区服务制度环境初步形成。国家围绕老年人、未成年人、残疾人权益保护工作出台了法律，围绕社区卫生、社会救助、劳动就业、文化教育、社区服务设施等内容出台了相关政策，各地也相继出台了积极推进农村社区服务的政策措施和发展规划，社区服务的政策法规逐步完善，各级党委政府对社区服务的重视程度越来越高，农村社区居民对社区服务的认同感正在逐步增强。

（二）我国农村社区服务体系建设存在的问题

尽管我国农村社区服务体系建设取得了显著成效，但就总体情况而言，我国农村社区服务体系建设仍然处于起步的初级阶段，仍然存在许多困难和问题，也面临许多机遇和挑战。农村社区服务体系发展总体上还不能适应“社会公平正义”和“基本公共服务均等化”的要求。我国农村社区服务体系建设存在的突出问题包括以下几点。

1. 农村社区服务的整体水平低，城乡差距过大

与城市社区相比，农村社区服务整体水平偏低，发展严重滞后，城乡差距过大，社区服务设施严重短缺，许多乡镇、农村社区仍然缺乏应有的服务场所，农村社区服务设施建设刚刚起步。

2. 农村社区服务地区发展不平衡

农村社区服务地区发展不平衡特征显著，东、中、西部之间的

农村社区服务差距巨大。东部沿海地区的许多地方农村社区服务的水平与城市社区服务水平的差距在缩小或在逐步接轨，而广大中西部地区的很多地方，农村社区服务水平还处于非常低的水平，离我国城乡社区服务体系发展规划的目标差距很大。

3. 农村社区服务内容亟待丰富和落实

农村社区服务的内容亟待丰富和落实，社区公共服务需求和供给脱节，供给方式单一。

4. 农村社区服务缺乏统一规划，投入长期不足

农村的社区服务体制机制不顺畅，缺乏统一规划，财政对农村社区服务体系建设的投入长期不足，各自为政、重复建设的问题较为突出，资源整合有待加强，社会参与机制亟待完善。

5. 农村社区服务人才素质亟待提高

目前农村社区服务人才短缺、素质偏低，结构亟待优化。

五、农村社区公共服务体系及其建设与提供

(一) 社区公共服务及其体系

关于公共服务的概念与内涵，目前学术界存在不同的看法，比如马庆钰（2005）[①] 认为，公共服务主要是指由公法授权的政府和非政府公共组织以及相关工商企业在纯粹公共产品、混合性公共产品以及特殊私人产品的生产和供给中所承担的职责。詹成付（2008）[②] 和师坚毅（2010）[③] 认为，公共服务主要是指政府为公众提供的各种服务，包括社会保障、公共卫生、公共安全、公共教育、公共基础设施建设与管理及与此相关的制度、政策等。胡宗山（2008）[④] 认为，公共产品和公共服务建设是为了满足公民作为个体存在的安

---

① 马庆钰. 关于“公共服务”的解读. 中国行政管理，2005（2）：1－3.

② 詹成付. 农村社区建设实验工作讲义. 北京：中国社会出版社，2008：47.

③ 师坚毅. 新农村社区建设与管理. 北京：中国社会出版社，2010：124.

④ 胡宗山. 城乡社区建设概论. 武汉：湖北科学技术出版社，2008：73.

全、生存和生活质量需求而建立的医疗卫生、社会保障、社会治安、社区服务等社会服务体系，其中为满足这些服务而设立的有形的物质设施和体制机制等被称为公共产品，而无形的服务等被称为公共服务，且在一般情况下，二者可互换，基本是一回事。尽管各方看法有异，但这些概念都包含了两层意思：一是公共服务是全社会普遍分享的、满足人们生存和发展基本需求的服务；二是政府是公共服务的主要提供者。

我国基本公共服务的范畴都是与居民基本需求相对应的，主要包括基础教育、公共卫生、基础设施、社会保障、环境保护和公共安全等。“逐步实现基本公共服务均等化”要求城乡居民在生产生活基础设施、义务教育、基本医疗、社会保障、生态环境、社会治安等方面享受到机会均等、结果大体相同的服务，并且充分尊重社会成员的自由选择权。农村社区服务体系建设最重要的内容之一，是为农民提供均等化的基本公共服务。

农村社区公共服务是在农村社区层次上为社区农村居民提供的公共服务，广义上既包括社区公共设施、公共项目、公共政策等，也包括社区管理运行机制、公共意识和认同意识等。实践当中通常使用的是狭义的农村社区公共服务内容，一般包括社区公共设施、公共项目、公共政策等内容。

我们还经常提及农村公共服务的概念，其实农村社区公共服务和农村公共服务二者是既有区别又有联系的，应该对二者的关系进行区分。农村公共服务包含所有由政府主导，涉及农村、农业、农民的服务，农村社区公共服务仅仅是农村公共服务的一部分，因此有些属于农村公共服务的内容未必是农村社区公共服务的内容，比如标准农田建设、大型水利设施建设、农产品标准化生产、农村金融服务等是农村公共服务的内容，却不适宜作为农村社区公共服务的内容。但反过来，属于农村社区公共服务的内容则必定也是农村公共服务的内容。同时，农村社区是一个开放的系统，因此农村社区公共服务的内容也可能随经济社会发展和人们需求变化而变化和丰富。

(二) 农村社区公共服务的内容体系

农村社区公共服务的性质是多维度的，一方面要体现出农村居民基本公共服务的公平性、对社会弱势群体服务的福利性；另一方面也要体现出为农村社区市场经济主体服务的经营性。因而农村社区公共服务的内容非常丰富，当前我国农村社区公共服务的内容包括编制农村社区布局规划、改善农村社区公共基础设施、构建社会保障体系、构建老年福利服务体系、构建农村社区公共安全体系、提升农村社区医疗卫生服务、繁荣农村社区文化教育、实施农民体育建设工程、发展农技推广服务等。

(三) 农村社区公共服务的建设与提供

下面从农村社区公共服务体系包括的内容来讨论农村社区公共服务的提供与建设。

1. 编制农村社区布局规划

农村社区公共基础设施的配备，既要强调公平，又要注意效率。可根据管理人口适度、区域相对集中、资源配置合理、功能相对齐全的原则，科学编制农村社区布局规划，做到社区内部的生活、生产、生态等功能的合理分区和教育、文化、娱乐、办公室等服务设施的合理布点。在编制社区布局规划时，应根据农村社区的地域特点和范围等因素，对资源进行优化配置。

2. 改善农村社区公用基础设施

现代化的农村社区必须有现代化的公用基础设施。农村公用基础设施为农村社区生产和农民生活提供公共服务，既包括道路硬化、村庄绿化、路灯亮化、卫生洁化、河道净化等，也包括建立农村社区办公服务、教育文化、医疗卫生、体育建设、综治警务等必需的设施，提升村民生活质量水平。

3. 构建社会保障体系

完善农村最低生活保障制度，探索建立最低生活保障标准和与经济发展水平相适应的城乡同步增长机制。建立农村五保对象供养机制，逐步实施集中供养。对困难家庭实施教育、医疗、住房、就业、法律援助等专项救助。健全农村新农合医疗制度，逐步将农民全部纳入合作医疗制度。采取个人缴费、财政补助相结合的办法，加快建立面向农业劳动力的养老保险制度。加大农村劳动力培训力度，形成“政府购买培训、学校提供培训、农民自主培训”的培训机制，促进农村劳动力向二三产业转移。

4. 构建老年福利服务体系

构建老年福利服务体系应以满足农村社区老年人的需求为出发点，以建设农村老年活动室为重点，广泛动员社会参与，大力挖掘和整合农村社区资源，建设“星光老年之家”，保证农村社区老年人有服务设施、活动场所和服务制度。逐步实施普惠型农村老年福利政策，统筹城乡老年人优惠措施，凡是城市老年人享有的优惠，农村老年人具有同等权利享有。建立覆盖农村所有老年人、标准有别的生活补助制度，每人每月发放生活补助金，提高老年人的生活水平。

5. 建构农村社区公共安全体系

农村社区面临的公共安全形势，因经济发展、地理环境、风土人情、人口数量等因素而差别很大。维护社会安全，首先，要加强法制教育，完善村务公开民主管理制度，畅通农村各类居民利益表达渠道，从根本上减少矛盾纠纷的产生。其次，健全调解委员会等组织，组建义务护村队、夜间巡逻队等群防群治组织，促进本地人口、外来人口的融合，调处矛盾纠纷，消除不安全因素。最后，改变传统的与农民疏远的农村警务，使警务工作的重点向农村地区延伸，建立符合当地实际的社区警务模式和运作机制。完善农村火灾、自然灾害等突发公共事件的应急预案，实施减灾教育，建立避灾中心，消除农村突发性公共事件对社会正常秩序、公共安全的威胁和影响。加强宣传教育、督促检查，完善必要设施，实现农村社区的生产安全、消费安全和环境安全。

6. 提升农村社区医疗卫生服务

当前我国卫生资源总量相对不足，城乡卫生资源的配置极不平衡。农村生态环境变化和人口流动性增加，使农村公共卫生问题日益突出。农民生活水平提高后，对医疗卫生的要求也在提高。这对农村社区医疗卫生服务体系提出了新挑战和新要求。因此要重视和加强规划工作，合理配置农村卫生资源，根据行政区划以及服务人口、服务半径，制定并实施农村社区卫生服务规划，合理构建农村社区卫生服务网络。每个乡镇设立社区卫生服务中心，中心按照农村村民出行 20 分钟可达的要求下设若干社区卫生服务站，优化整合现有乡镇卫生院分院、村卫生室等卫生资源，纳入农村社区卫生服务体系，实现卫生服务中心和卫生服务站的一体化管理，形成一个覆盖所有农村人口的社区卫生服务网络。按比例配备农村社区责任医生，建立农民健康档案，为农村村民提供预防、保健、医疗、康复、健康教育和计划生育技术指导等六位一体的服务，使农民享有基本卫生服务和基本卫生安全保障。

7. 繁荣农村社区文化教育

我国农村社区文化教育投入不多，相关设施不完善，文化队伍不足且素质整体偏低，不能满足群众日益增长的文化生活需要，影响了农村社区精神文明的建设进程。今后要加强农村社区文化场所和文化设施的建设，建设多功能的综合性文化活动室。充分挖掘农村社区现有资源，鼓励将闲置校舍、旧礼堂、旧宗祠等改建为文化活动室。发掘、整理和保护农村社区优秀民间文化资源，培育特色文化社区。积极探索文化下乡的有效机制，按照贴近实际、贴近生活、贴近群众的要求，发展社区文化，政府对重要项目予以财政补贴。充分发挥市、县图书馆对乡镇、村图书室的辐射作用，在乡镇和农村社区建立市、县图书馆的分馆或流通站，实现城乡文化资源共享。支持农村村民业余文化队伍，实现每个社区拥有一支或多支农村村民业余文化队伍的目标，政府对业余文化队伍的文化骨干进行免费培训，并资助其开展活动。建立社区学院分院、社区教育中心、社区学校等教育培训机构，从农业产业调整、劳动技能、科技法律等方面开展社区教育培训，构建农村社区终身教育体系。

8. 实施农民体育建设工程

开展体育建设活动，推进农村社区体育健身设施建设，普遍设立健身路径、篮球场、乒乓球台，让农村居民共享体育健身的快乐。社区体育健身活动应结合当地特点，从当地实际出发，平原、山地、沿海等不同地理条件的农村可依据各自自然条件特点发展不同类型特色的体育活动。挖掘、整理和推广富有乡土气息和传统特色的民间体育项目，开展形式多样的体育建设活动。有针对性地培训农村体育骨干，积极培养农民体育组织，引导、资助其组织体育活动，以体育活动促进社区村民和社区之间的和谐和睦。

9. 发展农技推广服务

发展和依靠农业科技是改善农业生产和提高农村经济效益的重要途径。良好的农业科技服务是给农村社区居民带来经济增效、收入增加的必要条件，因而要大量发展农村社区的农技服务。要巩固农技推广队伍，承担新技术、新成果、新产品的引进、试验、示范，动植物疫病及农业灾害的监测、预报、防治和处置，农产品生产过程中的质量检验检测，农业资源、农业生活环境和农业投入品监测，农业市场信息和农民培训工作。确保先进适用技术及时送到田间地头，有效提升科技对农业生产的支撑和保障作用。培育职业化的农民服务队伍，扩大农业内部就业，就地转移农村富余劳动力，缓解就业压力。①

六、农村社区市场服务体系及其发展

农村社区与城市社区不同，它既是生活单元，也是生产单元。

① 王云斌. 农村社区服务体系及其发展的阶段性探讨//戚学森. 农村社区建设理论与实务. 北京：中国社会出版社，2008：96.

农村社区服务既要满足农民群众的生活需求，又要满足农民群众的生产需求。农村社区市场服务体系发展的显著特点是要突出农村发展要务，即促进农业增效、农村增收。农村社区市场体系的建设应注意不要与新农村建设的内容混为一谈，有些农村经济活动，如招商引资、农村产业结构调整、农业龙头企业培育等就适宜放入农村社区市场服务的范畴，应归于新农村建设任务。还应注意的是，市场服务应遵循市场规律，应交由市场来做，政府部门和村级组织对市场服务主要是提需求、制定规划、合理引导、政策扶持，避免直办直管，应按经济规律办事。当前我国农村社区市场服务体系的建设应聚焦于为农村社区居民提供社区商贸服务、培育专业合作经济组织、拓展城市信息服务范围等方面。

（一）发展农村社区商贸服务业

1. 农村社区对连锁便利店需求高

在传统的商品统购统销的计划经济时期，广大农村地区的商贸流通网络以供销合作社的经营网络为主，村一级大多是供销社代购代销店。市场经济体制改革后，供销社在农村的营业网点大多已倒闭或转制，个体户大量涌现，杂货店、副食品店遍布农村各地。但是以传统农村小店为主的农村商贸服务业，容易导致商品质次价高，食品安全问题突出。农村居民对连锁便利店需求强烈。浙江的做法为我们提供了一个较好的经验。浙江 2005 年开始实施“千镇连锁超市、万村放心店”工程，要求三年内实现乡镇连锁店、较大建制村有连锁便利店，极大地方便了农村居民消费。不过浙江的做法也有问题，比如适合连锁经营的村级营业网点比较少，开设农村连锁便利店的成本高，连锁经营龙头企业规模偏小、实力偏弱。

2. 重视推进连锁便利店的建设

2005 年初，商务部提出并启动了“万村千乡市场工程”，通过安排财政资金，以补助或贴息的方式，引导城市连锁店和超市等流通企业向农村延伸发展“农家店”，力争用三年的时间，孕育出 25

万家连锁经营的农家店，构建以城区店为龙头、乡镇店为骨干、村级店为基础的农村现代流通网络，使标准化农家店覆盖全国50%的行政村和70%的乡镇，满足农民消费需求，改善农村消费环境，促进农业产业化发展。为此，财政部出台了对该工程的专项资金扶持政策。截至2009年，农家店的数量已超过27万家。建设便利店已成为各地为农村居民提供便民利民服务的重要内容。连锁便利店虽有营利性，但从食品安全上又具有公益性。因此对它的建设，政府应予以正确引导，按市场方式来操作。政府部门应将连锁便利店纳入农村社区服务体系和基础设施建设范围，进行统一规划建设。对连锁便利店提供政策支持，降低其税费，提供财政补助，以减少其成本。

3. 拓展农村连锁便利店的功能

农村连锁便利店在经营食品、日用品的同时，应该增加邮政、电信、农资、文化产品等经营业务，进一步方便农村居民消费。并且可以利用其通畅的流通渠道和良好的信息系统，开展收购和营销优质农产品活动，引导农业生产、增加农民收入。同时，还要适应农村消费需求变化，不断拓宽连锁便利店的服务领域，增加服务内容，强化服务功能，逐步向多功能、复合服务平台转变。有些具备条件的地方，可在连锁便利店的基础上创办农村社区综合服务社，包括连锁便利店或连锁超市、餐饮服务、医疗卫生、休闲娱乐、文化体育、农产品收购、农资供应等服务设施。使之能更好地为农村社区服务。

（二）培育专业合作经济组织

农民专业合作经济组织主要是指在农村家庭联产承包经营的基础上，同类农产品的生产经营者或者同类农业生产经营服务的提供者、利用者自愿联合、民主管理的互助性经济组织。它以其成员为主要服务对象，提供农业生产资料的购买，农产品的销售、加工、运输、贮藏以及与农业生产经营有关的技术、信息等服务。它包括各类专业协会（初级形式）、专业合作社（典型形式）和股份合作社（创新形式）等。发展农民专业合作经济组织，是稳定、完善家庭联产承包经营制度的迫切需要，是建设现代农业的重要举措，是促进农民增收的有效手段，是深化农村改革、转变政府职能的客观需要，是我国当前建设社会主义新农村的紧迫任务，也是构成农村社区服务体系建设的重要组成部分。政府和村级组织要促成农民专业合作组织的建立，坚持以农业主导产业和特色产品为依托，打破身份、行业、城乡区域、所有制限制，多元化、多层次、多渠道、多领域放手发展各类农民专业合作经济组织。鼓励农村专业大户、村级基层组织、经营能人、农技人员、龙头企业、基层供销社各类主体和各种不同类型的民间资本，利用生产、加工、经营、技术、资产、品牌等优势创办松散型或紧密型、营利型或非营利型、本地区或跨地域的农村专业合作经济组织。帮助协调经济组织与农户的利益关系。

（三）拓展城市信息服务范围

许多城市地区通过整合政府、市场、社会等各种资源，推出了多条社区信息服务热线，全天候、全方位地为城市居民提供有关家政、设备维修、水电维修、购物消费、住宿餐饮、中介等服务，并实行全程跟踪监督，深受市民欢迎。但这些服务在农村社区还很少，农民暂时无法享有。在一些条件具备的农村地区，农村村民对上述信息也有旺盛的需求，应因势利导，将信息化服务覆盖到城乡社区的所有居民，使农村社区居民也可享有与城市社区类似的服务。

七、农村社区志愿服务及其扶持

农村基层志愿服务是指各种社会组织和个人，利用自身的资金、技能等资源，自愿为农村公共事务、公益事业和农民群众提供帮助或服务的行为。[1]

(一) 我国发展农村社区志愿服务的必要性与可行性

1. 必要性

(1) 解决农民生产生活中的实际问题需要开展志愿服务。

当前，我国农村经济社会发展步伐明显加快，农村社区建设呈现蓬勃生机。但是农村社会依然存在一些需要妥善解决的问题，比如困难群众数量依然庞大，重点优抚对象等群体需要重点扶持，广大农民群众对教育、文化、科技、法律、卫生、治安和环保服务的需求不断增强。解决这些生产生活中的实际问题，既需要政府的大力支持，提供优质服务，也需要借助市场服务这只“看不见的手”的力量，更需要重视和利用社会各界的爱心奉献与农民群众自身的力量，开展志愿服务。

(2) 农村税费改革后的形势需要志愿服务。

为应对税费改革后乡镇（街道）干部、村级组织成员精简的新形势，开展志愿服务是增强社会服务功能的重要举措，是整合各种服务资源，满足农民群众日益增长的物质文化和生活需求的重要途径，是政府依靠社会力量解决社会问题的重要方法。开展志愿服务，对于提高农民的组织化程度，形成平等友爱、融洽和谐的人际环境，缓解社会矛盾、促进社会公平、维护社会稳定，具有重要作用。

2. 可行性

(1) 舆情环境可行。

当前，解决“三农”问题成为国家和社会各界的共识，机关、企事业单位、科研院所、社会组织都在谋划如何为“三农”服务，因而具备开展志愿服务的舆情环境。

---

① 关于在农村基层广泛开展志愿服务活动的意见. 国家民政部网站，2006-02-20.

(2) 道德基础可行。

中华民族特别是农村村民向来有“出入相邻、守望相助、疾病相救”的优良传统，我国政府一直倡导“一方有难，八方支援”的社会风尚，因而具备开展志愿服务的道德基础。

(3) 制度基础可行。

农村基层长期实行村民自治，农村公益事业多年来采取村民投工投劳的办法，形成了一套村民自我管理、自我教育、自我服务的制度，因而具有开展志愿服务的制度基础。

(4) 文化氛围可行。

农村村民之间向来有相互帮助的文化氛围，也有如红白喜事理事会之类的组织，只是没有被称为志愿活动、志愿组织而已。

(二) 我国农村社区志愿服务的主要领域

哪些领域应该成为农村社区志愿服务的内容呢？应该首先考虑的是那些处于弱势地位的对象，重点包括低保对象、五保对象、老年人、未成年人、残疾人、优抚对象、特困党员、外出务工人员家庭以及刑释解教人员、社区矫正人员，还应包括普及科技文卫和法律知识、扶贫开发、社会救助、优抚助残、敬老扶幼、治安巡逻、卫生保洁、环境保护、文艺演出等重点服务领域，兴办农村社区公益事务，改善农村生存环境和生活条件，解决农村困难群体的生产生活困难。① 总而言之，我国农村社区志愿服务负责的领域是宽泛的。

(三) 扶持我国农村社区志愿服务的发展

社区志愿服务是以满足社区农民需求为目的，以提高社区农民素质为宗旨，发挥党的领导核心作用以及村民自治组织、群众团体和其他基层组织的作用，充分发挥农民群众自身的力量，积极引导

---

① 关于在农村基层广泛开展志愿服务活动的意见. 国家民政部网站，2006－02－20.

社会力量，遵循以人为本、自我服务、因地制宜、自愿参加的基本原则，共同促进农村突出问题和农民群众实际困难的解决。

各级政府和部门要切实加强对农村社区志愿服务活动的指导和扶持。要把推进农村社区志愿服务作为健全社区社会服务体系，解决"三农"问题，建设社会主义新农村的一项重要任务予以部署。各地县级政府要研究并提出本地开展农村社区志愿服务的活动规划，整合资源，帮助解决服务活动中存在的困难和问题，不断壮大服务力量。乡级政府要积极督促村级组织建立健全农民志愿服务的组织和制度。有条件的地方，对招募的志愿者要进行服务技能等方面的培训，不断提高志愿者服务质量。要切实维护志愿者的合法权益，广泛宣传、表彰农村社区志愿服务活动中涌现出来的先进集体、先进个人，在社会上形成支持农村社区志愿服务的良好氛围。组织部门、宣传部门、民政部门等和共青团、妇联、科协等组织，要在党委和政府的统一领导下，发挥各自优势，密切配合，形成合力，引导农村基层志愿服务活动健康发展。

八、我国农村社区服务体系建设的途径与对策

根据我国农村社区服务体系建设的基本现状和存在的问题，结合我国农村社区建设的目标与态势，今后农村社区服务体系建设应从加强组织领导、健全法律法规政策体系、建立多渠道投融资机制、完善和落实扶持政策、加快农村社区服务人才队伍培养等方面着力推进。

（一）加强组织领导，形成推动合力

各地要加强对农村社区建设的组织领导，切实将社区服务体系建设工作置于突出地位，纳入当地国民经济和社会发展规划以及其他中长期发展规划，在人力、财力、物力等方面提供保障。要进一步明确各级政府和有关部门在农村社区服务体系建设中的工作职

责，建立健全政府统一领导、民政部门牵头、有关部门分工负责、多方共同参与的农村社区服务建设与管理体制，改革创新农村社区服务设施运行机制，形成推动农村社区服务体系发展的合力。

（二）健全法律法规政策体系，规范农村社区服务的建设

针对农村社区服务体系发展中亟须用制度规范和调整的热点、难点、重点问题，研究并出台支持农村社区服务体系发展的相关法律法规和政策，明确农村社区服务体系中投资、建设和运行的主体及其相应的责任。制定农村社区服务准入标准、服务设施建设标准、信息化建设标准，规范服务和建设行为。在现有法律法规政策的基础上，继续完善、发展农村社区专职工作者和社区志愿者队伍的相关规范，为农村社区服务体系发展提供人力资源保障。加强普法工作，提高社区工作人员、社区组织成员和全体社区居民的法律意识。

（三）建立多渠道投融资机制，妥善解决农村社区服务体系建设经费来源

1. 列入财政预算，保障公益性项目资金，制定发展规划，统筹安排资金

各级政府要把农村社区公共服务建设列入财政预算，安排一定资金作为农村社区的服务业发展专项资金，对公益性服务项目予以资金保障。各级发展和改革部门要从实际出发，因地制宜，分级制定农村社区服务体系发展规划，确定发展目标和重点，完善相关政策措施，统筹安排农村社区服务体系建设与发展所需的资金、场所和人员，促进农村社区服务各项工作的落实。

2. 房地产开发项目配套，吸引社会资金投入建设

乡村房地产开发项目中，应配套建设公共文化、教育、体育等各类社区服务设施。逐步引导社会各方参与和支持农村社区服务体系的建设与发展，探索建立有效的农村社区服务体系建设资金募集

方式，通过贴息补助、配套投入等多种方式拓宽农村社区服务体系建设融资渠道，吸引社会资金投入农村社区建设。

3. 慈善捐赠，鼓励企业共建，加强对资金的监督

通过慈善捐赠等活动，筹集农村社区服务体系建设发展资金；鼓励企业与农村社区建立共建机制，兴建社区服务设施，开展社区服务。同时，还要加强对建设资金使用和管理的监督力度，通过村务公开等形式接受群众监督，提高资金使用效率。

总而言之，农村社区服务的投入机制问题，单由公共财政包下来是不可能的，但让农民分担又是不公平的。解决这些问题的出路在于：构建以公共财政供给为主，村社集体、私人、中小企业和民间机构多方参与的供给体制和机制，形成责权明晰、配置合理、和谐有序、可持续发展的农村社区服务体系投入机制。

（四）完善和落实扶持政策

对农村社区公共服务设施建设用地，按照法律、法规和规章可以采用划拨方式供地的，各级政府要切实予以保证；对于一般性社区服务设施建设用地，应当采用有偿方式供地的，可以在地价上适当给予优惠。农村社区组织开展工作和公益性服务的用水、用电、用气按应给予价格优惠或根据不同情况予以必要的财政补助。

农村社区组织的工作用房和居民公益性服务设施的产权归属，要通过制定明确的制度予以确认，由政府划拨或以政府投入为主的，产权归当地街道办事处（乡、镇人民政府），社区具有永久使用权；单位、个人无偿提供或资助的，其产权和使用期限以双方自愿签订的协议为准。农村社区组织的工作用房和公益性服务设施只能用于社区组织办公和开展公益性服务，不得改作他用。

充分发挥行政机制、市场机制、志愿机制在社区服务中的作用，对农村社区组织开展的互助性服务、志愿服务和社会力量兴办的微利性商业服务给予政策和资金扶持；对农村社区营利性商业服务要积极引导其向产业化、市场化发展；鼓励大型服务企业兼并、

控股国有或集体所有的农村社区服务单位，支持个体私营经济参股或兴办农村社区服务企业。

（五）加快农村社区服务人才培养

建立健全以培养、评价、使用、激励为主要内容的政策措施和制度保障，制定工作规范，通过各种形式培训农村社区管理和服务人才，扩大农村社区社会工作人才队伍规模，不断提高农村社区服务工作者的职业道德、服务意识和业务水平。加强各类高等学校和科研机构农村社区服务研究和社区服务相关学科建设，为农村社区服务体系培养各类专业人才。制定优惠政策，鼓励吸引更多社会优秀人才、大学生到农村社区工作，切实解决农村社区村委会成员及其聘用的服务人员的生活补贴、工资、保险等福利待遇，并使待遇水平随经济发展而适当提高，同时为他们开展好农村社区服务提供必要的工作条件，对优秀的农村社区服务工作者予以多种形式的表彰奖励。

调研案例

青岛市城阳区农村社区公共服务体系建设

为了能更好地理解农村社区公共服务体系的建设情况，我们对青岛市城阳区进行了实地调查。青岛市城阳区地处青岛市市区北部，东依崂山区，南接李沧区，西临胶州湾与胶州市相邻，北与即墨市毗连，东西最大横距 41.5 公里，南北最大纵距 24 公里。全区总面积 553.2 平方公里。青岛市城阳区经济发展水平较高，2019 年国内生产总值为 1 121.83 亿元，财政收入为 153.4 亿元，常住人口为 85 万人。青岛市城阳区下辖 8 个街道办事处：城阳街道办事处、红岛街道办事处、棘洪滩街道办事处、流亭街道办事处、上马街道办事处、惜福镇街道办事处、夏庄街道办事处和河套街道办事处，按“一村一社区”的方式设置了 230 个农村社区。

（一）青岛市城阳区农村社区公共服务体系建设现状

从调查情况来看，城阳区农村社区公共服务体系建设已经有了初步发展。各办事处对这些公共服务设施的资源投入是巨大的，下面是8个街道办事处对综合服务设施投入资金以及预计后续投入的统计数据。从表5-2中我们可以看出，基础设施建设的顺利进行离不开大笔资金的投入。

表5-2　综合服务设施投入资金统计数据　　单位：万元

街道名称	城阳街道办事处	红岛街道办事处	棘洪滩街道办事处	流亭街道办事处	上马街道办事处	惜福镇街道办事处	夏庄街道办事处	河套街道办事处
投入资金	12 000	850	4 070	18 000	240	560	5 600	360
后续投入	5 000	500	1 040	500	150	100	3 000	400

资料来源：根据课题问卷调查整理。

通过调研，我们发现青岛市城阳区的公共基础设施建设种类比较齐全，包括医疗卫生、体育、文化等方面，是广义的基础设施建设，面积较大，基本上能满足村民对公共服务基础设施的要求。城阳区各街道办事处基本都设置了一站式服务大厅、党员志愿者服务站、图书阅览室、卫生服务站、综合治理服务站、文体教育服务站、村民议事室、劳动保障服务站、社区居民学校、老年活动室等公共基础设施（见图5-3）。

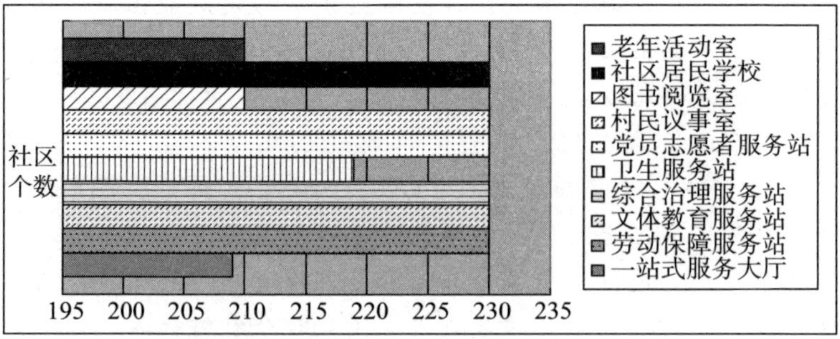

图5-3　青岛市城阳区拥有各种公共服务基础设施的社区个数

资料来源：根据课题问卷调查整理。

（二）青岛市城阳区农村社区公共服务体系建设取得的成效

正是城阳区对农村社区公共服务的重视，加之其经济比较发达，社区有能力进行公共服务建设，近年来城阳区农村社区公共服务体系得到了长足发展，230 个农村社区基本上建立起了比较完善的公共服务体系，图 5－4 显示的是具备不同公共服务功能的社区个数，从该图中我们可以清楚地看出，青岛市城阳区在农村社区公共服务体系建设中取得了良好的发展成绩。

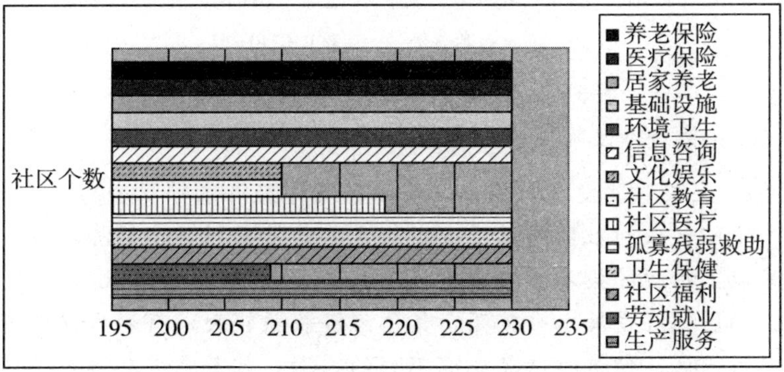

图 5－4　青岛市城阳区拥有不同公共服务功能的社区个数

资料来源：根据课题问卷调查整理。

（三）青岛市城阳区农村社区公共服务体系建设存在的问题

1. 各农村社区建设水平不均衡

城阳区农村社区总体经济发展水平较好，但其内部发展很不均衡，农村社区公共服务基础设施数量分布不均很好地说明了这个问题。一般来说，所调查地区的财政收入越高，配套的综合服务设施建设得就越完善；财政收入越低，公共服务基础设施就越少。不同地区之间，公共服务基础设施的数量、质量存在较大差异。图 5－5 展示了 8 个街道办事处综合服务设施建设的资金投入和预计后续投入，从该图中我们可以直观看出各农村社区建设水平的不均衡。

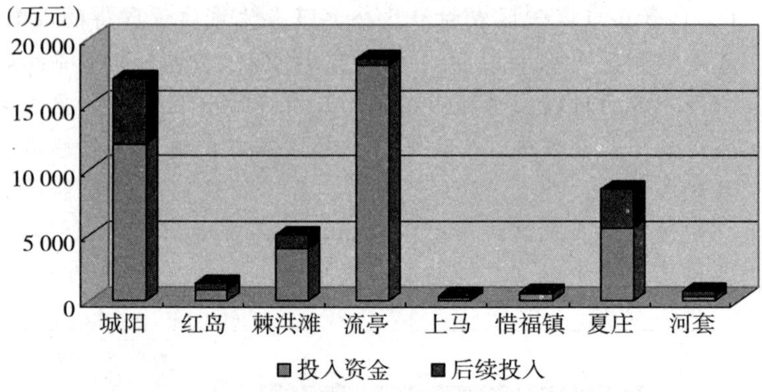

图 5-5　综合服务设施投入资金统计数据

资料来源：根据课题问卷调查整理。

2. 上级财政投入比例小，对社区集体经济依赖程度高

城阳区农村社区建设资金投入主要是依靠村集体经济，镇、县及其以上财政的投入所占比例较小（如表 5-3 所示）。这种情况源于城阳区经济发展水平较高，集体经济收益较大，有能力建设自己的农村社区。但这种情况也有不利的一面，就是上级政府对各农村社区建设的调整力度较小，从而形成了农村社区建设事实上的不均衡。

表 5-3　农村社区建设资金来源（%）

街道名称	城阳街道办事处	红岛街道办事处	棘洪滩街道办事处	流亭街道办事处	上马街道办事处	惜福镇街道办事处	夏庄街道办事处	河套街道办事处
村集体投入比例	99.08	36.47	79.36	66.67	20.83	64.29	100.00	45.00
其他投入比例	0.92	63.53	20.64	33.33	79.17	35.71	0.00	55.00

资料来源：根据课题问卷调查整理。

3. 社区人才队伍建设相对滞后

首先，农村社区服务人员数量不足，每位工作人员的工作量大。从城阳区几个街道办事处的农村社区的调查数据来看，平均每个社区所配备的工作人员差距比较大，如城阳街道办事处每个社区有20个社区工作人员，但红岛街道办事处每个社区却只有3个社区工作人员。除此之外，从总体上看社区人才相对硬件设施建设来说不足。其次，农村社区服务人员结构不尽合理。其中村“两委”兼职的人员比较多，专业人员较少。这种人才结构一方面不利于政府职能的转换及社区职能的承接，另一方面使得服务质量难以保证。最后，农村社区工作人员的工资相对较低，且不同社区间差别很大，在1倍以上。这样的工资结构很难留住有才能的人，容易造成人才的流失，从而使社区人才队伍建设滞后的情况不断恶化。

第五节　农村社区社会保障服务建设

一、社会保障与农村社会保障概述

（一）社会保障与社会保障体系

1. 社会保障的含义

社会保障（social security），是指国家和社会通过立法对国民收入进行分配和再分配，对社会成员特别是生活有特殊困难的人们的基本生活权利给予保障的社会安全制度。社会保障的本质是维护社会公平，进而促进社会稳定发展。社会保障作为一种国民收入再分配形式是通过一定的制度实现的。我们将由法律规定的、按照某种确定规则经常实施的社会保障政策和措施体系称为社会保障制度。

全球的社会保障模式大致可分为国家福利、国家保险、社会共济和积累储蓄四种。目前我国在建的社会保障制度属于社会共济模式，即由国家、单位（企业）、个人三方共同为社会保障计划融资，而且这是未来相当长一段时期的改革趋势。

2. 社会保障体系及其功能

社会保障体系是指社会保障各个有机构成部分系统相互联系、相辅相成构成的总体。完善的社会保障体系是社会主义市场经济体制的重要支柱，关系到改革、发展、稳定的全局。我国现行的社会保障体系分为社会救助、社会保险、社会福利、社会优抚等几个层面。社会救助由贫困救助、灾害救助等组成；社会保险由养老保险、医疗保险、失业保险、工伤保险和生育保险等组成；社会福利由儿童福利、残疾人福利和老年人福利等组成；社会优抚包括军人优待和军属优待等内容（褚福灵，2010）[①]。

社会保障体系是市场经济的“安全网”、经济发展的“减震器”、收入分配的“调节器”、社会和谐稳定的“平衡器”。社会保障体系在缓和社会矛盾、维护社会稳定方面起到了至关重要的作用。

（二）农村社会保障的一般内容

长期以来我国形成了以户籍制度为核心的城乡分割的二元体制，社会保障制度的建立也以户籍制度为标准形成了二元甚至多元的社会保障格局，造成了对农村社会保障的忽略和农民社会保障权益的损害，不利于社会保障的公平与效率。[②] 农村社会保障的水平依然较低，这与我国农村经济发展水平不相符。社会保障是社会经济发展到一定程度的产物，社会经济发展一方面提高了居民社会保障的需求，使建立社会保障成为社会经济发展的一种客观要求，另一方面也为社会保障制度的建立提供了必要的物质条件，使社会保障建立成为可能。中国农村区域发展不平衡，有些农村地区已经有条件建立农村社会保障制度。[③]

---

① 褚福灵. 中国社会保障体系的科学架构研究. 社会保障研究，2010 (1)：5-10.

② 龙玉其. 当前经济环境下中国社会保障体系研究. 桂海论丛，2011，27 (2)：71-75.

③ 梁鸿. 农村社区发展与社会保障的研究——以苏南农村为个案. 复旦学报（社会科学版），2001 (4)：109-113.

改革开放以来，特别是中共十六大以来，党中央、国务院着力推进农村居民社会保障工作，为此做出了一系列重大决策部署。目前初步形成了以农村居民最低生活保障制度、新型合作医疗制度、农村居民医疗救助制度、五保供养制度、自然灾害生活救助制度等为主要内容的农村居民社会保障体系。从 2009 年起新型农村养老保险也开始试点。这样就初步保障了农村群众的基本生活。

二、农村社区最低生活保障制度及其存在的问题

（一）农村社区最低生活保障制度的建立与现状

最低生活保障（低保）制度是国家和法律赋予每个公民在收入不能维持其正常的基本生活需求时，由国家和社会按照一定的标准向其提供满足最低生活需要的物资援助的社会保障制度。我国农村最低生活保障制度是从 1992 年的山西省左云县开始实施的。但农村低保和城市低保的标准差异很大，属于典型的二元结构。2007 年 7 月 11 日发布《国务院关于在全国建立农村最低生活保障制度的通知》（国发〔2007〕19 号），各地政府积极落实，最低生活保障制度的覆盖范围和标准都在不断提高。

根据民政部公布的数据，2008 年全国农村有最低生活保障对象 2 311.5 万人，2013 年增加到峰值 5 388 万人。之后呈下降趋势，截至 2018 年底，全国农村低保对象为 1 901.7 万户 3 519.1 万人。全国农村低保的平均保障标准为 4 833.4 元/人·年，比上年增长 12.4%。2008—2018 年间，各年支出的农村低保资金呈上升态势，2008 年为 393.4 亿元，2013 年为 866.9 亿元，2018 年达到 1 056.9 亿元，10 年间年均增长了 10.39%，高于同期全国经济增速。2001—2010 年间的各年度保障人数及其增长率见图 5－6。

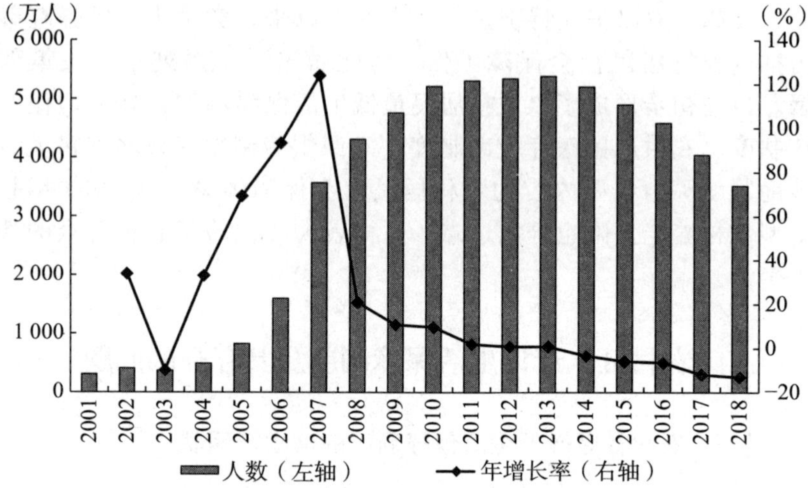

图 5-6　2001—2018 年农村最低生活状况及发展趋势

资料来源：中国民政部 2001—2018 年《社会服务发展统计报告》。

从全国农村社区建设实验县（市、区）建设农村社区的实际工作来看，农村社区最低生活保障的服务、标准及覆盖人数并没有因为社区建设而出现实质性的变化。以青岛市城阳区为例，所建 230 个农村社区中全部社区都建成了劳动保障服务站，有 219 个社区建成了卫生服务站，并基本上都承接了镇政府劳动保障服务和医疗卫生服务的职能。但最低生活保障仍是按原来的方式操作，农村社区并没有承接镇政府最低生活保障服务的职能，标准没有因农村社区建设而提高，覆盖人数也没有因农村社区建设而扩大。

（二）农村社区最低生活保障存在的问题及其成因

虽然近年我国的农村社区最低生活保障制度逐渐成熟和完善，但仍存在很多突出问题，具体有以下几点。

1. 农村社区最低生活保障的对象确定存在困难

农民收入基本上由务农所得农产品和外出务工的工资组成，这两部分都有一定的隐蔽性，很难准确统计。比如农产品的价格时常波动，而外出务工所得又是不透明的。所以虽然有些地区确定农村社区最低生活保障对象时也提出了一定的收入标准，但在实际执行过程中，农村的低保对象往往是由病、残、年老体弱、丧失劳动能力以及生存条件恶劣等原因造成生活常年困难的人员组成。[①]

2. *农村社区最低生活保障标准较低、覆盖范围小，各地农村社区最低生活保障水平差距很大*

同城市社区最低生活保障标准相比，我国的农村社区最低生活保障标准普遍较低，覆盖范围较窄。比如宁波市提出农村低保标准要在城镇标准的60%以上。[②] 现在各地农村社区建设中都提出了“应保尽保”的目标，但这里的“应保”人员只是确定为贫困救助对象的人员，农村社区最低生活保障覆盖范围较窄是不争的事实。这主要是由于农村地区经济发展水平较低，政府的财政收入有限，特别是在贫困县，政府无力支付低保的支出。由于我国各地农村经济发展水平悬殊，各地农村社区最低生活保障水平差距也就很大。一般而言，东部地区农村经济发展水平高，农村社区的低保标准就高，而中西部农村社区的低保标准就相对较低。例如北京市各城区已经实现了城乡低保标准并轨，2019年北京市最低生活保障标准调至家庭月人均1 100元。[③] 但全国农村社区试验县山东省恒台县2019年农村社区的低保标准为家庭月人均526元[④]，云南省农村最低生活保障标准为年人均3 500元，月人均不足300元[⑤]。虽然这里面有物价的因素，但从购买力的角度看，差距也是存在的。

---

① 山西省临汾市民政局. 关于临汾市农村低保对象生活状况的调查. 豆丁网，2011-09-06.

② 冯军. 我市出台加快农村社区建设意见. 宁波网，2009-06-02.

③ 北京市民政局，北京市财政局. 关于调整本市最低生活保障标准的通知（京民社救发〔2019〕17号）. 北京市民政局办公室，2019-01-21.

④ 桓台县人民政府办公室关于提高城市居民最低生活保障标准的通知（桓政办字〔2019〕2号）. 桓台县人民政府办公室，2019-01-14.

⑤ 云南省民政厅. 云南农村低保指导标准提高到3 500元/人/年. 农村网，2018-07-26.

3. 农村社区最低生活保障的资金来源单一，保障资金操作不规范

资金的缺乏一直是制约农村最低生活保障制度建设的主要因素。2007 年发布的《国务院关于在全国建立农村最低生活保障制度的通知》指出，农村最低生活保障资金的筹集以地方为主，地方各级人民政府要将农村最低生活保障资金列入财政预算，省级人民政府要加大投入。中央财政对财政困难地区给予适当补助。中央政府只对认定的特困县给予一定的财政拨款，其他县市则主要依靠当地的县市，按一定的比例来分担，有些地区的省级财政可能会给予一定的支持。由于法律和制度的缺失，这些有限的宝贵资金往往被分配给了不符合低保条件的人员，出现了“人情保”“关系保”等现象。

4. 农村社区最低生活保障管理不够规范，缺乏动态管理，缺少完善的退出机制

要保证农村社区最低生活保障制度的有效运作，就必须有健全的组织、专业化的人才队伍和相应的设施。但在农村社区建设中这部分内容往往得不到足够的重视。各地农村社区建设都强调基础设施，注重硬件部分，多数社区都设有村民活动中心、各种健身设备，等等。对于人才队伍的建设涉及较少，农村社区社会生活保障人才严重缺乏，对于一些以“一村一社区”模式建设的农村社区及规模相对较小的农村社区，负责社会生活保障的基层管理力量仍然设在乡镇政府，并且基层管理力量没有整合，没有形成合力。乡镇一级的低保办公室人员一般只有 1～3 人，并且负责多方面的工作，这样就使得农村社区低保工作不能细化，入户调查不规范，在申请、审核、评议、公示、审批、发放、监督等环节也往往因为缺少专业人员而出现失误（廖建华，2010）。[①] 也正是因为低保基层人才的缺乏和基层组织的不完善，致使无法实现动态管理，在确定低保对象时

① 廖建华. 广西玉林市农村最低生活保障制度实施情况研究. 当代教育理论与实践，2010，2（6）：174－177.

会有滞后，并且确定后常常不能及时更新低保对象的信息，这样一些因为特殊原因造成的贫困人员就得不到及时的救助，而生活有了明显改善的已不符合救助标准的人员却继续分享着宝贵的低保资金。

5. 农村社区最低生活保障缺乏法律保证

农村社区没有相关的法律制度保证，没有像《城市居民最低生活保障条例》这样的权威性行政法规。虽然各地都出台了相关的条例、暂行办法，但具体内容不尽相同，约束力有限。

此外，农村社区最低生活保障还存在着标准制定随意、信息不畅等问题，基层群众对农村社区最低生活保障标准、流程等不熟悉。

（三）完善农村社区最低生活保障制度的对策

现在农村社区最低生活保障存在着各种各样的问题，但总结起来主要是制度不完善、基层专业人员缺乏、资金不足、法律保障不足四个方面的内容。为了完善农村社区最低生活保障制度，农村社区可以做以下四个方面的工作。

1. 积极配合农村社区低保制度建设

现在的农村社区低保制度很不健全，容易出现各种各样的漏洞，只有健全的制度才能从根本上杜绝现存的各种问题。为加强制度建设，要做以下工作。

首先，确定符合实际的家庭收入计算和核查的合理办法。可以通过入户调查、走访群众等方法，科学计算家庭收入，科学地确定低保对象及其档次。其次，提高低保运作过程的透明度，发挥群众的监督作用。按照公平、公正、公开的原则，严格进行规范操作，按照申请—评议—公示—审核—审批—公示—发证的程序进行。在确定低保人选时进行“三榜公示”，设立公开举报电话，杜绝“关系保”“人情保”等“暗箱”操作现象。在确定人选时，要将结果进行公示，以保证结果的公平。通过实行评议、听证会、审批结果公示、群众举报热线等方式，发挥群众的监督作用。最后，建立监督检查机制。采取随机抽查、入户调查等方式，重点围绕低保对象核查、认定操作程序是否规范，定期进行检查（管祉妍，2011）。[1]

2. 加强农村社区低保基层组织、基层专业人才队伍的建设

在农村社区低保制度的实施过程中，专业人员的作用至关重要，特别是基层专业人才。因为这些人员是前线的"作战部队"。从低保对象的的确定，到低保的申请审查，再到事后的追踪都少不了基层专业人员的参与。在基层人才队伍的建设中要特别注重本社区人员的培训，因为这些人才能真正地植根于社区，服务于社区，并对自己社区的情况非常了解，同时这也是培养新型农民的要求。

3. 要拓宽农村社区最低生活保障资金的来源，从而提高农村社区低保水平，扩大覆盖范围

《国务院关于在全国建立农村最低生活保障制度的通知》要求，根据中央、省、市、乡各级政府财力，合理确定低保的分担比例。地方财政要努力创收，增加低保资金的投入，此外，要加大财政转移支付的力度。上级财政要根据实际情况，对地方财政给予相关支持，要加大对低保需要的资金进行转移支付，建立以地方财政资金为主渠道、分级负担、社会民间资金为辅的资金筹措和保障的长效机制。

另外，农村社区要有创新，建立多元化的筹资渠道，例如组织捐赠、福利彩票、义演等慈善活动，依靠民间力量建立互助基金、扶贫基金等其他与农村低保相配套的改革措施。现在也有农村社区提出了"农村社区股份合作社"的概念[2]，可以考虑将一部分利润作为本社区低保资金的来源。

4. 协助有关部门加快完善农村低保的相关法律法规

法制是现代国家行政管理的根本依据，建立健全农村居民最低生活保障制度，必须修订、完善有关立法。一是要抓紧制定中国社会保障的基本法，建立城乡一体的社会保障体系，为农村居民最低

① 管祉妍．对我国农村最低生活保障制度的思考．科技致富向导，2011（2）：11.

② 北京市通州区政府．通州区农村社区股份合作社规范化管理实施办法（试行）．北京市通州区政府网站，2011－01－28.

生活保障制度的实施提供法律依据。二是总结近几年全面实行农村居民最低生活保障制度的有益经验和有效做法，吸收世界各国有关居民最低生活保障制度立法的成果，制定有关农民最低生活保障制度的行政法规和规章，形成农村低保制度的法制体系（王梅，2011）。[①] 农村社区在这两方面都可以提供宝贵的经验。

三、农村社区养老保险服务及其存在的问题

（一）农村社区养老保险服务的现状

从1980年代开始，我国探索性地建立农村社会养老制度，在1992年颁布了《县级农村社会养老保险基本方案（试行）》后，又于1995年颁布了《关于进一步做好农村社会养老保险工作意见的通知》。在这些政策的指导下，我国农村社会养老保障工作取得了一定的成绩。自2003年起，各地开始了新型农村养老保险试点，在探索新的农村养老保险模式方面取得了一定的突破和进展。到2017年底，全国已有31个省市区的近2 000个县（市、区、旗）不同程度地开展了新型农村养老保险试点工作，有500多万农民参保，积累保险基金300多亿元，有300多万参保农民领取了养老金。[②]

2009年国务院召开全国新型农村社会养老保险试点工作会议，确定了10%的县为试点县，并确定了2020年前基本实现对适龄农村居民老有所养全覆盖。新型农村养老保险开始在全国得到迅速的推广。与原来不同，新型农村养老保险是由个人账户养老金和基础养老金两部分组成，政府的财政补贴补在领取期支付给参保人员，这样可以激发农民参保的积极性。

① 王梅．农村最低生活保障制度存在的问题及对策．经济研究导刊，2011（11）：83-84.

② 决策解读怎样建立新型农村社会养老保险制度．中国政府网，2009-01-08.

现在进行的农村社区建设中，新型农村社会养老保险制度也得到了不断推行。以重庆市垫江县为例，它既是全国农村社区建设试验县，也是新型农村社会养老保险首批试点。调查发现，其下辖的三溪镇三汇社区早在2010年就有95%以上的家庭都已参保，有老年人的家庭几乎100%参保。① 像这样的同是两种试点的县区有很多，并且农村社区养老保险服务的水平在提高，覆盖范围也在扩大。但总体来看，我国农村社区养老保险的水平还很低，覆盖面也比较窄，在农村社区建设中有些地方还是执行老农保的政策，这同农民的需求和经济社会的实际发展情况已逐渐脱离。

（二）农村社区养老保险存在的问题及成因

现行的农村社区养老保险有很多问题，具体主要有以下几点。

1. 农村社区养老保险的资金投入不足，造成了农村社区养老保险水平较低，对农民生活的改善有限

《国务院关于开展新型农村社会养老保险试点的指导意见》（国发〔2009〕32号）规定，新型农村社会保障（简称“新农保”）实行基础养老金和个人账户养老金相结合的养老待遇，国家财政全额支付最低标准基础养老金；同时实行个人缴费、集体补助、政府补贴相结合的筹资办法，地方财政对农民缴费实行补贴。缴费标准目前设为每年100元、200元、300元、400元、500元5个档次，已年满60周岁、未享受城镇职工基本养老保险待遇的，不用缴费，可以按月领取基础养老金55元。但在现实中，老年人往往选择只领取55元的基础养老金，而年轻人则选择不投保，或者是选择最低等级的100元。在农村社区建设中大笔资金往往都投在基础设施上②，集体对养老保险资金的贡献较低。

---

① 何英. 浅议新型农村社会养老保险试点——以重庆市垫江县三溪镇三汇社区居委为例. 科教导刊（中旬刊），2010（8）：103.

② 孔娜娜. 农村社区服务中心建设：资源配置的公平与效率——以豫西北平原聚集村落（群）为分析对象. 社会主义研究，2009（4）：31－36.

以上这些事实导致了农村社区的养老保险的资金投入不足、水平很低、对农民生活的改善有限。这里我们以湖北省钟祥市文集镇为例来说明这个问题。钟祥市是全国农村社区建设实验县和新型农村社会养老保险试点县，在农村社区建设和新型农村社会养老保险上走在了全国的前列。但该市的问题依然突出，图 5－7 是钟祥市文集镇受访村民对“家中老人每月领取的养老金能否满足其日常开销”问题的回答统计（张婷）。[①] 从结果可以看出，绝大多数人认为生活并没有质的改善。

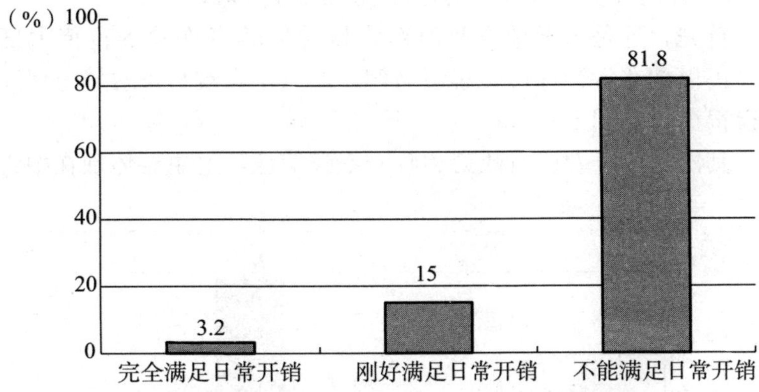

图 5－7　钟祥市文集镇受访村民对“家中老人每月领取的养老金能否满足其日常开销”问题的回答统计结果

资料来源：张婷. 新型农村养老保险的现状及对策分析——以钟祥市文集镇为例. 道客巴巴，2010－11－21.

2. 各地间农村社区养老保险的水平差距很大

在建的农村社区中有一部分已开始实行新型农村社会养老保险，但仍有一部分执行的是旧的养老保险制度，这就使得农村社区的一部分人没有养老保险。单就执行新型农村社会养老保险的农村

① 张婷. 新型农村养老保险的现状及对策分析——以钟祥市文集镇为例. 道客巴巴，2010－11－21.

社区而言，社区间水平也相差很远。由于新型农村养老保险实行个人缴费、集体补助、政府补贴相结合的筹资办法，而基础养老金部分是全国统一的55元标准，这就使得各社区的养老保险水平与本社区的经济发展水平直接相关。在经济发展好的地区，集体的补助就多，个人缴纳的数值就高，从而其最终领取的养老保险金就相应的比较高，经济落后地区的情况则相反。这种情况反映了个人收入、地区发展、集体组织实力等方面的差距，体现了权利与义务相对应的原则。①

3. 农民对农村社区养老保险缺乏足够的认识

首先，这是由于地方政府对农村社区养老保险的宣传力度不够。仍以湖北省钟祥市文集镇为例，调查中发现村民对养老保险了解得很少，见图5-8。

其次是由于农民对政策和政府不够信任，这主要体现在中青年

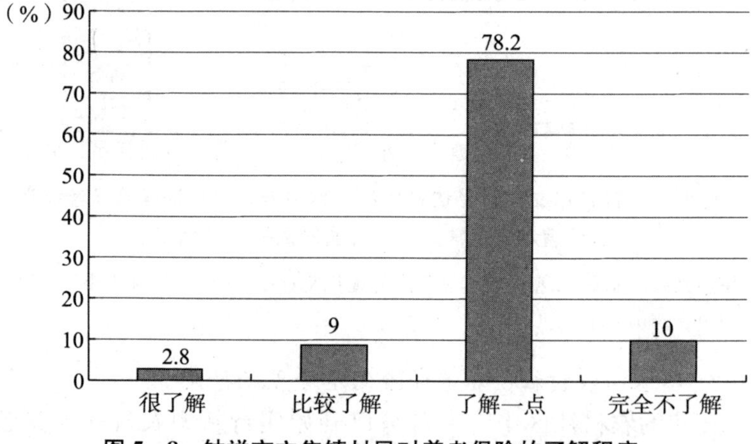

图5-8　钟祥市文集镇村民对养老保险的了解程度

资料来源：张婷. 新型农村养老保险的现状及对策分析——以钟祥市文集镇为例. 道客巴巴，2010-11-21. http://www.doc88.com/p-77740455383.html.

① 国务院18日召开新型农村社会养老保险试点工作会，2009-08-18.

人身上，他们对参保持一定的怀疑和患得患失的心态。他们认为自己还年轻，不需要参保；投保时间太长；养老金太少，无法解决养老问题；年轻人感觉新农保好似年轻人出钱给老年人投保，即他们感觉老年人所得的基础养老金是自家人出的；担心未来能否领到钱以及能领到多少钱；担忧将来政策会变。

4. 农村社区养老保险在执行过程中出现了各种问题

农村社区养老保险的工作量很大，而工作人员较少，使很多工作无法及时、细致地展开。农村社区往往没有专门从事新农保工作的人员，只是指定社区干部负责，但养老保险的工作量很大，办理程序很烦琐，统计信息、整理资料难度很高。这些原因使得农村社区低保工作过粗，影响了新农保的实施。

在工作中，有些地方政府为了追求高的投保率，将同一家庭中的老年人和年轻人"捆绑"在一起，只有年轻人投保了，家里的老人才能领取养老金。这种做法就严重损害了老年人的利益。

除此之外，农村社区养老保险也缺乏有力的法律保证。我国进行了长时间的农村社区养老保险的探索，但长期以来，我国农村社区养老保障一直是依靠各级政府的政策、文件进行引导，强调农民在自愿的基础上参加的原则，但政策并不具备法律效力。这种制度的不稳定性和所具有的风险性必将影响到农民购买养老保障的信心。

（三）加强农村社区养老保险服务的建议

针对上述问题，为了加强农村社区养老保险服务，农村社区可以做好以下工作。

1. 加强农村社区养老保险的宣传力度，特别是针对新农保

使农民了解农村社区养老保险，相信政府和政策。只有农民信任政府和政策，才能自愿地参保、投保，这样农民的参保率自然就会提高，地方政府再也不用费尽心思地进行"捆绑"来提高参保率了。

2. 配合确立农村社区养老保险的法律地位

这样做意义重大：首先，制定农村社区养老保险的相关法律、行政法规及地方性法规，这是农村社区养老保险的基石；其次，要求政府依法行政，司法机关严格执法，企事业单位、社会团体、个人依法办事；最后，要调动社会力量对农村社区养老保险体系参与监督，参与政策制定，监督政策执行。①

3. 灵活管理农村社区的养老保险基金，积极引导社会资本参与农村社区养老保险

农村社区应高度重视养老保险基金的保值增值问题，否则将面临较大的长期养老金支付压力，特别是在现在通货膨胀高企的情况下，传统的购买国债和银行存款的方式越来越难以实现养老保险基金的保值增值。应抓紧研究基金管理和投资政策，探索基金市场化的投资管理模式，应制定相应的基金投资管理办法。还需要研究社会保险个人账户基金市场化投资管理政策，以确保新型农村社会养老保险制度能够可持续发展。② 另外，在我国人口老龄化日益明显的今天，社会资本在养老，特别是农村社区养老中应该能发挥其重大作用（卢宝蕊，2008）。③ 此外，还需要加强农村社区养老保险的基层组织和队伍建设。

四、农村社区医疗保险服务及其存在的问题

（一）农村社区医疗保险服务现状

目前我国农村的医疗保险有合作医疗、医疗保险、统筹解决住院费及预防保健合同等多种形式，其中合作医疗是最普遍的形式。

① 苏国丽. 我国农村社会养老保险存在的问题及对策. 东方企业文化，2010（4）：150－151.

② 决定解读：怎样建立新型农村社会养老保险制度. 中国政府网，2009－01－08.

③ 卢宝蕊. 社会资本支持与农村社区养老创新研究. 福建师范大学，2005.

合作医疗在我国有很长的发展历史。

1965年6月26日，毛泽东同志在农村卫生工作会议上做出了重要的“六二六指示”，接着就在集体经济的基础上建立了农村社区医疗制度，在全国农村形成了比较完整的三级医疗保健网络，“赤脚医生”成为当时农村的主要医疗人员（周航，2010）。[①] 这种农村合作医疗制度是由政府支持、农民群众与农村经济组织共同筹资、在医疗上实行互助互济的一种有医疗保险性质的农村健康保障制度。它在1970年代末期“几乎覆盖了85%的农村人口，这是低收入发展中国家举世无双的成就”。

但改革开放以来，我国的农村集体经济逐渐解体，依托集体经济建立起来的合作医疗制度出现了巨大的衰退，三级医疗保健网络也随之土崩瓦解。1989年的统计表明，继续坚持合作医疗的行政村仅占全国行政村的4.8%。虽然中央政府随后出台了一系列政策，但也没能阻挡这种颓势。而且依靠乡镇企业发展起来的、曾经被世界银行和世界卫生组织誉为“发展中国家解决卫生经费唯一范例”的苏南农村合作医疗模式，在经历了辉煌之后也急剧衰落下去。

在这种情况下，2002年10月，《中共中央 国务院关于进一步加强农村卫生工作的决定》明确指出：要“建立以大病统筹为主的新型合作医疗制度”，“到2010年，新型农村合作医疗制度要基本覆盖农村居民”，从2003年农村新型合作医疗开始，参合率、人均筹资逐年提高，截至2017年已实现全覆盖，参合率达100%，详见表5-4。农村新型合作医疗制度是由政府资助、个人缴费和集体扶持相结合的一种筹资机制，并以县为单位，由政府主导来组织推动，以大病统筹为主，重点解决因患大病而出现的因病致贫、因病返贫问题的一项农民初级医疗保障制度。现在建设中的农村社区基本上也都实现了新型农村合作医疗（简称“新农合”）的覆盖。

① 周航. 中国农村社区医疗卫生服务体系建设研究. 东北大学，2010.

表 5-4　新型农村合作医疗情况

年份	开展新农合县（市、区）（个）	参加新农合人数（亿人）	参合率（%）	人均筹资（元）	当年基金支出（亿元）	补偿受益人次（亿人次）
2004	333	0.8	75.2	38.4	26.37	0.76
2005	678	1.79	75.66	42.1	61.75	1.22
2006	1 451	4.1	80.66	52.1	155.81	2.72
2007	2 451	7.26	86.2	58.9	346.63	4.53
2008	2 729	8.15	91.53	96.3	662.31	5.85
2009	2 716	8.33	94.19	113.36	922.92	7.59
2010	2 678	8.36	96	156.57	1 187.84	10.87
2011	2 637	8.32	97.48	246.21	1 710.19	13.15
2012	2 566	8.05	98.26	308.5	2 408	17.45
2013	2 489	8.02	98.7	370.59	2 909.2	19.42
2014	2 466	7.36	98.9	410.89	2 890.4	16.52
2015	2 418	6.7	98.8	490.3	2 933.41	16.53
2016	2 370	2.75	99.36	559	1 363.64	6.57
2017	2 321	1.33	100	613.46	754.22	2.52
2018	2 273	1.3	100	654.6	839	2.3

资料来源：根据各年度《中国卫生统计年鉴》整理。

随着我国新型农村合作医疗的推进，农村社区卫生服务网络也逐渐形成，服务水平在不断提高。根据各年度《中国卫生统计年鉴》数据，从 2004 年起，县级医院、社区卫生机构的数量、病床数、工作人员都在逐年增长，特别是社区卫生机构增长速度特别快；乡镇卫生机构的数量虽然有所减少，但其病床数和工作人员却在增加，这些说明了我国农村的三级医疗保健网络正在重构，农村社区卫生服务网络正在形成和发展，其覆盖面在不断扩展，服务水平也在不断提高。

全国农村社区建设实验市——江苏省昆山市在农村社区卫生服务建设中注重加强政府的作用，优化资源，以此来构建农村社区卫生服务网络。昆山市卫生局在构建农村社区卫生服务网络中，坚持盘活存量、优化增量的原则；坚持统筹规划、合理布局的原则，社区卫生服务机构必须服从全市区域卫生规划；坚持政府主办，鼓励社会力量参与的原则，突出政府举办社区卫生服务的职能。[①] 全国不少地区在发展农村社区卫生服务事业中，打破医疗机构隶属关系，坚持实行区域卫生规划，乡镇卫生院通过转型转为社区卫生服务中心，村卫生室转型为社区卫生服务站，对现有卫生资源不足的，坚持在政府加大投入的基础上，吸引多方投资，兴建或改建社区卫生服务机构。政府投入重点用于发展社区卫生服务中心（俞志新等，2011）。[②] 通过这些办法来构建农村社区卫生服务网络，取得了不错的成绩。

（二）农村社区医疗保险服务存在的问题

虽然我国农村社区医疗保险服务总体向好，但也存在着一些问题。由于农村社区医疗保险中合作医疗占有绝对优势，所以我们可以从新农合和农村社区卫生服务网络两方面来说明农村社区医疗保险服务存在的问题。

1. 农村新型合作医疗存在的问题

我国的农村新型合作医疗从 2003 年试点到现在参合率不断提高，实现了“新型农村合作医疗制度要基本覆盖农村居民”的目标。但从农村社区的角度看，农村新型合作医疗存在着很多问题。

① 昆山市卫生局. 强化政府职能、优化资源配置努力构建农村社区卫生服务网络. 江苏卫生事业管理，2005（5）：1-3.

② 俞志新，吴校平. 我国现阶段社区卫生服务网络建设和管理模式的实践与探索. 中国农村卫生事业管理，2011，31（2）：122-124.

（1）由于农村新型合作医疗的定位是“大病”，这就使得农民的参合意愿较低。

由于在新农合制度推行中，目前的原则是“保大病”。现实生活中，小病的发生概率远远大于大病，也只有预期患大病概率较高的群体才会积极加入新农合制度，即老人和小孩。调查发现，农村老、弱、病、残者收入较低，支付能力较低，参合的积极性较高，年轻人、健康者参合的积极性不高。所以在合作医疗自愿参加机制下，意识自己是低风险的农民往往选择不参加合作医疗，有的甚至是第一年参加，第二年又退出（张映芹等，2009）。①

以甘肃省靖远县新型农村合作医疗为例，农民在新型农村合作医疗中处于被动地位，“参合率”高而“参合度”低。截至 2018 年底，参合率达 100%，但实际上农民的“参合度”并不高，即内心的认可程度低、信任和信心不足、热情不高。在入户访问和小组座谈中感到，不少农民对合作医疗持怀疑和观望态度，甚至有不少农民参加合作医疗并非自愿（张振南，2008）。②

（2）农村新型合作医疗的资金来源单一；存在筹资困难、筹资成本高的问题。农村新型合作医疗制度采取的是由政府资助、个人缴费和集体扶持相结合的一种筹资机制。实施过程中各级财政分担了其中的大部分，个人缴费一小部分，很少有利用社会资本的例子。

农村新型合作医疗还存在着筹资困难、筹资成本高的问题。历史上存在的诸多以“合作”为名目的乱收费等，造成部分农民对乡镇干部上门做工作持逆反心理，导致筹资困难程度增加。新型农村合作医疗制度的筹资方式采取一年一筹的现收现付制，各试点地区大多采取以户为单位上门宣传发动、签订协议，或用农业税卡代缴的方式，这样做的工作量大、成本高。据估计，从农民手中每收取

① 张映芹，刘婷. 农村新型合作医疗制度实施中突出问题探析——基于陕西勉县农村合作医疗制度的调研. 西安邮电学院学报，2009，14（2）：43-46.

② 张振南. 靖远县农村新型合作医疗状况的调查. 发展，2008（6）：42.

10 元合作医疗基金，其成本大概是 1.5 元～2.5 元。这样的高成本对于本身就已捉襟见肘的合作医疗基金而言是无法长期承受的（段丽娟等，2012）。[①]

（3）农村新型合作医疗报销比例较低、报销程序烦琐。新型农村合作医疗是针对大病的，但越是高等级的医院对其报销比例越低，这就迫使一些人为了节省医药费把应该去县医院看的病转而去镇医院看了，导致病情延误。农村社区中农民的文化水平较低，对医疗系统不了解，程序烦琐最易给农民患者留下坏的印象。

（4）定点医疗机构行为不规范，监管乏力。新型农村合作医疗的定点医疗机构主要是县级医院、乡镇卫生院和相关预防保健机构。由于长期存在人员素质不高、医疗设备不足及管理混乱等问题，使我国农村医疗机构服务水平不高、服务能力不足。大多数医疗卫生机构一方面缺乏财政支持，另一方面又被迫将高药价成本转嫁给患者，直接刺激药价的抬升。药品收入成为广大医疗机构的重要收入来源，乡镇卫生院药品收入占医院收入的 86%，县级医院达到 60%～70%，这会影响合作医疗制度的持续发展（桂冠等，2007）。[②]

2. 农村社区卫生服务网络存在的问题

近年来，农村社区卫生服务网络发展很快，特别是随着农村社区建设试点的开展，新建的农村社区卫生服务网络覆盖面不断扩展，服务水平逐步提高。但农村社区卫生服务网络也存在很多问题。

首先，农村社区卫生服务设施简陋，社区基层医疗人员特别匮乏。有些社区虽然也修建、修缮了社区服务站，但由于缺少基层医务人员，很多社区服务站都没有正常运作。以北京市通州区为例，2008 年新建的 111 个社区卫生服务站，因缺少医务人员只有 44 个

---

① 段丽娟，张玉棉．河北农村新型合作医疗筹资问题研究．合作经济与科技，2010（23）：100－101.

② 桂冠，孙飞，华欢．农村新型合作医疗问题与对策．合作经济与科技，2007（06S）：71－72.

在运行，其中多数还只配备了 1 名医务人员。①

其次，农村三级医疗卫生服务网络机构间的衔接不紧密，缺乏合作机制。长期以来，政府不断致力于通过探索和建立相应的机制，在农村建立县、乡（镇）、村三级卫生服务层级管理网络和转诊机制。然而，由于卫生服务体系是一个由具有专业自治权的机构群体组成的体系，一旦出现缺乏有效沟通与协作机制的情况，这种专业自治权极易导致卫生服务提供的过程中出现利用不足、过度利用、错误利用等情况。

最后，农村三级医疗卫生服务网络中的资源配置不合理。从新农合资金的使用途径和使用效率进行分析，发现资金的使用主要集中在县级医院（占 44.3%）和乡镇卫生院（占 46.8%）；资金使用效率最高的为乡镇卫生院（87%），其次为村卫生室（79%）。这说明新农合资金使用的公平性和合理性还有待提高，新农合制度对促进农村三级医疗卫生服务网络提供科学、合理的连续性卫生服务的导向作用还没有得到充分的发挥，仍有待挖掘（王淼淼等，2011）。②

（三）完善农村社区医疗保险服务的建议

针对上述农村社区中农村新型合作医疗、卫生服务网络存在的问题，农村社区应该做好以下方面的工作。

首先，加强自身的人才队伍建设。农村社区条件较差，人才流失很严重，从社区外引进人才更是难上加难，像上面提到的北京市通州区的例子在各地很常见。农村社区只有从自己内部培养医疗人才，才能真正地使这些人才植根社区、服务社区。比如可以在本社区选取有一定文化的中青年人到市县卫校学习，签订协议，结业后

---

① 吴鹏. 北京通州农村卫生站变“空站” 面临人才窘境. 中国新闻网，2009-11-30.

② 王淼淼，张翔，张亮. 农村卫生服务网络中连续性服务存在的问题与对策. 医学与社会，2011，24（4）：43-45.

回社区工作。

其次，农村社区工作人员要改进自己的工作方法，与村民面对面交流，把国家的农村医疗政策详细地讲解给本社区成员，让他们在这种交流中增加对政策的信任。

最后，农村社区的工作人员应积极地、如实地把自己社区的情况反映给上级部门。我们的农村社区正在试验建设阶段，农村社区医疗保险服务也在逐步地完善之中，此时社区的真实状况是政策制定者完善政策所必需的。而真正掌握社区实际情况的只有社区工作人员，他们身处基层，能够掌握第一手资料并可以提出很多有建设性的意见。

五、调研案例

通过对青岛市城阳区、河南省罗山县、河南省固始县和河南省济源市的问卷调查，我们掌握了一些实际数据。从这些数据看，在建的农村社区对社会保障问题的重视程度在不断提高，但也存在很多问题，需要各方努力才能解决。

（一）四区县农村社区社会保障服务现状

四区县中青岛市城阳区、河南省罗山县和河南省固始县采取的是“一村一社区”的建设模式，河南省济源市有 6 个社区采取的是“一村一社区”的建设模式，有 12 个社区采取的是“多村一社区”的建设模式，此外还有 1 个企业社区。四区县在建社区基本上都有社会保障的服务机构，以青岛市城阳区为例，其 230 个农村社区中有 219 个建成了社区卫生服务站、209 个建成了社区一站式服务大厅、230 个建成了劳动保障服务大厅，这就基本上完成了社区成员享受社会保障服务的基础设施建设。

农村社区正在逐步承接原来乡镇政府的农村社会保障服务的职能。由于四区县中各农村社区基本上都建成了卫生室，农村社区就部分承担了乡镇原来承担的卫生医疗服务的职能。在农村社区最低生活保障制度、养老保险制度和新农合制度的实施中，农村社区也在发挥着越来越大的作用。河南省罗山县龙山乡就把新农合、新农保和农村低保的日常管理工作放在了农村社区，使管理工作更及时、更有针对性。

（二）四区县农村社区社会保障服务存在的问题及成因

四区县农村社区社会保障服务也存在不少问题：第一，农村社区的工作人员少、专业的工作人员缺口更大。以卫生服务站工作人员为例，平均每个社区的卫生医疗服务人员为城阳区 2.3 人、罗山县 1 人、固始县 3 人、济源市 1 人。造成这种情况的主要原因是农村社区的条件差，人才引进难。另外，本社区有文化、有能力的年轻人都外出打工了，这就更加剧了人才的短缺。第二，人们对农村社区社会保障的认识存在一定误区。当被问及财政资金应重点支持农村社区的哪些设施建设时，多数地方把农村社区保障服务同旧村改造、农村社区的交通设施等硬件建设当成了短期任务重点，这不利于农村社区社会保障服务的完善和长期发展。造成这种误解的主要原因恰是农村社区的社会保障严重滞后，人们从心理上想尽快解决这个问题。

（三）结论

农村社区建设中的社会保障服务的重要性已逐渐被人们意识到，各地区已经做了大量努力，使农村社区社会保障服务不断完善，但还存在着很多问题，需要社会各方面的共同努力才能解决。

第六节　农村社区文化建设

中国自改革开放以来，与快速发展的农村经济和日益提高的农民物质生活水平相比，农村文化建设和发展表现得相对落后，虽然农民的思想观念发生了深刻变化，但有相当多的农村出现了文化设施缺乏、文化组织解体、文化骨干流失、文化活动匮乏、公共空间稀少等问题，一些农民中出现了信仰危机、公德缺失、价值观念差异、是非观念模糊、合作意识淡薄等不容忽视的问题，总体来讲，农村社区文化现状令人堪忧。

梁漱溟先生曾经说过，创造新文化便是乡村建设的真意所在，要通过重塑乡村文化达到“德业相劝、过失相规、患难相恤”，即达到“助人自助”。农村社区文化建设是农村社区建设和发展的灵魂，是宣传党的路线、方针、政策和国家的法律法规，提高村民的文化、道德水平，从而实现加强农村社区精神文明建设目标的过程。其总体目标是完善社区文化设施，大力开展群众性的文化、教育、科普、体育、娱乐活动，繁荣发展农村公共文化，提高农村居民的精神生活质量。

一、农村社区文化的含义、构成与特征

（一）农村社区文化的含义

农村社区文化是一定地域内的农村社区居民共同创造的精神财富及其物质形态，包括文化观念、价值观、社区精神、道德规范、行为准则、公众制度、文化环境等，其中价值观是社区文化的核心。农村社区不仅可以从区域上（按严格的行政区域划分）去理解，还需要从生活本身去理解。所以，农村社区文化也可以说是生活在一个生活共同体中的一群农民日常生活所共同享有的处境化经验及其价值规范，是农村文化的重要组成部分（吴理财，2011）。[①]

---

① 吴理财. 处境化经验：什么是农村社区文化以及如何理解. 人文杂志，2011（1）：143－147.

（二）农村社区文化的构成

关于农村社区文化的构成，学者们有不同的观点。张桂芳（2011）认为[①]，从形态的视角出发，农村社区文化可分为三个层次：物质文化、制度文化和观念文化，三者相互联系、相互促进，构成社区文化统一体。郑杭生[②]认为，社区文化包括物质生活方式和精神生活方式两方面。前者主要是指人们衣食住行以及工作和娱乐的方式；后者主要包括人们的价值结构（追求、期望、时空观、价值观等）、信仰结构和规范结构（风俗、道德、法律等）诸方面。

事实上，一般的社区文化包括外显和内隐两个相互联系、相互转化的层面，农村社区文化也不例外（王霄，2008）。[③]

1. *内隐层面*

内隐是指隐藏在外显特征后面的农民的价值观、行为准则，包括文化精神和文化规范两个层面。

文化精神是农村社区文化的核心层面，在整个社区文化体系中占据着主导地位，包括思想观念、价值体系以及伦理道德等内容。文化精神是整个社区居民行动的根本指导和动力，是社区文化的本性、内在性、理性化的根基，其他文化层面都是文化精神的体现和具体化。因此，本质上来说，建设农村社区文化就是重塑农民的文化精神的过程。

农村社区的文化规范是文化精神的具体表达，是文化精神的直接传承者，是农村社区文化的行为准则层面，主要包括：伦理道德规范，人际关系规范，行为方式规范，礼貌礼仪规范等，既可以是约定俗成的风尚，也可以是明文规约。农村社区的文化规范体现了农民的意志和需要，每个农民都必须恪守，既体现了农民的道德自

---

① 张桂芳. 试论转型期农村社区文化建设. 兰州学刊，2004（5）：213－214.

② 郑杭生. 社会学概论新修. 北京：中国人民大学出版社，1997：363.

③ 王霄. 农村社区建设与管理. 北京：中国社会出版社，2008：127－132.

觉，又体现了强制的法规效力。

2. 外显层面

外显就是可以直接感受到的或者观察到的文化现象。农村社区文化从其外显层面上说，包括如下内容：一是农村社区人文结构（社区农民文化素质构成、社区农民文化意识的历史积淀及其现实价值取向、构成社区文化特色的源文化形态）。二是农村社区公益文化（由政府、社会团体或者农村自治组织等为农民兴办的文化设施和活动，以及群众性的文体、科普、学习活动）。三是社区演艺界。四是农村社区娱乐市场（社区内的棋牌室、舞台、放映室、歌厅等及其经营的活动）及商业文化活动。五是农村社区节庆活动。六是社区传播媒介（农村社区主办的广播、网站、宣传栏、社区小报等）。七是社区农民文化休闲方式、家庭文化形态及其参与社区文化活动的程度。八是农村社区流动人口组成要素，其特定的文化活动与内容及其对社区的影响力。九是农村社区人文景观（历史遗迹、典型建筑、历史事迹或者名人博物馆、街头雕塑壁画等）。概括地说，它包括文化行为和文化载体，文化行为就是农民依据一定的文化要求展开的行为活动，包括个体文化行为、集体文化行为、群体文化行为、社区文化活动、社区生活方式、交往方式、对人的态度、风俗习惯、道德风尚等。文化行为是农村文化的外显层面，是农村社区文化最具体的、动态的表现形式，凝聚了浓重的文化内涵，体现了一致的文化形式。社区有组织地推动各项文化行为活动之后，往往能对社区文化产生直接的影响，形成特定的文化氛围，长期坚持下去，将会使得文化精神和文化规范持久地凝固在农民的行为中，形成农村社区文化习惯。

文化载体是指承载文化内涵的一切有形要素。广义上是指包括社区文化行为在内的一切与农民活动有关的行为因素、物质因素和设置因素。狭义上则是指物质因素和设置因素。文化载体的物质因素是指有形的实物体系，如建筑、实物造型、装饰、花草树木、文化设施、广场道路以及村民使用的工具、服装等。这些物质因素并不能被称为社区文化，但却凝聚着、隐射着一定的文化精神，理所当然应该成为社区文化建设的重要构件。文化载体的设置因素是指农村社区各种各样的社会组织。如文艺队、剧团、学校、经济合作组织、妇女组织、老人协会乃至村委会等。它们通过各自的行为活动承载农村社区文化精神，实践社区文化规范。

（三）农村社区文化的特征

1. 地域性与全国性并存

农村社区文化首先是一种地域性文化，具有本地性、地方性和区域性等多种内涵。也就是说，农村社区文化是农村社区本地人所共享的文化，是一种“地方性知识”，社区的地域条件、居民类别、组织团体、生活风貌、传统精神及风俗习惯等直接决定了农村社区文化的模式（吴理财，2011）。[①]

但是，地域性并不排斥全国性。特别是在北方方言地区，农村的一些文艺形式本身有较强的适应性，有些开始走向全国（如东北的二人转），非语言类的文艺样式如腰鼓、秧歌更有可能走向全国，而诗词、书画、庙会、对联等文化形式本身就具有普遍性（王霄，2008）。[②]

2. 农村社区文化具有特定的社会适应性

每个具体的农村社区文化都必须适应本农村社区的社会生活需要，与该社区特定的物质条件和生产方式相统一。对于“局外人”来说，社区文化是一个重要的社区象征，了解一个社区的文化，也就在很大程度上把握了一个社区；对于“局内人”而言，熟悉和掌握本社区的文化就成为一种适应社区的“生存和生活技艺”，这种“技艺”能够使社区居民在社区里的一切生活和活动显得“自然而然”。农村社区文化的社会适应性还表现为一般性与标志性共存。很多地方的文化既有简单通俗的一般性内容，又有标志性的文化风

---

① 吴理财. 处境化经验：什么是农村社区文化以及如何理解. 人文杂志，2011（1）：143－147.

② 王霄. 农村社区建设与管理. 北京：中国社会出版社，2008：137－142.

景。例如地方独有的民俗形式：福建闽南的土楼传统民居，内蒙古的双音，青海、甘肃的“花儿”，河北抚宁的吹歌等，这些文化形式成了一种群体凝聚力量，也是当地的一个文化名片，是独特的文化遗产。

3. 大众化与精英化互补

农村社区文化跟农民的日常生活相关联，是群众广泛参与的文化，是农民喜闻乐见、自娱自乐的文化，它不是脱离日常生活的独立实体。同时，农村文化的大众性并不排斥精英人物以及专业和半专业的文艺演出，例如从农村走出来的赵本山等优秀的艺术家，千千万万个像赵本山这样的农民艺术家仍然活跃在广大的农村舞台上。从一定意义上讲，文化活动开展得好的地方，往往有一个或者一些带头人或者骨干，他们具有某种文艺特长，又具有一定的奉献精神和活动能力，由此形成了农村社区文化大众化与精英化互补的特点。

4. 农村社区文化是生活经验的表征

文化是作为经验存在的，它只在实践时发生。经验是一种实践性知识，因此农村社区文化是农村社区日常生活实践理性的表现，它跟一个社区农民的生产和生活实际相联系。这种实践性知识是长期累积的结果，在当地反复进行实践，并被实践所检验、印证和改造。如果该社区某个成员实际地脱离了这个生产和生活实践领域，这一农村社区文化对他也就失去了作用。譬如，一个农民进城务工以后，如果他的工作脱离了农业生产，其生活的重心也转向城市，那么，不但原有的农村社区文化和社会资本无益于他现今的工作和生活，而且对他也产生不了规制或约束作用，其行为必然脱离原来社区的道德生活，产生“脱域”效应。也就是说，农村社区文化的形成是农民生活经验的抽象提炼，与城市社区文化不同，两者甚至有相左的内容。

5. 封闭性与开放性并存

农村社区文化是一套经验体系，其文化的产生与消费都具有相当强的内部性，自成一体，形成各自独特完整的体系，因而农村社区文化总是具有一定的封闭性。但是，近年来，随着中国社会生活剧烈而深刻的变革与发展，再加上大众传媒的迅速发展，农民不但在劳动上具有了开放性，开始学习和使用先进的生产技术；在生活上也具有了开放性。一方面，农民关心国家乃至世界大事，通过多种媒介与世界发生联系；另一方面，农民开始有了主人翁的自主意识，开始发挥自己的智慧，主动创造自己的文化，并且用自己的形式来发展农村。这种开放性一方面进一步改变了人们的思想观念和生活方式，另一方面也使得传统意义上的地域和组织的概念发生了本质上的变化。

6. 农村社区文化呈现差序格局

生活经验由实践的内容决定，不同的人群和社会实际催生的社会实践是不同的，因而生活经验体系是有层次的，农村社区文化也因此而具有一定的差序格局。一个具体的社区生活经验只能符合该社区的生活需要，与该社区处于同样物质条件和生产方式的相邻社区一起表现同一区域的文化形态。不同区域自然有不一样的文化格局。譬如，皖南农村地区文化与皖北农村地区文化不同，华南地区农村文化与华北地区农村文化相异，农业文化与游牧业文化有别。从一个具体的农村社区由内向外看，农村社区文化呈现出明显的差序格局。

7. 娱乐性与凝聚性相依

娱乐性是文化样式的基本功能，在农村，由于其生产生活方式，文化活动的娱乐性更为突出。农村以农业生产为主，劳作占用了生活的大部分时间和空间，文化活动于他们来讲，是与生产无关的休闲产品，自然娱乐性要强一些。与此同时，凝聚力和感召力也是农村社区文化的一大特性。社区文化是由社区居民共同创造的，也必然由居民共享，这样，社区文化中的优秀部分特别是风尚、礼仪、民间艺术等才能更好地流传，而社区文化的共享性越强，社区成员对该文化的认同感就越强，其感召力和凝聚力就越强，社区成员对该农村社区的归属感也就越强。例如海南省海口市秀英区打造“一村一品”文化品牌，近年来，该区每年开展农村群众性文化活动300多次，各个村都有自己的艺术队或者排球队等，形成了“根雕村”“盆景村”“古村”“生态文化村”等各具特色的行政村。每个村的村民都对自己的集体和文化归属有强烈的认同感，也愿意为它付出（佳杏等，2010）。[①]

8. 农民自主性与国家扶持相结合

农民是社区文化建设的主体，对农村文化建设起着最终的决定作用。农民自主的文化选择一旦生成，就会对每一个居民产生直接的、具体的作用。在农村公共文化生活空间的构建过程中，应特别注意保护和发扬农民群众文化活动的自主性，农村社区文化建设究其根本而言，是千百万农民大众的事业。但是，这种自主性并不排斥国家必要的扶持与指导，国家的态度与行动是农村文化建设必不可少的强大推动力。国家通过文化建设来沟通与农民的思想联系，贯彻治国思想和措施。2005年11月7日，中共中央办公厅、国务院办公厅发布《关于进一步加强农村文化建设的意见》，就农村文化建设的意义、指导思想、目标任务、建设内容、保障机制等方面做出了明确规定。在农村社区文化建设过程中，应当充分重视农民群众的社会自主性，充分重视农村文化的多样性和个人创造性，注意建立国家和农村社会之间的适度平衡和良性互动关系，培育和提高农村社区的自组织能力，为群众的自主创新留下空间。例如山东省淄博市恒台县专建社区文化广场，为老百姓提供了一个文化活动的空间。在广场上，不仅大型的京剧表演等吸引众人，更有社区居民自主创作的民间戏曲节目和县文化部门创作的剧本，如《都说俺是恒台人》《腾飞吧，恒台》等。这些自主创作的节目贴近群众生活，利于群众理解，因而更加能够引起群众共鸣（孔维梅等，2009）。[②]

---

① 佳杏，陈泓润. 海口秀英区打造“一村一品”农村文化品牌. 中国经济网，2010-09-03.

② 孔维梅，马静，伊丕香. 恒台：镇村文化丰富百姓生活. 淄博新闻网，2009-08-21.

二、农村社区文化建设的重大意义

（一）对城镇化建设意义重大

中共十五届三中全会后，一个以小城镇建设为标志的农村改革开始深入开展，这对于突破乡土经济的局限，加速农村经济发展，实现农业现代化、农村工业化、农民生活城镇化具有十分重要的战略意义。随着人民生活水平的不断提高，农村城镇化已成为必然的发展方向。同时，随着撤并镇村工作的逐步推进，人流、物流、信息流向中心村和城镇集聚，为村级经济的进一步发展注入了活力，集聚地建起了高楼住宅小区、文化公园、综合文化活动楼、图书室等，这不仅活跃和引导了人们的文化生活，同时也是地方经济的新的增长点。中共十五大将建设有中国特色社会主义的经济、政治、文化作为社会主义初级阶段的基本纲领，把文化作为综合国力的重要标志。中共十八大以后国家把文化建设作为推进新时代“五位一体”总体布局的重要内容。城镇化进程也是一个“文化进程”。今天的小城镇建设，不仅仅是人口的汇聚、新楼样式的创新、经济的繁荣，还必须与社会协调发展。因此，社区文化建设在小城镇建设中具有十分重要的地位。

（二）有利于发展农村现代化经济

发展经济是农村社区建设的目的之一，但其经济发展思路与以往农村经济发展的思路有明显区别，那就是经济与文化一体化趋势越来越明显，文化对经济发展起到越来越重要的作用，社区文化在农村社区建设中日益显示出其重要作用。就目前乡镇企业来说，一些企业由于缺乏文化支撑，在市场经济的风浪中很难站稳脚跟，企业发展后劲不足，尤其在规模化经营时遭遇到很多困难和问题。这就说明如果忽视社区文化建设，经济建设就会受到制约。文化建设的一个重要方面是对社区人群精神生活和追求的引导。在科学技术和生产力日益发展的今天，如何使人们跟上时代的发展步伐，达到用科学的思想武装自己，用科学和健康的思想教育下一代，摒弃迷信和愚昧等落后思想，已经是非常迫切的事情了。尤其是对于经济和文化双重落伍的地区，如何使社区居民清醒地认识到导致贫穷落后的根源和改变这种落后的根本途径，已经是中华民族跃上经济发展新台阶的重要前提。“十年树木，百年树人”，如果作为社区居民的广大民众的文化素养提高了，他们对于现代科技文明的了解和掌握程度提高了，则农村经济建设的质和量就有了保障。

（三）文化建设是精神文明建设的重要组成部分

农村社区文化作为精神文明建设的重要组成部分，在农村社区建设中具有重要的意义。事实证明，一个乡镇的品位高低，既取决于经济的发展，也取决于人的素质和乡镇的文明程度。农村社区建设把“农民”变“居民”，不只是一个称谓的改变，重要的是要真正提高农民的思想道德素质和文化修养。“三个代表”重要思想中的“代表中国先进文化的前进方向”的宗旨就是要提高全民文化素养，即用健康向上的文化熏陶人民群众的性情。这对于满足人民群众的精神需求、陶冶情操、更新观念、提高素质、加快农村社区建设具有十分重要的作用。

（四）发挥文化的多种功能，塑造良好的文化环境

中共十八大提出“全面建成小康社会，实现中华民族伟大复兴，必须推动社会主义文化大发展大繁荣，兴起社会主义文化建设新高潮，提高国家文化软实力”“加快推进重点文化惠民工程，加大对农村和欠发达地区文化建设的帮扶力度”。中共十九大进一步指出“文化是一个国家、一个民族的灵魂”“中国特色社会主义文化是激励全党全国各族人民奋勇前进的强大精神力量”“文化自信

是一个国家、一个民族发展中更基本、更深沉、更持久的力量。文化兴国运兴，文化强民族强”，强调“推动文化事业和文化产业发展，以满足人民过上美好生活的新期待”。十八大和十九大的精辟论述，不仅仅是文化建设的指导思想，同样是农村社区建设的指导思想。在农村社区建设中，政治、经济、社会发展必须与文化发展并驾齐驱、同步推进。农村社区文化建设是农村社区文明的重要内容，而且在提高村民文化素质、提升社区品位、增强社区群众的归属感和向心力以及塑造良好人文环境等方面具有十分重要的作用(朱幸福，2011)。① 社区文化的多种功能体现在宣传教育功能、整合功能、审美功能、娱乐功能、生活实用功能等多个方面，文化本身所具有的这些功能使其在农村社区建设中具有不可替代的积极作用。如果把农村社区比作大厦，那么，农村社区文化就是大厦的基础。我们必须站在构建社会主义和谐社会和全心全意服务于广大农民群众的高度把农村社区文化建设好。

（五）农村文化具有独特的动员作用

加强农村社区文化建设是增强基层社会动员能力和社会管理能力的必然要求。在党领导的革命、建设和改革实践中，文化工作一直是社会动员和社会管理工作的重要组成部分。当前，在价值观念多元化的现实背景下，尤其需要注重农村基层文化建设，将其作为增强党的执政能力、提高党对农村基层的管理水平的重要举措来抓，运用共享文化特有的凝聚力与感召力，以文化建设带动、提高社会动员能力，以强大的社会动员能力实现低成本的农村社会管理目标。例如，青州市成立了市文化行业协会，下设 19 个分会，拥有会员单位 98 个，吸收会员 5 000 余人，经常性地组织开展各类群众文化活动，活动范围覆盖 12 个镇（街道）的大多数村和社区，

① 朱幸福. 加强农村社区文化建设浅探. 芜湖县文化馆，文章编号：1671－0703(2011) 05－159－02.

在基层社会动员和社会管理中发挥了积极作用。[①]

三、农村社区文化建设存在的共性问题

（一）农村社区文化建设的现状

中国的文化之根在农村，社会主义文化是社会主义的一个重要组成部分，因此要发展社会主义文化，繁荣社会主义文化事业。在农村物质文明生活迅速提高的今天，许多地区的农民虽然已经脱贫致富，但文化生活却显得十分匮乏，社会风气污浊，精神文明衰败，有学者称之为“乡村病”，这种“乡村病”虽然不是广域性的，但值得警惕。“乡村病”大体可以概括为以下几个方面。

1. 农村教育滑坡，农民自我教育与学习困难重重

一方面，受传统的小农意识影响，“读书无用”在许多农民的心目中“根深蒂固”，农村失学率在许多地方不断上升，越来越多稚气未脱的孩子涌入“打工”的大潮之中，早早地为生计奔波忙碌。另一方面，农民自身由于本身知识水平和知识来源渠道的限制，缺乏有效的自我教育与学习，因此，尽管如今各种信息渠道十分通畅，但是，先进的文化知识进入农村社区的速度犹如“蜗牛”，很难为农村社区文化建设创造一个良好的氛围。

2. 农村社区凝聚力薄弱，缺乏文化建设的氛围

随着农村经济体制改革和集体化生产方式的解体，再加上市场经济带来的多元化竞争，导致农村丧失了凝聚力的核心与载体，许多地区甚至出现了集体物品被盗无人管理、村民大会无人参加、公共道路中断无人管理的“怪”现象，许多祖祖辈辈生活在村子里的村民也都越来越不认识眼前的村庄。在这种村民思想多元化、村庄凝聚力普遍薄弱的情况下，缺乏有效地将农民组织在一起的平台与

① 王立胜. 山东青州市委书记：发挥文化建设在新农村建设中的积极作用. 人民网，2008－07－23.

基础，农村的文化建设也就变得无从谈起了。

3. 农村文娱生活匮乏，文娱生活质量滑坡

1980年代和1990年代初的农村，经常会有各种文化团体免费送书、戏、电影到农村，逢年过节的农村更是好戏连台、热闹非凡，而现在，许多村庄都好几年没看上一场电影、一场戏了，当健康、积极、向上的文娱生活进不了农村社区时，聚众赌博、淫秽色情等低俗的、无聊的东西便充斥了农村社区文化空间。

4. 传统美德严重流失

尊老爱幼、勤俭节约等传统美德一直影响我国数千年，具有极其深远的意义，然而近年来伴随着商品经济的冲击，享乐奢靡之风盛行，婚嫁丧葬的礼金越来越大，排场也越来越气派，甚至出现了送纸扎洋房、轿车“孝敬”已故先人的现象。与给死人送大礼相反，对于活着的老人却屡屡有虐待现象发生，数千年的传统美德之流失让我们痛心疾首。

（二）农村社区文化建设中的共性问题

在全民共建和谐社会的今天，不仅要求物质文化有大发展，精神文明也要有大发展。在农村社区建设中也一样，社区文化建设任重而道远。相对于城市社区文化建设而言，农村社区文化建设有其特殊之处：地域广，覆盖面广；人口更多，文化水平相对低下；文化成分十分复杂，受传统封建文化影响深刻等，这些特点都给农村社区文化建设提出了诸多挑战。

文化本身是十分复杂的，不同的群体创造出不同的文化。就其功能而言，有对社会发展和广大社会成员起正面效用的先进文化，也有对社会发展和广大社会成员起负面效用的落后文化。就其种类而言，有在政治活动中创造出来的政治文化；有在经济活动中创造出来的经济文化；有在日常生活和交往中创造出来的风俗、语言、礼仪、休闲娱乐等民俗文化；有在精神活动中创造出来的宗教、迷信、艺术等精神文化，而且每类文化的内在因子在性质上有天壤之

别。在农村政治文化中，除占主导地位的马克思主义思想之外，还有不再占统治地位的封建政治文化的残余，如家长制、终身制、宗法观念、等级观念等，甚至还存在资产阶级的个人主义思想。在农村经济性文化中，小农经济模式、计划经济模式与市场经济模式并存；在农村日常生活文化中，有占主导地位的儒家伦理文化和社会风俗习惯，也有社会主义新风尚和洋派生活行为；在农村精神生活中，既有传统文化，又有广播、电视等现代传媒文化，同时也存在宗教迷信活动。综上，农村文化的复杂性不仅表现在成分的多样性上，还表现在层次的差异上。一旦将落后、腐朽的文化整合到农村社区文化中，会严重妨碍先进文化的社会价值的发挥，制约农村两个文明的建设（赵丽娜等，2008）。[①] 目前我国农村社区文化建设存在的共性问题表现如下。

1. 农民思想认识存在误区，影响了社区文化建设

我国多数农民的生活空间是一个具有自然性质的熟人社会，乡土村民以自然宗法家族社会为基础，他们拥有的空间观念具有浓厚的乡土性和草根性，其共同体交往的方式按照费孝通先生提出的差序格局原则来说，是以自我为中心，以熟人社会为半径，以血缘、地缘关系为经纬的（赵丽娜等，2008）。[②] 由于其生活方式的封闭性、社会联系的局限性、生活领域的狭小性，使得他们受现代文化生活的熏陶很少，集体主义、公民意识淡薄，文化生活比较贫乏，经济比较落后，思想上对农村社区文化建设的重视程度可想而知。而部分农村基层管理者也认为只要经济上去了，文化建设无关紧要，认为文化建设华而不实，是“无用”的，甚至是“对立”的，是耽误经济建设的，这使得农村社区文化建设在认识程度上走入了一个误区。

① 赵丽娜，王丽影. 农村社区文化建设的问题与对策. 湖南农机：学术版，2008 (6)：39-40.

② 赵丽娜，王丽影. 农村社区文化建设的问题与对策. 湖南农机：学术版，2008 (6)：39-40.

2. 农民受教育程度相对较低，制约了社区文化建设

教育是可持续发展的最根本保障，对于文化建设而言，更是一个重要的因素。农村社区居民素质状况决定着农村文化事业发展，而我国农村社区居民的文化素质状况不容乐观，尽管国家已经制定了许多针对农民的优惠政策，在农村实行免费义务教育，保证农村儿童的受教育权利，但是作为农民群体本身，却缺乏有效的自我教育平台，农民的受教育程度相对较低决定了他们的知识相对缺乏，接受现代文化的能力较弱。不懂法、不学法、不守法，当然也缺乏用法律武器保护自己的意识，因而出现了部分农民精神空虚、信仰危机的情况。不少农民封建迷信意识死灰复燃，不少地方封建迷信活动蔓延，落后、低级的庸俗文化充斥着农村社区文化市场。

3. 农村社区文化基础设施不足且文化内容匮乏

长期以来，我国一直把城市的图书馆、博物馆、文化馆、影剧院等文化基础设施建设作为投资的重点，无论是数量、规模还是质量都远远超过农村，导致现今农村文化基础设施相当落后，且严重缺乏，加之现有的文化基础设施由于缺乏管理，开发利用程度较低，农村公共文化内容贫乏、缺乏新意，难以产生吸引力，使广大农民除了晚上在家看电视外，基本上没有别的文化生活。由于农村社区公共文化资源的不足，农民很难通过文化资源有效地了解社会、分享经验、增长知识。

4. 缺少必要的政策扶持和资金投入

对于城市社区文化，仅就文化基础设施来讲，国家每年都会有一些财政支出放在城市文化基础设施建设上。而农村能得到的资金投入极少。各级政府对城市社区文化建设十分重视，而支持农村社区文化建设的政策却不多，投入也较少，即使有所投入，也远远跟不上农村社区文化发展的需要。总之，文化建设缺少资金投入，也是农村社区文化建设的一个难题（赵丽娜等，2008）。[①]

---

① 赵丽娜，王丽影．农村社区文化建设的问题与对策．湖南农机：学术版，2008(6)：39-40.

四、农村社区文化建设的模式与途径

(一) 我国农村社区文化建设模式——案例介绍

下面以江苏省张家港市和湖北省老河口市为例来了解农村社区文化的建设模式。

1. 张家港市模式①

张家港市农村社区建设模式的主要经验做法如下。

(1) 创新农村社区文化设施建设模式。

2006 年张家港市创造性地提出了以“八个一”为标准建设农村社区文化设施的构想，并积极组织实施。农村社区文化设施“八个一”工程，即：一个综合教育培训室、一个图书阅览室、一个特色文化展示室、一个棋牌活动室、一个文艺活动（书画）室、一个健身活动（乒乓球）室、一个文化宣传画廊、一个适宜演出和放映的小型广场（篮球场）。截至 2015 年底，全市人均拥有公益性室内文化设施面积 0.12 平方米，人均占有公共图书 1.28 册。已有 168 个村（社区）达到了“八个一”标准。文化信息资源共享工程村级基层点达标率为 100%，其中 20%的村还建成了示范点，并荣获“全国文化信息资源共享工程示范市”称号。

(2) 创新农村社区文化产品供给方式。

张家港市实行了“政府买单、群众受益”的公共文化产品供给方式并形成了长效机制。2006 年起，该市逐步形成了“文明百村欢乐行村村演”“优秀影片进社区月月映”“广场文艺周周唱”“评弹书场天天说”“社区文化艺术节年年办”等品牌活动。市级文艺团体走遍全市每个村（社区），全年演出 230 多场。电影放映单位深入每个村每月放一场电影。博物馆坚持常年开展送展下村（社区）活动，市图书馆的图书流动车常年开展送书下乡活动，方便读

① 张家港市农村社区文化建设实践与启示. 苏州市民政局网站，2016 - 08 - 13.

者借书、查阅文化信息资料。各镇文化服务中心经常组织业余团队开展丰富多彩的文化活动。以2015年为例，各镇举办文化活动280次，吸引观众40多万人次。各镇还推出了一大批具有时代特色与地方特点、人民群众喜闻乐见的优秀作品。此外，已连续五年举办的“长江文化艺术节”，也将戏剧和民族、民间文艺表演送到农村基层，让农民享受到了高水平的文化大餐。

（3）创新农村社区文化团队建设思路。

张家港市积极鼓励村级自办文化，通过辅导、培育文艺骨干，由村委会或民营企业老板或农民自发出资组建了一批基层特色文艺团队、特色文化项目和特色文化家庭。目前，已建成各类业余群众文艺团队240支，参加人数达到1.5万人，有舞蹈队、民乐队、合唱团、锡剧队、越剧团、票友社、书画协会、体育健身操队，等等。这些团队或自娱自乐活跃身心，或自编自演群众喜闻乐见的文艺节目，传播先进文化，成为农村文化建设的生力军。大新镇退休教师蔡长生，长期在镇内外为社区群众义务演出，被评为“全省服务农民服务基层文化工作先进个人”。乐余镇黄德章的个体电影放映队、杨舍镇新农村的百家乐越剧团、乐余镇兆丰社区的民乐队等的足迹踏遍了全市城乡。各镇结合自身实际培育特色文化，初步形成了“一镇一品”的特色文化格局。

（4）创新农村社区文化服务保障机制。

张家港市出台了加强镇、村文化建设的意见及实施细则，对村级文化建设的指导思想、目标任务、建设标准、考核奖励、组织领导和经费保障等都做出了具体规定。每年从财政预算中划拨专项资金用于农村文化设施建设和活动经费支出。市、镇两级财政按每场7 000元的标准补贴“村村演”公益文艺演出，按每场200元的标准补贴电影放映单位，每年拨出15万元用于补贴书场。对达到“八个一”要求的村（社区），市财政给予5万～8万元的奖励。每年还从高消费娱乐税中返还部分给文化部门，专门用于扶持市级文化单位的公益性文化活动。各村还利用自有资金并发动社会力量举办文化活动。同时，政府鼓励文化单位自主创收，积极发展经营性文化和特色文化产业。张家港市十分注重健全农村文化管理网络，将镇文化站更名为镇文体服务中心，明确其为全额拨款事业单位，村（社区）在达到文化设施“八个一”的标准后挂文化服务站牌子，由一名村干部兼任站长，配备大学生村官管理文体工作，基本形成了市、镇、村（社区）三级有人抓文化、有人管文化的良好局面。

2. 老河口模式

老河口农村社区文化建设可概括为“三位一体”模式。其经验做法如下。

（1）培养农村文化中心户。

老河口文化中心户建设采取“1+1”或“1+X”的模式，即一个“文化科技屋”加一个商店，或一个诊所，或一个加工厂等经济实体，以商养文、文商互补。让农户自主经营，依托实体发展，赋予了“文化科技屋”和“文化中心户”强大的活力。仙人渡柴店岗村村民王宗岭开的小商店原来只是卖些日用品，生意一般，自从办成“文化中心户”，在村里的扶持下，他买了很多科技文化书籍，免费向村民开放，村民隔三岔五就到他那里去看书、借书，交流各方面知识，月营业额也随之增加了上千元。如今，老河口农村社区像王宗岭这样的“文化中心户”成了农民学习的课堂，甚至很有可能走出一条适合农村未来农村图书馆建设的新路。

（2）建设社区文化平台。

2007 年以来，经过十余年的发展，老河口发展文化科技中心户 115 个、农家书屋 4 个，兴建标准化村文化活动室 5 个、村级文化体育场 7 个，电脑、图书、音像资料、健身器材、报纸杂志在社区扎根、留在农民身边，有力地促进了社区文化活动的发展。建设初期计划到“十二五”初期，老河口 100%的乡镇建有符合标准的成人文化技术学校，60%的乡镇达到文化先进乡镇标准，98%的村建有村级文化活动室，100%的村有文化中心户；85%的乡镇建有体育健身中心和体育指导站，50%的村建有体育基础设施，社区文化载体、文化大舞台将得到有力搭建。

(3) 开展特色活动，增强教育实效。

老河口积极推进“孝心献老人”“文明市民”“星级家庭”“星级文明户”等评选，大力推进“文化中心户”“美德在农家”“政策、道德、法律、文化、科技、卫生六进家”“婚育新风进万家”以及生态文明村、文明城镇等群众性创建活动，普及文明行为常识，增强农民文明意识，在丰富多彩的社区文化的耳濡目染、身体力行中培育农民的“生活共同体”理念以及社区归属感。

(二) 农村社区文化建设途径

在开展农村社区文化建设中，党和政府、社会和农村组织与个人，由于身份与职责不同，可以有不同的途径与方法，形成了一股合力，共同推进新农村的文化建设。中共中央办公厅、国务院办公厅 2005 年发布的《关于进一步加强农村文化建设的意见》总结了众多农村文化建设的先进经验，列举了 18 种推进农村文化建设的途径与方法。[①] 根据这些途径和方法，结合当前我国农村社区建设的实践，这里提出进一步推进农村社区文化建设的若干对策性途径。

1. 积极开展自我教育和学员培训

我们知道，科技兴国，教育为本。就文化建设而言，教育应是一个重要因素。农村社区文化建设应着力于全面教育，更新思想观念，加强自我教育，“治穷要先治愚，治愚必先重教”，人的因素始终是决定因素，因此我们要积极开展自我教育，开展各种培训，提高人们的文化修养，我们要在普及九年义务教育的基础上，通过开办文化补习班和扫盲班的方式扫除文盲，尤其是扫除

① 中共中央办公厅 国务院办公厅. 关于进一步加强农村文化建设的意见，2005-11-07.

青少年文盲；建立乡村图书馆，收集各类书籍，供村民在农闲时阅读，提高人们的文化素质，使农村社区形成浓厚的自我教育氛围。此外还需及时对农村进城务工人员进行培训，使其了解国家的大政方针，清楚自己的合法权益，树立维权意识。对妇女的培训教育、对老年人的培训教育等，也可以根据各社区的不同情况采取相应的措施，让所有村民形成自我学习、互助学习的意识，并提高他们对各种教育的重视程度，进而从整体上改善农村社区的教育现状。

2. 发展公益性民间组织，创建乡村文化

凝聚力是维系一个集体或社会的重要力量，也是集体和社会发展的重要力量。但是，随着农村经济体制改革和集体化的解体，以及发展市场经济所带来的利益多元化，目前我国的乡村凝聚力薄弱，或者说还未形成乡村凝聚力。因此，在新时期，尤其是在构建社会主义和谐社会的大背景下，增强乡村凝聚力显得格外重要。培育乡村凝聚力的根本就是要培育乡村精神，增进人与人之间的互助合作意识。对此，农村社区居民可以建设各种民间公益性组织（如老年协会、妇女协会等）。把长期持有家庭本位思想和离散心态的人重新组织起来，在增进乡村群众相互了解的基础上，适当开展一些公益性活动，逐步培养群众之间的和谐关系，必要时还可以发挥集体的力量，培养组织成员对集体的归属感，进而使全体村民产生一种对本村本土的归属感。老年协会可以定期组织老年人集中开会、聊天谈心、学习知识并开展适合老年人自己的娱乐活动。这一方面能够维护老年人的合法权益，充实老年人的精神生活，达到老有所乐、老有所养、老有所获的目标；另一方面也能够使老人与老人、老人与子女之间的关系变得融洽起来，这便又增强了和谐因素，增进了凝聚力。妇女协会可以组织妇女一起学习维权的法律知识，学习初级文化和妇幼保健知识，同时也可以协助“两委”搞好优生优育工作。协会平时也可以开展一些文艺活动，使越来越多的妇女可以走出家门，加强与外界的联系。

3. 开展乡村文艺活动，丰富农民精神生活

文艺作为文化一个不可或缺的部分，在农村社区文化建设中也起着非常重要的作用。各种文艺活动的开展有助于改善村民的精神风貌，丰富村民的日常生活，满足村民的精神需求。另外，村民也可以利用文艺宣传一些好的方针政策，弘扬优良的中华民族传统美德，进而改变不良的社会风气。针对农村文化生活的现状，可以提出例如组建乡村文艺队的想法。文艺队作为一种民间公益性组织，可以吸收社区中具有文艺特长的人员，根据成员的兴趣爱好组建几个常规的文艺小团队，以便在节日时开展。例如山东省莱州市城港路街道就积极开展群众自办文艺活动，组建的农村演出队伍在“放歌新农村”文艺晚会和“半岛龙庭”杯健身秧歌舞大赛等自办的活动中取得了优异的成绩。[①] 此外，还可以根据村民的兴趣，发展一些新项目。

4. 让科学思想占领农村文化阵地

科学技术是第一生产力，是推动人类进步的革命力量，是实现人类全部希望的根本所在。普及科学的宗旨就是高举科学、文明、进步的旗帜，将已被证明了的科学精神、科学思想、科学知识、科学方法传授给广大人民群众，使之成为改造世界的精神力量和物质力量。科学思想作为精神动力，它对于提高村民思想素质以及更新文化心理，引导其形成科学、文明的生活方式，自觉地同形形色色愚昧无知、封建迷信做斗争，都有着极其重要的意义。倡导积极向上、文明健康、科学高雅的生活方式，离不开科学的思想。进一步加强科学普及，大力破除封建迷信，既是十分紧迫的任务，又具有深远的意义。因此，我们要在农村大力宣扬科学思想，让村民树立科学意识，使之远离各种封建迷信，从而扫除各种封建愚昧的陈规陋习，特别是在农村社会生活和家庭生活方面，要树立正确的人生观、人际观、闲暇观、消费观，让科

① 莱州市城港路街道新农村建设文化唱主角. 胶东在线，2015-12-18.

学思想占领农村文化阵地。

5. 充分发挥大众传媒的作用

大众传媒的形式多样，在文化传播的过程中有十分强大的功效。党和政府应该大力推进广播、电视进村入户，积极开展农村数字化文化信息服务，文化信息资源共享工程要与农村文化设施建设统筹规划、综合利用，使得县文化馆、图书馆和乡综合文化站、村文化活动室逐步具备提供数字化文化信息服务的能力。另外，积极发展农村电影放映，推动服务“三农”的出版物出版发行。出版单位选题要向农村倾斜，重点支持和培育一批以服务“三农”为主的出版单位，增加农民群众买得起、读得懂、用得上的通俗读物的品种和数量；发展农民自助读书组织；继续实施送书下乡工程。例如河南省平顶山市石龙区在全力打造“文化盛宴”的基础上，又投入90 万元全面开展文化共享工程，为每个行政村新农村书屋配置各类读物 8 大类 1 630 余册，使群众足不出村就可以看到最新的报纸杂志和致富信息。同时，以国家图书馆和省市文化资源共享为重点的文化资源共享工程，目前已进入服务点光缆接入阶段，全部投入使用后，群众轻点鼠标即可点对点地访问国家图书资源和省市级的文化资源，而投资 15 万元建设的龙祥、龙兴、龙源 3 个社区文化站也将建成，实现站点的全覆盖。[①]

6. 完善农村文化基础设施建设

在硬件设施方面，坚持以政府为主导，以乡镇为依托，以村为重点，以农户为对象，发展县、乡镇、村文化设施和文化活动场所，做到县县有文化馆、图书馆，乡镇有综合文化站，行政村有文化活动室，且县文化馆要具备综合性功能，村文化室可以“一室多用”，发挥中小学在开展农村文化活动方面的作用，提倡中小学校建成宣传、文化、信息中心。在西部及其他老少边穷等地广人稀、适宜开展流动服务的地区，由政府给文化站配备多功能文化车，开

① 河南省平顶山石龙区：着力推进文化惠民. 河南农业信息网，2010 - 11 - 16.

展灵活、多样、方便的文化服务。在实际工作中，为了提高效率，还应创新工作模式。例如章丘市（2006 年开始撤市设区，现为章丘区）基层公共文化设施建设为出成果、出效率，采用了奖励政策。为充分调动建设工作的积极性，市政府采取“以奖代补”方式，对完成建设任务并经建设领导小组检查验收合格的每个街道办事处综合文化站奖励 20 万元，每个社区文化中心奖励 5 万元的文化配套设施，每个农村文化大院奖励 2 万元，每个农村社区优秀文化活动广场奖励 0.5 万元，每个农家书屋配送 1 000 册图书和部分电子音像制品。①

7. 进行政策引导，创新管理机制

通过各种有效调控，把发挥市场机制的积极作用和构建公共文化服务体系有机结合起来，加强对拓宽农村文化市场的政策调控。同时，积极探索农村文化设施运行管理新机制、新办法，统筹文化、教育、科技、体育和青少年、老年活动场所的规划建设和综合利用，努力做到相关设施能够共建共享，着力解决文化设施分散、使用率不高的问题。对电影院等设施，可以在确保其功能不变的前提下，实行所有权与经营权相分离的运营模式，采取公办民营、公开招标、委托经营的方式，更好地提供文化服务。机关、学校内部的设施，有条件的要采取多种方式对农民群众开放。

8. 引导社会力量支援农村社区文化建设

我国农村建设的任务任重而道远，单靠政府或者志愿者个人是很难完成的，无论从制度建设还是资金资源供应上都需要社会力量。引导社会力量重点捐助文化站（室）、图书馆等农村文化基础设施建设以及农村公益性文化实体和文化活动，既可以动员城市单位，也可以动员城市居民；既可以由捐助者直接交付对口的农村，也可以由民政部门、人民团体和有关民间组织负责组织发送。社会

---

① 章丘市基层公共文化设施建设的实施意见的通知. 章丘市人民政府办公室，2011-04-15.

力量通过依法成立的非营利性组织或者国家机关向农村文化事业的捐赠，纳入公益性捐赠范围，按税法的有关规定税前扣除。对贡献突出的单位和个人，应给予表彰和奖励。

（三）农村社区文化建设的保障措施

为有效推进农村社区文化建设，应采取必要的保障措施。

1. 高度重视农村社区文化建设

各级党委和政府对加强农村社区文化建设负有重要责任。要把农村社区文化建设纳入各级党委和政府的重要议事日程，纳入经济和社会发展规划，纳入财政收支预算，纳入扶贫攻坚计划，纳入干部晋升考核指标，确保农村社区文化建设各项目标任务的实现。建立农村社区文化建设目标责任制，把农村社区文化工作列入创建文化先进县市、乡镇和创建文明城市、文明村镇等相关评价体系。建立健全基层文化单位的评价机制，将服务农村、服务农民的情况作为文化单位工作的重要考核内容。推动农村社区文化建设的法制化、规范化、制度化。

2. 切实加强政府对农村社区文化建设的投入力度

相关分析表明，社区资本与社区文化建设的发展状况有着十分显著的正相关关系。[①] 各级财政要统筹规划，加大对农村社区文化建设的投入，扩大公共财政覆盖农村的范围，不断提高用于乡镇和村的比例。保证一定数量的中央转移支付资金用于乡镇和村的社区文化建设。在中央和省、市三级设立农村文化建设专项资金，确保农村重点文化建设的资金需求，同时提高财政资金的使用效益。

3. 加强农村社区文化队伍建设

采取有效措施，稳定和发展专兼职结合的农村文化队伍，逐步

---

① 赖晓飞，胡荣. 论社会资本与农村社区文化建设——基于 CGSS2005 调查数据的分析与思考. 西南政法大学学报，2008，10（6）：116－120.

提高队伍的整体素质。根据相关法律法规限定农村文化事业单位的人员从业资格。鼓励高校毕业生到农村从事文化工作。采取多种形式，充分发挥专业艺术人员的积极性，加强农村社区文化队伍的教育培训。积极培训农民文化骨干，充分发挥民间艺人、文化能人在活跃农村文化生活、传承发展民族文化方面的作用。对做出突出贡献的农村社区文化单位和基层文化工作者予以表彰奖励，在全社会形成关心、支持农村社区文化建设的良好氛围。目前，全国有45个县市实行“多村一社区”模式，如山东省诸城市；21个县市实行“一村多社区”模式，如湖北省双路村；226个县市实行“一村一社区”模式，如北方很多农村社区的试点。[①] 文化队伍的建设，包括人员的选拔、培养、分配、数量等都要根据不同的社区实际进行考量，对症下药，形成有地方特色、能满足社区村民需求的文化队伍。

4. 落实有关部门的责任

国家有关部门要按照中央的统一部署，认真制订农村文化建设规划，因地制宜、分类指导、完善政策、明确措施，抓好各项工作的贯彻落实。建立党委、政府农村社区文化工作联席会议制度，明确各有关部门责任，密切合作、各负其责、齐抓共管、形成合力，共同做好农村文化工作。宣传文化部门要充分发挥其在农村文化建设中的重要作用。有关部门对农村社区文化建设特别是重点文化工程，要加强专项监督检查。

（四）农村社区文化建设的经验启示

从我国部分地区农村社区文化建设的过程与做法来看，可以总结归纳出若干经验和启示。

1. 农村社区文化建设必须强化政府统筹规划

农村社区公共文化设施是新农村文化事业发展的重要标志，更

① 杨炳珑. 农村社区建设体制机制研究. 基层政权和社区建设司，2015-01-22.

是完善公共服务体系的重要基础，各级政府是农村公共文化建设的责任主体。张家港市市政府始终坚持经济与社会协调发展的方针，把社区文化工作摆上重要议事日程，列入领导任期目标，与经济发展的目标任务一起规划、一起部署、一起检查，并作为一项重要内容纳入对各镇的考核和文明村镇的评比。通过召开专题性会议，制定、下发支持文化发展的政策性文件，制订标准导向，加强考核评估，逐步扭转了基层领导长久以来形成的重经济发展、轻社区事业建设的错误认识。张家港市的实践表明，在经济发达地区加强统筹规划，将公共文化设施建设的重心下移至村（社区），因地制宜建设一批规模适当、设施良好的社区文化服务设施，建成 15 分钟文化圈，符合社会主义新农村建设的方向。在推进过程中，必须加强宣传、文化、科技、财政、民政、体育、规划、国土等部门的协作共管，科学制定社区建设规划，落实建设用地、建设经费，建立起文化建设的工作协调机制。同时，还要积极鼓励、引导社会力量参与农村社区文化建设，让“社会办文化、企业办文化、民间办文化”蔚然成风。

2. 农村社区文化建设必须注重社会资源整合

建立农村社区公共文化服务体系，关键是加大政府对农村文化建设在人、财、物上的投入力度，建立以财政投入为主的投资保障机制。张家港市的经验为我们提供了启示。张家港市已建立起市、镇、村三级投入机制，将文化设施建设、设施运行维护及经常性活动经费纳入财政预算，每年按一定比例增长。针对一些镇、村财力相对薄弱的状况，市财政设立农村文化建设专项资金，加大补贴和奖励的力度。出台鼓励文化经济发展和社会捐赠的政策，拓宽文化投入的渠道。张家港市对农村各类资源进行了有效整合，充分发挥民政部门在社区建设上的牵头协调功能，统筹文化、党建、宣传、卫生、科技、体育等方面的力量，共同参与社区建设，避免了重复投资。切实加强农村文化机构和队伍建设，拓宽农村社区文化人才渠道，发挥现职村干部和退休老干部、老教师的作用，并鼓励熟悉农村生活、有一定文艺专长的优秀人才，选配机关年轻干部和应届大学毕业生到农村社区工作，建立农村社区文化人才的选拔、培养和使用机制，完善人事管理制度，形成有利于优秀文化人才成长和发挥作用的良好环境。例如山东省莒南县相沟乡在农村社区建设中，坚持“膨胀规模，创新体制，整合资源，为民服务，有效管理，选好班子，提升水平”的方针[①]，打破了传统的农村管理模式，对社会资源进行了深度的整合，扩大了村庄规模，形成了自己的模式与套路。

3. 农村社区文化建设必须发挥农民的主体意识

农村社区文化设施的服务对象主要是广大农民，既传播先进文化，又方便农民自娱自乐。张家港市农村社区的综合教育培训室配备文化信息资源播放设备，是农民群众接受党的方针政策和法律法规、科普知识培训、观看各类网上影片的课堂。图书阅览室配备有图书、报刊和专用电脑，是农民读书看报和查阅网上信息资料的场所。文艺活动（书画）室、棋牌活动室、健身活动室、文化广场等是农民娱乐休闲、发展特长和强身健体的乐园。特色文化展示室是传承当地农村历史文脉的重要阵地。张家港市的农村社区文化设施建设充分考虑了农民的基本文化需求，是符合当前农村实际的。在功能发挥上，一方面，村文化服务站负责提供公共文化产品，大力实施送书、送戏、送展览、送电影的“四送”工程，开展内容丰富、形式多样、群众喜闻乐见的文化活动。另一方面，村文化服务站大力培育新型农村文化主体，积极发挥农民业余文艺团队的作用，构建专业与业余、公办与民办、本土与引进的农村社区文化团队体系，形成文化活动的合力。“书画之乡”“戏曲之乡”“山歌之乡”“民乐之乡”“武术之乡”“围棋之乡”“乒乓之乡”等应运而生。村级文化设施已成为公共文化建设的重要基础和有效补充，发挥出了较好的社会效益。

---

① 一场农村管理体制的深刻变革. 基础政权和社区建设司，2015-03-31.

第七节　农村社区资源整合与社区参与

整合农村社区资源和激励社区公众广泛参与，是农村社区建设顺利实施的重要条件和必要方式。本节将就农村社区建设中资源整合与培育、社会公众参与农村社区建设与管理方面的问题进行探讨。

一、农村社区资源对农村社区建设的重要意义

建设农村社区，必须坚持因地制宜和以自愿、量力、互助为主的原则，多方挖掘社区资源，全面调动村民积极性。[①] 农村社区资源，顾名思义，即在农村社区范围内以实物形式或非实物形式存在的资源，它包括方方面面，大体可以概括为两类：第一类是自然经济资源，包括人力、物力（含土地、河流等）和财力资源；第二类是其他社会资源，如管理服务资源、规则制度等。这两类资源都需要依赖资源培育和整合的一系列复杂问题，从而关系到能否实现社会效益的最大化目标。事实上，农村社区资源对农村社区建设具有重要意义，通过对上述农村社区资源的培育和整合，能够积聚力量，拓宽发展空间，促进社区管理规范化，有效地带动农村各项社会事业的发展，改善居民生活条件，推进农村社区的快速发展。

二、农村社区资源的培育与整合问题

社区资源的培育主要指社区资源从无到有以及不断完善的过程。社区资源的整合则是指将各种功能、性质不同的社区构成要素

① 许秋莲，范先文．开展农村社区建设需要的前提条件和主要内容．村民自治网，2011－02－28．

和单位在不同纽带的联系下构成一个整体，各部分在整体中根据社区共同需要发挥自己的功能，从而造就社区整体功能。[①] 在一定程度上，两者都是维持社区存在和发展所不可或缺的。

（一）人力资源的整合

建设村落社区，需要各级党政组织的正确领导，也需要志愿者协会等中介组织的积极引导，更需要广大村民的热心参与。在实际工作中，要注重与“双学三培两带”相结合，与农村无职党员设岗定职活动相结合。[②] 要注重发挥农村党员能人的带头示范作用，组织一批热心为群众服务的骨干力量，积极宣传农村社区建设的性质、宗旨、原则、内容、方法和作用，帮助村民增强认识，提高其参加志愿者协会和社区活动的积极性。例如，山东省枣庄市山亭区成立了由区委常委、组织部部长任指挥的新型农村社区建设工程指挥部，从区直部门抽调33名政治素质高、业务能力强、熟悉基层的干部，组成11个推进组，派驻到各乡镇（街道）和抱犊崮景区集中办公，参加乡镇（街道）研究社区建设的党委会、党政联席会和周一点名例会，在乡镇（街道）参加年度考核，为乡镇（街道）解决资金、规划等难题80多个，提出合理化建议130多条。[③]

（二）物力资源的整合

在农村社区中，由于社会历史原因，物力资源主要涉及三个方面，一是整合土地资源，通过调整置换出土地成立经济项目区，用于招商引资、发展民营经济，这拓宽了发展空间，促进了社区经济的发展。

---

① 花传国. 村落社区资源整合研究——以遇驾山村落社区为例. 社会工作，2007年第二期下半月.

② 江西省永丰县农村村落社区建设的调查与思考. 江西社区网，2013-06-09.

③ 枣庄市山亭区倾力打造农村新家园. 枣庄市山亭区政府网站，http://www.shanting.gov.cn/art/2010/7/12/art_319_10731.html.

二是整合闲置空地资源。一方面，可以利用农村闲置房屋，作为兴办农村社区的办公和活动场所，如调整布局后闲置的中小学校旧房、场地，闲置的仓库、敬老院，空闲的村民房屋等，都可以用来作为兴办农村社区的办公和活动场所；另一方面，还可以通过改造宗族祠堂等富有创新性的做法，或者由村民自愿义务投劳，成立村落社区活动中心，做到既盘活资源，又节省投入。①

三是整合社区中的其他物力资源，如文化设施、办公资源等，这类资源尽管再生性良好，但由于缺乏必要的关注，很多资源的利用率较低，而且更新换代往往表现出一定程度的滞后，这都容易造成资源的浪费。对此，需要加大投入，而这些投入一方面是资金层面的投入，即弥补精神磨损和物质磨损；另一方面就是人力层面的投入，这可以通过专人负责、集体参与的方式对其进行管理和监督。

（三）财力资源的整合

1. 拓宽资金筹集渠道

农村社区建设和治理的各项工作均需要有相应的资金投入作保障，如何完善农村的资金投入机制，是农村社区建设和治理的一项重要工作内容。首先，健全完善公共财政的投入机制、自然增长机制，努力发挥政府对农村社区建设和治理所需资金投入的主渠道作用，争取做到新增财力的一定比例用于农村社区的工作，确保对社区的资金投入的增长与公共财政增长实现同步增长的自然增长机制。其次，吸收社会力量广泛参与社区建设和治理，一些项目可实行招商引资，吸纳各类社会资本的介入，部分项目可动员社区精英参与。最后，还可以通过一些创新的方法减少对建设资金的直接需求，比如在基础设施方面可以使用一些被发达城市淘汰但对农村而言仍有使用价值的设施，如路灯、垃圾箱等。② 例如，枣庄市山亭

① 杨震. 为民服务谋发展 团结一致奔小康——磐安县尖山镇管头村新型农村社区建设取得成效. 浙江省民政厅，2010-11-12.

② 陈明. 新农村建设事业下的农村社区建设和治理. 苏州大学，2010.

区对此提出五个措施：奖励专项资金，财政每年安排新型农村社区建设专项资金1 000万元，采取以奖代补的形式给予专项奖励；减免行政收费，按照“能免则免、能减则减”原则，实行行政性、事业性费用“零收费”，经营性收费减半收取；上级资金扶持，区直部门向上级争取的支农惠农资金集中用于扶持农村社区建设；土地挂钩补助，对实施整村搬迁改造的村庄，区里每调用一亩腾出土地指标补助10万元；金融机构贷款，区信用联社预留农村住房建设贷款3 000万元，对符合条件的购房户和建筑施工企业提供贷款，全力支持农村社区建设。

2. 整合项目资源

按照“资金性质不变、管理渠道不变、区级统筹使用”原则，在维持各类支农资金投向相对稳定的前提下，统筹整合新农村建设、新型乡镇建设、农村住房建设、危房改造、土地整理和社区建设所涉及的科技、教育、文化、卫生、体育、农业、林业、水利等项目，进行整合捆绑、统一拨付、集中投入。[①] 比如，北京市大兴区即通过成立综治办的方式协调项目资源的使用，而且将这一形式推广到乡镇一级，在确保信息一致性的同时也有利于工作的监督与评价。

3. 整合农村社区资产

在整合农村社区资产中，尤其需要将原来各村一定比例的机动地、宅基地、建设规划预留地、“四荒”地、集体积累等集体资产全部整合起来，由社区统筹管理使用。对原自然村涉及的债务转移到社区承担，根据集体经济状况及政策情况，逐年偿还、逐步化解。此外，除了上文提到的有形资产，容易被忽视的农村社区无形资产亦需要给予一定关注。事实上，如自身的社区文化等在长期作为一种相对稳定的意识形态，可以通过对社区居民的影响有效促进物质资源的利用。

① 枣庄市山亭区倾力打造农村新家园. 枣庄市山亭区政府网站，http://www.shanting.gov.cn/art/2010/7/12/art_319_10731.html.

4. 整合农村社区合同

原自然村的各业承包合同全部收归社区集中管理，集中变更发包人。而对原自然村签订的未到期合同，则继续维持合同期限，待合同到期后，再由社区公开发包。这种集中处理可以减少资源占用，专门化又进一步提高了效率，减少了时间耗费，降低了成本。

（四）管理服务资源的整合

1. 推进政府职能转变

把推进政府公共服务职能进入农村社区放在重要的位置，从县（市、区）各职能部门到区和乡镇街道都把自己的工作做到村社区，形成文化、教育、卫生、体育、科技、广电、民政、治安、供销合作等公共服务到村入户的制度化服务，推进政府职能转变。

2. 开展第三部门服务

着力发展农村社区的“民间”组织，大力开展第三部门服务。“支部＋协会”是农村经济发展的新趋势，第三部门在引导农村科技致富、实业致富方面功能尤为突出。[①] 根据课题组调查，山东省青岛市城阳区在开展第三部门服务方面组织发起了老年服务协会、计划生育协会等社会组织，这些社会组织大都由社区成员构成，它们的成立既丰富了居民的社区生活，也为发展民间服务提供了可行的范例。

3. 引进市场主体开展有偿服务

这类服务主要与农村的生产活动相联系，比如可采取“公司＋农户”的方式，使农民的生产经营活动符合市场的需要，实现产与销之间的有机结合，增强农民抵御市场风险的能力。[②] 比如，北京

① 四川长宁“支部＋协会”现代农业园区建设迅猛发展. 新华网发展论坛，2009-11-30.

② 杨根生.“公司＋农户”是发展农村市场经济的有效途径. 学术评论，1994(1)：41-43.

市大兴区魏善庄镇就根据自身客观实际，成立了相应的农产品产销经营合作社，其采取类似于公司的运营方式，将农户与市场联系了起来，减少了生产的盲目性，顺应市场需求，从而有利于增加农民收入。

4. 组织社区志愿互助服务

组织农村社区内的志愿互助服务人员在农村建设社区志愿者服务队，组织村民开展治安巡逻、卫生清洁和各种互帮互助活动，解决农村出现的打工族留下的“留守儿童”问题，将有助于社区互助的理念进一步深入人心。调查显示，很多地区借鉴城市志愿服务模式，目前都成立了青年志愿者等组织，获得了较好的社会回响。当然，如何保证志愿活动长期有效开展还有很多问题有待观察和研究。

5. 组织城乡社区结对服务

组织城乡社区结对服务，即发挥城市社区的发展优势，尊重农村社区发展现实，开展城乡社区之间的对口交流，服务彼此，互相促进。这种服务可以是组织与组织之间的，也可以是城乡社区成员之间的交流，通过交流，传送信息，形成一种平等互动的伙伴关系。

三、农村社区建设的公众参与存在的问题及可采取的措施

农村社区的建设和治理的内容涉及居民生产生活的方方面面，与农民的切身利益息息相关。农村社区要建设和治理好，离不开社区居民的参与。一个建得成功的农村社区必然是居民积极参与社区事务管理的社区。[①] 一方面，农村社区居民是社区建设和治理的主体，对如何建设社区居民应具有主人翁意识；另一方面，农村居民也是社区建设和治理的受益的客体，对自己需要的服务内容最具有发言权。

① 杨荣. 浅论社区建设中的居民参与. 中国选举与治理网，2011-03-20.

(一) 公众参与农村社区建设存在的问题及其表现

公众参与农村社区建设，从整体上来看还处于薄弱阶段：公众参与农村社区建设虽然已经起步，但总体上还很弱，社区居民的积极性依然很差，整体发展不平衡。农村社区居民参与程度比较低，集中体现在以下几个方面。

1. 参与意识弱，积极性不高

大多数农村社区居民还没有形成自己是社区主人的主体意识，参与社区各项事务仍不积极主动，参加的活动大多以被动型为主，甚至有的社区连自己社区的代表会议和各项选举都难以进行。[①] 这显然不利于社区公众参与的建设和社区活动的开展。

2. 动员式的参与是主要的参与形式

社区居民被动地执行社区已制定好的各项活动，而在活动的决策前后没有加入其中。这样的参与既不能对所要处理的事务进行决策，也不能对社区管理层的活动形成有效的监督。

3. 非政治性参与是主要内容，参与内容有限

农村社区建设公众参与的内容大多与政治不沾边或者逃避政治性参与。对社区而言，最大的政治性参与就是社委会或者村委会的选举，但是这种三年举行一次的重要活动规模都不大，参与的广泛性也不好。社区公众参与的大多是文体、卫生、巡逻等活动，表明民主监督的参与少，参与的内容有局限性。

4. 参与期望与现实之间存在偏差

部分社区居民愿意参加各种社区活动，而且表现出相当的积极性，但是关键在于居民期望参与的社区活动参与不了，比如对社区管理运行、社区服务质量的监督等。而社区管理机构提供给居民的参与形式多是居民没有多大期望的项目，比如社区清洁卫生、为民服务、组织治安联防队、捐衣捐物，等等。

---

① 段炼. 当前农村社区建设存在的问题. 边疆经济与文化，2009 (2)：23－25.

5. 缺乏制度上的保障

农村社区建设公众参与缺乏制度上的保障，确保社区居民可以参与自己感兴趣的社区建设，自愿参加；也缺乏必要的多种参与途径的设计，单一的途径往往不能很好地发挥作用和满足大家的参与要求。此外，缺乏制度上的保障还容易导致农村社区公众参与的空洞化倾向，不利于社区的整体建设。

（二）发挥农村社区农民治理主体作用的措施

要实现农村社区善治，就必须为农民参与社区集体事务提供完善的制度和良好的外部环境，并充分发挥农民的治理主体作用。

1. 加强制度建设，为公民参与提供制度保障

首先，要完善农村社区管理制度。村民自治制度是中国特色的发展、民主之路，也是解决我国“三农”问题、推进农民公共参与、扩大基层民主的最基本途径。[①] 完善村民自治制度这一农民参与的最基本途径需要做到以下几点：第一，完善村委会选举制度，建立法制化的规范选举制度，逐步规范候选人的提名方法和提名程序，针对选举过程中出现的“贿选”现象，应成立专门的“选举监督小组”；第二，完善民主决策和民主管理制度，凡涉及村内群众利益的大事，都需要群众共同协商决定；第三，完善村民民主监督制度，要切实落实村务、政务和财务公开制度，增强农村社会事务管理的透明度，加强对群众社区干部的监督。[②]

其次，要完善农民利益表达机制，促进规范化参与制度化的利益表达机制有利于农民意见的采纳和农民问题的解决，提高农民公共参与的积极性。第一，改革现行信访制度，教育、引导农民依法信访，设立专门的“农民信访窗口”，避免信访流于形式，落实信访工作责任制；第二，建立干部下访制度，注意要避免“一人下

① 陈晓莉. 农民政治参与制度化探析. 行政论坛，2005 (6)：71-73.

② 莫纪宏. 加强群众自治组织建设、保证人民的直接民主. 北大法律信息网，2012-10-17.

访，众多随从”的现象发生，避免铺张浪费现象，走访的对象要有针对性。

最后，要加强农民组织化建设，提高参与的组织化程度。第一，转变观念，加强引导。政府应加强政策引导和财力支持，充分尊重农民的意愿，在加强政策和财政支持的基础上，努力通过技能培训、知识传授、开展农民活动等方式，建立“民办、民管、民受益”的农民组织。第二，加快农民组织化建设的法制化进程。法律需对农民组织的成立条件、功能性质、运作程序、法律地位、违规处罚等做出明确规定，使成立后的农民组织早日迈向法制化的运行轨道。

2. 优化外部环境，夯实公民参与基础

一是加快农村经济发展——物质基础。“物质生活的生产方式制约着整个社会生活、政治生活和精神生活的过程”。我们有理由相信，农村经济的高度发展可以帮助农民消除传统陈腐观念的侵蚀，使农民了解民主、相信民主、践行民主，通过更多的公共事务参与来维护自身权益免受侵害。因此，必须大力发展农村经济，促进农民增收；积极引导农民创业，为农民创业提供财力支持；改革户籍制度，逐步取消户口的城乡差别与地域歧视，保护他们的政治权利。

二是改革乡镇基层政府——政治基础。在缺乏民主传统的农村地区，要想进一步推进民主建设，就必须加大对基层政府的改革力度，努力营造农村居民参与的良好社会体制环境和政治环境。第一，乡镇政府及其工作人员要牢固树立“全心全意为人民服务”的意识。第二，精简机构。第三，完善监督和考核机制。

三是营造参与型的政治文化——文化基础。政治文化和政治制度二者是相互依赖、相互促进的，它们共同推动着人类社会政治生活的发展。[①] 农村居民参与社区公共事务的治理的效果如何，很大

① 曹安. 我国农村社区治理中的公民参与问题研究. 上海师范大学，2010.

程度上与公共事务参与的文化氛围有很大关系，所以要大力发展农村教育事业，通过教育培养人们参与公共事务的兴趣和习惯，提升村民的民主参与意识。通过广播、电视、宣传栏、墙体标语等多种群众喜闻乐见的方式，广泛宣传农村社区建设的目的、意义、宗旨和目标、好经验、好做法和好典型，扩大农村社区建设的社会影响力，营造良好的农村社区建设舆论氛围。

3. 发挥农民的治理主体作用

当前农村社区治理过程中的一个明显缺陷就是农民治理主体作用的缺失。[①] 只有让农民积极参与到社区公共事务的治理中去，并平等地共享劳动成果，才能真正发挥农民在社区治理过程中的主体作用。各地政府应当把建立和发展农民组织作为完善基层民主、推进农村社区善治的一项重要工作来抓。首先，要切实发挥乡村精英的主导作用；其次，农民组织功能定位要准确；再次，农民组织制度要健全；最后，农民组织离不开政府的引导和支持。

四、农村社区资源整合和社区参与——以房山区良乡镇为例

北京市房山区良乡镇位于北京西南方向，距离市区 25 公里，户籍人口 2 万人。良乡镇是良乡卫星城的发展新区，受首都经济圈影响，这里交通便利、历史悠久，具备良好的发展环境。自农村社区建立以来，良乡镇不断开展社区资源培育和整合工作，集中表现在以下几个方面。

1. 新建大量基础设施

在原先发展基础上，良乡镇新建了大量的公共基础设施。不同于传统的农村建设容易陷入重复建设的情况，良乡镇投入资金

① 李永成. 新农村法制建设的进路——以农民主体性与主体地位为中心的分析. 四川大学学报（哲学社会科学版），2010（1）：123 - 131.

建设了16个数字影院，同时，还建设了多个图书馆、文化广场和绿地公园等，基本覆盖全镇农民人口。随着这些设施的建成使用，农村居民的生活方式发生了显著改变，人们有机会在社区开展更加具有时代气息的活动，城乡之间的物质、精神差距正在日益缩小。

2. 经济发展状况良好

很大程度上，地区经济发展水平是地区资源利用和整合状况的结果。2019年良乡镇的财政收入达53 232万元，居民人均收入水平无论以城镇人口还是农村人口核算都超过了人民币20 000元，同其他可比地区相较而言，这一数量规模总体表现良好。

3. 社区服务不断完善

良乡镇建有乡镇一级社区服务中心，承接了诸如计划生育服务、残疾人救助、保障性住房、养老保险等项目在内的行政管理职能。此外，良乡镇已建成农村社区综合服务设施十余处，平均建筑面积200平方米，可以满足社区居民的基本生活要求。

4. 社会组织发展情况良好

良乡镇设立了一系列社会组织，典型的有农业生产合作社和养殖专业合作社等，这些生产型合作社的建立将市场的需求和农户的生产供给有效联系起来，避免了个别经营的盲目性，降低了经营风险。然而，调查数据显示，非生产性社会组织的建设略显不足，还有较大空间亟待挖掘。

第八节　农村社区人才队伍建设

一、人才队伍建设在农村社区建设中的地位和意义

人才队伍建设是社区建设的重要内容。一支政治坚定、作风扎实、专业过硬、群众信赖、乐于奉献的社区工作者队伍，是建设和

谐社区的基本保证。[①] 通过建立农村社区社会工作平台，加强农村社区社会工作人才队伍建设与管理，能够实现农村社区化服务与社会工作人才队伍建设的“互促双赢”。人才队伍建设在农村社区建设中具有重要意义。

（一）可以促进公共服务向农村延伸

开展农村社区人才队伍建设，能够将农村社区居民纳入“服务圈”，使农村社会工作取得突破性发展，使农民群众享受到一些和城市居民一样的服务，解决了农村热点问题。[②] 在农村社区工作人员向农民提供服务的过程中，通过调解民间纠纷、化解各种矛盾等方式，维护了社会稳定，促进了乡风建设。

（二）可以促进社会工作人才价值实现

农村社区人才队伍建立起了联系群众、服务群众的新机制，为社会工作人才实现价值搭建了舞台，促进了社会人才资源和其他社会服务要素的有效对接；促进了由管理型政府向服务型政府的转变；促进了大中专毕业生人生观、价值观、择业观念的转变和参与社区服务积极性的提高，在一定程度上缓解了社会就业压力；有效解决了乡镇合并后近千名机关干部和工作人员的安置问题，而且实现了职能部门服务工作的延伸与下沉，形成了人尽其才、才尽其用的新机制。

（三）可以拉近党群、干群关系

农村社会工作人员扎根老百姓中间，了解群众的所思所求、所需所盼，在深入基层面对面为农民服务的过程中，提高了为农民群众服务的能力和水平，改进了工作作风，拉近了与群众的距

---

① 顾超. 社区矫正社会工作者队伍建设之管见. 法制网，2015－06－18.

② 将便民服务深入到乡村 椒江区倾力打造“一刻钟服务圈”. 台州市政府网站，2011－12－15.

离，增进了对群众的感情，得到了群众的拥戴，密切了党群、干群关系。[①]

二、农村社区人才队伍建设存在的问题

由于农村社区社会工作人才队伍建设还处于初始阶段，还存在一些亟待解决的问题。

（一）农村社会工作人员数量严重不足

在社会管理与服务工作日益加重的情况下，农村社会工作人员的负担越来越大。特别是乡镇综合配套改革后，农村社会工作的主力军乡镇“七站八所”退出事业编制，机构进一步精简，农村社会工作力量更加薄弱，一些偏僻乡镇社会工作人员更为匮乏。以乡镇民政所为例，目前每个乡镇只有1～3名民政干部，却肩负着社会福利、社会救助、减灾救灾、优抚安置、殡葬管理、低保发放等大量日常民政社会工作，其中有些工作还必须深入农户中挨家挨户地走访、调查、核实，以保证救助、救灾、低保发放的准确性，工作量非常大。

（二）农村社会工作从业人员素质较低，社会服务水平不高

农村社会工作人员的学历、年龄、专业结构与社会工作发展要求还存在一定差距。[②] 比如经济发展中等水平的吉林省四平市，其农村社会工作人员中只有不到10%的人是社会工作相关专业的毕业生。每年除少数部门采取以会代训的形式举办相关业务培训外，从未专门举办过系统的社会工作专业知识、专业技能培训。自身素

① 鞠进增. 在农村社区化的创新实践中全面加强农村社会工作人才队伍建设. 中国共产党新闻网，2008-05-20.

② 詹成付. 农村社区建设实验工作讲义. 北京：中国社会出版社，2008：95-96.

质和专业培训的缺失，导致社会工作人员缺乏应该具备的岗位知识和技能，社会服务专业水平和服务质量还不够高，难以提供个性化、多样化、系统化服务，仍沿袭行政工作的方式方法和工作习惯，无法有效应对和解决新的、复杂的社会问题。如在农村基层居民矛盾调解中，有些村干部或调解员抱着息事宁人、大事化小、小事化了的思想，只求把事“摆平”就行了，忽视了工作程序或法律规定，工作方法不科学。

（三）工作缺乏统一领导，社会工作人才队伍建设存在体制性障碍

目前无论是社区内政府管理部门还是公益服务类事业单位，甚至包括民办的公益性、慈善性社会团体、民办社会服务机构，都在行政管理的大框架下自成体系、各自独立。社会工作人员广泛地分布于社会管理和服务的各个领域、各个层次、各个角落，缺乏统一的领导和专门的规划。近几年，虽然高校扩大了社会工作专业的招生规模，但行政事业单位用人制度改革滞后，各类社会组织不发达，在人才的吸引、培养、使用、评价、激励上缺乏有效载体；在基层，由于缺乏必要的政策支持和奖励激励，社会工作者地位和待遇较低，民间对社会工作的参与热情不高，根本引不来、留不住专业的社会工作人才。①

三、农村社区人才队伍建设的对策

随着农村经济社会的发展和生活水平的不断提高，农村群众在技术服务、医疗卫生、救济救助、法律咨询、文化娱乐等方面的需求越来越多，标准越来越高，渴望一种更全面的近距离服务方式的产生。在新形势下，依托社区加强社会工作人才队伍建设，正好满

① 甘霖. 佛山市社会工作及人才队伍建设初探. 中共佛山市委党校，2013－11－06.

足了农村群众的服务需求。

(一) 多措施壮大队伍

1. 发挥镇、村党务工作者的作用

镇、村党务工作者是一支素质高、工作能力强、经验丰富的基层工作人才队伍，是农村社会工作的组织实施者，是农村各种社会人才的牵头示范者。应积极开展培训，把基层党务工作者培养成为社会工作骨干，充分发挥他们的组织和引领作用，带动农村社会各项工作深入开展。

2. 分流机关富余人员

将乡镇（街道）民政、劳保、司法、卫生、计生等部门从事社会工作的人员纳入社会工作人才队伍管理范围，通过民主选派、下派方式，充实到农村社区社会工作岗位上来，使乡镇（街道）富余人员有了用武之地。①

3. 壮大“义工”队伍

农村党员、团员、教师、退休职工、退伍军人及民间“小能人”是一个素质较高、热心社会公益事业的群体，应对他们进行调查摸底，建立社会工作志愿者队伍。并通过建立协会、商会和农村经济合作者协会等形式，积极发挥他们在专业、技术、信息等方面的优势。②

4. 多渠道选聘优秀人才

进一步加大宣传动员力度，提高社会志愿者对农村社区的认同感，及时将优秀大中专毕业生、退伍军人、外出务工返乡青年等各类人才吸纳到社会工作岗位上来。③ 采取面向社会公开招聘、竞争上岗等办法选拔社区工作人员，提高工作人员整体素质，提升服务

---

① 河南省项城市在社区建设中创先争优. 中国共产党新闻网，2012-02-29.

② 洪万升. 壮大志愿者队伍加快推进和谐社区建设. 丽水日报，2010-07-25.

③ 秭归县杨林桥镇农村社区社会工作人才示范点工作方案. 中共秭归县组织部，2008-03-27.

质量与水平。

（二）多途径强化培训

1. 制订培训计划

制订社会工作人才学习计划，把普及社会工作专业知识技能与社区本职业务培训结合起来，根据群众需求不断丰富培训内容，定期开展各类集中培训活动，定期组织检查考试。

2. 创新培训方式

坚持“走出去学”和“请进来教”相结合。[①] 实行外派挂职锻炼、考察学习、跟班学习、交流轮岗等制度，多渠道、宽领域地培养社会工作人才；同时，邀请上级领导、学者和先进地区代表进社区授课；充分发挥农村远程教育网络设备的作用，培养一批能够运用社会工作专业知识和技能的社会工作人才。

3. 提升培训层次

根据实际制定农村社会工作人才队伍培训方案，提高培训的专业化、职业化水平。一方面，大力开展社会工作专业知识的普及培训，如举办社会工作知识专业讲座；另一方面，广泛动员社区机构职工以及社区、公益性民间组织的从业人员参加全国助理社会工作师、社会工作师职业水平考试，逐步培养一批具有从业资格和专业技能的社会工作人才。

（三）多视角完善机制

1. 完善选拔、培养机制

对选派到社区的工作人员的评先树优、提拔重用、物质待遇等方面做了明确规定，要求乡镇（街道）干部的提拔对象至少要有半年以上农村社区工作经历。[②] 镇、村两级党组织积极采取得力措

① 加强社区党建队伍建设的具体途径. 红网，2011-10-16.

② 邹庆忠. 创新农村社区化服务体系. 求是，2007（23）：52-52.

施，把优秀农村社区社会工作人才培养成党员，把党员培养成社会工作人才，对政治素质较高、社会工作能力较强、群众公认的社会工作人才，先纳入村级后备干部“人才库”进行重点培养，待条件成熟后，通过合法程序充实到村干部队伍中。

2. 建立待遇保障机制

建立镇、村班子成员联系社区社会工作人才制度，定期上门征询意见，帮助解决他们工作和生活中的实际困难。[①] 建立社区经费保障机制，由乡镇财政负责对正常参与服务的志愿者组织发放适当的经济补助，改善农村社区工作人员的工作和生活条件。

3. 落实监督约束机制

实行首问负责制，探索服务监督卡方式，由服务对象对社会工作人员的服务态度、服务质量进行评议。结合年终考核，实行末位淘汰制，对明显不能胜任社会工作岗位的工作人员及时进行调整。对市直部门参与巡回服务人员，由乡镇（街道）政府（街办）根据其服务社区的综合表现出具书面鉴定，及时送所在部门备案。

4. 规范表彰奖励机制

乡镇党委每年年底集中对工作出色、群众评价高的农村社区社会工作人才进行一次评选表彰，表彰其为“优秀社工”，并通过广播、电视等形式，对优秀社工的典型事迹和优秀品质进行大力宣传和推介。

---

① 农村社区社会工作人才管理办法. 中共秭归县委，2007-09-20.

第六章

中国农村社区的主要建设模式

中共十八大提出“全面建成小康社会，实现中华民族伟大复兴，必须推动社会主义文化大发展大繁荣，兴起社会主义文化建设新高潮，提高国家文化软实力”“加快推进重点文化惠民工程，加大对农村和欠发达地区文化建设的帮扶力度”。中共十九大进一步指出“文化是一个国家、一个民族的灵魂”“中国特色社会主义文化是激励全党全国各族人民奋勇前进的强大精神力量”“文化自信是一个国家、一个民族发展中更基本、更深沉、更持久的力量。文化兴国运兴，文化强民族强”，强调“推动文化事业和文化产业发展，以满足人民过上美好生活的新期待”。

第一节　中国农村社区的主要建设模式及其做法

一、现有建设模式分类

在我国农村社区建设过程中形成了许多不同的

模式，从不同的视角可将农村社区建设模式做不同的归纳，目前应用比较多的是从农村社区的建制及其边界来进行划分（从社区与行政村建制相关角度出发），主要分为“一村一社区”、“多村一社区”、“一村多社区”、“社区设小区”和“集中建设社区”等几种主要模式。

二、主要建设模式介绍

（一）“一村一社区”模式

1. 概念与基本内涵

“一村一社区”模式是以行政村为基本单元建立社区，即农村社区范围的划分以现有行政村为基础，一个行政村建成一个农村社区。

该模式由四川省宜宾市率先探索，目前已有 226 个县（市、区）实行了“一村一社区”的建置，占实验县（市、区）总数的 76.09%，是最普遍采用的一种模式。

2. 主要特征

该模式不改变农村现有地域划分格局，一般以村委会为主体开展农村社区建设，行政主导性强。

3. 适用范围和优缺点分析

该模式一般适用于经济状况比较好、人口具有一定规模且居住相对集中的村庄。

其主要优点是：一是切合农村现行行政管理体制，可以利用现有的政治和组织资源优势，便于行政统一推动，且不增加管理层级和管理成本；二是可以通过领导农村社区建设增强基层政权的影响力，巩固党的执政基础；三是同村村民形成了较强的利益关系及社会认同，这为农村社区的组织、管理和服务提供了基础条件；四是可以实现公共服务提供的规模经济。[1]

---

① 许远旺. 当前农村社区的实验模式及组织定位——对湖北农村社区建设试点的调查与思考. 社会主义研究，2008（2）：77－81.

其主要缺点是：由于村委会和社区合二为一，社团组织发育缓慢，力量薄弱，可能会强化行政功能，在一定程度上影响社区农民民主自治和社区服务功能。

4. 案例——宁波市镇海区棉丰村

宁波市镇海区于2007年初在棉丰村进行农村社区化试点，取得了比较明显的成效。棉丰村地处城乡结合部，2006年，全村经济总收入近1.4亿元，村级集体可用收入500多万元。随着经济的发展，社会管理服务遇到了新问题：一是农居混杂，亦农亦工亦商。不少家庭既有农业户口又有非农业户口。二是外来务工人员数量骤增。外来务工人员总量是本村户籍人口的7倍多。三是村域范围内有许多企事业单位和个体工商经营户，形成了较为发达的二三产业。村域内有国有、集体及民营工商企业32家，银行、工商所、小学等管理服务单位9家，个体工商经营户350家。针对这些情况，2007年镇海区以该村为样本探索农村社区化管理，把城市社区建设经验与农村具体实际紧密结合起来，在夯实“三个基础”（组织基础、队伍基础、工作基础）、健全“三个网络”（综合服务网络、社会治安网络、就业保障网络）、加强“三个建设”（社区党组织建设、社区阵地建设、文化载体建设）方面进行了积极实践。

（1）组织基础。原有村三套班子体制保持不变。强化村（社区）党组织领导能力，发挥领导核心作用；保留村经济合作社，发展全村社员的经济利益；加强村民委员会建设，依法保护原村民的政治、福利待遇。为协调社区管理，成立了棉丰社区和谐共建理事会，理事会由村级班子主要领导、驻地部省属大工程单位和其他企事业单位以及有一定威信的村民代表、外来务工人员代表等组成，对社区化管理中的重大事项进行协商、监督，从而形成共驻共建、共建共享格局。新设立了“社区工作站”，在村党委领导和村委会运作下具体实施社区化管理工作。

（2）队伍基础。在进一步加强村党组织、村委会、村经济合作社班子建设的同时，致力于抓好社区工作者队伍建设，提高社区工作者的职业化、专业化水平。通过镇（街道）下派、整合现有村干部资源、向社会公开招聘等方式，按总人口 800∶1 的比例，共配备 15 名（其中新招聘 9 名）“社区工作站”专职社工。专职社工承担起原外来人口协管员、计划生育协管员等各条线分散配备的专职人员的职责以及村务等管理服务的职责，定岗定责定人，按分片包干、条块结合原则，明确片区和工作站内治安、社保、救助、计生、卫生、文化、教育等工作任务，通过网格化管理模式，实现了对辖区内社会管理全覆盖目标，有效提高了配备人员的使用效益。在发挥专职社工作用的基础上，促进辖区内社会力量互动，建立完善社区志愿者队伍，引导社区居民自觉参与社区公益事业和公共服务。

（3）服务网络。拓展现有的由区、街道、村三级投资建立的村（社区）服务中心功能，建好“三站六室两厅两栏两中心”，即党员服务站、社区工作站、志愿服务站，村务（社区）办公室、党员活动室、综治警务室、城管工作室、新棉丰人党建工作室（管委会办公室）、卫生计生服务室，便民服务厅、综合议事厅，公开栏、科普宣传栏，文体活动中心和居家养老服务中心，满足居民教育培训、文体活动、公共卫生、综合治理、便民超市等社区服务功能的发展要求，让所有居民共享服务。围绕居民生产生活要求，强化公共服务，包括社会保障服务、职介服务、综治警务服务、文教卫体服务、计划生育技术服务等。发挥区级市民服务中心的优势，延伸了 21890 民情直通车在农村社区的服务网络，并与辖区内及村庄周边电器修理、水管维修等 15 家家政服务企业签订了社区服务协议。同时，广泛开展便民利民的志愿者服务和市场化服务。

（4）经费投入。区、镇（街道）两级财政加大对农村社区建设的投入力度，建立社区化管理财力保障机制，每年对各村以实际配备的专职社工数按每人 3 万元标准进行补助，由区、镇（街道）按 4∶6 的比例分担。核定人数后，区财政将 40％的经费划拨到各镇、街道，各镇、街道要及时配套（资金具体拨付管理办法另行制定）。

积极探索村经济合作社、辖区共建单位、各类民间组织等多元投入机制，推进“结对共建”，共同参与社区化管理。同时积极探索建立市场化运作机制。积极开展便民利民的市场化服务，吸纳有一技之长的居民组成专业服务队，采用有偿服务形式，开展各种便民服务，提供多种服务项目。①

（二）“多村一社区”模式

1. 概念与基本内涵

“多村一社区”模式是指以中心村为主，与周边几个村落联合组建社区，即以现有乡镇为单位，对所辖村进行重新整合，其整合可能会涉及几个行政村的自然村落或几个行政村合并，每个社区确定一个中心村，设立社区服务中心，建立服务设施，为社区范围内各村提供服务。

2. 主要特征

该模式不改变区域内各行政村原有治理体制，把若干行政村组合为一个服务区域，在乡镇的支持和指导下统一提供政府型或政府主导型的公共服务，构建了（行政）村级公共服务之上的第二级公共服务体系（平台），形成农村社区—村委会—农户模式。

3. 适用范围和优缺点分析

该模式主要适用于原有行政村规模相对较小，各村之间联系紧密的区域。

其主要优点：一是能有效整合资源，公共产品和公共服务供给相对集中，避免资源分散和重复建设的浪费；二是有利于引导村民向经济强村和中心村自然集聚，提高人口密度，加快城镇化进程。

其主要缺点：一是可能由于服务范围过大、服务对象过多而造成公共服务的“拥挤”现象，以及难以为村民提供“家门口”

---

① 蔡勇志，郭铁民. 我国农村社区化模式的比较研究. 中共福建省委党校学报，2010（10）：20-25.

的便捷服务。二是在中心村的选择上有难度，往往会引起各“边陲村”的争议和不满。三是可能会影响到与村民自治的结合度。四是各村在经济上的整合难度较大。由于大多数农村仍保留有包括集体土地、集体企业、集体资产在内的集体经济，社区难以调动各村集体资产用于社区公共设施和公共服务。这会影响村民对社区的认同感的产生及社区的有效整合。五是增加了管理层级，管理成本可能会增加。

4. 案例——宁波市的联村虚拟社区的“联合党委”模式

目前已有45个县（市、区）实行该模式，占实验单位总数的15.15%。下面以宁波市的联村虚拟社区的“联合党委”模式为例加以说明。

宁波市在保留行政村体制不变的基础上，根据地域相近、人缘相亲、道路相连、生产生活相似的原则，把若干行政村组合为一个服务区域，统一提供政府型或政府主导型的公共服务，构建（行政）村级公共服务之上的第二级公共服务体系（平台）。因其没有改变区域内各行政村原有治理体制，却又确确实实联村统一提供政府型公共服务或公共产品，故称“联村虚拟社区”。该联村社区虽名“虚拟”，但也有实的内容。为了使社区内的公共服务或公共产品供给有效运作起来，必须有一套组织架构作为支撑。宁波市的做法是：构建以党组织为核心的社区组织构架和社区管理体系。

（1）设置社区“联合党委”。

联合党委是区域内公共服务或公共产品供给的最高决策机构，对区域内的政府型公共服务提供实行统筹领导。社区联合党委的书记由乡镇（街道）干部兼任，各村党支部书记都是联合党委的委员。联合党委下属支部采取“1＋N”模式，其中，“1”为综合支部，用于接纳区域内的“零散”党员和外来流动党员，“N”为各村党支部和各企事业单位党组织。联合党委与“1”和“N”之间是严格的领导与被领导的上下级组织关系。

(2) 搭建社区"服务中心"。

服务中心整合各村资源，着眼于与辖区群众生活息息相关的事项，广泛开展各种类型、各种形式的便民利民服务，联手其他已有的服务性机构和平台（如"三室四站一中心一校一场所"），打造社区"十分钟生活服务圈""十分钟卫生服务圈""十分钟文体生活圈"。服务中心的服务功能，涵盖了教育、卫生（计生）、文化、体育、科技、法律、综治警务、劳动就业（与培训）、社会保障、社会救助、社会福利、流动人口服务与管理、社区党员服务等服务内容。服务中心由联合党委副书记、综合支部书记、中心主任组成领导层。选聘专职社工担任中心主任，负责中心的日常工作。各行政村的大学生村官兼任驻村代理。由此，在联合社区的区域内就构建起了两级公共服务平台（体系）：行政村范围内的一级平台和虚拟社区范围内的二级平台。

其社区组织构架和管理体制，以社区联合党委为核心决策主导，以社区服务中心为窗口执行落实。其运行机制是：社区联合党委酝酿提案→交社区共建理事会或共建促进会商议→再由联合党委决策→交社区服务中心执行→群众意见的反馈和收集。

（三）"一村多社区"模式

1. 概念与基本内涵

"一村多社区"模式是指在一个村设立两个或两个以上的社区。在实际操作中，一般以自然村或村民小组为单位成立社区。

2. 主要特征

在该模式下，民间组织在社区建设中发挥重要作用。

3. 适用范围和优缺点分析

该模式主要适用于原有行政村规模较大或包含若干自然村且分布分散的区域。

其主要优势为：由于将自然村落或居民小组作为农村社区建设的基本单元，居民以地缘、亲缘、血缘为纽带联结在一起，有着共同的资源、环境和文化，认同感和归属感比较强，能促进社区服务组织的发育和成长，实现村民的自我服务和管理。

其主要缺点有：一是公共服务供给分散，加大了服务供给成本，导致服务设施供给不足、服务水平低下，不利于服务体系的健全和完善。二是农村社区过分零散建设将不利于农村的城镇化发展趋势。三是该模式中的社区实质上只是农村社区村委会下设的小区或服务站（点），社区功能有限，发展、建设、管理等功能欠缺。

4. 案例——江西省的村落社区建设

目前已有21个实验县（市、区）实行该模式，占总实验单位总数的7.07%。其中，以江西省各县和湖北省秭归县杨林桥镇的村落社区为典型代表。下面介绍江西省的村落社区建设情况。

江西省较早开始农村社区建设，最初参照城市社区建设的模式，将农村社区建设定位在乡、村、自然村三级，在一些试点县初步搭建了“一级政府、二级管理、三个层次”的农村社区建设模式。然而，在实践中却遇到了一个突出问题，即农村社区建设与村民自治的关系问题。一是村委会行政色彩过浓，主要精力用于完成乡镇政府交办的工作，一定程度上减弱了村委会对村民的凝聚力和向心力。二是村委会管辖区域过大，村委会的日常管理效能在自然村出现了“断层”。三是多数村委会集体经济力量不强，无力帮助解决村民希望解决的诸多问题；而自然村却又无人出面牵头、组织。

基于此，江西省民政厅认为，必须使农村社区建设与村民自治有效对接。于是，江西省民政厅提出了开展村落社区建设的设想，即在村党组织和村委会的指导下，以自然村为重点，由社区志愿者组织发动农村社区内村民通过民主决策、民主管理和民主监督方式，自己办理农村社区的公共事务和公益事业，协助村委会承担农村社区公共事务和公益事业的部分管理、服务任务，使之成为完善村民自治的有效形式和重要载体。

（1）运行模式。

江西省村落社区建设的运行模式，可以概括为“一会五站”。即在村落社区中成立以“五老”（老党员、老干部、老农民、老教师、老复员军人）和无职党员为主体，热心于村落社区建设的志愿者参加的村落社区志愿者协会；再通过志愿者协会下设的社会互助救助站、卫生环境监督站、民间纠纷调解站、文体活动联络站和公益事业服务站，组织村民开展各类活动。其运行机制完全是按照民主选举、民主决策、民主管理、民主监督的要求建立的。

（2）特点。

新思路：“一会五站”。2003 年初，在确定把农村社区建设工作重点放在村落的时候，江西省民政厅便提出了以“一会五站”为载体的建设新思路。

新机制：“六方协作”。通过试点，江西省初步建立起一套村落社区建设的运行新机制，就是“党委政府领导、民政部门指导、村级组织牵头、志愿者协会主办、社会力量支持、村民广泛参与”。

新组织：发挥志愿者协会的独特作用。志愿者协会在村落社区建设中发挥着重要作用。志愿者协会的参与者全凭群众推荐、个人自愿，社区建设能开展到什么程度就什么程度，不背负任何硬性任务、指标，也不给村民添任何麻烦，村民参与活动也是自愿的。

新机制：富有生命力。村落社区建设受到了农民群众的广泛欢迎，得到了各级政府组织的支持和称赞，富有生命力。第一，从其定位来看，以自然村为单位开展村落社区建设，不但有利于区内公共事务、公益事业建设和各项服务的开展，而且找到了一条贯彻《村委会组织法》的新途径，成为协助村委开展工作的新载体。第二，在农村广泛推广志愿者活动是在农村现行基层管理体制外的一个重要的机制创新和观念创新，为建立政府调控机制同社会协调机制互联、政府行政功能同社会自治功能互补、政府管理力量同社会调节力量互动的社会管理网络走出了一条新路子。第三，“一会五站”把开展农村村落公益事业、卫生环境、文体活动、互助救助、治安纠纷调解等集于一身，并在不断完善之中，今后可望发展成为一种自觉的、有组织的、长期而又稳固的村民自治体系。第四，加强了党对农村工作的领导，发挥了广大农村党员的作用，为党员参与农村公共事务找到了一条有效途径。第五，农村村落社区建设重视发挥文化的作用，通过文化的纽带，建立起村民的认同感，增强村民的凝聚力，使党对农村政策的传导机制在基层能够比较畅通，这对政权的巩固，对于党的方针、政策的贯彻，起到了重要作用。第六，村落社区建设用民主化的机制、民主化的参与来唤醒社会的认同和社会的稳定，用共同利益来激发、激活民间的活力和潜力。这种制度设计，政府并没有出多少钱，但是把整个农村基层给激活了，把农民的发展愿望和积极性调动起来了。

（四）“社区设小区”模式

1. 概念与基本内涵

在实行“多村一社区”或“一村一社区”的地方，大都在社区之下设“小区”。“一村一社区”的地方大都以村民小组或自然村为单位设立“小区”；而在“多村一社区”的地方，大都以村为单位设立“小区”。社区建立集服务、管理和活动于一体的社区中心，为村民提供公共服务。在社区下设小区，村民在小区内实行自治，开展自我服务和互帮互助活动。[①]

陕西省规定，原则上一个行政村建立一个社区服务中心，经济条件较好或规模较大、居住分散的行政村，可在每个自然村设立社区服务中心，由此形成“社区-小区”的组织结构。吉林省将农村社区定位在村一级，但根据东北农村村屯距离较远的状况，要求各试点村积极将服务向自然屯延伸。要逐步在离村中心较远的自然屯设立服务网点，建立集农民议事与活动于一体的服务站点或农家大

① 许远旺．当前农村社区的实验模式及组织定位——对湖北农村社区建设试点的调查与思考．社会主义研究，2008（2）：77-81.

院。如桦甸市、扶余市与长春市的宽城区及二道区等实验县（市、区）已经开始在部分自然屯设立服务站点。

2. 主要特征

该模式实现了公共服务的分类供给，在公共资源的配置效率与村民自治间取得了较好的均衡。

3. 优缺点分析

该模式的主要优势是在公共资源的配置效率与村民自治间取得了较好的均衡。其主要缺点是增加了管理层级和管理成本。

4. 案例——湖北省钟祥市

钟祥市位于湖北省中部，是中国历史文化名城、中国优秀旅游城市、中国长寿之乡，也是国家可持续发展综合实验区，全国科技、教育、文化先进县市，总人口 101.7 万人，现辖 17 个乡镇（办事处）、3 个国有农牧场、2 个省级经济技术开发区。2001 年，钟祥市开始社区建设，2011 年社区总数已达 54 个（其中城区 19 个，乡镇 31 个，农村试点社区 4 个），覆盖人口 41 万人。2006 年底，钟祥市被湖北省省委、省政府评为创建和谐社区先进市；2007 年又被确定为全国农村社区建设实验市。2008 年初，钟祥市市委、市政府出台《关于开展农村社区建设工作的意见》，明确提出把农村社区建设工作作为重要工程，全市上下扎实推进以“自治好、发展好、管理好、服务好、环境好、风气好”六好为重点的和谐社区建设，取得了明显成效。磷矿镇陈安村和石牌镇彭墩村作为农村社区建设试点示范村，也取得了不少建设农村社区的经验。

钟祥市在实践中形成了“一会四联”，“湾长”理事的农村社区建设模式。

“一会”即为村民提供无偿服务的农村社区志愿者协会。社区志愿者协会以建制村为单位组建，协会成员以“两委干部”、农村“五老”、村民代表为主体，以热心农村社区建设的农民志愿者为补充；协会下设“分会”，“分会”实行“湾长”负责制。

“四联”即以社区志愿者协会为平台，以自然湾落为单元，开展事务联管、文明联创、服务联动、平安联建，实现村内湾湾联、湾内户户联。它的设立极大地促进了农村社区服务整体协调发展。

在农村社区建设中实行“一会四联”管理服务模式，符合农村特定的地域宗族情结，能够充分调动村民参与新农村建设的主动性和积极性，同时，各个湾落之间又联系紧密，团结在社区志愿者协会周围，服务农村群众，农村社区建设逐渐为群众所接受和推崇。

钟祥市开展农村社区建设以来，试点村发生了翻天覆地的变化，村容村貌得到了很大改善。

第一，基础设施建设方面。自开展农村社区建设以来，钟祥市加强了生产生活设施建设工作，重点开展四通（通路、通水、通电、通信息）、四改（改水、改灶、改厕、改圈）、四化（硬化、亮化、绿化、净化）工作。试点村陈安村积极筹资进行水、电、路建设，架设自来水管，使全村喝上了干净、卫生的自来水；建成通村公路，把水泥路修到了每个农户的家门口；积极改厕、改厨、改圈，修建沼气池，使得 80%的农户用上了清洁、卫生的沼气。彭墩村筹资 1 200 万元建成了 10 多公里村组水泥公路、近万平方米绿化带、农民广场等生产生活基础设施，基本实现了村、组公路硬化、绿化、美化。

第二，教育文化方面。钟祥市一直把推进各村的教育文化工作当作重点来抓。陈安村通过志愿者协会及其分会，建起了村民文化活动中心、村腰鼓队等，开展拔河比赛、健身比赛、“巧妇人”等评比竞赛活动，修建喷水池、篮球场，购买健身器材，极大地丰富了群众文化生活。彭墩村升级完善了村小学，免费对中青年村民进行学习和实用技术培训，同时以丰富群众文化生活为重点，广泛开展各种村民喜欢的文体活动，丰富了村民业余文化生活。

第三，民主政治建设方面。钟祥市以推行村务公开、民主管理、民主决策、村民议事为重点，深入开展基层民主政治建设，提高村级民主管理水平。陈安村党支部在村民代表中推选 6 人组成民主理财小组，对农村财务进行民主管理、对村财务收支定期集中审核。同时，设立村务公开栏，栏目中有各种群众关心的问题，如村财务收支状况、计划生育政策、低保申请程序等，栏目中公布的内容要随时随地接受村民的审核监督。彭墩村更是将村务公开延伸到组，村务公开群众满意率达到百分之百。

第四，服务体系建设方面。钟祥市规定，每个农村社区要建立一个为村民服务的综合服务中心，设立服务大厅，为村民提供各种社会保障方面的服务。陈安村通过农村社区志愿者协会及其分会，帮助村民解决大病医疗救助、农村低保、维权咨询等问题，同时，由协会及其分会组织村“两委”成员、党员、技术员，对特困户实行“三帮一包”，即帮思想、帮技术、帮资金，包三年脱贫，收到良好的社会效应。

（五）“集中建社区”模式

1. 概念与基本内涵

“集中建社区”是在新规划的农民集中居住的居民小区设立“社区”。主要有两种情况：一是农（牧）民聚居设社区。如江苏、成都、天津等地都提出“农村人口向城镇集中、居住向规划社区集中、工业企业向园区集中”，支持和鼓励农民“迁村腾地”“集中居住”。随着规划小区的聚居、人口的增多，为了加强管理、提供服务而单独设立社区。另一种是以甘肃阿克塞县为代表的在人口自然聚居而形成的地区设立社区。阿克塞县是甘肃省唯一以哈萨克族为主体的自治县，全县辖 2 乡 1 镇 10 村。全县人口为 9 100 人，牧民所占比例较大，基于牧民农忙时分散放牧而农闲时在县城集中居住的实际，在开展农村社区建设实验工作过程中，将全县 3 个乡镇 10 个村整合成 1 个民族新村牧农村中心社区，建立牧农村社区服务中心，下设 3 个牧农村社区服务站，配套党员服务站、社区工作站、文体活动中心、警务室、社区保障事务所、图书阅览室、医疗服务站、便民服务站、居民学校等，由此形成全县设立“一社区一中心三站”的社区模式。

2. 主要特征、适用范围和优缺点

该模式的主要特征是：由政府主导推动，需要巨大的启动资金。该模式主要适用于经济发展水平较高的城郊农村。

其主要优点是：紧密结合城镇化进程，通过整合农村土地资源并实现市场化流转，提高了农民的土地收益，不仅获取了农村社区建设的资金，还为城市发展提供了空间，实现了城乡统筹发展。

其可能的缺点是：原有的居住模式、邻里关系受到破坏，社区归属感降低。社区规模扩大，不利于村民自治的形成。

3. 案例——成都市

成都市以产业发展为先导，结合农村土地整理、农村宅基地归并，建设农村新型社区，取得了较好的成效。

（1）筹资模式。

成都市在农村社区建设中的最大亮点是创新了资金投入方式。成都市成立了市属国有独资公司——小城镇投资公司，注册资本金1亿元，主要职责是引导和集聚信贷资金和社会资金投入小城镇建设，参与小城镇综合开发。为提高公司的融资能力，成都市实行“改拨为投”机制，建立市场配置资源的全新投入方式，2007年起从市级财政中安排小城镇建设资金4亿元，以后每年安排的资金增幅不低于10%，用于搭建小城镇建设投融资平台。小城镇投资公司提出“1113模式”，即“一个原则、一种模式、一种机制、三个目标”的农村新型社区建设项目整体推进思路。其中，“一个原则”是指“坚持农村新型社区建设与农业产业化项目相结合”；“一种模式”是指探索“拆院并院”和土地整理统筹实施的“区域综合整理”；“一种机制”是指建立农村集体建设用地指标市场化流转配置；“三个目标”是指最终实现土地高质量地向规模经营集中、农民高质量地向社区居住集中、现代农业跨越式发展与农民持续增收。

关于小城镇投资公司的运行机制，其操作程序是：区（市）县申报项目，提供项目材料—进入公司审查程序—进入公司实施程序，进入实施程序后，区（市）县要与该公司签订投资意向，然后就按照正常建设程序展开建设。其经营范围包括三个方面：对全市小城镇建设进行投融资和投融资管理；对全市小城镇建设进行建设管理、经营管理和综合开发；对全市小城镇的土地开发整理进行投融资和投融资管理。

专业公司按照现代企业的运营模式，归并使用新型社区建设的土地指标资源，对规划的非建设用地范围的农民宅基地进行整合、包装，然后在可建设区域内提前配建学校、医院、超市等公建设施建设，将农村集体用地快速从“生地”变成“熟地”，吸引社会资金参与新型社区建设，并将城市社区物业管理标准引入新型社区。

专业公司的主要任务是与金融机构合作，引入信贷资金和社会资金进行农村基础设施建设，实施土地管理，促进土地规模经营，发展新型农村集体经济组织。同时引导农民以承包土地协议作价入股，公司则投入风险资本入股，组建农村专业经济合作组织，以共同开发、集体经营等形式推进农业产业化项目、农业生态旅游开发，并为它们提供信贷担保。

（2）组织建设和公共服务。

温江区建立了具有自身特色的“3＋1＋1”治理模式。即在村级设置社区党总支、社区居民委员会、社区议事监督委员会、社区集体经济股份合作社、社区服务站。社区党委（党总支）是社区各项工作的领导核心，各社区根据党员从业、年龄、居住等特点下设若干支部，领导社区内各类组织开展工作；社区居民委员会负责办理本社区公益事业、调解民间纠纷、协助维护社会治安等社会管理和公共服务工作；社区议事监督委员会接受镇（街）纪委的指导和社区党组织领导，主要议决并监督社区涉及群众利益的重大事务；集体经济组织依法独立经营，在壮大集体资产的同时，加大社区公益事业的投入，促进社区全面建设；社区服务站接受镇（街）政府的领导，承担应由政府提供的村级公共服务和社会管理工作，大力发展社区民间组织，成立农村专业经济协会、文艺表演队、居家养老服务站、社区志愿者、社区义工队，引导他们参与社区共建，提高社区自治水平。

坚持按城市社区的标准建设农村社区，按照“八个一”（即一个活动室、一个医务室、一个警务室、一个公交车站、一个便民店、一个幼儿园、一个农贸市场、一个就业服务站）的标准，大手笔推进，规范化管理，使社区设施配套、功能完善、特色鲜明、群众满意。高标准规划建设社区活动中心。按照“选址定点科学化、资金投入多元化、建设方式监管化、功能效益最大化”统筹制定村（社区）建设规划，2003—2012 年，先后投入资金 1.2 亿元建设全区农村社区活动中心，建成了花土、新华、惠民、天乡路等 23 个功能完善的社区活动中心，活动中心按照方便群众、满足群众生产生活服务需求的原则，划分为办公区、服务区、活动区和宣传教育区，科学设置了远程教育网络、卫生服务室、便民小超市、老年活动室、残疾人活动室、文体休闲广场等便民场所，为群众提供便民服务，提升村（社区）建设整体水平。

第二节　中国农村社区建设模式的发展方向

我国今后农村社区建设的发展方向何去何从？我国未来农村社区在城市化、城乡一体化快速推进中应采取什么样的具体建设模式和管理模式？这是我国目前农村社区建设中必须要考虑的重要问题。

一、我国农村社区建设模式的未来完善方向

我国地域广袤，空间差异巨大，各地区所处的发展阶段和面临的环境条件不同，农村社区建设的发展模式不可能整齐划一，只采取一两种模式，应该允许不同种类的建设模式共存。随着农村经济

社会发展和农村城镇化进程及城乡一体化的推进，应该因地制宜探索农村社区建设的新模式，并且予以扶持引导，让各地区的农村社区建设彰显自身的特色，走出各自适宜的、科学的建设模式。真正地把农村社区建设成为管理有序、服务完善、文明祥和的现代型社会生活共同体。根据目前我国已经取得的一些农村社区建设成功经验，并借鉴城市社区的发展路径和合理做法，我国农村社区建设模式的未来完善方向可概括为以下几方面。

1. 充分尊重农民的意愿

农村社区承载的主体、活动的主体和服务的主体都是农民，因此，农村社区建设模式的选择以及建设路径都应充分尊重农民的意愿，并与农村自治有效对接。

2. 规划引领，避免无序

进一步完善农村社区建设模式，要避免以往“头痛医头，脚痛医脚”的修修补补、零碎操作的无序做法，应做到农村社区规划先行，对目标区域的农村社区建设进行整体的科学规划，并注意衔接上层城乡规划、社会经济发展规划及相关专门规划，在获得有关部门机构评估认可和审批后方能实施建设，并把社区规划与社区管理结合起来。通过规划引领，社区建设可以少走弯路，避免无序，最大限度地提高公共服务水平和利用效率。

3. 结合社区经济发展

我国农村社区建设的重要目标之一，是要建立资源高效利用、要素合理配置、农民持续增收、生态逐步改善的新型农业生产体系和不断提高农村社区的综合生产能力。因此，农村社区的建设一定要结合社区经济发展能力培育和水平提高来实施。从国家层面上看，这关系到我国农业现代化和粮食安全问题，从微观层面上看，这关系到农村社区本身的可持续发展问题。没有为经济发展服务的主题，农村社区建设的成效难以形成，也无法持续。因此，结合社区经济发展的目标来展开农村社区建设是必要的。其主要关注的内容和环节包括加强农业基础设施建设、加快农业科技创新、促进农业产业化经营、建立新型农业社会化服务体系、加强农村社区防灾减灾能力建设等方面。

4. 融入城市（城镇）一体化发展

农村社区建设融入当地城市（城镇）一体化发展是我国未来一段时期城市化、城乡一体化快速推进的必然趋势和要求。按照目前我国城市化的发展速度，预计未来 15 年内，城市化水平将达到 65%～70%，也就是将进入城市化趋于成熟的阶段，到那时，农村社区与城市社区享有的设施条件和公共服务差距将变得很小，城乡一体化达到相当高的水平。因此，今后我国农村社区的规划与建设应做到未雨绸缪，前瞻性地、主动积极地融入城市（城镇）的发展。这既是应对我国快速城市化、工业化、城乡一体化的明智之举，也是提升农村社区建设层次、避免适应未来重大城乡变革可能引发巨大成本浪费的重要途径。而且融入城乡一体化发展完全符合我国目前统筹城乡发展、积极推进城镇化、缩小城乡差距、解决“三农”问题的政策取向，因而可以获得政策和制度层面的支持。

5. 结合文化资源的保护与开发

我国农村地区的发展有着悠久的历史，很多地方长期以来形成了其独特的地域性文化资源。这些文化资源既是当地的宝贵人文财富，也是构成当地人们特质文化心理和共同价值的重要内容，往往在当地起到重要凝聚力的作用，当然也可能作为当地资源被开发并带来可观的经济价值。因此，农村社区建设所采取的模式，应注重结合当地文化资源的保护和开发，切不可为了一时的便利而造成传统文化资源的毁坏甚至毁灭。

6. 建立健全相关制度和机制

农村社区建设模式多种多样，每种模式都有其适用的场合和固有的利弊。为了发挥各种建设模式的优势且最大程度克服其不足，还应注重相关制度和机制的建立健全。在制度层面上，比如建立农村社区建设规划评估审批制度、农村社区建设的国家规范与标准、农村社区建设的监管体系以及农村社区建设的绩效评估体系等。在机制层面上，比如建立保障农村社区建设实施的组织领导和工作推进机制、多元投入机制、多层次的社会参与机制等。

二、根据不同类型采用相应的建设模式

我国各地农村社区由于其所处位置和环境条件相异，因此各地农村社区的建设应区分不同类型，采用不同的建设模式。就目前而言，综合相关研究，主要可归纳为下列几种类型。

1. 城市改造型的建设模式

这种类型的农村社区往往属于城中村或处于城市周边被城市化覆盖的地区。这种类型的农村社区建设，要结合旧城改造和城区建设，运用房地产开发模式进行整村拆迁改造、迁村并点、连片开发，农村居民按其意愿进行市民化。

2. 驻地集聚型的建设模式

这种类型的地区，农村社区一般邻近或正好处于城市郊区或是乡镇（街道）机关驻地。这种类型可通过多种形式将城郊村和乡镇（街道）机关驻地村建设改造成为社区，吸纳周边村庄农户入住，并将周边村庄整体拆除复垦。

3. 多村联建型的建设模式

这种模式以条件较好的中心村为依托，统一组织建设社区，实行城乡建设用地增减挂钩政策，并将周边村庄整体拆除复垦。

4. 园区带动型的建设模式

因产业园区建设需要对周边村庄实施拆迁，按照农村社区建设的规划标准，统一组织建设集中居住区（含为企业配套建设的公租房），同步配套建设基础设施和公共服务设施，使园区发展获得空间，农民就业有岗位保证，农村社区得到改造更新。

5. 强村兼并型的建设模式

一地区内部的各村庄由于历史和现实的主客观原因，发展参差不齐，形成了经济发展的强弱分化。这种类型地区，可鼓励、引导

经济强村通过兼并周边经济欠发达村，建设新型农村社区，实现以强带弱、共同发展。

6. 村企共建型的建设模式

在我国一些条件较好（尤其是发达的沿海地区）的农村地区，往往兴起了具有一定实力的乡镇企业、民营企业。这类地区可出台政策，以互惠互利为导向，引导、支持各类企业对相关村庄进行搬迁建设、整体改造，对腾空的土地及相关资源进行开发，实现企业扩张发展、村居条件改善的双赢。

7. 搬迁重建的建设模式

对改建难度大，位于地质灾害威胁区、煤矿塌陷区、采空区、压煤区、水库库区、滩涂区或受污染严重不宜居住的村庄，国家或省（市、区）重大工程占地拆迁的村庄，实施整村搬迁，集中建设新农村社区。

8. 土地增值开发的建设模式

对靠近城郊的农村地区，发挥其地缘优势，通过宅基地的合理置换，用置换出的土地进行招商引资，利用土地增值实现农村社区建设和经济发展的共赢。

9. 滚动发展的建设模式

对部分人口规模超大、一次性投入能力不足的村庄，按照统一规划、统一配套、统一样式、统一标准的要求，实行滚动式分阶段建设农村社区。

10. 自主重建的建设模式

在符合规划的前提下，调动农民群众的积极性，发挥集体经济组织的作用，由农民自主重建规划的农村社区，政府配套基础设施或给予资金扶持。

三、根据各地具体环境和条件采取不同的管理模式

农村社区的具体管理模式，既要充分考虑不同类别村庄的地域

文化环境、生态特点和产业发展模式，又要结合集体经济发展现状等各自属性特点，因地制宜，分门别类地采取合适的管理模式，不宜搞“一刀切”。归纳相关文献和做法，主要有如下五种类型的农村社区管理模式。

（一）城中村型的农村社区管理模式

在城市扩张过程中，列入中心城、中心城外围大型边缘集团以及新城规划范围的乡镇，即属于人员结构混合型的农村。这类农村社区管理要采用城市社区管理的理念、模式和标准，努力提高社区管理水平和服务质量。

（二）中心村型的农村社区管理模式

在城乡规划中被列入建制乡镇中心规划的新型农村社区，属于“复合型”的农村社区。这类农村社区的管理要以城乡一体化为理念，注重借鉴城市社区共驻共建、资源共享等方面的经验，通过加强基础设施和治安环境建设，促进社区村民生活质量和生活水平的提高。

（三）平原村型的农村社区管理模式

与现有村委会的管辖区域一致的平原村型农村社区，其管理要以推进农村基础设施城镇化、生活服务社区化、生活方式市民化为理念，着力搭建社区服务平台，辐射带动周围村向社区化发展。

（四）山区林地村型的农村社区管理模式

分布在山区、林地、水库周边等地区的农村社区，其管理要以发展现代农业和生态旅游服务业为理念，着力建设能够传承民族历史文化、生态涵养功能强大、各具特色的休闲度假村庄社区。

（五）专业村型的农村社区管理模式

以地方种养殖协会、经济合作组织（协会）等特色产业为重要经济支撑的农村社区，其管理要以为村镇建设发展构筑强有力的产业支撑为理念，着力建设产、供、销“一条龙”的产业社区综合服务体系。

第七章 进一步推进中国农村社区建设的政策体系框架探讨

农村社区是国家现代化城镇体系的末端节点。开展农村社区建设，对于提高我国社会主义新农村建设水平，实施乡村振兴战略，加快农村城镇化建设步伐，建设美丽乡村，促进我国城乡经济社会一体化新格局具有极其重要的意义。本章根据前述章节对我国农村社区建设历程、现状和存在问题的阐述，以及对已有政策的梳理，从解决现有问题和进一步完善政策体系出发，提出农村社区建设政策总体框架，如图 7－1 所示。

第一节　将科学编制建设规划纳入农村社区支持政策

规划是引导农村社区建设按既定目标推进的重要条件和保障，然而，由于我国农村经济总体来说

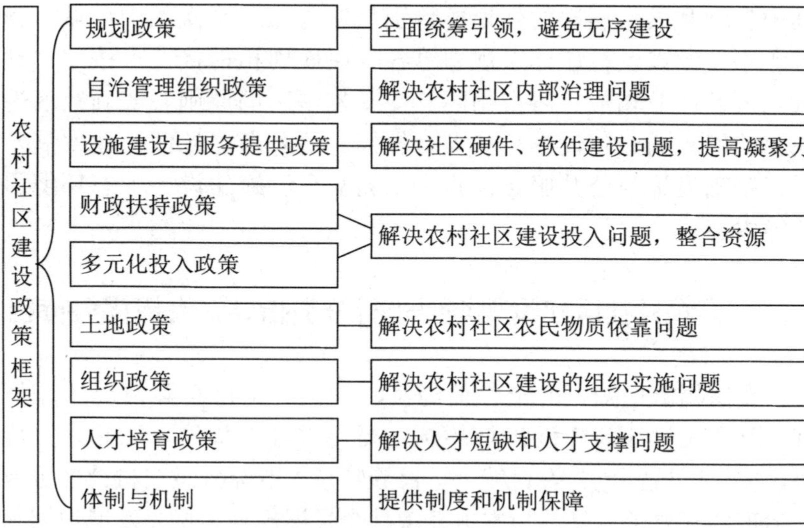

图 7-1　农村社区建设政策总体框架

比较落后，乡村分布面广、零散，加之新农村建设启动时期不长，我国农村社区建设的规划还相当薄弱。因此，为保证我国农村社区建设的稳步推进，应将科学编制农村社区建设规划纳入农村社区支持政策。规划应区分空间层次，进行分类指导，发挥地方优势，突出区域特色。

一、农村社区建设规划要区分空间层次，遵循农村特点

从国家、省域、县域三个层次出台科学编制农村社区建设规划的规范。国家层次的规划主要解决全国农村社区建设的宏观部署、思想指导和原则方向问题，省域层次的规划主要解决省域范围农村社区建设的总体安排和统筹推进问题，县域层次的规划主要解决如何落实农村社区建设的具体实施问题。不管哪个层次的农村社区建设规划，都要遵循农村经济社会发展的特点和规律，

其中省域和县域层次的规划要特别强调与相应层次的中心城、新城、小城镇以及村庄体系规划等各专项规划相衔接，可按照“地域相近、产业相似、习俗相同、便于发展”的原则，明确社区选址、功能布局、建设容量和人口规模，统筹考虑社区产业发展定位、基础设施与公共服务设施及相关配套设施建设、生态环境保护等内容。

二、农村社区建设规划要进行分类指导，发挥优势特色

我国幅员辽阔，由于各地经济、社会、文化实际情况千差万别，具体农村社区建设规划的制定要注重分类指导，发挥地方优势，突出区域特色、农村特色、民族特色，既能满足农村社区服务与治理的新要求，又能与本地经济社会发展规划、城乡发展规划和新农村建设规划等有机衔接；规划功能定位、分布范围、设置模式、服务设施建设标准和投融资方式合理；注重社区活动场所等公益性服务设施和基础设施建设，逐步达到互联网络畅通、医疗站所联网、文体设施健全、集市交易方便、中小超市惠民、垃圾处置及时的规范化建设目标，使村民享有走平坦路、饮干净水、用卫生厕的现代农村生活方式。当然我国各地农村社区建设的条件和环境存在巨大差异，在短期内实现上述所有目标确实存在困难，但可以将上述目标作为政策的导向。需要指出，规划政策的导向，要强调农村社区建设规划应该广泛征求村民意见，让利益相关的村民群众知情并积极参与，经村民会议或者村民代表会议充分讨论形成基本共识意见，报请上级政府部门审批后方可正式实施。

从实践来看，新型农村社区建设往往在经济发展基础比较好、基层组织有号召力的乡村能够率先推进。对暂时还不具备建设条件的乡村，应先行做出整体规划，逐步引导，根据当地经济发展水平、基层组织办事能力和干部群众的思想状况，分类指导，渐次推进，不可急功近利，不搞政绩工程、形象工程，否则

会欲速则不达。上述做法在一些地方通过推进实施被证明是可行的，比如河南省商丘市对建设新型农村社区已经做出整体规划，按照产业集聚区、城乡接合部、乡镇政府所在地、一般农区的顺序逐步展开，针对县、市、乡的不同情况提出不同要求，分类推进实施，取得了良好效果。①

第二节　出台社区管理自治组织建设政策指导

对农村社区管理自治组织建设出台政策指导，推进农村社区管理自治的规范化。尽管不同类型、不同模式下的农村社区，其管理自治组织会有差别，应该区别对待，但可以给出原则性的政策方向指导，其基本内容应包括“六个机制”建设的政策导向：一是健全村庄社区党组织（村党组织）领导的基层群众自治机制；二是形成社区民间组织和社区村民在服务管理中充分发挥作用的共管机制；三是建立专兼职相结合的村庄社区工作队伍协同工作机制；四是建立外来人口能参与社区管理与服务的参与机制；五是建立驻地社会单位参与社区服务管理的共驻共建机制；六是形成尊重社区村民主体地位，保障村民知情权、参与权、表达权、监督权的村民当家作主机制。

第三节　完善社区基础设施和公共服务设施的支持政策

我国农村分布地域广大，空间差异显著，各地农村社区的基础

① 中共商丘市委党校建设新型农村社区课题组杨世松. 建设新型农村社区问题探讨. 商丘网，2012-04-01.

设施和公共服务设施水平参差不齐，但总体而言，我国农村社区的基础设施和公共服务设施比较落后，需要投入更大力度进行完善和补充。进一步推进新型农村社区建设，应从基础设施和公共服务设施入手，出台和完善相应的支持政策。

一、出台农村社区基础设施和公共服务设施的建设标准

我国城市社区的基础设施和各项配套的公共服务设施相对比较完善，为了统筹城乡发展，推进城乡一体化，也为了建设城乡和谐社会后全面实现美丽乡村建设的目标，我国未来要重点建设农村社区，其重要抓手是农村社区的基础设施和公共服务设施的建设。一些地方推出了各自的建设标准，但目前还没有国家层面的标准。为了使各地区农村社区基础设施和公共服务设施建设有章可循，其建设标准应出台国家层面的导向性政策，比如规定农村社区基础设施和公共服务设施应根据当地实际按照邻近城镇的标准提供。

1. 制定按城镇标准建设农村社区各项基础设施的导向政策

综合考虑各地人口规模、资源环境、产业定位、辐射半径和空间承载能力等因素，在充分利用原有设施的基础上，各地原则上应按照城镇标准建设和完善农村社区的道路、交通、供水、排水、电力、燃气、热力、园林、环境卫生、通信、邮政等基础设施。

2. 制定按城镇标准建设农村社区各项公共服务设施的导向政策

根据各地区实际，按照相应城镇标准统筹建设农村社区服务站、卫生服务站、科技文化活动中心、体育活动场所和教育、养老、法律服务、警务等公共服务设施的建设，积极发展商业、服务业，引导连锁超市（便利店）、再生资源回收站点进驻社区，鼓励连锁超市（便利店）拓展缴费、手机充值等服务功能。努力提高农村社区公共服务能力和水平，让“30 分钟～1.5 小时社区公共服务圈”尽可能覆盖全国更多的农村社区。

二、出台农村社区基础设施和公共服务设施的生态环保政策

值得注意的是，农村社区基础设施和公共服务设施的建设必须注重生态环境的保护。按照建设实用、绿色、低碳、环保的要求，在农村社区建设规划中要注重保护、传承所在地区的历史文化遗产和乡土特色，在建设中注重保护好自然环境，在发展中注重保护好生态环境和人文环境，使社区的规划、建设和发展与环境相协调。对于违反生态环境保护准则的建设应予以取缔和处罚。

第四节　完善农村社区建设的财政扶持和多元化投入政策

农村社区建设的顺利推进需要大量资金投入，政府财政投入当然是支持农村社区建设的重要资金来源，因此需要出台和完善相关的财政扶持政策。但完全靠公共财政包下来，现阶段在我国绝大多数地区还难以实现，当然也不可能指望农民作为主力分担。要解决这一问题，应该推进农村社区建设的多元化投入机制的形成，而这需要国家出台相关鼓励和配套政策。

一、出台和完善农村社区建设的财政扶持政策

目前，我国农村社区建设资金普遍比较短缺，尤其是欠发达地区，用于农村社区建设的资金更可谓是捉襟见肘。因此，中央政府应配合新农村建设的推进，对农村社区建设进一步出台和完善财政扶持政策，加大对农村社区建设的财政支持力度。从中央到省、市、县政府，逐级建立农村社区建设专项财政扶持资金，专门用于

农村社区建设的规划编制、土地调整、基础设施建设和公共服务配套等方面。中央和省级层面应考虑对欠发达地区和边远地区的政策倾斜。

二、构建农村社区建设的多元化投入机制和完善相关政策

鉴于国情现实，我国各地区可根据当地实际条件和环境，建立多元化投入机制，调动社会各方力量，构建以公共财政支持为主(导)，村集体、个人、企业组织和民间机构等多元参与的农村社区建设资金供给体制，逐渐建立以各级财政、村集体积累资金投入为主体，以各级涉农资金、单位帮扶投入为辅助，以村（居）民自愿捐助、社会各界赞助为补充的农村社区建设多元化投入机制。我国目前所处的经济发展阶段，很多地区（尤其是东部发达地区）的农村社区建设客观上已经具备多元化投入机制建立的条件，缺乏的只是政府层面的政策鼓励和支持。在我国已有实践案例中，河南新乡、许昌等地的做法表明，村民可以将现有耕地通过租赁形式，由现代农业公司、农业合作组织或种粮大户经营，从而取得租金，还可以将新型农村社区建设整合腾出的土地用于发展企业，鼓励村民以入股的方式取得股金。天津、成都等地在统筹城乡发展中采取“宅基地换房子”的做法，有效地缓解了部分农民资金紧缺问题，加快推动了当地农村社区建设和城乡一体化进程。这些做法都可以借鉴。具体制定鼓励农村社区建设的多元化投入政策应关注五个内容。

（一）指导思想上要明确政府主导和农民主体的关系

农村社区建设要以政府公共财政投入为主体，并动员、鼓励村社集体、农户个体以及工商业主经济、合作经济等经济体分担农村社区建设的成本，建立公共财政投入和私人及村社集体等多方自愿

投入相结合的多元化投入体制和机制。

（二）整合资源，搭建农村社区建设资金投入的公共平台

来自国家不同渠道的支农惠农资金如农业农村部、自然资源部、民政部、交通部、水利部、扶贫系统等支农扶贫部门提供的资金，可以农村社区为公共平台进行整合。这些资金除了按规定投入建设项目外，也可以由社区组织根据社区建设需要进行灵活统筹安排，只要这些资金确实用在了农村社区建设项目上，就应该给予肯定。当然资金的使用要有地方政府相关部门的监督检查并对社区公示。

（三）为扩大农村社区建设融资渠道疏通障碍

逐步清除农村社区建设中金融机构融资的体制与机制性障碍，鼓励各类商业银行服务网点延伸至农村社区，为农村社区建设提供融资服务；鼓励农村合作银行、农村社区银行等服务农村的新型金融机构的发展；创立农村集体资产的抵押、质押等融资形式，保障融资安全。进一步为开辟农村社区、建设新型融资渠道提供政策支持，比如为农村社区建设发行专项国债，发行债券融资，建立农村社区建设基金等。

（四）出台政策，鼓励社会组织和个人投资农村社区服务

例如，对投资者建设项目的收益给予政策保护，对投资者投资农村社区建设项目进行减免税，社会组织和个人投资农村社区建设的可以其投资额冲抵增值税、所得税，对社会组织和个人投资农村社区建设项目实行低息、贴息贷款。鼓励大型企业和财团与乡村两级集体经济组织联合实施社区改造；以政策为导向支持大型企业融资投向新型农村社区建设；鼓励农村集体经济组织和农民以自有资金入股的形式，组织股份制公司企业参与农村社区建设，包括投入建设产业园区项目和服务性基础设施项目，等

等。总之，要鼓励社会组织、企事业单位和个人以多种投资方式参与农村社区建设。

（五）鼓励大力发展多种形式的农村集体经济

综观我国各地区的农村社区建设可以发现，凡是集体经济发达的农村地区，其农村社区基础设施和各项公共服务配套都比较完善，社区组织运转顺畅并有凝聚力。其原因在于，农村集体经济的发展为农村社区建设提供了有力的经济支持，各种建设项目不存在（或少有）资金之虞。由此得到启示：要在政策上鼓励并扶持农村集体经济的发展，为农村社区建设的可持续运行提供长效机制。政策支持，一是要给各地农村集体经济的发展提供必要的资金和扶持政策；二是要给予农村社区发展集体经济更大的制度创新空间和资源支配空间，鼓励农村社区组织为发展集体经济进行多种制度创新尝试、新路径探索和新产业发展。

第五节　探索和完善农村社区建设中的土地政策

我国是一个耕地资源并不充裕甚至短缺的国家，农村社区的建设必须要把对耕地尤其是基本农田的保护放在第一位，要坚持最严格的耕地保护制度和集约节约用地的原则，在此前提下，积极探索和完善新型农村社区建设中涉及的土地政策问题。在实际操作中，可尝试按照享受城乡建设用地增减挂钩的相关政策来进行农村社区建设。

（1）农村社区建设中的土地使用涉及农村集体建设用地拆旧和建新的情形，可按城乡建设用地的增减挂钩相关政策实行整体审批，不再单独办理农用地转用手续。

（2）农村社区建设中通过土地整治腾出的农村集体建设用地，首先要考虑复垦为耕地，规划继续作为建设用地的可统筹用于社区农民旧房改造、新居建设、基础设施和公共服务配套设施建设以及农村非农产业发展用地。

（3）仍有节余土地的，可考虑将少量指标作为建设用地指标在本地区（限区、县一级）内调剂，并推行有偿使用制度，且其土地增值收益必须全部返还农村，用于农村社区及相关项目建设。

（4）农村社区内有乡镇和村集体经济组织等经济主体需要使用社区内产业用地发展相关产业的，应由上级国土、农村工作等部门来裁决土地征用占用方式。

此外，为了节约农村土地，响应我国推出的新的户籍制度改革政策和城市化积极推进政策，鼓励符合一定条件的农民向城镇集聚。农民自愿放弃宅基地到城镇购置商品房定居落户的，经村、镇及建设、国土部门按要求审核并签订相关协议后，由财政按拆除农房面积进行合理补助。制定具体办法，鼓励有条件的农民到本镇规划的城镇社区集聚。

第六节　强化农村社区经济支撑

农村经济建设是农村社区的一项基础功能。与城市社区居民职住分离、城市社区主要注重服务与管理不同，农村社区的农民生产活动与居住场所高度统一，土地是其基本生产资料和生活依靠，因此农村社区的经济意义更为明显。无论从国家粮食安全还是农民自身发展来讲，农村社区经济建设都非常重要。每个农村社区都应建立一套支持农民开展生产和消费的服务设施，实现农业资源和产品在国家—社区—农民中的合理分配和流通，只有这样农村社区才成为一个功能较为完整的社区。农村社区经济支撑的重要意义还在于，经济建设的好坏是农村社区建设成功与否的关键性因素。在工业化、城镇化和农业现代化路径下，农村社区逐渐向城市社区演进是必然趋势，而推动农村社区不断创造物质财富、不断提高文明程度的物质基础和重要因素正是经济。我国一直在着力解决“三农”问题，农村社区经济建设是其重要抓手。因此，我国在2007年提出建设社会主义新农村的重要任务时将生产发展列于首位，可见农村社区经济建设的重要性。从实践来看，凡是经济发展得好的地方，其农村社区建设也往往搞得有声有色，社区功能运转良好，反之，经济发展得不好的地方，其农村社区建设则不太令人满意。因此，农村社区建设的顺利推进必须强化其经济支撑。

长期传统农业大国的历史和启动期较短的新型农村社区建设，使得我国农村社区经济建设具有多种不利因素，主要包括：人多地少，农业低效；农村专业和兼业就业结构变化；乡镇企业不再是引领农村经济发展的主要形式；资金、技术扶持贫弱无力；农业资源危机和生态环境恶化形势日益严峻；农业基础设施薄弱，难以支撑农业现代化；市场配置资源机制不健全；商业流通体系滞后；产业化经营组织体系难以适应市场经济发展；农民组织社区经济合作艰难以及农村、农业人才匮乏等。① 要克服这些不利因素，化解农村社区建设的经济短板，一是大力发展现代农业，通过加大对“三农”的投入，加快农业农村基础设施建设和推进农业科技创新与应用，开发农业作物栽培、农业旅游、农业科普等多种功能，多元化经营，培养农业人才，深化农村综合改革，培育和健全农村市场，强化党的农村工作领导，确保农业现代化高效推进。二是积极推进农村经济合作。农业规模化、市场化经营，需要推进农村经济的合作。农村经济合作组织有专业合作社、专业协会、社区合作社、股份制合作社、经济联合体等多个种类，不同的合作组织各有利弊和适用情形，因此各地在推进经济合作时应因地制宜选择合适的合作组织形式，选择的基本原则是能极大地调动农民的参与热情、极大地优化利用各类本地资源、极大地提高农业生产效率和极大地提升农民收入水平。三

① 师坚毅. 新农村社区建设与管理. 北京：中国社会出版社，2010：70－78.

是完善农村金融支持机制，通过深化农村金融改革和创新，设立面向“三农”的村镇银行、小额贷款公司和农村资金互助社等新型推进农村农业发展的金融机构，逐步解决我国农村地区农民贷款难的问题，并有利于加快形成面向农村的多元化、多种类、覆盖面广、服务高效的金融服务支持体系。四是改革农村土地制度，推进城乡土地市场一体化，加快农村土地的流转，提升农村土地的价值，让农民分享城镇化快速发展的红利，提升农民的经济社会地位。

第七节　完善农村社区建设中的组织政策和人才政策

农村社区建设是一项系统工程，一方面，需要各级政府机构的密切配合和一致行动，通过完善组织政策构建和完善自上而下的农村社区建设组织体系。另一方面，农村社区建设的顺利推进和后续进入良性发展轨道，离不开人才的支持，因此需要配套完善相应的人才队伍建设和发展机制与政策。

一、完善农村社区建设的组织政策和组织体系

根据我国行政层级和农村社区建设推进的要求，在组织政策上可考虑形成省（直辖市、自治区）—县（区）—乡镇（街道）—村四级严密的组织体系，以保证农村社区建设的顺利实施。具体可考虑如下组织职责架构。

（一）省（直辖市、自治区）成立农村社区领导小组统筹协调

农村社区建设由省一级政府来具体部署实施比较合理。自2004 年我国开展社会主义新农村建设以来，省一级政府都成立了

社会主义新农村建设领导小组及类似机构，农村社区建设可以此为依托，进行统筹协调，建立“部门联动、政策集成、资源整治、资金聚焦”的工作机制和部门联席会议制度。省级相关部门抽调专人作为办公室的组成人员，强化组织协调，为农村社区建设基层提供服务。

（二）县（区）政府制定农村社区建设实施方案

县（区）政府是农村社区建设的责任主体，由县（区）新农村建设领导小组或相应机构统一组织协调，具体工作由县（区）新农村建设领导小组办公室负责实施。各县（区）要根据农村社区建设规划要求和上级政府的统一部署，结合实际，制定农村社区建设的具体实施方案，因地制宜，逐步推进。

（三）乡镇（街道）负责属地农村社区建设规划、组织和管理

乡镇（街道）一级政府负责统筹本属地农村社区建设的规划、组织、管理和督促检查。要根据当地村庄体系规划的要求，统筹好农村社区建设与城镇化进程的协调发展，对所有村庄进行统筹规划、分类指导、制定方案、组织实施。

（四）村级组织作为主体实施农村社区建设

村级组织是农村社区建设的实施主体，也是发挥农民主体作用和维护农民权益的组织保障。要尊重群众意愿，通过民主决策和审批程序组织好农村社区建设。

二、构建和完善农村社区建设与管理人才培育政策

我国农村社区的建设和管理人才数量严重不足，人才素质难以满足社区建设和管理的需要，人才队伍结构不尽合理，这是当前制约我国农村社区建设和管理的重要阻碍因素。因而出台和完善自上

而下的农村社区建设和管理人才培育政策，加强对现有社区人才队伍的培训，通过多种渠道吸纳人才，构建结构合理、素质较高、满足需要的农村社区人才队伍是一项紧迫的任务。人才培养政策应涵盖下列内容。

（一）构建人才培训体系，储备农村社区建设与管理服务人才

政策导向上，应加快农村社区各类人才培训体系建设。可依托农村地区针对农民进行职业教育的现有培训体系为基础和重点，广泛建立各类农村社区人才培训的远程教育和网络教育体系，搭建农村社区人才的基本教育网络。同时加强与地方高校、各级地方政府党校的合作，建立农村社区高级专门人才的培训基地，广泛开展对农村社区人员及后备人才的职业素养、技能等内容的教育培训。建立农村社区建设、管理服务人员培训考核制度。所有参与农村社区建设与管理的人员都必须参加职业技能培训方能上岗，上岗人员须定期参加继续教育培训。逐步建立农村社区服务人员的持证上岗和竞争上岗制度。

（二）鼓励大学毕业生到农村社区工作

出台促进大学毕业生到农村社区工作的相关激励政策，建立相应制度。这一工作应由民政部门协同教育部门、人力资源管理部门等共同实施。其内容应具有一定吸引力，如大中专院校毕业生到农村社区工作一定年限后在考研、考公务员方面享有优惠政策，对立志长期从事农村社区服务的人员制定奖励制度与政策等，建立农村社区服务岗位公开招聘制度。各级地方政府的民政部门要协同相关部门，每年推出一定数量的农村社区服务岗位，向大中专院校毕业生进行公开招聘。出台鼓励大学毕业生到农村社区工作的具体激励措施。

（三）激励农村社区志愿者建立和发展的政策

出台相应激励农村社区志愿者及其组织建立和发展的政策，为

农村社区志愿者营造良好的政策环境。通过政策疏通社会成员进入农村社区当志愿者的通道，鼓励干部和国家工作人员、教师、医生和其他社会成员离退休后返乡或就近从事农村社区服务工作，为社会成员进入农村从事社区服务工作扫清障碍，如可以允许在其服务的社区申请农村宅基地等。要对农村社区志愿者实施有效激励，包括社区内部的志愿者和社区之外的志愿者，各地区可根据自身情况出台切实可行的志愿者激励措施。

第八节　进一步建立健全农村社区建设的体制机制

我国农村社区建设还刚刚起步，其体制机制尚不完善，总体上还处于摸索阶段。可借鉴相对成熟的城市社区建设经验，以及已有被证明是好的农村社区建设经验（比如我国300余个全国农村社区建设实验县（区）中比较成功的案例），并根据我国各地区自身的现实特点，进行多层面的体制机制创新。其中，三个方面的体制机制创新尤显重要，即建设发展模式创新、综合配套改革和社会管理创新。

一、推动农村社区建设发展模式的创新

如前所述，我国农村社区所处的地域特点千差万别，建设和发展模式不可能从一而终，不顾条件地采取“一刀切”的模式只会深陷困境，不会取得预期效果。因此，我国农村社区建设要充分考虑平原与山区、干旱与湿润、生态环境承载力大与小、发达地区与欠发达地区、大中城市邻近区与远离城镇的边远区、农区与牧区等各种不同地区的不同特点，在认真总结已有的比如联村共建、村企联建、搬迁重建等建设模式，以及园区带动、滚动发展、自主建设、合作开发等发展模式的经验基础上，结合地方实际，大胆创新，渐

进稳妥地推进新型农村社区建设。

二、推动农村社区建设中的配套综合改革

农村社区的建设只靠单方面的创新可能难以顺利推进，需要多方面的配套性综合改革才能更好地实施。比如要考虑农村社区要全面、妥善地推进农村集体土地所有权及集体建设用地使用权确权登记颁证、集体建设用地使用权流转、农村集体产权制度改革和集体林权制度改革等方面的改革配套问题。又比如可尝试根据各地农村社区建设实际，探索多元化征地补偿安置方式，以盘活集体闲置资产，实现农民权益股权化，使农民成为拥有集体资产的新式农民。

三、推动农村社区建设中的社会管理创新

积极探索因地制宜的农村社区建设中的社会管理创新。现阶段，从农村社区建设中社会管理创新的可行经验来看，在农村社区设立“一站式”办公服务中心，提供劳动就业、社会保障、社会救助、计划生育、外来人口等服务，是一项值得在全国大范围推广的创新性做法。此外，还应积极培育和发展各种民间中介组织、行业协会、专业经济组织协会和社区志愿者组织，通过逐步建立公共服务、社区志愿者服务和互助服务等相互配合的综合性服务体系这一社会管理创新，可在很大程度上实现“小事不出社区，大事有人代理”的农村社区社会管理良好格局。

参考文献

[1] 埃弗里特・M. 罗吉斯，拉伯尔・J. 伯德格. 乡村社会变迁. 杭州：浙江人民出版社，1988.

[2] 把社区建设成为幸福的家园——论社区为民的理性分析和实践形式. 新华网崇川频道，2009-11-18.

[3] 北京市民政局，北京市财政局. 关于调整本市最低生活保障标准的通知（京民社救发〔2019〕17号）. 北京市民政局办公室，2019-01-21.

[4] 蔡禾. 社区概论. 北京：高等教育出版社，2005.

[5] 蔡建武. 蔡建武农村社区建设系列讲座之四：探索村落社区建设的运行模式和发展动力. 乡镇论坛，2008（8）：21-23.

[6] 蔡勇志，郭铁民. 我国农村社区化模式的比较研究. 中共福建省委党校学报，2010（10）：

20－25.

［7］曹安. 我国农村社区治理中的公民参与问题研究. 上海师范大学，2010.

［8］曹国英. 在青岛市农村社区建设交流暨村务公开示范单位表彰会上的讲话，2006－12－05.

［9］长春市绿园区农村社区建设规划设计方案. 绿园区政府网站，2009－01－30.

［10］陈百明. 中国农村社区更新的未来取向. 中国农业资源与区划，2000，21（6）：51－54.

［11］陈明. 新农村建设事业下的农村社区建设和治理. 苏州大学，2010.

［12］陈荣卓，刘亚楠. 新时代农村社区矛盾纠纷有效治理机制建设研究. 理论月刊，2019（11）：135－141.

［13］陈晓莉. 农民政治参与制度化探析. 行政论坛，2005（6）：71－73.

［14］陈永平. 新时期我国农村社区建设研究. 西安理工大学，2010.

［15］城乡社区服务体系建设"十二五"规划（征求意见稿）. 国家发展改革委，2011.

［16］程必定. 新市镇：城乡发展一体化的空间载体. 城市发展研究，2013，20（5）：17－23.

［17］褚福灵. 中国社会保障体系的科学架构研究. 社会保障研究，2010（1）：5－10.

［18］崔伟. 打造农村社区经济圈 为新农村建设提供动力支撑. 潍坊学院学报，2010，10（3）：9－11.

［19］党国英. 中国城乡一体化发展前景研究. 理论探讨，2016（5）：79－83.

［20］邓小毛，彭青华. 整合存量社区资源构建和谐农村社会——江西省永丰县农村村落社区建设的调查与思考. //贺爱琳. 构建和

谐吉安新农村. 西安：西安交通大学出版社，2009：243 - 245.

[21] 丁宁宁，李国锋，袁玥. 新城镇化背景下农村社区治理模式变迁的制度选择——基于多案例研究视角. 农村经济，2015 (6)：56 - 61.

[22] 董进才. 新型农村社区协同治理模式的构建. 经济与管理，2014，28 (6)：34 - 37.

[23] 董玥玥. 新型农村社区建设的特色模式研究——基于河南省荥阳市的实践调研. 理论与改革，2013 (5)：119 - 122.

[24] 段丽娟，张玉棉. 河北农村新型合作医疗筹资问题研究. 合作经济与科技，2010 (23)：100 - 101.

[25] 段炼. 当前农村社区建设存在的问题. 边疆经济与文化，2009 (2)：23 - 25.

[26] 方金友. 构建农村和谐社区的问题研究. 中国社会学网，http://www.sociology.cass.cn/shxw/zxwz/t2008 1014 _ 18908.htm，2008 - 10 - 14.

[27] 斐迪南·滕尼斯. 共同体与社会——纯粹社会学的基本概念. 北京：北京大学出版社，2010.

[28] 费孝通. 乡土中国. 北京：三联书店，1985.

[29] 费孝通. 乡土中国. 上海：上海人民出版社，2006.

[30] 冯军. 我市出台加快农村社区建设意见. 宁波网，2009 - 06 - 02.

[31] 弗里曼，等. 中国乡村，社会主义国家. 北京：社会科学文献出版社，2002.

[32] 府青社区居委会2010年工作计划. 成都市成华区政府网站，http://www.chengdu.gov.cn/chenghuaqu/detail.jsp?id = 26402，2011 - 01 - 17.

[33] 甘霖. 佛山市社会工作及人才队伍建设初探. 中共佛山市委党校，2013 - 11 - 06.

[34] 高磊. 新农村社区规划要注重可持续发展. 人民论坛，

2018 (9): 82 - 83.

[35] 顾超. 社区矫正社会工作者队伍建设之管见. 法制网, 2015 - 06 - 18.

[36] 关于策应鄱阳湖生态经济区建设创建 100 个农村示范社区的实施意见. 九江市政府民政局 (九组字〔2010〕80 号), 2010 - 04 - 12.

[37] 关于加快新型农村社区建设推进农村社区化发展的实施意见. 济源市人民政府 (济政〔2010〕35 号), 2010 - 10 - 26.

[38] 关于进一步发挥基层党组织核心作用 加强农村社区服务中心建设的意见. 中共无锡市委办公室、无锡市人民政府办公室, 2008 - 01 - 23.

[39] 关于印发《余杭区农村社区建设评价标准 (试行)》的通知. 余杭区政府 (余社建〔2008〕6 号), 2008 - 01 - 23.

[40] 关于在农村基层广泛开展志愿服务活动的意见 (民发〔2006〕31 号). 民政部网站, 2006 - 02 - 20.

[41] 管义伟. 农村社区建设: 逻辑起点与人文关怀. 社会主义研究, 2011 (1): 116 - 120.

[42] 管祉妍. 对我国农村最低生活保障制度的思考. 科技致富向导, 2011 (2): 11.

[43] 桂冠, 孙飞, 华欢. 农村新型合作医疗问题与对策. 合作经济与科技, 2007 (06S): 71 - 72.

[44] 郭建军. 新时期农村基础设施和公共服务建设研究. "新阶段的中国农村综合改革" 中国改革国际论坛会议论文集, 2007.

[45] 郭苏建, 王鹏翔. 农村社区治理模式转型的探索与实践——基于对湖北省 QL 农村社区的调研. 社会科学研究, 2018 (5): 54 - 60.

[46] 郭素玲. 新型农村社区建设的政策需求分析. 农村经济, 2014 (4): 78 - 79.

[47] 国家发展和改革委员会. 农村基础设施建设发展报告

(2009)，2009.

[48] 国家新型城镇化规划（2014—2020）. 中央人民政府门户网站，2014-03-16.

[49] 韩国“新村运动”历史背景及发展简介. 中国农业外经外贸信息网，2008-03-31.

[50] 何一峰，杨张乔，张叶，沈毅. 印度农村现代化进程及对浙江的启示. 中国乡村发现网，2010-08-09.

[51] 何易蓉. 统筹城乡框架下推进农村社区建设的思考. 青年人才论坛，2008-03-24.

[52] 何英. 浅议新型农村社会养老保险试点——以重庆市垫江县三溪镇三汇社区居委为例. 科教导刊（中旬刊），2010（8）：103.

[53] 河北省社会科学院课题研究组. 促进城市社区非营利组织健康发展的对策研究，2012.

[54] 河南省平顶山石龙区：着力推进文化惠民. 河南农业信息网，2010-11-16.

[55] 河南省项城市在社区建设中创先争优. 中国共产党新闻网，2012-02-29.

[56] 贺雪峰. 乡村治理研究的三大主题. 社会科学战线，2005（1）：219-224.

[57] 洪万升. 壮大志愿者队伍 加快推进和谐社区建设. 丽水日报，2010-07-25.

[58] 胡宗山. 城乡社区建设概论. 武汉：湖北科学技术出版社，2008.

[59] 湖南省农村社区建设试点方案（试行）. 湖南省民政厅，2007-06-19.

[60] 花传国. 村落社区资源整合研究——以遇驾山村落社区为例. 社会工作，2007（2）：48-50.

[61] 桓台县人民政府办公室关于提高城市居民最低生活保障标准的通知（桓政办字〔2019〕2号）. 桓台县人民政府办公室，

2019－01－14.

［62］基层政府对草根组织认识改变，互动合作增强. 半月谈，2010（23）：15－17.

［63］基层政府对草根组织认识改变. 新华网发展论坛，2010－12－18.

［64］吉林省长春市宽城区农村社区建设实验试点工作进展情况介绍. 吉林省长春市宽城区人民政府，2009－02－11.

［65］济源市市域一体化总体发展规划（2009—2030）. 济源市城市规划管理局，2010－05－10.

［66］加强社区建设，完善基层社会管理和公共服务. 国家发改委社会司人口发展处，2011.

［67］佳杏，陈泓润. 海口秀英区打造"一村一品"农村文化品牌. 新民网，2010－09－03.

［68］嘉峪关市农村社区建设标准. 嘉峪关市民政局，2010－04－17.

［69］贾若祥，侯晓丽. 我国主要贫困地区分布新格局及扶贫开发新思路. 时间：中国发展观察，2011－07－04.

［70］江西省永丰县农村村落社区建设的调查与思考. 江西社区网，2013－06－09.

［71］江泽民. 全面建设小康社会 开创中国特色社会主义事业新局面——在中国共产党第十六次全国代表大会上的报告. 新华社，2002－11－14.

［72］姜力. 湖南农村社区建设试点情况的调查. 民政部基层政权和社区建设司网站，2008－04－23.

［73］姜力. 湖南农村社区建设试点情况的调查//戚学森. 农村社区建设理论与实务. 北京：中国社会出版社，2008：261－268.

［74］姜力. 民政部副部长姜力同志在全国农村社区建设实验工作推进会上的讲话. 基层政权和社区建设司网站，2010－10－15.

［75］将便民服务深入到乡村 椒江区倾力打造"一刻钟服务

圈”. 台州市政府网站，2011-12-15.

[76] 九江市民政局. 农村社区规范化建设指导意见. 九江民政网，2009-06-19.

[77] 鞠进增. 在农村社区化的创新实践中全面加强农村社会工作人才队伍建设. 中国共产党新闻网，2008-05-20.

[78] 决策解读怎样建立新型农村社会养老保险制度. 中国政府网，2009-01-18.

[79] 决定解读：怎样建立新型农村社会养老保险制度. 中国政府网，2019-01-08.

[80] 孔娜娜. 农村社区服务中心建设：资源配置的公平与效率——以豫西北平原聚集村落（群）为分析对象. 社会主义研究，2009（4）：31-36.

[81] 孔维梅，马静，伊丕香. 恒台：镇村文化丰富百姓生活. 淄博新闻网，2012-10-19.

[82] 昆山市卫生局. 强化政府职能 优化资源配置 努力构建农村社区卫生服务网络. 江苏卫生事业管理，2005（5）：1-3.

[83] 莱州市城港路街道新农村建设文化唱主角. 胶东在线，2015-12-18.

[84] 赖晓飞，胡荣. 论社会资本与农村社区文化建设——基于 CGSS2005 调查数据的分析与思考. 西南政法大学学报，2008，10（6）：116-120.

[85] 雷兆阳，城中村要走分类改造之路——以广州市海珠区为例. 探求，2010（3）：11-15.

[86] 李长健，李昭畅. 论我国农村社区和谐动力机制的构建. 调研世界，2008（3）：13-16.

[87] 李林修，秦桂林. 秭归县农村社区建设的现状与对策. 湖北省民政厅网站，2008-01-16.

[88] 李水山. 中国农村正在发生第二次革命. 中国农村教育，2007（11）：10-11.

[89] 李晓燕，岳经纶. 社会治理条件下广东省农村社区建设研究——基于三方主体框架. 农业经济问题，2014（5）：36-44.

[90] 李学斌. 城乡社区建设的比较. 中国民政，2008（5）：24.

[91] 李永成. 新农村法制建设的进路——以农民主体性与主体地位为中心的分析. 四川大学学报（哲学社会科学版），2010（1）：123-131.

[92] 梁鸿. 农村社区发展与社会保障的研究——以苏南农村为个案. 复旦学报（社会科学版），2001（4）：109-113.

[93] 辽宁省海城市政府. 辽宁省海城市农村社区建设工作情况. 2009-02-11.

[94] 廖建华. 广西玉林市农村最低生活保障制度实施情况研究. 当代教育理论与实践，2010，2（6）：174-177.

[95] 凌新，周小霞，李广平. 城乡一体化视野中的农村社区建设. 湖北社会科学，2009（12）：40-42.

[96] 刘长民. 山东省新型农村社区建设与发展研究. 中国海洋大学，2014.

[97] 刘广忠. 江苏省城乡和谐社区建设现状与对策. 基层政权和社区建设工作简报，2008-03-13.

[98] 刘红斌. 新农村社区治理模式中的组织及人才队伍建设. 华中农业大学学报（社会科学版），2009（4）：6-9.

[99] 刘君. 农村社区建设问题研究. 四川大学，2007.

[100] 刘智勇，贾先文. 重塑农村社区经济共同体. 湖南社会科学，2018（6）：141-146.

[101] 龙玉其. 当前经济环境下中国社会保障体系研究. 桂海论丛，2011，27（2）：71-75.

[102] 卢宝蕊. 社会资本支持与农村社区养老创新研究. 福建师范大学，2008.

[103] 鲁可荣，朱启臻. 新农村建设背景下的后发型农村社区发展动力研究. 农业经济问题，2008（8）：46-49.

[104] 罗筱玉. 村落社区建设的总体要求和需要明确的问题. 社会工作，2006（07S）：35－36.

[105] 马芒. 农村社区发展的特征与功能. 中国发展观察，2005（10）：22－22.

[106] 马庆钰. 关于“公共服务”的解读. 中国行政管理，2005（2）：1－3.

[107] 马晓河，方松海. 我国农村公共品的供给现状、问题与对策. 农业经济问题，2005（4）：17－19.

[108] 满洪学. 枣庄市山亭区新农村建设中存在的问题及对策. 山东国土资源，2011，27（1）：59－61.

[109] 美国农业部为农村社区建设拨款逾 3.89 亿美元. 新华社，2011－01－05.

[110] 民政部副部长窦玉沛同志在黑龙江省县（市）暨农村社区建设现场会议上的讲话. 民政部基层政权和社区建设司，2009－07－31.

[111] 民政部副部长姜力同志在全国农村社区建设实验工作推进会上的讲话. 基层政权和社区建设司网站，2010－10－15.

[112] 莫纪宏. 加强群众自治组织建设 保证人民的直接民主. 北大法律信息网，2012－10－17.

[113] 农村社会工作人员队伍建设工作总结，http://www.wenmi114.com/wenmi/zongjie/gongzuozongjie/2009－12－24/20091224187309.html.

[114] 农村社区规范化建设指导意见. 九江民政网，2012－07－10.

[115] 农村社区社会工作人才管理办法. 中共秭归县委，2007－09－20.

[116] 潘屹. 家园建设：中国农村社区建设模式分析. 北京：中国社会出版社，2009.

[117] 戚学森. 农村社区建设理论与实务. 北京：中国社会出

版社，2008.

[118] 谯伦忠，蔡洁.“一村一社区”宜宾模式全国推广. 泸州市民政局网站，2010－09－07.

[119] 曲福田. 以破除城乡二元结构为突破口 加快形成城乡发展一体化新格局. 群众，2011（3）：17－19.

[120] 全国农村社区建设工作暨“农村社区建设实验全覆盖”创建活动情况. 人民网，2009－08－14.

[121] 全国农村社区建设实验县（市、区）工作实施方案. 民政部，2007－03－29.

[122] 全国农村社区建设实验县（市、区）工作实施方案. 民政部基层政权和社区建设司网站，2007－04－06.

[123] 任志安. 农村社区治理模式探析——以绍兴农村“两种”模式为例. 黑龙江社会科学，2007（6）：134－137.

[124] 山东省胶南市文明办. 山东胶南市着力推进农村社区建设. 山东农业信息网，2008－06－04.

[125] 山西省临汾市民政局. 关于临汾市农村低保对象生活状况的调查. 豆丁网，2011－09－06.

[126] 陕西省人民政府办公厅关于开展农村社区建设试点工作的通知（陕政办发〔2007〕65 号）.

[127] 师坚毅. 新农村社区建设与管理. 北京：中国社会出版社，2010.

[128] 束锦. 农村民间组织与村民自治的共生与互动. 江海学刊，2010（4）：101－107.

[129] 四川长宁“支部＋协会”现代农业园区建设迅猛发展，新华网发展论坛，2009－11－30.

[130] 苏国丽. 我国农村社会养老保险存在的问题及对策. 东方企业文化，2010（4）：150－151.

[131] 谭春芳. 美国农村社区与学校的互利关系. 教育探索，2009（9）：155－156.

[132] 唐建兵. 城镇化进程中的新型农村社区发展动力研究. 河南社会科学，2017 (8)：58-62.

[133] 唐忠新. 农村社区建设的含义和重大意义//戚学森. 农村社区建设理论与实务. 北京：中国社会出版社，2008：26.

[134] 田华，陈静波. 论社区公共服务供给中的多元化主体. 云南行政学院学报，2007 (6)：103-106.

[135] 通州区农村社区股份合作社规范化管理实施办法（试行）（通政发〔2011〕2号）. 北京市通州区政府，2011-01-28.

[136] 佟伟铭，张平宇. 乡村城镇化新模式：基于陈家店新型农村社区建设过程与动力机制的分析. 农业现代化研究，2016，37 (6)：1100-1106.

[137] 王江，赵继龙，张蕾. "三位一体"的新型农村社区原型空间建构模式研究. 城市发展研究，2013，20 (12)：56-60.

[138] 王立胜. 山东青州市委书记：发挥文化建设在新农村建设中的积极作用. 人民网，2008-07-23.

[139] 王茂彦，李立新. 农村社区建设的内容、模式及其保障措施//戚学森. 农村社区建设理论与实务. 北京：中国社会出版社，2008：60-64.

[140] 王梅. 农村最低生活保障制度存在的问题及对策. 经济研究导刊，2011 (11)：83-84.

[141] 王淼淼，张翔，张亮. 农村卫生服务网络中连续性服务存在的问题与对策. 医学与社会，2011，24 (4)：43-45.

[142] 王霄. 农村社区建设与管理. 北京：中国社会出版社，2008.

[143] 王晓梅，张利辉，王鸿梅. 城乡一体化进程中新型农村社区发展动力研究. 价值工程，2014，33 (9)：123-124.

[144] 王云斌. 农村社区服务体系及其发展的阶段性探讨//戚学森. 农村社区建设理论与实务. 北京：中国社会出版社，2008.

[145] 王云斌. 中国农村社区建设的起源与发展//戚学森. 农

村社区建设理论与实务. 北京：中国社会出版社，2008.

[146] 韦克难. 社区管理. 成都：四川人民出版社，2003.

[147] 魏后凯. 新常态下中国城乡一体化格局及推进战略. 中国农村经济，2016 (1)：1-15.

[148] 文琪，开华金. 多元主体：新时期农村社区建设动力分析. 重庆交通大学学报（社会科学版），2015，15 (6)：1-4.

[149] 吴理财. 处境化经验：什么是农村社区文化以及如何理解. 人文杂志，2011 (1)：143-147.

[150] 吴鹏. 北京通州农村卫生站变“空站”面临人才窘境. 中国新闻网，2009-11-30.

[151] 伍新木. 城乡一体与区域经济生态系统. 武汉大学学报（社会科学版），1990 (5)：11-18.

[152] 习近平. 决胜全面建成小康社会 夺取新时代中国特色社会主义伟大胜利——在中国共产党第十九次全国代表大会上的报告. 新华社，2017-10-18.

[153] 夏周青. 农村社区建设工作手册. 北京：国家行政学院出版社，2010：18.

[154] 项继权. 论我国农村社区的范围与边界. 中共福建省委党校学报，2009 (7)：4-10.

[155] 徐勇. 在社会主义新农村建设中推进农村社区建设. 江汉论坛，2007 (4)：12-15.

[156] 徐中伶. 江苏培育发展农村专业经济协会成效显著，中国社会组织网站，2007-01-18.

[157] 许经勇. 国家治理现代化与农村社区建设. 湖南师范大学学报（社会科学版），2014 (5)：19-23.

[158] 许秋莲，范先文. 开展农村社区建设需要的前提条件和主要内容. 村民自治网，2011-02-28.

[159] 许远旺. 当前农村社区的实验模式及组织定位——对湖北农村社区建设试点的调查与思考. 社会主义研究，2008 (2)：77-81.

[160] 杨炳珑. 农村社区建设体制机制研究. 基层政权和社区建设司，2015-01-22.

[161] 杨根生."公司+ 农户"是发展农村市场经济的有效途径. 学术评论，1994 (1)：41-43.

[162] 杨荣. 浅论社区建设中的居民参与. 中国选举与治理网，2011-03-20.

[163] 杨震. 为民服务谋发展团结一致奔小康——磐安县尖山镇管头新型农村社区建设取得成效. 浙江省民政厅.

[164] 叶齐茂. 欧盟十国乡村社区建设见闻录. 国外城市规划，2006，21 (4)：109-113.

[165] 一场农村管理体制的深刻变革. 民政部基层政权和社区建设司，2015-03-31.

[166] 于波. 新型农村社区建设中居民社区参与的动力机制分析. 信阳师范学院学报（哲学社会科学版），2013，33 (6)：24-27.

[167] 于燕燕. 社区自治与政府职能转变. 北京：中国社会出版社，2005.

[168] 俞志新，吴校平. 我国现阶段社区卫生服务网络建设和管理模式的实践与探索. 中国农村卫生事业管理，2011，31 (2)：122-124.

[169] 袁方成，杨灿. 当前农村社区建设的地方模式及发展经验. 青海社会科学，2015 (2)：9-16.

[170] 云南省民政厅. 云南农村低保指导标准提高到 3 500 元/人/年. 农村网，2018-07-26.

[171] 枣庄市山亭区倾力打造农村新家园. 枣庄市山亭区政府网站，http://www. shanting. gov. cn/art/2017/7/12/art _ 319 _ 10731. html.

[172] 怎样理解"中华民族发展史上开天辟地的大事变". 光明日报，2011-07-18.

[173] 詹成付. 农村社区建设实验工作讲义. 北京：中国社会

出版社，2008.

[174] 张桂芳. 试论轻型期农村社区文化建设. 兰州学刊，2004（5）：213－214.

[175] 张家港市农村社区文化建设实践与启示. 苏州市民政局网站，2016－08－13.

[176] 张婷. 新型农村养老保险的现状及对策分析——以钟祥市文集镇为例. 道客巴巴，2011－10－11.

[177] 张要杰. 中国村庄治理的转型与变迁. 长春：吉林出版集团，2010.

[178] 张映芹，刘婷. 农村新型合作医疗制度实施中突出问题探析——基于陕西勉县农村合作医疗制度的调研. 西安邮电学院学报，2009，14（2）：43－46.

[179] 张雨林. 论城乡一体化. 社会学研究，1988（5）：25－32.

[180] 张振南. 靖远县农村新型合作医疗状况的调查. 发展，2008（6）：42－42.

[181] 章丘区基层公共文化设施建设的实施意见的通知. 章丘区人民政府办公室，2011－04－15.

[182] 赵丽娜，王丽影. 农村社区文化建设的问题与对策. 湖南农机（学术版），2008（6）：39－40.

[183] 赵树凯. 政府治理是新农村建设的关键. 中国发展观察，2006（6）：29－31.

[184] 甄峰，黄朝永. 国内城乡一体化研究进展与思考. 城市研究，1999（2）：47－49.

[185] 郑杭生. 社会学概论新修. 北京：中国人民大学出版社，1997.

[186] 中共南京市委办公厅 南京市人民政府办公厅关于推进“一委一居（村）一站一办”建设和“扁平化”社区管理工作的意见. 2011－07－04.

［187］中共商丘市委党校建设新型农村社区课题组杨世松. 建设新型农村社区问题探讨. 商丘网，2012－04－01.

［188］中共潍坊市委、市人民政府. 关于进一步提升农村社区建设水平的意见. 2010－06－04.

［189］中共潍坊市委潍坊市人民政府关于加快推进农村社区建设的意见. 2008－02－26.

［190］中共中央办公厅 国务院办公厅关于进一步加强农村文化建设的意见. 2005－11－07.

［191］中共中央党校党建部课题组. 实现党对农村经济合作组织的科学领导——对四川省南江县“支部＋协会＋信合”模式的探索. 理论动态，2007（29）：31－39.

［192］中共中央关于坚持和完善中国特色社会主义制度 推进国家治理体系和治理能力现代化若干重大问题的决定. 新华社，2019－11－05.

［193］中共中央关于完善社会主义市场经济体制若干问题的决定. 新华社，2003－10－14.

［194］中共中央 国务院关于切实加强农业基础建设 进一步促进农业发展农民增收的若干意见. 农业部网站，2008－02－20.

［195］中共中央国务院关于“三农”工作的一号文件汇编. 北京：人民出版社，2014：289－290.

［196］中共重庆市委办公厅 重庆市人民政府办公厅. 关于开展农村社区建设工作的意见（渝委办发〔2008〕23 号），2008－06－13.

［197］中国大百科全书《社会学》编委会. 中国大百科全书·社会学. 北京：中国大百科全书出版社，1991.

［198］中国诸城市人民政府关于农村社区建设的意见（试行）. 2007－08－03.

［199］重庆市江津区农村社区规范化建设指导意见. 重庆市江津区人民政府门户网，2009－07－21.

［200］周航. 中国农村社区医疗卫生服务体系建设研究. 东北大学，2010.

［201］朱启臻，鲁可荣，高春风. 农村社区发展动力研究. 北京：中国农业大学出版社，2008.

［202］朱幸福. 加强农村社区文化建设浅探. 芜湖县文化馆，文章编号：1671－0703（2011）05－159－02.

［203］朱勇. 农村社区建设动力机制创新的原则及思路. 中国民政，2007（11）：17－19.

［204］庄龙玉. 农村社区治理：模式演进，方法转变与联动机制. 行政论坛，2018（4）：116－121.

［205］秭归县杨林桥镇农村社区社会工作人才示范点工作方案. 中共秭归县组织部，2008－03－27.

［206］邹庆忠. 创新农村社区化服务体系. 求是，2007（23）：52－52.

［207］Aguera O F，Pablo C M. Ecotourism and Sustainable Development. A Case Study in Rural Communities of Dominican Republic. Pasos-Revista De Turismo Y Patrimonio Cultural，2015，13（6）：1425－1435.

［208］Andrew B. Leadership and the Governance of Rural Communities. Journal of Rural Studies，2014，34：254－262.

［209］Buck John Lossing. Chinese Farm Economy. University of Chicago Press，Chicago USA，1930.

［210］Buck John Lossing. Land Utilization in China. University of Chicago Press，Chicago USA，1937.

［211］Crisp R，L McCarthy，S Parr，S Pearson. Community-led Approaches to Reducing Poverty in Neighbourhoods：A Review of Evidence and Practice. Center for Regional Economic and Social Research，Sheffield Hallam University，2016：21－36.

［212］Dai H，Xie W. Community and Inequality：One-Yuan

Elder Home in Rural Zhejiang Province of China. Journal of Social Service Research，2016，42（1）：15-25.

[213] Duara Prasenjit. Culture，Power and the State：Rural North China，1900-1942. Stanford，Calif.：Stanford University Press，1988.

[214] Edmund De S. Brunner and Wilbur G. Hallenbeek. American Society，Urban and Rural Patterns. New York，Harper and Brothers，1955：159，163.

[215] Epstein P，A Simone and C Harding. Collaborative Leadership and Effective Community Governance in the United States and Russia. Epstein and Fass Associates，New York，USA，2007.

[216] Erling K and S Jarkko. Tourism and Rural Community Development in Namibia：Policy Issues Review. Fennia-International Journal of Geography，2016，194（1）：79-88.

[217] Helen D Green. Social Work Practice in Community Organization. New York，Whiteside and Morrow Press，1954：28.

[218] Herbert H. Stroup. Community Welfare Organization. New York，1952：20.

[219] Julie C，G Menelaos. Getting to Know the Island：Artistic Experiments in Rural Community Development. Journal of Rural Studies，2016，43：134-144.

[220] Kulp Daniel Harrison. Country Life in South China；the Sociology of Familism. New York City，Bureau of Publications，Teachers College，Columbia University，1925.

[221] Lang W，Chen W and Li X. A New Style of Urbanization in China：Transformation of Urban Rural Communities. Habitat International，2016，55：1-9.

[222] Lee Meishu. An Analysis on the Effect of Community

Organization in Rural Community Development: A Case of Rural International Development Cooperation Project in Rwanda. Korean Local Government Review, 2016, 17 (4): 43-63.

[223] Lodon Scott. Collaboration and Community. In Marie Bak Mortensen and Judith Nesbitt Eds. On Collaboration. London: Tate, December 2012.

[224] Normann R H, V Mikaela. Municipalities as Governance Network Actors in Rural Communities. European Planning Studies 2012, 20 (6): 941-960.

[225] Reducing Poverty in Neighbourhoods: A Review of Evidence and Practice. Centre for Regional Economic and Social Research, Sheffield Hallam University, 2016: 21: 36.

[226] Richard C Box. Citizen Governance: Leading American Communities into the 21st Century, Sage Publications, 1998: 30.

[227] Richard W Poston. Democracy is You: A Guide to Citizen Action. New York, Harper and Brothers, 1953: 15-16.

[228] Sarah-Anne M, S Artur, F Jane. Processes of Community-Led Social Enterprise Development: Learning from the Rural Context. Community Development Journal, 2015, 50 (3): 478-493.

[229] Smith Arthur H. Village Life in China: A Study in Sociology. New York State College of Agriculture at Cornell University, Itbaca, N. Y., 1889.

[230] Soraya K J, R Ratana, L A Ryan. Surveillance of Populations at Risk of Cholangiocarcinoma Development in Rural Communities of Thailand Using the Korat-CCA Verbal Screening Test. Asian Pacific Journal of Cancer Prevention, 2016, 17 (4): 2205-2209.

[231] Stanislav M, Kamila T. Local Development in the Post-

mining Countryside? Impacts of an Agricultural AD Plant on Rural Community. Geographia Technica, 2016, 11 (1): 54 - 66.

[232] Su M M, Geoffrey W, Xu K. Heritage Tourism and Livelihood Sustainability of a Resettled Rural Community: Mount Sanqingshan World Heritage Site, China. Journal of Sustainable Tourism, 2016, 24 (5): 735 - 757.

[233] Tang B. Not Rural but Not Urban: Community Governance in China's Urban Villages. China Quarterly, 2015, 223: 724 - 744.

[234] Tönnies Ferdinand. Charles Loomis, trans and ed., Community and Society (Gemeinschaft und Gesellschaft). East Lansing: Michigan State University Press, 1957.

[235] Uduak O. ICT for Rural Community Development: Implementing the Communicative Ecology Framework in the Niger Delta Region of Nigeria. Information Technology for Development, 2015, 21 (2): 297 - 321.

[236] Wu J, Zhang M, Zhao L. Study on High Comfort and Low Energy Consumption Community Design in China. Open House International, 2015, 40 (3): 32 - 36.

[237] Yosuke I, S Andrew, Y Aki. The Association Between Economic Development, Lifestyle Differentiation, and C-Reactive Protein Concentration within Rural Communities in Hainan Island, China. American Journal of Human Biology, 2016, 28 (2): 186 - 196.

后　记

农村社区是我国新型农村社会建设的基层组织载体，农村社区建设是我国推进城乡一体化发展和实施乡村振兴战略的微观支撑抓手。自 2006 年中共十六届六中全会做出“积极推进农村社区建设”这一重大战略部署后，我国农村社区建设扎实推进，2017 年以来遵循中共十九大提出的“按照产业兴旺、生态宜居、乡风文明、治理有效、生活富裕的总要求”实施乡村振兴战略，农村社区建设不断取得重大进展和显著成效。十余年来学界对农村社区相关问题的研究保持高度关注。作者有幸参与了国家发展和改革委员会和联合国儿童基金会资助的项目“中国城乡一体化进程中的农村社区建设研究”，本书正是基于该项目的研究成果整理拓展而成。

在项目研究和本书写作过程中得到了多方支持和帮助，感谢国家发改委社会司刘宇南巡视员（现任国家经济信息中心主任）、国家发展改革委就业和收入分配司常铁威副司长、国家医疗保障局隆学文副司长、北京市农村工作委员会李伟书处长、北京市委社会工作委员会孙志祥处长、河南省发展和改革委员会石如根处长、河南省济源市政府高拓副秘书长、青岛市城阳区委办潘思晓主任（现任青岛市应急管理局局长）、陕西省神木市发改局王知学主任等，他们为项目研究中的调研和资料收集给予了大力支持。感谢中国人民大学经济学院和应用经济学院的各位领导和同事对课题研究和本书写作的指导和支持。特别感谢中国人民大学区域与城市经济研究所孙久文教授、张可云教授、侯景新教授、付晓东教授、姚永玲教授、虞义华教授、张耀军教授、刘玉副教授、徐瑛副教授、蒋黎副教授、孙三百副教授、席强敏副教授和卢昂荻助理教授等，与他们的学术讨论让我受益匪浅。感谢家人对我研究的无私支持和奉献。

在项目研究和成书过程中，有多位研究生协助做了大量的文献收集整理、数据处理与田野调研工作，并参与了项目前期研究部分报告初稿的撰写，在本书后续写作过程中，他们又参与了资料校对、数据分析和一些图表制作等细致工作，对本书的顺利完成很有裨益。在此对他们表示感谢，他们是陈国磊、王铭、聂艳波、徐鹏、张卓、常晨、刘畅等。

本书围绕新时代中国农村社区建设主题，采用规范的分析方法，对农村社区建设的相关概念、历史背景、建设思路、目标任务、建设模式和政策体系等内容进行研究，力图提出在新时代中国推进农村社区建设的基本框架，为决策者提供参考依据。但由于作者理论和实践水平不足，本书错误纰漏之处在所难免，恳请读者批评指正。

图书在版编目（CIP）数据

城乡一体化进程中的中国农村社区建设研究 / 文余源著. --北京：中国人民大学出版社，2021.2
（中国经济问题丛书）
ISBN 978-7-300-29001-0

Ⅰ.①城… Ⅱ.①文… Ⅲ.①农村社区—社区建设—研究—中国 Ⅳ.①D669.3

中国版本图书馆 CIP 数据核字（2021）第 023334 号

中国经济问题丛书
城乡一体化进程中的中国农村社区建设研究
文余源 著
Chengxiang Yitihua Jincheng zhong de Zhongguo Nongcun Shequ Jianshe Yanjiu

出版发行	中国人民大学出版社		
社　　址	北京中关村大街 31 号	**邮政编码**	100080
电　　话	010－62511242（总编室）		010－62511770（质管部）
	010－82501766（邮购部）		010－62514148（门市部）
	010－62515195（发行公司）		010－62515275（盗版举报）
网　　址	http://www.crup.com.cn		
经　　销	新华书店		
印　　刷	北京玺诚印务有限公司		
规　　格	148mm×210mm　32 开本	**版　　次**	2021 年 2 月第 1 版
印　　张	12.5　插页 1	**印　　次**	2021 年 2 月第 1 次印刷
字　　数	333 000	**定　　价**	75.00 元